B金融风险蓝皮书
BLUE BOOK OF FINANCIAL RISK

中国金融风险报告

（2016）

ANNUAL REPORT ON CHINA'S FINANCIAL RISK

(2016)

王曼怡 周 晔◎主 编

首都经济贸易大学出版社
Capital University of Economics and Business Press
·北 京·

图书在版编目（CIP）数据

中国金融风险报告. 2016 / 王曼怡，周晔主编. —北京：首都经济贸易大学出版社，2016.11

ISBN 978-7-5638-2582-0

Ⅰ. ①中… Ⅱ. ①王… ②周… Ⅲ. ①金融风险防范—研究报告—中国—2016 Ⅳ. ①F832.1

中国版本图书馆CIP数据核字（2016）第262799号

中国金融风险报告（2016）
王曼怡　周　晔　主编

责任编辑　晓　地
封面设计　砚祥志远·激光照排 TEL：010-65976003
出版发行　首都经济贸易大学出版社
地　　址　北京市朝阳区红庙（邮编 100026）
电　　话　（010）65976483　65065761　65071505（传真）
网　　址　http://www.sjmcb.com
E-mail　publish@cueb.edu.cn
经　　销　全国新华书店
照　　排　首都经济贸易大学出版社激光照排服务部
印　　刷　北京京华虎彩印刷有限公司
开　　本　710毫米×1000毫米　1/16
字　　数　532千字
印　　张　30.5
版　　次　2016年11月第1版　2016年11月第1次印刷
书　　号　ISBN 978-7-5638-2582-0 / F · 1442
定　　价　90.00元

图书印装若有质量问题，本社负责调换

金融风险蓝皮书编委会

主编简介

王曼怡 女，1956年出生，经济学博士，首都经济贸易大学金融学教授、博士生导师；德国萨尔大学访问学者，教育部人文社会科学基金项目评审专家、人民论坛杂志社专家咨询委员会委员。

现任首都经济贸易大学金融风险研究院院长、特大城市经济社会发展研究院学术委员会秘书长，兼任中国金融学会理事、北京国际金融学会副会长、北京金融学会常务理事、北京金融促进教育基金会理事长。主要研究领域：国际金融理论与政策、金融风险管理、区域金融。先后在《财贸经济》《经济学动态》《光明日报》（理论版）《国际贸易》《经济纵横》《经济与管理研究》等经济类权威核心期刊发表学术论文60余篇；出版经济学专著7部、译著1部，其中专著《北京金融产业集聚效应研究》获2012年北京市哲学社会科学优秀成果奖二等奖；主持并参与国家级、省部级及政府委托研究项目20余项，其中“数字化金融实验室建设与运用”项目获2005年高等教育国家级教学成果二等奖、北京市教育教学成果一等奖。2010年评为北京市教学名师。

周晔 男，1972年出生，2004年毕业于北京大学经济学院，金融学博士，英国曼彻斯特大学和美国明尼苏达大学访问学者，现任首都经济贸易大学金融学院副教授，国际金融系主任。研究领域：金融风险管理、金融市场及金融机构。已在《中国人口科学》《经济学动态》《经济理论与经济管理》《世界经济文汇》等 经济类核心期刊公开发表论文40余篇，出版经济学专著2部、合著3部、译著1部，主持国家社会科学基金、北京市哲学社会科学规划项目各1项，作为主要参与人参与省部级项目4项，获省部级项目一等奖1项。

序　言

继2015年11月金融风险研究院成功举办金融风险高层论坛并成功发布《中国金融风险报告（2015）》后，研究院的研究人员在王曼怡院长的带领下，沿着国内、国外两条主线对中国当前的宏微观金融风险问题展开了卓有成效的研究与探索。现将研究人员的代表性研究报告和权威论文结集成册以飨读者，并以此向持续关注、支持金融风险研究院发展的各级领导、学者和师生致意！

2016年金融风险报告由9篇子报告和7篇高水平论文构成。报告和论文坚持以风险研究为核心，多视角、全方位地考察中国宏微观层面面临的金融风险，研判未来风险走势并提出治理之策。从国际视角看，2016年以来美国与欧盟、日本的经济增长差异明显、货币政策取向分化严重，此时全球资本流动也呈现了一些“新”变化。在这一背景下，未来中国面临的国际资本流动冲击形势如何？中国如何应对国际资本流动的冲击？陈奉先博士在总体描绘国际资本流动的历史与现状的基础上，针对中国在未来一年内面临的国际资本流动“突然停止”风险进行评估，并着重讨论了中国应对国际资本连续冲击下的储备数量控制和政策搭配问题。2016年上半年，中国股市在调整中，逐步缓释自身风险，而全球股市则直接进入了“负收益时代”，且全球进入“犹豫时刻”。在这样的背景下，余颖丰博士在调研全球101只股票指数后发现中国股市与全球关联性不断增强，尽管中国股票市场指数在全球股票市场中表现不尽如人意，但总体而言中国股市风险仍属可控。人民币加入SDR是人民币国际化进程中的重要里程碑事件，是新的契机但也充满挑战。历史教训和现实目标促使我们必须思考：日元加入SDR货币篮子后的国际化发展与新SDR框架下人民币国际化道路是否有相似之处？日元的国际化经验教训对新SDR框架下人民币参与全球资产配置有何种启示？赵然博士在归纳了日元在加入SDR货币篮子后最终走向失败的主要原因时，提出中国应当积极推动人民币国际化、力保人民币汇率稳定、审慎开放资本账户，为实体经济创造良好的外部环境。2014年下半年至2016年年初，国际油价出现单边下跌，从每桶100美元左右跌至30美元以下，跌幅超过70%。中国在此期间也出现了经济增速大幅放缓、股市动荡、货币对美元持续贬值的情况。王强宇博士通过对七个主要产油国在油价下行周期下的本币对美元汇率、外汇储备规模、基准股票指数和国家主权评级四个指标维度变动情况进行对比分析，揭示了这些金融指标与油价的关系，并结合中国实情提出了油价下行周期下金融风险调控面临的问题及建议。

从国内视角看，当下金融机构冒险行为所隐藏的金融结构失衡对未来实体层面造成的负面冲击远远超出我们现在的预期。货币当局为促进增长、提升就业而长期实施的低利率货币政策成为金融不稳定的助推器。李雪博士从微观主体的风险承担机制出发，测算了金融市场主体风险承担水平与货币政策影响机制，认为宏观货币政策会影响市场主体的风险承担行为，且宽松货币政策持续时间越长，市场主体则会选择承担更多的风险，因此货币当局在政策制定中应充分考虑微观层面的风险承担、谨防陷入宽松政策的“恶性循环”。2016年上半年，大宗商品类资产价格广泛上涨，打破了此前市场已经持续5年下跌的颓势。大宗商品价格指数的企稳回升反映出大宗商品市场的良好运转状况，也暗示着中国经济与市场信心的恢复。赵大萍博士运用VaR方法对大类金融资产配置风险进行测算后认为，投资者未来资产配置应适当增持权益类资产，规避信用违约风险，低配固定收益类资产，适当投资保值效果较好的黄金及美元资产等。目前，中国商业银行正面临一轮业绩下滑、风险上升、经营困难的“冰河期”。王婉婷博士深入研究了商业银行的资产质量问题、不良贷款爆发的典型行业和区域分布特征，认为商业银行亟须采取多种手段化解不良资产风险，拓展信用风险的管理能力和业务发展空间。同时，激烈的竞争压力将促使银行业进行各类将风险外部化的所谓“创新”，整个经营模式向更高风险领域推进。为此需要监管机构未雨绸缪，在全盘思考中国金融业发展方向的前提下做好银行业乃至中国金融体系发展的顶层设计。当前中国金融改革的艰巨性、复杂性、关联性开始显现，资本市场肩负着资源配置的重大使命，从外部的人民币国际化战略推进和资本账户开放到内部的加快利率市场化步伐，无不透露出未来中国金融转型对资本市场的倚重。杨阳博士在对2015年下半年开始的这一年中中国证券市场的变化进行回顾的基础上，分析当前中国证券市场存在一系列风险并对未来的潜在风险进行合理预判。股权众筹融资是互联网金融创新的产物之一。由于投融双方的自然属性、投资模式的特殊性以及投资流程的复杂性，股权众筹实践过程中的风险不容忽视，操作不当将会损害各参与主体的利益，甚至影响金融秩序的稳定。王佳妮博士在总结各国为降低这些风险所采取的手段和方法的基础上，提出了中国股权众筹风险防范的一些政策建议。

上述成果的取得，一方面得益于学校领导、金融学院以及相关职能部门的支持和帮助，另一方面与金融风险研究院研究人员以及王曼怡院长的辛勤付出密不可分！苟日新，日日新，又日新。坚信金融风险研究院在不断创新探索中厚积薄发、硕果累累，期待金融风险研究院收获更多“顶天立地”的研究成果，为学校金融学科的发展、为学界金融风险研究做出更大的贡献。

曹康霖

Preface

After successfully holding high-level forum of financial risk and publishing China's Financial Risk Research Report 2015, the institute dean, Prof. Manyi Wang gathered core researchers again to study financial risk issues in China from domestic and overseas perspectives. Now, we have collected our leading research reports and journal papers for readers. We treat this book as a tribute to those who inexhaustibly keep supporting us. Commanders at various levels, scholars, teachers and students have been an invaluable source of love, support, and inspiration.

China's Financial Risk Report (2016) consists of 9 research reports and 7 high level papers. The spirit of the reports and papers still sticks on the principle of financial risk research, including not only the multi-angle views, but also the macro-via-micro analysis. From an international perspective, since 2016, the United States, the European Union and Japan's economic growth have differed significantly, the orientations of monetary policy have dispersed seriously, and the global capital flows also have been presenting some "new" changes. Under this background, what international capital flow shocks that China will face in the future? How does China coping with the impact of the international capital flow? Based on the description of history and reality of the international capital flows as a whole, Dr. Fengxian Chen assess the "sudden stop" risk of international capital flows that China will face in the coming year, and focuses on the issues of quantity control and policy coordination under the negative impact of international capital flows. In the first half of

2016, China's stock market is adjusting and releasing its own risk gradually, while global stock market is going to "the era of negative earnings" and "the moment of hesitation". Under this background, Dr. Yingfeng, Yu studies 101 global stock indices and finds that China stock market has stronger relationship with the global stock market, though China's stock market performance is less than satisfactory, China's stock market risk is still manageable. Joining SDR basket is a milestone for currency internationalization, which is a new and challengeable opportunity for RMB. Historical lessons and realistic goals prompt us to consider: does RMB internationalization under the new SDR framework have some resemblance to internationalization of yen after yen joined the SDR currency basket? What kind of lessons does yen internationalization leave to RMB's participation in global asset allocation under the new SDR framework? Dr. Ran Zhao summarizes the reason why yen eventually failed in its internationalization, and suggests that China should promote RMB internationalization positively, ensure the stability of the RMB exchange rate, open capital account prudently, and create a favorable external environment for the real economy. From the second half of 2014 to early 2016, international oil prices fell unilaterally, from $100 per barrel to less than $30 per barrel, declined more than 70%. During this time, China's economy has slowed sharply, equity market has been in turbulence, and the currency against the U.S. dollar has been continuous depreciating. Dr. Qiangyu Wang analyzes the changes of 4 indicators—the dollar exchange rate, the scale of foreign exchange reserves, the benchmark stock index and the national sovereign rating of the seven major oil producing countries. Then he discloses the relationship between these financial indicators and oil prices, and proposes suggestions of financial risk control in the downward cycle of oil price.

From domestic perspective, the negative impact of financial structure imbalance on the entity level is far beyond our expectations. In order to promote growth and employment, monetary authority carry out long-term low interest rate, which boost the instability of the financial systems. Dr. Xue Li starts from the risk-taking mechanism of micro subject, measures the level of risk-taking and the mechanism of monetary policy, and believes that the macro monetary policy will affect the risk-taking behavior of the market players. Furthermore, the longer the duration of easing monetary policy, the more the market players will taking risk. Thus, the monetary authority should take full account of the risk of micro level in policymaking, and be careful of being trapped in a "vicious circle" of easing policy. In the first half of 2016, commodity asset prices raised widely, breaking the market condition which has declined for 5 years. The rebound in commodity price index not only reflects the well running of commodity markets, but also implies the recovery of Chinese economy and market confidence. Having measured the risk of large scale financial assets with VAR method, Dr. Daping, Zhao concludes that asset allocation of investors in the future should appropriately increase equity assets holdings, avoid credit default risk, allocate less fixed income assets, invest appropriately the assets with better hedging effect such as gold and dollar, etc. At present, China's commercial banks are suffering an increasing risk and operational difficulties of the "ice age". Dr. Wanting Wang thoroughly studies the asset quality problems of commercial banks, the characteristics of typical industries and regions for the eruption of non-performing loan, and puts the commercial bank obliged to take kinds of measures to solve the risks of non-performing loan, expand the management ability of credit risk and the space of business development. Meanwhile, intense competitive pressures push the commercial banks to externalize kinds of risks what is so-called "innovation", promote the entire business model to a higher risk areas. In this way, regulators need to be precautious in the top-level designs of banking industry and China's finance system, which based on the overall thinking of the development direction of China's financial industry. At present, the difficulty, complexity and relevance of China's financial reform begin to emerge, capital market undertake a great mission of resource allocation, the financial transition of future China relies much on capital market, which can be observed from conducting RMB internationalization strategy and capital account opening to accelerating marketization of interest rate internally. Dr. Yang Yang reviews the changes of China's securities market in the second half of 2015, analyses the existence of kinds of risks in the China's securities market, and anticipates reasonably the underlying risks in the future. Crowdfunding is one of the products of internet financial innovation. Due to the nature of the investment and financing of the two sides, as well as the particularity of the investment model and the complexity of the investment process, the risks of crowdfunding in its practice cannot be ignored, improper operation may damage the interests of all participating parties and even affect the stability of financial order. Dr. Jiani Wang summarizes measures and methods of declining these risks across the countries, and proposes some policy suggestions on crowdfunding risk aversion.

The frontier outcomes benefit extensively from the support and help of our university's leadership and the Institute of Finance and relevant functional departments; on the other hand, it attributes to hardworking of researchers of Institute of Financial Risk and institute dean, Prof. Manyi Wang. If you can make things better for one day, you should make them better every day and never stop doing this! We expect the Institute of Financial Risk Research to produce higher and more remarkable studies, and believe that the Institute of Financial Risk will be well-grounded and receive great achievements in constantly exploration to make a greater contribution to researches on financial risk and the development of financial discipline!

Prof. Kanglin, Zeng

目 录

研究报告

国际视野

权威论文

研究报告

国际视野

中国国际资本流动风险研究报告（2016—2017）

陈奉先　李　梦

摘要： 在国际资本流动日趋频繁的背景下，本报告重点评估中国面临的国际资本流动风险程度与应对之策。在总体描绘国际资本流动的历史与现状的基础上，报告针对中国在未来一年面临的国际资本流动“突然停止”风险进行评估，并着重讨论了中国应对连续的“突然停止”冲击下的内生外汇储备最优数量问题。报告认为：①2016—2017年，预计流向新兴市场经济体（EMs）的国际资本数量将会明显上升，至少会恢复到2012—2013年的水平，发展中经济体总体面临的国际资本“突然停止”风险大幅降低；②作为新兴市场经济体代表的中国，经济下行风险依旧，但外部环境趋于稳定，从而使自身面临的国际资本

本报告受国家社会科学基金（15CJY081）、北京市教委社科一般项目（SM201610038004）的资助。

陈奉先，首都经济贸易大学金融学院、金融风险研究院讲师，经济学博士。

李梦，首都经济贸易大学金融学院，在读硕士研究生。

“突然停止”风险降低；③基于预防国际资本流动“突然停止”风险的最优外汇储备占GDP之比为23.02%；④从“突然停止”危机应急的角度来看，短期内经济体遭遇国际资本“突然停止”冲击时可通过提高存款利率、存款准备金率、控制居民资产置换率等强化银行经营稳健性的方式缩小外汇储备规模；⑤长期而言，控制公共和私人部门短期外债规模在外汇储备数量管理中的贡献更大。

关键词： 国际资本流动　“突然停止”风险　最优外汇储备

2016年以来，美国货币政策收紧趋势明显，而欧盟国家、日本量化宽松的货币政策效应递减，全球三个主要经济体的货币政策日渐背道而驰，这可能会对市场利率、汇率，进而对国际资本流动带来冲击。与此同时，中国在2014—2015年也经历了国际资本流动的冲击，仅2014年6月至2015年10月，国际资本已累计流出1.3万亿美元，其中，8月和9月连续两个月流出规模都超过了1 800亿美元。迟至2016年第二季度，中国的国际资本流出局面稍稍好转。这使我们不得不面对以下几个问题：国际资本流动背后的驱动因素有哪些？它对新兴市场经济体产生的负面冲击是如何形成的？未来中国面临的国际资本流动冲击形势如何？中国如何应对国际资本流动的冲击？这些都是本报告的研究关注点。

一、 国际资本流动的历史回顾与现状评估

布雷顿森林体系崩溃后，全球进入浮动汇率时代，资本流动日趋频繁和剧烈。1980年以来，无论是高收入经济体还是中低收入经济体，所面临的国际资本流入、流出的规模不断膨胀，资本流动的波动性（标准差）不断增强（见表1）。以新兴市场经济体（Emerging Market Economies，简称EMs①）为例，流向新兴市场经济体的国际资本数量从

① 本报告所指的新兴市场经济体包括除发达经济体外的所有经济体。报告用的发达经济概念是指IMF所界定的36个国家和地区，余下153个经济体都是本报告所说的EMs。

表1 国际资本流动概况

		全部经济体		高收入经济体		中上收入经济体		中低收入经济体	
		中位数	标准差	中位数	标准差	中位数	标准差	中位数	标准差
净资本流动（CIF - COD）	全样本	1.39	5.07	0.64	3.92	1.29	5.62	2.08	5.51
	1970s	2.06	3.01	1.64	2.41	3.37	3.94	3.54	3.09
	1980s	1.59	3.93	1.42	2.71	0.39	5.56	2.71	4.11
	1990s	0.98	3.68	0.87	2.79	0.82	4.23	1.28	4.18
	2000s	1.09	3.97	-0.18	3.6	1.90	3.94	0.56	4.37
总资本流动（CIF + COD）	全样本	11.31	10.54	17.67	15.49	9.31	10.01	6.97	7.17
	1970s	7.78	3.39	9.50	3.62	7.01	5.27	7.92	2.75
	1980s	5.83	5.20	9.10	6.16	1.96	5.95	4.86	3.90
	1990s	8.94	7.21	13.56	9.39	7.80	5.60	7.21	5.56
	2000s	15.15	9.34	32.65	16.70	15.06	8.48	8.41	6.21
国外投资者的资本流入（CIF）	全样本	6.21	6.39	8.89	7.81	4.83	6.06	4.07	5.21
	1970s	5.10	2.56	4.73	2.66	5.08	3.07	5.62	2.29
	1980s	3.89	3.49	4.79	3.47	0.83	4.03	3.99	3.37
	1990s	4.97	4.58	7.00	5.54	3.96	4.12	4.43	4.16
	2000s	7.59	5.26	15.16	9.16	5.58	4.96	4.22	3.93
国内投资者的资本流出（COD）	全样本	4.36	5.37	8.33	8.05	3.78	5.1	2.87	3.87
	1970s	2.52	2.16	3.43	2.29	3.34	2.96	2.07	1.77
	1980s	1.57	2.56	3.78	3.09	1.40	2.71	0.54	2.06
	1990s	3.75	3.65	6.56	5.32	2.80	3.32	2.54	3.03
	2000s	6.74	5.31	17.71	8.13	6.44	4.86	3.73	3.35
观测个数		103		39		26		38	

注：表中CIF表示国外投资者，COD表示国内投资者；（CIF - COD）表示净资本流入，（CIF + COD）表示总资本流动；资本流动数量皆除以GDP表示；样本覆盖全球88个经济体1979—2009年的资本流动数据。

资料来源：Broner F, Didier T, Erce A, Schmukler S L. Gross Capital Flows: Dynamics and Crises [J]. Journal of Monetary Economics, 2013, 60 (1): 113 - 133.

1980 年至1990 年不足1 000 亿美元增至2007 年美国次贷危机时的7 140 亿美元。不过，流向新兴市场经济体的国际资本也呈现三次周期性变化（见图 1）。第一个周期是 1980 年至 1990 年，此间国际资本大多以借贷方式涌向拉美经济体。伴随 1983 年拉美债务危机陆续爆发，国际资本流入状况迅速减少，直到 1990 年才恢复到 400 亿美元左右。第二个周期是 1991 年至 2002 年，国际资本再度大幅涌入新兴市场经济体，在 1995 年达到 1 927 亿美元的历史峰值，其中，近半数国际资本涌入亚洲新兴市场经济体。但这种涌入随着亚洲金融危机的爆发而趋于停顿，至 2002 年涌入新兴市场经济体的国际资本数量萎缩至 426 亿美元。第三个周期是 2003 年至今，涌入新兴市场经济体的国际资本数量从 2003 年的1 847亿美元上升至 2007 年的 7 140 亿美元。在美国次贷危机和欧洲主权债务危机的影响下，国际资本数量在2013 年降至4 200 亿美元。在此期间，国际资本涌入地域不仅涵盖亚洲、欧洲，还有传统的拉美及加勒比地区（见图 2）。尤其值得注意的是，自 2014 年开始，国际资本加速从新兴市场经济体抽逃，2014 年净流入新兴市场经济体的国际资本数量为 -2 500 亿美元，2015 年恶化为 -5 000 亿美元，至2016 年8 月，仍有 3 000 亿美元从新兴市场经济体净流出。

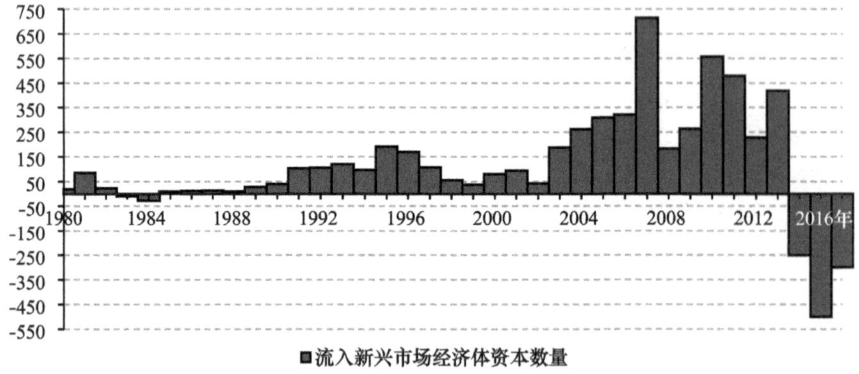

图 1　1980—2015 年流入新兴市场经济体的国际资本变化（单位：10 亿美元）

资料来源：IMF 世界经济展望数据库（World Economic Outlook Data Base）并经作者处理。2016 年的数据是估计值，数据截至 8 月份。

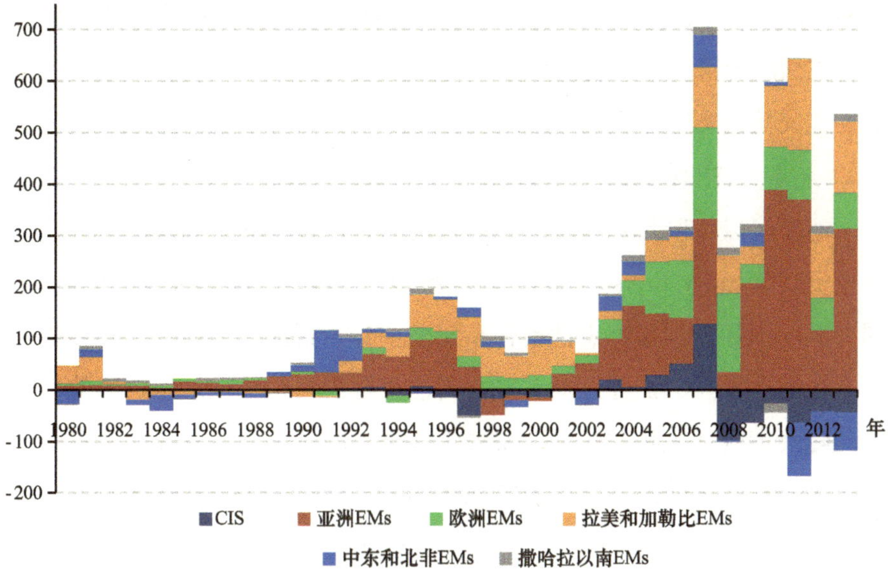

图2　1980—2013 年国际资本在新兴市场经济体的区域分布概况（单位：10 亿美元）

注：CIS 为转型经济体，指前苏联加盟共和国和波罗的海卫星国。

资料来源：同图 1。

从图 2 中可以明确地看出，国际资本在 20 世纪 80 年代初对拉美和加勒比地区流入较多，20 世纪 90 年代初对亚洲地区的国际资本流入一枝独秀，2000 年以来，国际资本在亚洲、欧洲、拉美和加勒比地区的流入占据主要地位。这说明国际资本在不同区域的流动存在显著的“地域偏好”。这种偏好可能与区域内的经济增长、贸易结构、资本管制、金融开放度密切相关。

另外，国际资本在涌入部分新兴市场经济体地区的同时还从其他地区流出，而且这种流出有时非常剧烈。以 2007—2008 年为例，此前尚有 1 000 亿美元流入转型经济体，但一年后该地区国际资本净流出近 1 000亿美元。中东和北非地区在 2011 年还存在正的资本流入，但此后连续三年净资本流出总额达 2 200 亿美元。亚洲地区特别是中国，在 2014 年至 2015 年也经历了大规模的国际资本净流出，一年内资本净流出超过 1 万亿美元。学界将这种国际资本流动现象称为“突然停止（Sudden

Stops，SS)”。国际资本“突然停止”会对东道国经济产生系统性的冲击，往往成为新兴市场经济体货币金融危机的直接诱因。关于国际资本流动“突然停止”冲击的形成机制及其影响的详细讨论见第三部分。

（一）新兴市场经济体国际资本流动的结构

通常可以将国际资本分为直接投资（Foreign Direct Investment）、证券投资（Security Investment）、其他投资（Other Investment）三类。不同类型的国际资本在稳定性上存在显著差异。根据已有研究，直接投资通常稳定性最强，证券投资次之，其他类型投资稳定性最差。因此在考察国际资本流动风险时，不仅要关注数量上的变化，而且要关注资本构成问题。从图 3 可以看出，1990 年以前流入新兴市场经济体的各类国际资本比较均匀。自 1993 年开始，更多的国际资本以直接投资形式流入新兴市场经济体，而其他资本则呈现大幅流出局面，尤其是在亚洲金融危机之后。自 2004 年开始，除直接投资外，证券资本成为流入新兴市场经济体的重要部分，尤其是 2012 年以来，证券资本占资本流入额的半壁江山。与之形成鲜明对比的是，自 2008 年开始，总的资本流入中直接投资日渐衰减，而其他资本的净流出则呈越演越烈之势。

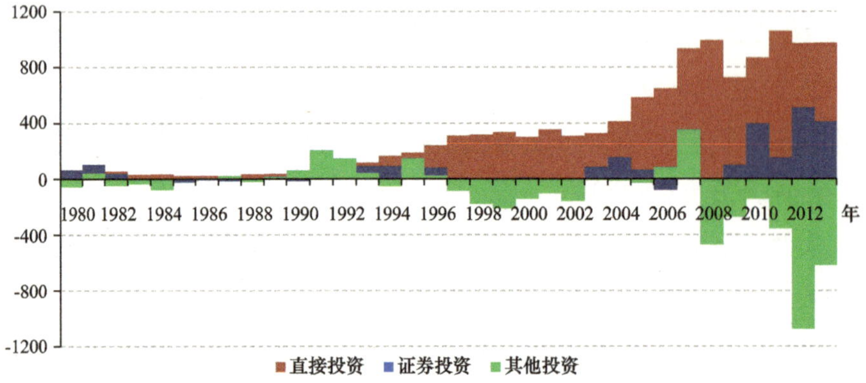

图 3　1980—2013 年流向新兴市场经济体的资本结构（单位：10 亿美元）

注：直接投资、证券投资、其他投资分别对应 BOP 账户中的 Direct Investment，Portfolio Investment，Other Investment。

资料来源：IMF 世界经济展望数据库（World Economic Outlook Data Base），经作者处理。

（二）新兴市场经济体国际资本流动的地域分布

国际资本在新兴市场经济体中的地域分布情况如何？图 4、图 5 和图 6 展示的是不同类型国际资本在新兴市场经济体的分布变化情况。从这三张图可以看出，不同类型国际资本的地域分布迥异。以图 4 为例，自 1990 年开始，国际资本中“直接投资”在亚洲区域平均为 600 亿美元，约占同类资本的 50%。不过，自 2004 年开始，流向亚洲地区的“直接投资”不断攀升，在 2011 年达到 2 800 亿美元。与之相比，1990 年至 2003 年，拉美和加勒比地区的“直接投资”数量仅次于亚洲，但 2004 年之后中东和北非地区、欧洲地区、撒哈拉以南地区的“直接投资”数量交替上升，逐渐侵蚀了拉美、加勒比地区的“直接投资”份额。直接投资的区域分布表明，亚洲在全球经济增长中的潜力和优势最为明显。

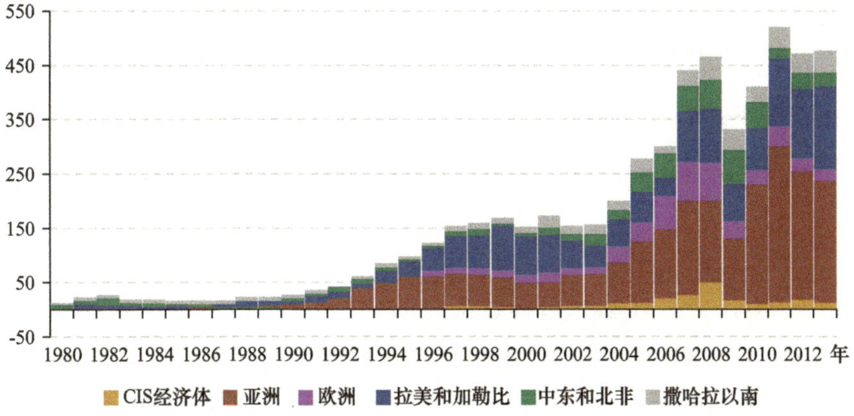

图 4　1980—2013 年“直接投资”在新兴市场经济体中的分布（单位：10 亿美元）

资料来源：IMF 世界经济展望数据库（*World Economic Outlook Data Base*），经作者处理。

较之“直接投资”，“证券投资”在新兴市场经济体中呈现周期变化，但区域分布比较杂乱。1980 年至 1998 年，证券资本在新兴市场经济体中的流入、流出大致相抵，净流入量较小。此间中东和北非地区在 20 世纪 80 年代初期呈现证券资本的净流出局面，而 20 世纪 90 年代初又呈现净流入局面。1998 年至 2002 年，证券资本在新兴市场经济体中呈现净流出局面，这与当时爆发的亚洲金融危机、俄罗斯金融危机密不可分。2002 年至 2007 年，证券资本在新兴市场经济体中呈现净流入局面，其中以欧洲地区最为明显。不过 2008 年之后，证券资本在新兴市场经济体中又呈现净流出局面，其中，以中东、北非地区的证券资本净流出最为明显，其次是亚洲地区。

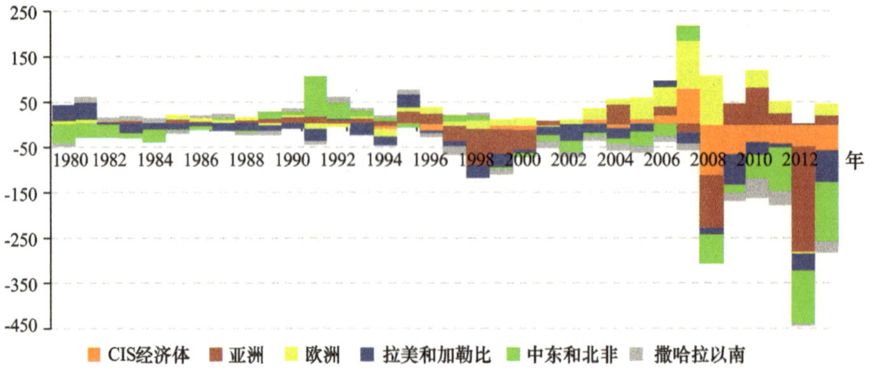

图 5　1980—2013 年“证券投资”在新兴市场经济体中的分布（单位：10 亿美元）

资料来源：同图 4。

“其他投资”涵盖了“直接投资”“证券投资”以外的其他资本类型。“其他投资”在新兴市场经济体的地域分布也呈现一定的周期性：第一阶段为 1980—1992 年，此时“其他投资”规模较小，资金主要在中东和北非地区流动；第二阶段是 1993—2002 年，此时“其他投资”从新兴市场经济体大幅流入转为大幅流出，其中以拉美和加勒比地区为代表；第三阶段是 2003 年至今，涌入新兴市场经济体的“其他投资”呈上升趋势，且以亚洲地区为代表。通常认为，“其他投资”对金融危机、经济形势的敏感性最高、稳定性差、伪装性强。在当前新兴市场经济体经济增长乏力、美国货币政策趋于收紧的背景下，2014 年以来，大量国际资本（甚至直接投资）借助“其他投资”渠道从新兴市场经济体抽逃。

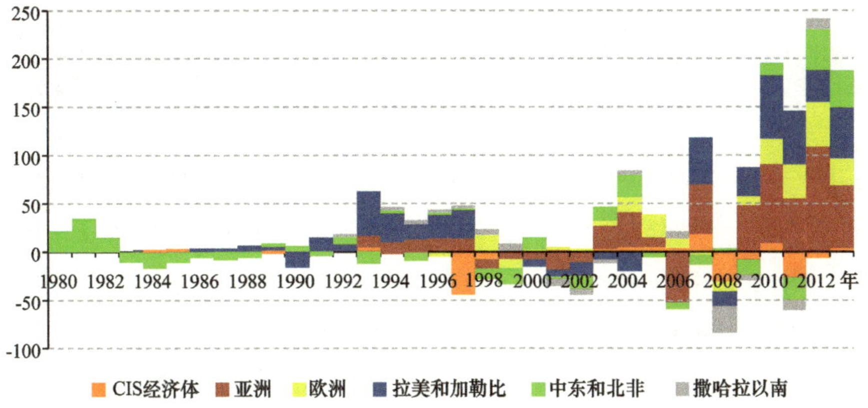

图 6　1980—2013 年“其他投资”在新兴市场经济体中的分布（单位：10 亿美元）

资料来源：同图 4。

（三）国际资本的国别来源及流向

流向新兴市场经济体的国际资本来自哪里？表 2 显示的是 2005 年至今全球资本流动的主要来源地和目的地分布情况。从地域上看，国际资本主要来自欧洲地区特别是欧元区的发达经济体，还包括亚洲的日本、新加坡、韩国、马来西亚以及石油输出国国家；目的地则较为分散，覆盖了亚太、北美、欧洲地区的发达和发展中经济体。

表 2　2005 年以来全球主要经济体的资本流动概况

单位：10 亿美元

年份	2005	2006	2007	2008	2009	2010	2011	2012	2013	平均值
美国	699.7	775.3	611.5	774.4	238.3	425.6	531.4	457.8	349.6	540.4
中国	95.3	49.3	94.2	40.1	198.5	286.9	265.5	-31.8	326.2	147.1
西班牙	83.7	113.3	150.9	170.6	88.1	55.7	66.5	1.1	-27.1	78.1
澳大利亚	50.1	50.9	36.0	51.6	63.0	41.3	69.5	77.7	68.2	56.5
英国	38.9	39.0	111.7	266.3	14.4	29.5	29.5	73.8	152.8	84.0
土耳其	37.3	38.2	45.3	36.4	9.2	57.3	64.1	68.3	72.7	47.6
印度	25.3	37.8	94.4	34.4	38.1	69.6	59.4	86.5	62.4	56.4
意大利	23.8	33.9	40.1	50.9	42.0	119.5	86.4	31.4	-26.8	44.6

续表

年份	2005	2006	2007	2008	2009	2010	2011	2012	2013	平均值
墨西哥	15.1	10.4	22.9	35.0	11.8	44.9	51.3	51.1	60.1	33.6
波兰	16.0	16.1	44.9	46.1	43.6	50.4	42.2	30.7	15.7	34.0
加拿大	-19.3	-19.3	-10.6	2.4	51.0	58.7	64.0	65.5	61.1	28.2
希腊	18.2	28.6	44.6	50.9	38.0	30.2	29.5	7.7	0.3	27.6
葡萄牙	18.1	18.6	21.6	31.9	25.9	24.0	14.4	5.1	0.5	17.8
罗马尼亚	14.7	18.8	31.0	26.3	10.3	12.1	8.9	4.9	3.3	14.5
南非	12.6	16.2	21.6	12.0	16.1	11.3	9.3	21.4	14.3	15.0
德国	-154.2	-215.9	-169.6	-205.2	-240.3	-142.0	-199.5	-263.8	-308.2	-211.0
日本	-121.0	-109.6	-194.1	-202.9	-163.3	-212.5	2.2	-96.1	105.9	-110.1
荷兰	-37.0	-57.9	-40.9	-13.6	-83.8	-30.4	-59.3	-80.0	-94.5	-55.3
挪威	-47.2	-39.3	-18.7	-75.9	-68.6	-37.0	-65.9	-51.3	-46.5	-50.1
科威特	-32.1	-48.8	-33.4	-49.6	-25.6	-43.4	-57.3	-76.5	-64.4	-47.9
俄罗斯	-17.7	4.0	86.1	-138.4	-37.4	-19.7	-74.6	-29.5	-42.6	-30.0
新加坡	-15.9	-12.0	-23.9	-18.6	-7.1	-21.9	-29.4	-38.7	-36.2	-22.6
欧元区	-35.6	-16.9	94.9	311.2	-5.8	-4.4	-33.7	-192.2	-319.0	-22.4
瑞士	-88.4	-59.2	-39.6	-10.3	35.6	19.1	12.0	78.9	-122.4	-19.4
瑞典	-25.7	-37.1	-9.0	19.6	6.3	-42.3	-43.3	-17.1	-17.2	-18.4
委内瑞拉	-9.2	-19.3	-20.5	-21.8	-9.8	-13.8	-24.8	-8.7	0.0	-14.2
韩国	-0.8	9.0	-7.8	-35.5	42.8	2.9	-9.4	-41.1	-66.3	-11.8
马来西亚	-9.7	-11.9	-11.4	-33.1	-23.4	-5.8	7.7	-7.8	-4.5	-11.1
奥地利	-1.3	-10.1	-12.3	-23.5	-17.5	-3.0	-5.2	-12.2	-12.4	-10.8
卢森堡	-1.2	-14.3	-19.3	18.9	10.3	-27.2	-18.5	-11.1	-12.3	-8.3

注：浅色部分为全球15个国际资本主要输入地，深色部分为全球15个国际资本主要输出地，包括欧元区；负号表示国际资本净流出；这里的国际资本是指BOP下资本和金融账户余额。截至目前，IMF只有2013年以前的数据是完整的，故统计至2013年。

资料来源：IMF国际金融统计（International Financial Statistics），并经作者计算整理。

（四）预测

2016—2017年，流向新兴市场经济体的国际资本数量总体将会上升，迟至2017年下半年新兴市场经济体的国际资本净流出局面将会好转。主要原因如下：

第一，美国经济触底尚未出现，美联储加息前景尚不明朗。从已公开的经济数据来看，尽管美国房地产数据好转，但就业前景不明、消费信心不足、制造业数据仍不及预期。美国2016年8月新房销售量经季节调整，按年率计算为50.4万套，远超预期的42.6万套，销量创2008年5月以来新高，环比激增18%，增幅创1992年1月以来新高。就业方面，美国劳工部公布8月非农就业数据显示，新增就业达15.1万人，不仅小于上个月25.5万人的增幅，而且小于平均水平19万人。而19万人被认为是美联储加息的通行证。消费信心方面，7月密歇根大学消费者信心指数初值89.5，创2014年9月以来新低。9月，这一指数预测值略微上升，但仍低于平均水平；在美元走强、全球增速放缓和美国本土出现不确定性之际，美国制造业前景扑朔迷离。8月，美国供应管理协会（ISM）制造业指数仅为49.4，不及预期的52，7月数值为52.6。这是美国供应管理协会制造业指数2016年2月以来首次陷入萎缩，此前该数据已经连续扩张五个月。而8月，美国非制造业活动扩张速度创2010年2月以来新低，从上月的55.5降至51.4。

7月28日，美联储议息会议维持联邦基准利率0.25%不变。不过，从会议纪要可以看出，美联储内部在美国经济未来走势和通胀未来的变化等方面依然存在较大分歧。多位美联储议息会议成员发表鹰派论调，如纽约联储主席杜德利（Dudley）、亚特兰大联储主席洛克哈德（Lockhart）和旧金山联储主席威廉姆斯（Williams）。美联储主席耶伦在半年度货币政策听证会上指出，美国经济前景存在相当大的不确定性，例如，雇佣放缓、投资疲软、经济低速增长可能是新常态。2016年6月底的英国脱欧也迟滞了美联储升息的步伐。美联储达拉斯联储主席卡普兰（Robert Kaplan）表示，英国脱欧对美国的影响还不明晰，美联储加息依然持谨慎态度。我们预测，美联储基本上不可能在2016年年底前加息。在美联储“加息”靴子摇摆不定之际，新兴市场跨境资本外流压力将不断缓释。

第二，欧元区及日本的资本流出局面将继续维持。首先，欧元区和日本经济增长乏力，这奠定了资本净流出局面。根据2016年7月19日国际货币基金组织（IMF）发布最新《全球经济展望》（WEO），欧元区2016年、2017年的经济增长率分别调整为2.2%和2.5%，而2015年的实际增长率为2.4%。英国、德国、法国、意大利和西班牙2016年的预期增长率分别为1.7%，1.6%，1.5%，0.9%和2.6%，而2017年的增长率分别为1.3%，1.2%，1.2%，1.0%和2.1%。由此可见，总体上，欧元区经济将进一步衰退。与此同时，日本2016年、2017年经济增长预期分别为0.3%和0.1%，而2015年经济增长为0.5%。其次，欧洲、日本宽松货币政策将继续维持，这为资本净流出预设了前提。脱欧冲击导致全球货币政策宽松的预期显著上升。英国公投脱欧结果出炉当天，英国央行行长卡尼表示，英国央行已经为脱欧准备了2 500亿英镑的额外资金，确保市场足够的流动性。在脱欧公投之前，欧洲央行行长德拉吉表示，欧元区通胀势头仍受到抑制，欧洲央行有可能采取进一步的刺激措施应对英国公投结果。脱欧公投后，90%以上的经济学家认为，欧洲央行9月前会采取更多刺激措施。欧洲央行8月19日公布的货币政策会议纪要显示，英国“脱欧”和糟糕的银行业状况影响欧元区的经济复苏，“在当前不确定性的环境下，仍旧处于较高水平的经济疲态以及疲弱的工资和物价压力意味着，未来的政策讨论需要涉及工资发展趋势、通胀预期、中期货币政策发展方向等，因此未来欧洲央行仍旧有理由保持非常宽松的货币政策立场”。市场预期欧洲央行会将每个月购买800亿欧元（约合900亿美元）债券的“量化宽松”（QE）计划的期限从2017年春延至更长。

自2012年年底“安倍经济学”开始推行至今，日本宽松货币政策已逐渐显现出力不从心的疲态。核心通胀率从2012年年底的-0.2%上升到2014年年中的3.4%后，又快速下降至2016年的-0.3%，日元兑美元汇率则完全回到了2014年10月日本央行推出宽松政策时的水平。投资者和经济学家普遍认为，日本央行将采取更加宽松的货币政策，包括将负利率延伸至借贷领域、购买更多的股票上市交易基金（ETF）或进一步减息。日本央行4月28日宣布维持现有货币政策不变，继续以每年80万亿日元的速度扩大货币基础量，并对金融机构存放在央行的部分超额准备金维持-0.1%的利率。

在上述两方面因素的作用下，目前新兴市场经济体的国际资本呈现净流入局面，一改2014—2015年的颓势。从国际金融协会（Institute of International Finance，IIF）公布的数据看，资金全面看好新兴市场经济体，债市和股市都出现资金净流入。由于大量资金涌入，逆转了长达三年的新兴债券市场熊市。美银美林数据显示，流入新兴市场经济体股票基金的资金几乎与流入债券的资金相当。截至8月17日，新兴市场经济体股票基金净流入资金51亿美元，规模创下58周新高，连续七周净流入，为两年来最长净流入期。

通常而言，新兴市场经济体的资本流入状况受到美联储货币政策走势、发达经济体货币政策走向和自身经济增长三重因素的影响。前面已论及欧元区与日本的宽松货币政策会继续维持，这为全球提供了资本流出之源。而美联储推迟加息的政策至少在2016年不会改变，加息效果也逐渐被市场消化，美国从欧元区和日本的资本流出中所分的“一杯羹”至少不会增加。这样，国际资本流入新兴市场经济体的关键因素在于新兴市场经济体自身是否有足够的吸引力。相较于发达经济体而言，新兴市场经济体经济基本面总体略微强健。除了一些陷入衰退的国家外，其他国家的经济增长率仍高于发达经济体，虽然整体差距比前些年明显缩小。2016年7月，国际货币基金组织对2016年、2017年新兴市场经济体的经济增长预测维持不变，分别为4.1%和4.6%，而对发达经济体的经济增长率分别调低至1.8%和1.8%，这样新兴市场经济体的经济增长较发达经济体的优势更为突出。因此，新兴市场经济体在未来两年仍能有力吸引国际资本流入。

二、国际资本流动的驱动因素与风险

（一）国际资本流动的驱动因素

国际资本流动无非是趋利避害，那么，“利”从何来？“害”从何生？早期学者认为，资本大幅流入主要源自东道国国内资本收益率高于国际平均水平，同时能获取投资“分散化（diversification）”的好处。站在另外一个角度，国际资本流动还能规避特定区域的政治、经济和金融风险，实现国际避税。

目前对国际资本的分析主要是从国际资本供求的角度展开的。通常认为，国际资本的供应源自国际发达经济体，它们的因素（国际因素）构成了国际资本流向新兴市场经济体的推动因素（push factors），这些因素涵盖了发达经济体的金融创新活动、投资收益和资本管制政策（Levy－Yeyati，1999①）。国际资本的需求方是新兴市场经济体，其自身状况构成了国际资本流向新兴市场经济体的拉动因素（pull factors），包括经济体自身的国内信贷、经济成长、贸易状况、经济开放度、金融抑制程度、汇率制度等诸多方面（McKinnon和Pill，1999②）。

那么，在国际资本流动方面，是“推动”因素更重要，还是“拉动”因素更重要？部分研究认为，“推动”因素（国际因素）是推动资本流向新兴市场经济体的主因（Fernandez－Arias，1996；Reinhart和Reinhart，2008；Forbes和Warnock，2012；Mandalinci，2013）；也有学

① Levy Yeyati E，Global Moral Hazard. Capital Account Liberalization and the “Over－lending Syndrome”［R］. IMF Working Papers，1999，No. 99/100

② McKinnon R I，Pill H. Exchange－rate Regimes for Emerging Markets：Moral Hazard and International Over－borrowing［J］. Oxford Review of Economic Policy，1999，15（3）：19－38.

者认为，“拉动”因素（内部因素）对资本流动的影响更大（Taylor 和 Sarno，1997；Mody et al.，2001；Alfaro et al.，2005；Ali Aşkın Çulha，2006）。由于不同类型国际资本在稳定性上存在显著差异，学者们对国际资本流动的构成进行了细致考察。根据前人的实证研究，科普克（Koepke，2015）梳理了不同类型的国际资本与不同类型“推动”“拉动”影响因素的相关系数，见表3。

表3　各类因素与不同类型国际资本的相关性

类型	驱动因素	股权资本	债权资本	银行资本	直接投资
推动因素	全球风险规避程度	强负相关	强负相关	强负相关	关系不明
	成熟经济体利率水平	强负相关	强负相关	弱负相关	关系不明
	成熟经济体产出增长率	弱正相关	弱正相关	关系不明	关系不明
拉动因素	本国国内产出增长	强正相关	强正相关	强正相关	强正相关
	本国资产收益率	强正相关	强正相关	强正相关	关系不明
	本国国别风险	弱负相关	弱负相关	强负相关	弱负相关

资料来源：Robin Koepke. What Drives Capital Flows to Emerging Markets?［R］. A Survey of the Empirical Literature. IIF Working Paper，2015.

从表3可以看出，“直接投资”与东道国经济增长率密切相关，受其他因素影响较少。这也从侧面说明了直接投资的稳定性。从“推动”因素来讲，“全球风险规避程度”上升，则涌向东道国的各类国际资本（除直接投资）均明显减少。“成熟经济体的利率水平”也是影响国际资本（除直接投资）流向东道国的重要驱动因素，而“成熟经济体的经济增长率”则对其涌向东道国的资本影响较微弱。站在“拉动”因素的角度，东道国的“国内产出水平”“国内资产收益率”对国际资本的吸引力最大，而本国的“国别风险”影响为负，但并不明显。

那么，对新兴市场经济体而言，究竟是“推动”因素重要还是“拉动”因素重要？这个问题学界尚无定论，对不同经济体、不同区间内的经验研究很可能得出不同的结论。戈什等（Ghosh，2012）指出，

“推动”因素是导致国际资本从发达经济体流向新兴市场经济体的主要因素，而“拉动”因素是决定国际资本最终流入哪些特定新兴市场经济体的主要因素。由于在每一轮大规模的资本流动过程中，并非所有新兴市场经济体都面临资本流入，这恰好说明“推动”因素与“拉动”因素都在国际资本流动过程中发挥了重要作用。国际货币基金组织（2011）在区分“推动”因素与“拉动”因素的基础上，进一步区分了“周期性”因素与“结构性”因素。“周期性”因素与全球经济和国别经济的周期性变动有关，而“结构性”因素则与全球和国别经济中的制度性因素或中长期因素有关。全球结构性因素包括发达经济体的人口老龄化、新兴市场经济体与发达经济体在潜在增长率方面的持续差异、全球金融市场的信息技术改进与投资者本国偏好的下降等，而全球周期性因素则包括全球流动性以及国际机构投资者风险偏好的变化等。张明、肖立晟（2014）综合了上述两种分类方法，将国际资本流动的驱动因素分为如下四大类，见表4。

表4　各类因素与不同类型国际资本的相关性

	“周期性”因素	“结构性”因素
“拉动”因素	资本流入国利率水平较高 资本流入国通货膨胀率较低	资本流入国资产负债表改善 资本流入国经济增长率较高 资本流入国贸易开放度较高
“推动”因素	美元利率水平较低 国际投资者风险偏好较高	国际资本组合多元化程度较高 发达经济体经济增长率较低

资料来源：张明、肖立晟．国际资本流动的驱动因素：新兴市场与发达经济体的比较［J］．世界经济，2014（8）：151－172．

利用52个经济体的数据（30个新兴市场经济体，22个发达经济体）进行广义矩估计（Generalizcd Method of Moments，GMM），分别考察了短期资本流动、净资本流动、总资本流动的驱动因素后，张明、肖立晟（2014）总结出表5。

表 5 不同类型经济体资本流动的驱动因素比较

变量	新兴市场经济体			发达经济体		
	短期资本流动	净资本流动	总资本流动	短期资本流动	净资本流动	总资本流动
经济增长率	+	+	+			
利率						–
汇率变动率				+	+	+
美国经济增长率	—	—	—	+	+	+
美国利率		+	+			+
VIX 风险指数	—	—	—		+	

注：短期资本流动规模等于各国国际收支表中金融账户余额减去直接投资项目余额，即组合投资余额与其他投资余额之和。净资本流动规模等于金融账户余额。总资本流动则等于直接投资流入额、组合投资流入额和其他投资流入额之和。

资料来源：同表 4。

通过表 5 不难看出，新兴市场经济体与发达经济体各类资本流动的驱动因素明显不同。对新兴市场经济体而言，本国经济增长率是资本流动最重要的“拉动”因素，而全球风险偏好变动与美国经济增长率的变化是最重要的“推动”因素。对发达经济体而言，汇率变动率是资本流动最重要的“拉动”因素，而美国经济增长率是最重要的“推动”因素。张明、肖立晟（2014）的非线性面板回归结果显示，在金融市场平静时期，汇率变动率与经济增长率是新兴市场经济体短期资本流动的重要驱动因素，但这些因素在金融市场动荡时期不再显著；在金融市场平静时期，发达经济体短期资本流动对利差与经济增长率差异并不敏感，但在金融市场动荡时期，利差与经济增长率之间的差异会显著影响发达经济体资本流动占该季度 GDP 的比率。

（二）国际资本流动产生的风险

国际资本流动如何冲击东道国经济系统？有的研究表明，资本流动的规模并不足惧，可怕的是短期内大量资本流入之后又迅速流出，即资本流动大量涌入后又“突然停止（Sudden Stop 或 Capital Account

Reversibility，简称 SS)”才是新兴市场经济体亟待解决的问题。那么，何为“突然停止”？其对东道国经济的冲击机制如何形成？通常而言，国际资本大规模涌入新兴市场经济体往往会导致东道国货币升值、经济过热、财政扩张、资产价格膨胀、经常项目赤字、金融机构货币错配等一系列问题，并加剧新兴市场经济体的脆弱性，使其遭遇“突然停止”的可能性进而演化为货币危机、银行危机的可能性上升。

国际资本流动“突然停止”如何酿就危机？卡尔沃等（Calvo 和 Reinhart，2000）[①] 认为，“突然停止”会通过“凯恩斯渠道（Keynesian Channel)”和“费雪渠道（Fisherian Channel)”对实体经济产生冲击。当发生“突然停止”时，一国通常借助减少外汇储备或汇率贬值加以应对，这会带来出口上升、总需求下降。在工资价格黏性的背景下，总需求下降自然会导致一国经济衰退，此即凯恩斯效应。在费雪效应下，国内需求下降会引致非贸易品相对于贸易品的价格下降，这会降低非贸易品厂商的库存、抵押品的价值，进而强化其融资困难。对银行而言，抵押品价值下降也会导致其不良贷款率上升，甚至出现资不抵债现象，爆发银行危机的概率上升。出于安全考虑，银行对公众信贷会更加谨慎，这会进一步加剧凯恩斯渠道下的紧缩问题。面临银行危机和经济衰退时，一国官方通常采取大规模的财政救援计划，但在国内扭曲的分配体系下，资源配置效率低下的救援效果甚微，这反而给一国造成财政负担，为信贷危机埋下伏笔。在上述危机的叠加效应下，甚至国内投资者也会对本国状况失去信心，于是资本加剧外逃，进而导致货币危机发生。

（三）国际资本“突然停止”风险的识别和概率测度

通常对“突然停止”的识别有两类方法：一是萨克斯等（Radelet 和 Sachs，1998；Rodrik 和 Velasco，1999；Sula，2010）提出的界定方法：$\Delta FA<0$ 且 $\Delta FA/GDP\leq\tau$，即认为该经济体发生了“突然停止”；

---

① Calvo G A, Reihart C M. When Capital Inflows Come to a Sudden Stop: Consequences and Policy Options [R]. *MPRA Paper*, 2000, No. 6982.

二是卡尔沃等（Calvo et al.，2004；Bordo et al.，2010；Rothenberg 和 Warnock，2011）为代表的界定方法：$\Delta FA \leqslant \mu_{\Delta FA} - \beta\delta_{\Delta FA}$，其中，$FA$ 代表资本金融余额，μ 是 ΔFA 的滚动均值，δ 是 ΔFA 的滚动标准差。第一类方法中的 $\Delta FA < 0$ 的不足之处在于，只考虑到出现资本流出时的“突然停止”，须知 FA 由一个较高的正值变成较低的正值也意味着发生了“突然停止”。本报告使用第二类方法，同时考虑到中国资本管制比较严格的事实，本报告附加了一个条件 $\Delta FA/\mathrm{GDP} \leqslant -2\%$。相反，如果 $\Delta FA \geqslant \mu_{\Delta FA} + \beta\delta_{\Delta FA}$，则说明该国遭遇了国际资本流动“突然涌入（Sudden Surge）”。对一国经济的危害而言，“突然停止”的危险性高于“突然涌入”。因此本报告以“突然停止”测度国际资本流动的风险。

如何进一步刻画“突然停止”危机发生的概率呢？经典的套路有两类：一类是“间接法”，即选择与危机高度相关的变量（如利差、外汇市场压力指数等）作为被解释变量，通过构建模型以测度危机概率。如菲德等（Feder 和 Just，1977；Ben - Bassat 和 Gottlieb，1992；Ozyildirim 和 Yaman，2005；Prabheesh，2013）以国内外利差作为危机发生概率的代理变量，以短期外债、储备、进口作为解释变量，通过构建 logit 回归模型间接测算危机概率。这类模型内在假定国内外利差越高，国内面临资本流出的压力越大，爆发危机的概率越高，但它忽视了新兴市场经济体普遍存在的利率非市场化、资本管制等事实，因而难以用其直接测度中国面临的“突然停止”危机概率。另一类是“直接法”，即直接假定危机概率的某种分布形式，并通过现实数据进行拟合、修正。以杰恩等（Jeanne，2007；Čeh 和 Krznar，2008）为代表的学者直接构建危机概率模型，形如：$\pi_\rho = F\ (a - b\rho)$。其中，$\pi$ 为危机发生概率，ρ 为实际外汇储备与 GDP 之比，$F(\cdot)$ 是标准正态分布变量的累积分布函数。参数 a 体现一国对危机的“脆弱性（fragility）”，当 b 为 0 时，a 为一国遭遇危机的“外生”概率。如以中国总体遭遇的“突然停止”概率 x 为外生概率，则有 $a = F^{-1}\ (x)$。参数 b 可以理解为危机发生概率对外汇储备的弹性，体现外汇储备在降低危机发生概率方面的“效率”。加西亚等（Garcia 和 Soto，2004；Jeanne，2007）在研究中将参数 b 设定为0.15。从 π_ρ 的表达式可以看出，如果 b 趋近于0，则危机概率均为外生概率，就忽略了外汇储备在降低危机概率方面的作用。对此，卡斯拿等（Čeh 和 Krznar，2008）引入参数 c 将原概率模型改造为 $\pi_\rho = F\ (a - b\rho + c/\rho)$，同时他们建议 c 的取值应尽量小，以凸显外汇储备 ρ 减少时对危机概率上升的作用。

三、 中国国际资本流动的现状与风险评估

（一）中国国际资本流动的概况

1998 年至今，中国的资本和金融账户余额整体上为正且规模不断扩大，这体现出以中国作为代表的新兴市场经济体在吸收全球金融资本方面的能力在不断增强。但在国际危机背景下，在资本和金融账户余额方面，中国于 2007Q4，2008Q4，2011Q4，2012Q2，2012Q3，2014Q2 至今出现了显著负值，即出现了国际资本净流出。在 2010Q4，2013Q4 两个时间节点上，中国的国际资本净流入值呈两次明显的“Λ”形反转，从大幅流入逆转为大幅流出，参见图 7。

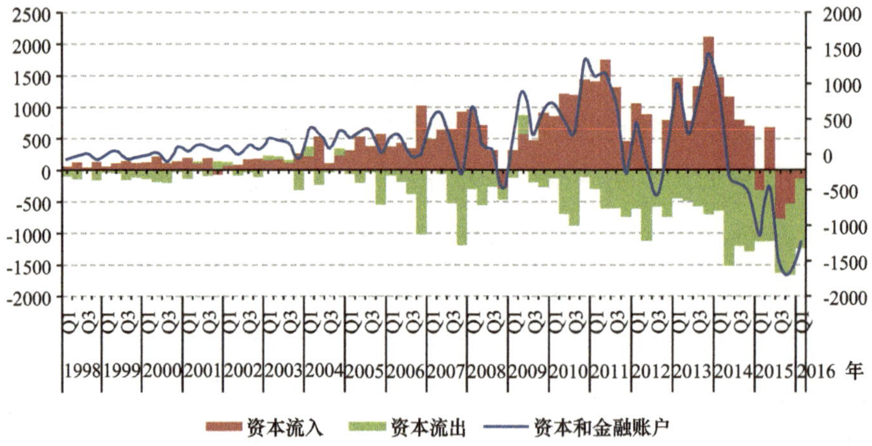

图 7 中国 1998 年至今的国际资本流入流出情况（单位：亿美元）

资料来源：国家外汇管理局。

那么，国际资本是以何种身份进入中国的呢？进一步将资本和金融账户余额分解为资本账户余额、直接投资余额、证券投资余额和其他投资余额后不难看出（见图8），“直接投资”是中国资本和金融账户长期盈余的中流砥柱，其可占到中国资本和金融账户盈余的60%以上（见图9）。“其他投资”“证券投资”呈明显的周期性波动，而“资本账户”所占比重甚微。通过各类型资本的变化可知，其受到的影响因素存在某种差异：“直接投资”长期呈现上升态势，但2013年之后，“直接投资”占比迅速下降，甚至在2015Q2、2016Q1出现负值。“证券投资”在2010年以后持续为正，但2014Q4之后由正转负。值得注意的是“其他投资”剧烈的波动性。自2008年开始，“其他投资”呈现周期的变动且波幅不断扩大，成为左右中国资本流动方向的最强力量。在“其他投资”的影响下，中国在2007Q4，2008Q4，2011Q4三个时点上以及2014Q2至今相继遭遇了大规模的国际资本流出局面。可以说，控制“其他投资”的流向及波幅直接决定着中国所面临的资本流动格局。

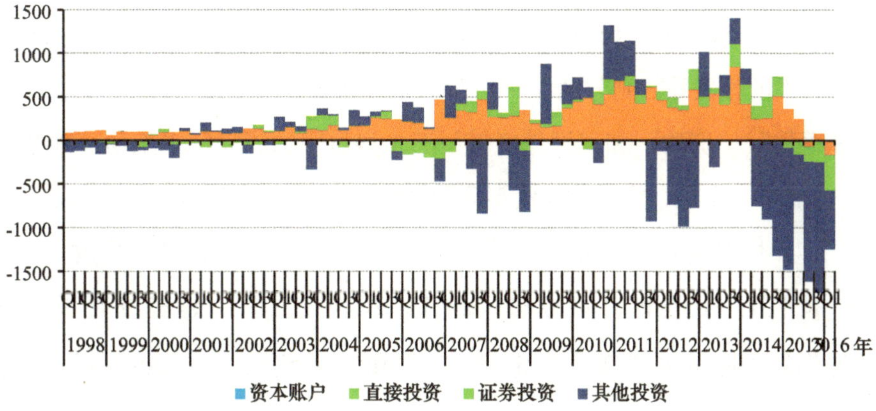

图8　中国资本和金融账户各子项变化示意图（单位：亿美元）

资料来源：国家外汇管理局。

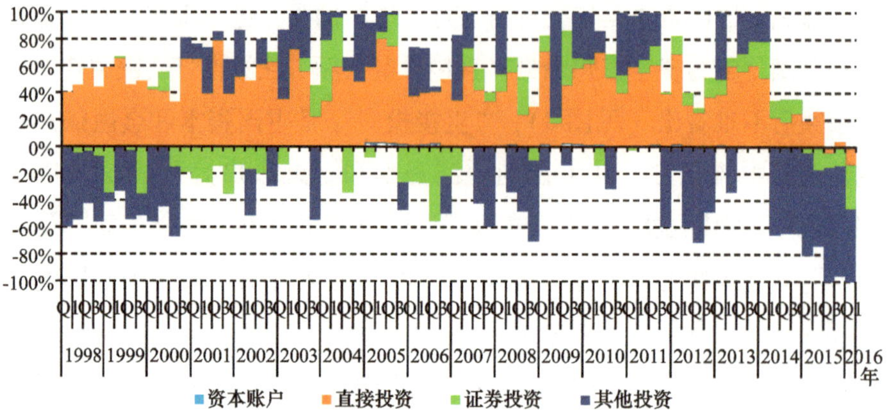

图9 中国资本和金融账户各子项占比变化示意图

资料来源：国家外汇管理局。

通常“其他投资”科目下分“货币和存款”、“贷款”、“保险和养老金”、“贸易信贷”和“其他”共五个四级科目。那么，“其他投资”各子科目对其余额的影响如何？从图10可以看出，“货币和存款”余额、“贷款”余额、“贸易信贷”余额对“其他投资”总体余额的影响最大。通过计算可知，这三者的余额与“其他投资”总体余额的相关系数分别为0.726 5，0.781 5和0.635 9，而“保险和养老金”、“其他”与“其他投资”总体余额的相关系数则分别为－0.055 4和－0.032 0。由此可见，控制“货币和存款”、“贷款”和“贸易信贷”三个科目下的国际资本流动，对稳定“其他投资”余额，实现整体资本流动平稳、有序具有重要的现实意义。

（二）中国国际资本流动“突然停止”风险的识别与测度

按照上一部分的计算方法“$\Delta FA \leqslant \mu_{\Delta FA} - \beta\delta_{\Delta FA}$”，这里测算了中国遭遇到的国际资本“突然停止（SS）”和“突然涌入（SSurge）”的时点和频率。从图11a可以看出，2006年以后，中国的资本和金融项目余额变动在不断放大并频繁突破“突然涌入”的上限，比如，2007Q1，2008Q1，2009Q1，2010Q4，2012Q1，2013Q1和2015Q2这些时点。同时在2007Q3，2011Q4，2013Q2，2014Q2和2015Q3时点上突破了“突

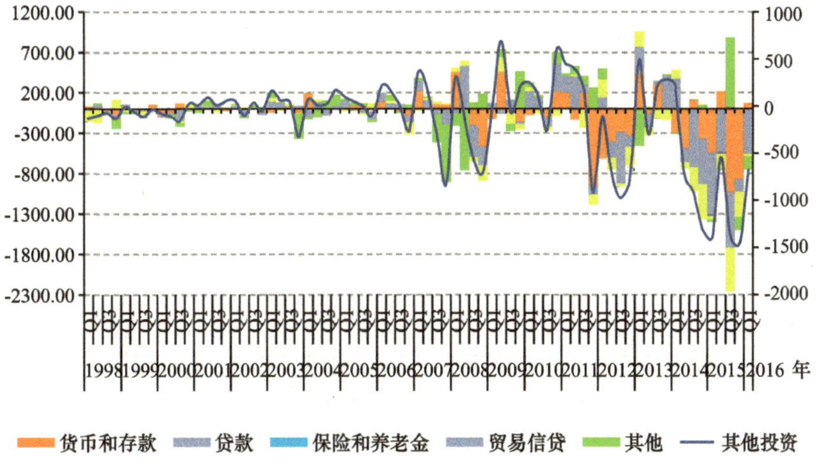

图 10　中国“其他投资”各子项变化示意图

然停止”的下限；从图 11b 可以看出，2008 年以前，中国交替发生着“突然停止”和“突然涌入”，但 2008 年至 2011Q3，中国未发生“突然停止”，反而发生了数次国际资本“突然涌入”。这与当时国际金融危机的环境密不可分，彼时中国在 4 万亿资金刺激下经济一枝独秀，反观美欧身陷泥淖，国际资本从美欧抽撤至中国。由此可见，资本的避险、逐利性是驱动其在国际穿梭的永恒动力。

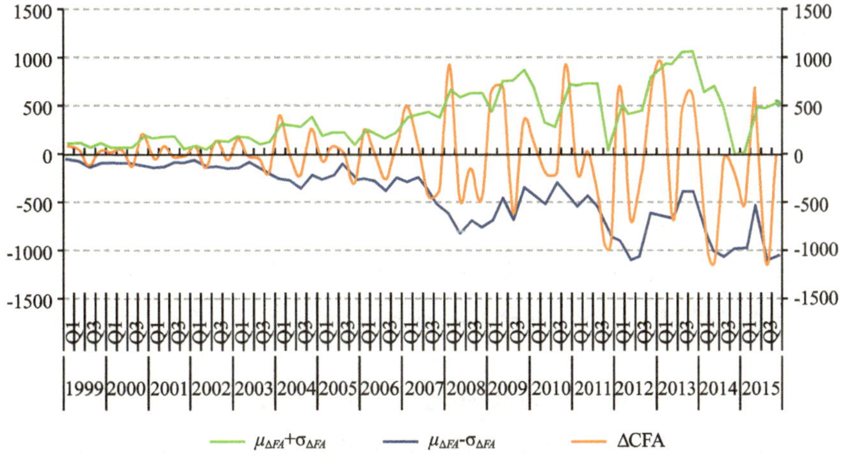

a. 突然停止、突然涌入的识别情况

图 11

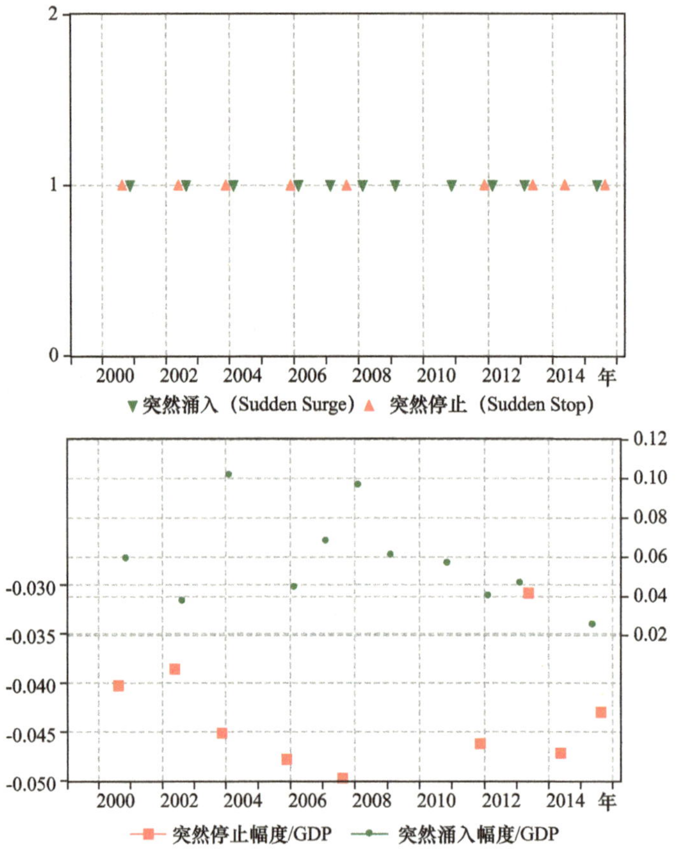

b. 突然停止、突然涌入情形汇总

图 11　中国面临的“突然涌入”和“突然停止”示意图

注：ΔFA 表示金融账户余额的变动值；μ 为 ΔFA 的滚动均值（以 8 个季度为 1 周期）；σ 为滚动标准差；$\mu-\sigma$ 表示以变化值的滚动均值为中心，减去 1 个变化均值的标准差，作为识别突然停止的临界值，一旦 ΔFA 超过该值，则被认定发生了突然停止；同样，$\mu+\sigma$ 则是为了识别国际资本“突然涌入”（Surges），一旦 ΔFA 超过此限，则会被认为发生了资本涌入；图 b 是根据图 a 统计出来的，一旦在图 a 中被识别，则表现在图 b 中；GDP% 表示 ΔFA 与产出之比。

数据来源：IMF 国际金融统计（International Financial Statistics），并经作者计算整理。

从图 11 中还可看出，2011Q4 之后中国又开始遭遇“突然停止”问题，特别是 2014 年 Q2，流入中国的资本数量较上一季减少 1 100 亿美元。且自 2014Q2 至今，中国的金融项目（除储备外）连续 8 个季度出现资本净流出，其中最严峻的是2015Q3和2015Q4两个季度，平均净流出1 600亿美元。进入2016年，资本净流出局面好转，2016Q1资本净流出减少至1 200亿美元，资本净流出出现收敛迹象。即便如此，2014Q2至今累积净流出高达7 422亿美元，这种情况前所未有，包括在亚洲金融危机期间，中国金融项目也仅两个季度呈现净流出局面。国际资本累积净流出额度与中国储备降幅相吻合。2013年年底，中国外汇储备高达3.99万亿美元，而目前只有3.2万亿美元。由此可见，控制资本流动对稳定外汇储备规模意义显著。

（三）中国国际资本流动“突然停止”发生概率的测度

站在危机预防的角度，持有外汇储备能通过“信号显示”的方式遏制国际资本的投机行为，进而降低“突然停止”发生概率 π，因此，π 是 ρ 的减函数。关键是如何刻画这一函数关系？我们首先界定和识别中国遭遇的国际资本流动“突然停止”危机，然后拟合出外汇储备与危机发生概率之间的函数关系。根据 $\Delta FA \leqslant \mu_{\Delta FA} - \sigma_{\Delta FA}$，并且 $|\Delta FA|/GDP \geqslant 2\%$ 这一标准，利用1990年至2015年的中国国际收支数据识别出的“突然停止”情况如图12所示。

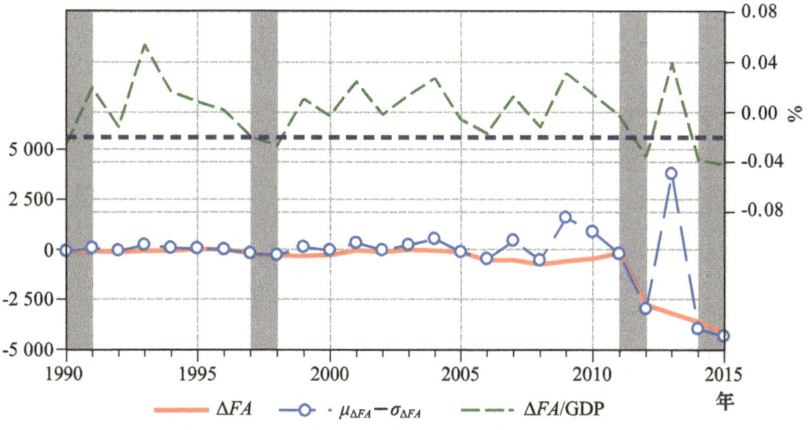

图12 中国国际资本流动“突然停止”的识别和测度（单位：亿美元）

数据来源：国家外汇管理局，经作者计算。

从图 12 可以看出，中国在 1990 年、1997—1998 年、2012 年、2014—2015 年遭遇了 6 次“突然停止”冲击（见图 12 中的阴影部分）。其中最严重的是 2015 年，资本金融账户逆转额占 GDP 高达 -4.19%。大多数的研究直接以“突然停止”发生的频率作为危机发生概率，如本研究中 26 年出现了 6 次，那么“突然停止”发生概率可定为 23.1%。本报告认为这样处理比较“粗糙”，忽略了危机概率的时变（time - varying）和集聚（cluster）特征。这里使用前文提及的直接法估计中国发生“突然停止”的概率。根据中国“突然停止”全部的概率为 23.1% 可以推知参数 a 应为 -0.736。参照加西亚和索托（2004）、杰恩（2007）的研究，本报告将参数 b 取值为 0.15，参数 c 取 0.000 01。这样中国遭遇的“突然停止”危机概率如图 13 所示。从趋势上看，中国发生“突然停止”危机的概率在 1990—2000 年呈缓慢下降的态势，2001—2009 年，伴随着外汇储备增长，“突然停止”危机概率迅速下降，而后在 2011—2015 年，危机概率又迅速攀升。考虑到中国未来低速增长、储备稳定在 3 万亿美元左右的现实，根据前面的模型，本报告预测 2016 年至 2018 年，中国发生“突然停止”危机的概率将稳定在 22% 附近。

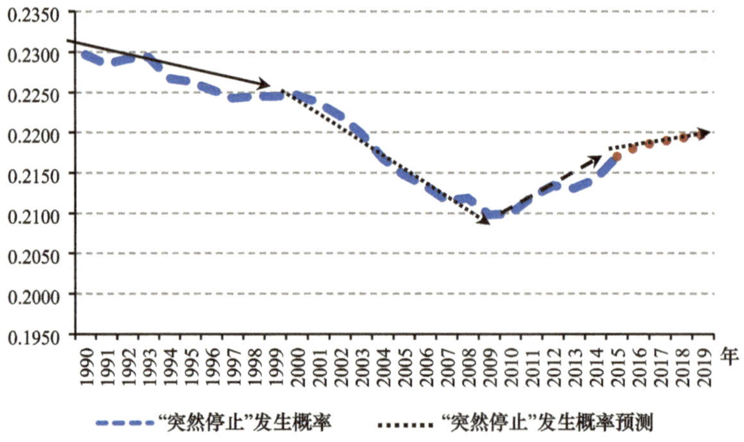

图 13　中国发生国际资本流动“突然停止”的概率

（四）对中国未来国际资本流动的风险评估

本报告预测，中国的国际资本流出压力在2016年至2017年将不断下降，爆发国际资本流动“突然停止”风险的概率也会随之降低。这一推断主要基于以下四个方面。

1. 外部风险趋于下降，跨境资本流出压力缓释

受美国退出量化宽松政策、俄乌危机、阿根廷债务危机、新兴市场经济体经济增长率下滑等因素影响，国际市场避险情绪在2015Q3初期显著上升，VIX指数一度达到40，接近欧债危机时的状态。这一指数在2016年年初回落到15的历史平均值，尽管2016年6月英国“脱欧公投”短期内使国际金融市场情绪趋紧，VIX指数一度升高到25附近，不过市场的紧张情绪很快就被英国、欧盟的宽松货币政策所抵消，VIX指数目前低至12.87。而且从趋势上可以看出，自2008年至今，VIX指数一直处于趋势性下降通道中（见图14）。与此同时，代表金融市场紧张程度的金融压力指数（St. Louis Fed Financial Stress Index，SLFFSI）在全球金融危机时骤然上升（图15），伴随着危机的深入，这一指数又不断下降。尽管2014年7月以来这一指数出现上升趋势，不过这一数

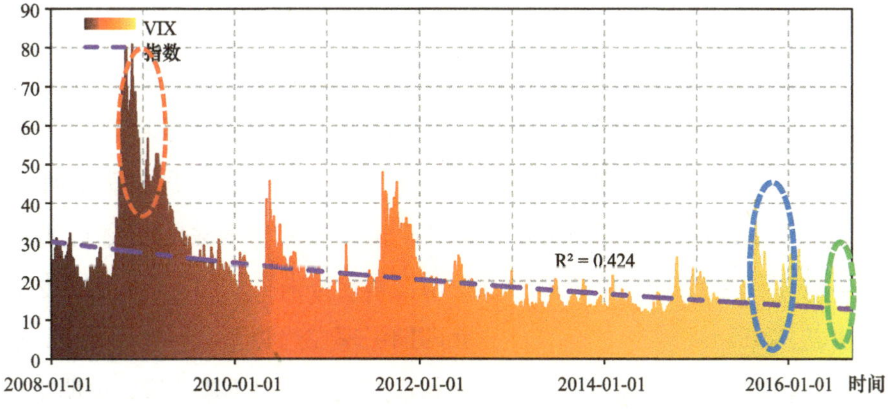

图14　2008—2016年VIX指数变化图

资料来源：Fed ST Louis。

值仍低于平均（正常）值。2016 年以来，这一指数显著下降，全然未受英国“脱欧公投”的不利冲击。这也从侧面说明英国“脱欧”对全球金融市场的影响比较有限。鉴于国际金融形势不断好转，本报告预期中国自 2015 年第 3 季度开始的国际资本净流出“收窄”局面在 2017 年中期之前不会改变，未来中国的国际资本流出压力会不断减小。

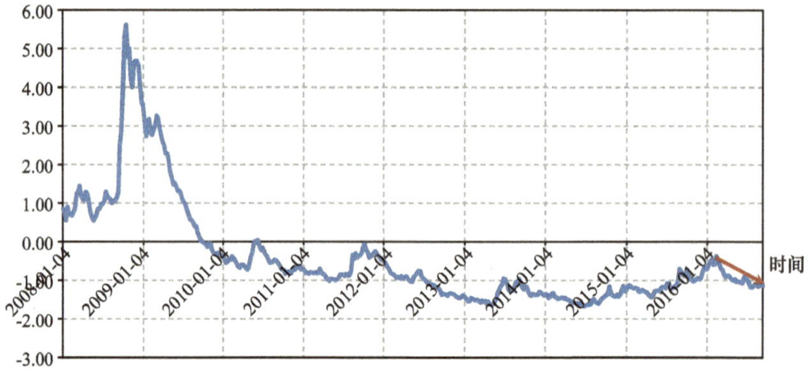

图 15　金融压力指数（SLFFSI）变化图

资料来源：Fed ST Louis。

2. 人民币汇率趋于稳定，有助于抑制套利资本异动，降低“突然停止”风险

从图 16 可以看出，2014 年年初开始，人民币兑美元汇率结束了此前单边升值态势，并于 2015 年后半年加速贬值，人民币兑美元即期汇率（Spot Rate）与 NDF 市场的远期汇率价差不断拉大，显示远期人民币贴水加大，人民币贬值预期加强。2015 年的“8・11”汇改旨在“消除贬值压力，校正汇率偏差”（官方通告）。从后续人民币汇率走势来看，“8・11”的确达到了初衷。2016 年以来，人民币对美元即期汇率在趋势上虽有些许贬值，但远期汇率基本实现了稳定，并且即期和远期汇率敞口不断收窄，说明市场对人民币后市看法趋于一致。本报告预期 2016 年后半年至 2017 年，人民币兑美元汇率稳定在 6.8～7.0 之间，人民币汇率不存在大幅升贬值的基础。另外，从各种货币的实际有效汇率来看（见图 17），尽管 2016 年以来人民

币实际有效汇率月贬值 6%，但相对于 2010 年的实际有效汇率而言，仍升值 20%。基于上述因素，本报告预计 2016 年后半年至 2017 年人民币汇率能基本稳定，这有助于抑制国内资本异动，消除国际资本大幅流入、流出的动力，从而降低中国遭遇国际资本流动“突然停止”的风险。

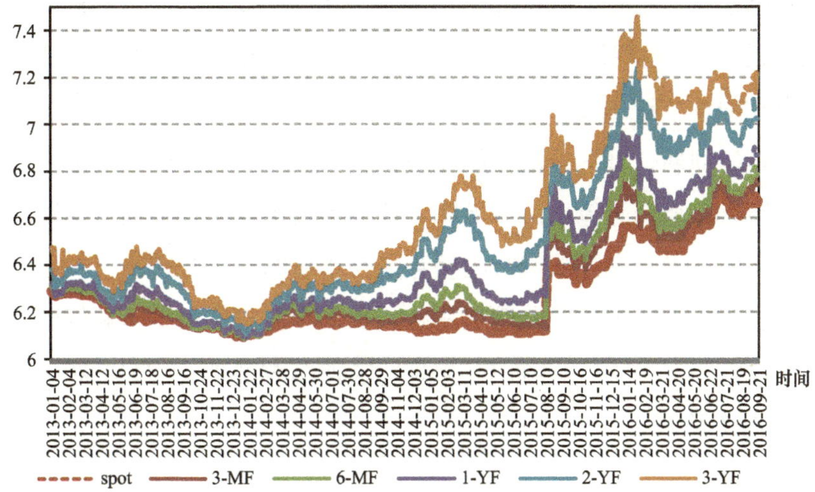

图 16　人民币即期和 NDF 汇率走势图

资料来源：Thomson Reuters。

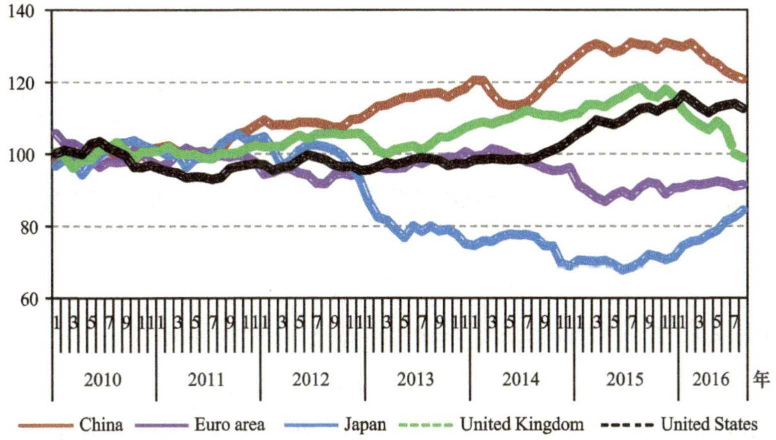

图 17　人民币实际有效汇率（REER）

资料来源：BIS。

3. 即期、远期结售汇逆差收窄，预示国际资本流出风险逐渐缓解

结售汇意愿往往与跨境资金流动密切相关，而远期结售汇情况往往引导着即期结售汇走向。全球金融危机开始后，国内即期结售汇情况稳定，售结比在1左右。但2015年6月至2015年12月，国内即期外汇售结比接近1.6，远期外汇市场售结比高达7，说明国内资本不安情绪膨胀，潜在的资本流出动力增强（见图18）。进入2016年后，市场情绪趋于稳定，即期、远期外汇售结比分别降至1.07和1.29，结售汇逆差逐步收窄，跨境资金流出总体下降。这与年内出台的一系列支持跨境投融资、向境外投资者开放银行间债券交易市场的新政策密不可分。结售汇逆差收窄，预示中国此前遭遇的跨境资本净流出局面将不断好转，资本流出风险不断缓解。本报告预测，这种结售汇好转的局面将成为2017年的主基调。

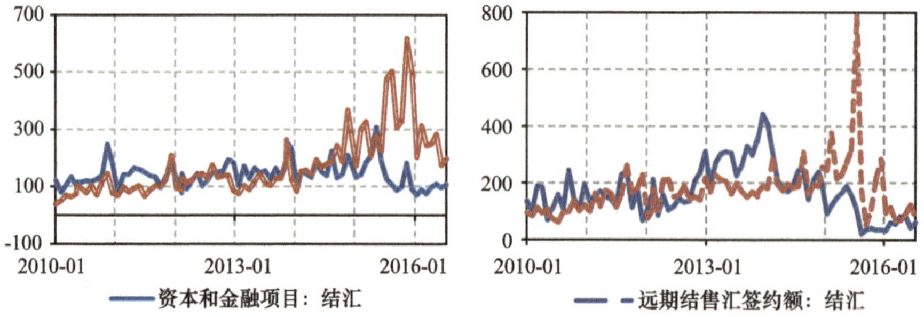

图18 人民币即期和和远期结售汇统计：2010年1月—2016年8月

资料来源：国家外汇管理局。

4. 国内经济开始触底，这将吸引更多外资流入

2016年第3季度，中国实际GDP增长率同比增长6.8%，略高于上个季度的6.7%，为雷曼危机时期即2009年第1季度（同比6.2%）以来的低水平。但是第3季度的主要经济指标大多比前期有大幅改善，显示经济已经开始触底反弹。

首先，制造业的采购经理指数（PMI）2015 年 8 月达到 50.4，达到 2014 年 10 月以来的最高水平，突破了 50 的荣枯分水线。在调查项目中，不仅产量，在新订单、采购量、进口、采购品价格等领域都出现了改善。8 月的非制造业 PMI 略微收窄至 53.5，但仍高于荣枯线（参见图 19）。

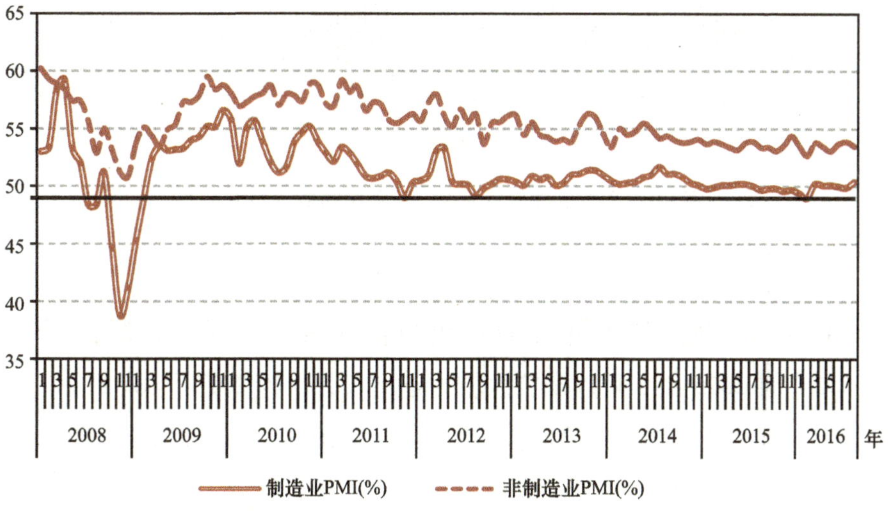

图 19　制造业与非制造业的 PMI 变化

资料来源：国家统计局。

其次，全球金融危机后国内 4 万亿刺激计划在 2010 年年初显露疲敝，此后四年，工业进入下滑通道。进入 2015 年，在“去产能”的大背景下，工业保持低位运行且呈现低动力复苏（见图 20）。2016 年 8 月，工业增加值（以规模以上企业为对象）的同比增长率从 4 月的 6% 上升至 6.3%。

再次，在内需方面，作为消费指标的社会消费品零售总额在经历了 7 月的增速放缓之后，2016 年 8 月增长了 10.6%，其中 1—8 月全国网上零售额 30 210 亿元，同比增长 26.7%。8 月，社会消费品零售增速回升，市场销售稳中有快。

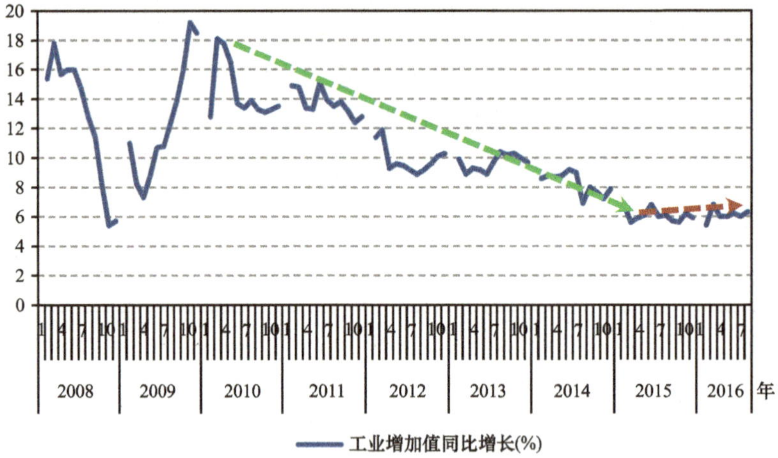

图20　全球金融危机后中国工业增加值增长情况

资料来源：国家统计局。

在外需方面，2016年3月的出口额（按美元计算）同比增长11.5%，自2015年6月以来首次转为正增长，尽管2016年8月进口增速提高，而进出口差额仍然呈上升态势（见图21）。受2015年夏季以来人民币贬值、欧元和日元兑美元升值的影响，人民币的有效汇率下降，这有助于提升中国产品在国际市场上的价格竞争力。

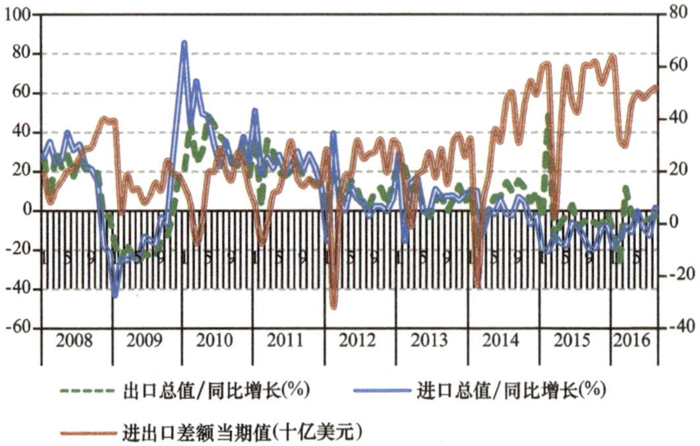

图21　全球金融危机以来中国进出口同比变化

资料来源：国家统计局。

四、 基于预防国际资本流动“突然停止”风险的政策组合

2014 年下半年的油价下跌和美欧制裁导致俄罗斯国际资本流入“突然停止”（Sudden Stops）加剧，卢布贬值压力陡增。尽管俄罗斯央行大规模干预汇市，俄罗斯卢布仍贬值近 50%。在资本流动冲击和汇市干预的双重重压下，看似“强大”的俄罗斯外汇储备从 2014 年年初的 4 696 亿美元降至年末的 3 394 亿美元，降幅高达 27.7%。2013 年以来，中国外汇储备总量下降约 7 000 亿美元，以致国际货币基金组织和英国《金融时报》开始质疑中国外汇储备的充足性。同时，人民币国际化和汇率市场化改革也内在要求更为开放的资本流动环境。不难预期，未来中国面临的资本流动冲击将更为频繁。在这样的背景下，如何管理外汇储备以防范国际资本流动“突然停止”的冲击？如何进行政策搭配以有效缓解“突然停止”危机的后果？这是本部分的核心内容。这里首先构建一个包含消费者个体、商业银行、货币当局的一般均衡分析框架，其中，货币当局为防范国际资本多期冲击、实现消费者跨期消费效用最大化而持有外汇储备，继而采用仿真和迭代的方法测算内生的最优外汇储备持有量，采用敏感性分析方法提炼影响最优储备持有的关键因素，并“捉对”比较外债政策、银行政策、汇率政策在外汇储备（国际资本流动“突然停止”）应急管理中的作用。

（一） 基本逻辑

首先，居民个体消费源自国内产出、居民国内外贷款和政府转移支付。国内商业银行吸收居民储蓄，在提留准备金后全部用于发放国内贷款。政府通过短期国际借款和发行长期国际债券募集资金，主要用于对国内居民的转移支付和储备累积。当国际资本流动“突然停止”时，政府通过减少储备积累、增加转移支付以平抑居民个体消费波动，实现个体消费者跨期效用最大化的目的①。通过求解居民跨期效用最大化函数，

① 此处的“跨期”是指正常状态时和发生资本流动“突然停止”危机时。

可得最优外汇储备持有量的表达式。不过，最优外汇储备量受到国际资本流动“突然停止”危机发生概率的影响，而危机发生概率又受到实际外汇储备量的影响，从而只有当最优储备量与实际储备相等时方为“全局”最优储备量①。通过敏感性分析可以明确外汇储备的影响因素，通过弹性分析可以量化影响因素的大小，最后通过政策“捉对比较”可以明晰各类政策在节约储备、防范国际资本流动“突然停止”冲击时的效果。

（二）理论模型

通过推导可得一国最优外汇储备 ρ^* 的表达式为（具体推导过程见附录）：

$$\rho^* = \frac{1+\lambda_L+\lambda_G+(1-\alpha)\lambda_D-\frac{1+r}{1+g}\left[\lambda_L+\lambda_G+\left(\frac{1+r^d}{1+r}-\alpha\right)\lambda_D\right]-w^{\frac{1}{\sigma}}(1-\gamma)^{m-1}\psi}{\delta+\pi_\rho+w^{\frac{1}{\sigma}}(1+\Delta q)^m(1-\gamma)^{m-1}(1-\delta-\pi_\rho)}$$

上式中，r 为国际借款利率。α 为银行准备金率，δ 为国际风险溢价，π_ρ为国际资本流动“突然停止”发生概率。ρ，λ_L，λ_D，λ_G分别代表外汇储备 R_{t-1}、私人短期外债 L_{t-1}、政府短期外债 G_{t-1}、私人储蓄存款 D_{t-1}占国内产出 Y_t^{ns}的比重。σ 为风险厌恶系数 γ 为产出损失，w 为国际资本流动发生与未发生“突然停止”时消费者边际消费效用替代率。

$$\phi=(1-\gamma)-\frac{1+r}{1+g}(1+\Delta q)^m(\lambda_L+\lambda_G)+\left[\frac{a(1+r)-(1+r^d)}{1+g}+\right.$$

$\left.(1-\phi)(1-a)\right]\lambda_D$，这其中 ϕ 为危机时居民资产置换率，同时

$$\omega=\frac{(1-\pi_\rho)(1-\delta)(\pi'_\rho\rho+\delta+\pi_\rho)+\pi'_\rho C_t^{ns}}{\pi_\rho(1-\sigma)(1+\Delta q)^m(1-\gamma)^{m-1}(-\pi'_\rho\rho+1-\delta-\pi_\rho)+\pi'_\rho C_t^{ss}},$$

---

① 假如存在一个实际储备量 A，该储备量对应着危机发生概率 π，在这一概率下的最优储备量为 B。危机发生概率 π 是 A 的减函数，B 是 π 的增函数。如果 $A>B$，那么（$A-B$）部分是否为“多余”储备？自然不是！试想，如果实际储备量 A 减少（$A-B$），那么 π 将上升，进而 B 不再是最优。这一点对 $A<B$ 的分析仍然试用。因此，只有当实际储备 A 与最优储备 B 数量相等时，此时的外汇储备方为最优。

C_t^{ns}表示“正常”状态下的居民消费，C_t^{ss}表示“危机”状态下的居民消费。危机发生概率 π_ρ的形式可以通过模型具体估计出来。从其构造来看，影响一国最优储备量ρ^*的因素颇多，很难通过求导的方法判断各因素对货币当局持储行为的影响，因此有必要通过参数校准和敏感性分析方法进行考察。另外，一国实际储备量ρ会影响 π_ρ，进而影响最优储备量ρ^*，因此该模型只能通过数值近似的方法求取$\rho=\rho^*$时的最优储备量。

（三）参数设定

首先对ρ^*的表达式相关参数设定基准值，以测算中国的最优储备量。各变量的基准值及设定依据如表6。

表6　各参数基准值的校准情况

参数名称	代码	计算方法	基准值	变化区间	变动幅度	预期影响	数据来源
产出增长率	g	对中国实际产出取自然对数并HP滤波，之后对时间趋势项回归，所得时间项系数即是	0.0964	[0.00,0.20]	0.002	+	国家统计局
产出损失	γ	中国遭遇“突然停止”时产出低于潜在产出的累积值按期平均	0.0786	[0.00,0.20]	0.002	+	
“突然停止”危机发生概率	π	以 $\Delta FA \leq \mu_{\Delta FA} - \theta\Delta FA$ 且$\lvert\Delta FA\rvert$/GDP≥2%为标准识别危机，然后构建危机概率模型测算不同时期的“突然停止”概率	-	-	-	-	根据国家外汇管理局《中国国际收支平衡表》，采用Rothenberg和Warnock(2011)标准，经作者计算
“突然停止”危机持续期	m	根据n^*T_n/m测算历次危机的加权平均持续期，其中，n为危机次数，T_n为每次危机持续期，m为危机总次数	1.5	[0,3]	0.03	+	
风险厌恶程度	σ	经验取值	3	[2,6]	0.04	+	经典文献
国际风险溢价	δ	美国10年期国债与1年期国债收益率之差	0.01574	[0,0.05]	0.0005	-	美联储圣路易斯分行经济数据库 Fed St Louis Economic Data

续表

参数名称	代码	计算方法	基准值	变化区间	变动幅度	预期影响	数据来源
无风险利率	r	中国90天期国库券年化收益率	0.034 5	[0,0.10]	0.001	+	中国债券信息网 www.chinabond.com
存款利率	r^d	中国一年期存款加权平均利率	0.049 1	[0,0.20]	0.002	+	中国人民银行
银行存款准备金率	α	法定存款准备金率+超额存款准备金率	0.177 1	[0,0.30]	0.003	-	中国银监会《商业银行主要监管指标情况表》;中国人民银行货币政策执行报告、《中国人民银行文告》
居民资产置换率	ϕ	储户提取本币存款/全部存款	0.050 0	[0,0.20]	0.002	+	经验设定
私人短期外债占比	λ_L	私人部门短期外债/GDP	0.066 7	[0,0.20]	0.002	+	国家外管局《中国长期与短期外债结构与增长》;世界发展指数(WDI)数据库
政府短期外债占比	λ_G	公共部门短期外债/GDP	0.022 2	[0,0.20]	0.002	+	
居民储蓄占比	λ_D	居民储蓄存款余额/GDP	0.65	[0.30,1.0]	0.07	+	中国人民银行公布的《金融机构本外币信贷收支表》
汇率变化率	Δq	根据2014—2015年人民币兑美元平均贬值率	0.032 9	[0,0.20]	0.002	?	中国人民银行

对中国1990年至2015年的实际GDP取自然对数，然后进行HP滤波以获得长期趋势，随后以此为被解释变量，以时间趋势为解释变量进行回归，则时间趋势项系数即为中国经济平均增长率 g。按此法计算可

知，过去26年间中国实际GDP平均增长率为9.64%。就国际资本流动“突然停止”造成的产出损失γ而言，各研究设定差异较大：杰恩和郎西埃（Jeanne 和 Rancière，2011）通过对34个经济体的统计后将其界定为6.5%；卡斯拿等（Čeh 和 Krznar，2008；瑞兹·阿旺兹和瓦蒂吉尔；弗科米尔和萨姆林斯基，2008）则将γ分别界定为8.7%，19%和15%。因此，在设定γ值时必须根据实情，因地制宜。这里首先识别“突然停止”发生时点，然后根据遭遇“突然停止”的当期及后期产出低于潜在产出的累积值作为γ的历史基准值。通过计算发现，中国因1990年、1997年、2014年遭遇的国际资本流动“突然停止”造成的累积潜在产出损失分别为6.96%，7.28%和9.35%，平均每次潜在损失7.86%①。

危机持续期m越长，则货币当局基于缓冲危机所需的储备量也就越高。中国实际遭遇“突然停止”危机的持续期m最短1年（两次），最长2年（两次），因此这里以1.5年作为m的基准值。风险厌恶程度σ体现了消费者对风险的态度，其值越高，则越厌恶风险，进而储备需求越高。就取值而言，σ通常介于2~6之间。考虑到外汇储备领域研究惯例和中国厌恶风险情况，这里取3作为σ的基准值。国际风险溢价程度δ通常用美国长短期国债利差刻画。通过测算可知，1990至2015年，美国10年期国债收益率为4.93%，而1年期国债收益率为3.35%，二者相差1.57%，因此以其为δ的基准值。通常使用一国短期国债收益率表示该国无风险利率r。中国1998年至2014年90天期国库券平均年化收益率为3.45%，因此r取值2.45%。存款利率r^d采用中国人民银行公布的一年期定期存款利率表示，遇年内利率调整，则以时间为权计算年加权平均利率值。通过计算可知，1990年至2015年存款利

① 本报告定义资本流动“突然停止”危机带来的潜在产出损失γ为：t时刻经济体遭遇危机时点的产出低于趋势（潜在）产出的幅度，用后续产出低于趋势产出的幅度累积相加的方法得到。如果$t+2$时刻产出超出了趋势产出，则累积产出损失只累积到$t+1$时刻。

率平均为4.91%，故以此作为r^d的基准值。

银行存款准备金率α越高，则银行的流动性越强，发生挤兑的概率越低，银行经营越稳健。稳健的银行体系某种程度上提升了一国抵御外部风险的能力，因此存款准备金与外汇储备应呈负相关关系。在统计上，存款准备金率是法定存款准备金率和超额存款准备金率（俗称备付金率）之和。关于前者，自1984年中国实行存款准备金制度以来，法定存款准备金率信息比较公开。本报告根据《中国人民银行文告》计算了不同年份的法定存款准备金率。对年内数次准备金率调整的问题，这里采用时间加权处理。中国人民银行2008年之后实行的差额存款准备金率，对此本报告以大型金融机构、中小型金融机构在银行业的资产为权重计算加权的法定存款准备金率。超额存款准备金不受人民银行直接管理，中国人民银行仅规定其应在5%～7%之间（1989年）。由于行业、地域差异，各商业银行的超额存款准备金率不尽一致。在处理上，针对1998年之后的超额准备金率数据，采用中国人民银行历年货币政策执行报告、中国银监会《商业银行主要监管指标情况表》予以确定。但官方并未公布1990年至1997年的超额存款准备金情况，这里将此间超额存款准备金率设定为10%。通过计算可知，1990年至今的平均存款准备金率为17.71%，并以此作为α的基准值。国内外经验表明，当爆发国际资本流动“突然停止”危机时，居民会到银行将本币存款转换为外币以规避风险，进而导致银行挤兑。在这一过程中，居民提取本币存款并兑换为外币的数额占原存款余额之比即为居民资产置换率ϕ。出于稳定考虑，国内很少公布银行挤兑的具体情况，致使我们不得不根据国内外案例推测ϕ的基准值。拥有150年历史的英国北岩银行（Northern Rock）在2007年遭遇挤兑，9月14、15两天30亿英镑存款被挤提，占存款总额的12.5%；根据中新网披露的消息，2014年9月24—26日，江苏射阳农商行遭遇的存款挤兑案中三天存款被挤提3亿元，约占同期存款的3%。考虑到中国庞大的居民存款规模（70万亿元人民币）和居民换汇限制，

ϕ 到达 5% 时足以引起管理层的高度重视，进而出台更严厉的外汇管制举措，因此本报告以 5% 作为 ϕ 的基准值。

就规模而言，2000 年之后中国外债迅速攀升，至 2015 年达 1.5 万亿美元。就期限而言，短期外债在全部外债中占比不断冲高，从 2000 年的 40% 提高到目前的 70%。不过官方并未公布私人和公共部门短期外债结构，但世界银行的“世界发展指数（WDI）”数据库披露了各时期中国公共和私人部门应偿付的到期外债余额（debt service on external debt），如以此为权重，可反推出公和私部门的短期外债规模及其在 GDP 中的占比。通过计算得到私人部门短期外债占 GDP 比重 λ_L 自 2000 年后稳步上升至 6.67%，公共部门外债占 GDP 比重 λ_G 则逐年下降至 2.22%。故本报告以 6.67% 和 2.22% 作为 λ_L 和 λ_D 的基准值。根据中国人民银行《金融机构本外币信贷收支表》发布的数据，私人储蓄占 GDP 的比重 λ_D 自 1990 年的 30% 稳步增加到 2015 年的 75%，因此以平均值 65% 作为 λ_D 的基准值。至于经济体遭遇“突然停止”时汇率贬值程度 Δq，尽管 1990 年、1997 年、1998 年中国遭遇“突然停止”冲击时人民币面临贬值压力，但依然维持了名义汇率不变。2014—2015 年中国遭遇“突然停止”冲击时，人民币对美元汇率贬值 6.58%，平均每年贬值 3.29%，故以其为 Δq 的基准值。

（四） 数值模拟结果与讨论

根据前文参数设定，将各参数基准值代入 ρ^* 的表达式，通过迭代的方法可测算出中国最优的外汇储备量占 GDP 之比为 23.02%（测算代码见附录 1）。需要注意的是，23.02% 这一数值是建立在各参数基准值（历史平均值）之上的，属于静态最优外汇储备系数。

如将各历史时期参数实际值代入 ρ^* 的表达式，则可得动态的最优外汇储备系数。进一步将静态和动态最优外汇储备系数乘以 GDP，可分别得到静态、动态最优外汇储备量（具体如图 22 所示）。从图 22 中不难看出，早期中国实际外汇储备量低于静态和动态的最优外汇储备量。这一状况直到 2002 年后才发生改变，此后实际外汇储备量逐年攀升。这与中国“入市”的制度背景密不可分。中国出口行业在“入市”后凭借禀赋优势迅速扩张，并诱致国际资本涌入出口行业，最终导致国际收支中的贸易盈余与资本和金融账户盈余的“共生”和“同向”特征。尽管最优外汇储备量连创新高，但其与实际储备量的缺口不断扩大，2013 年峰值达 1.7 万亿美元。不过这一缺口在 2014 年和 2015 年收窄至 1 万亿美元和 9 000 亿美元。

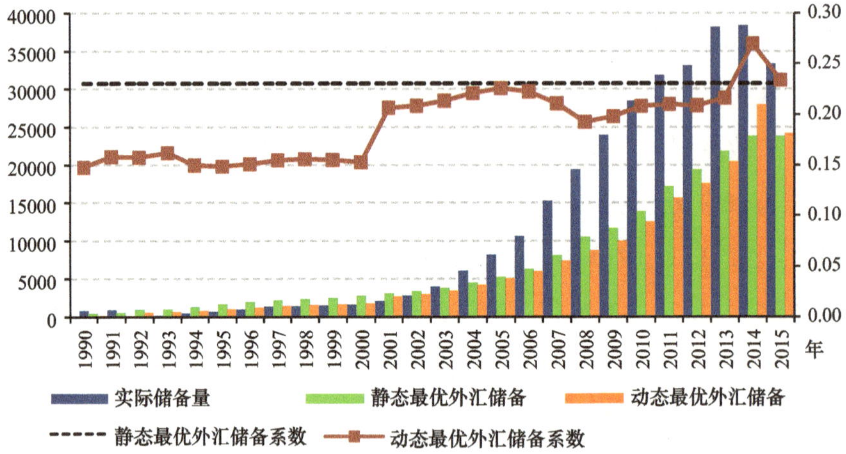

图 22　中国的最优外汇储备量及系数（单位：亿美元）

如果站在动态最优外汇储备系数角度，这一系数在 1990—2000 年稳定在 15% 左右。但自 2001 年开始，这一系数陡然上升至 20% 以上，甚至在 2014 年达到 27.02%。是什么因素导致最优外汇储备系数 ρ^* 发生剧烈的变化？从 ρ^* 的表达式不难看出，影响 ρ^* 的因素多达 14 个，除了“突然停止”危机发生概率是内生决定的，其余 13 个外生参数都可能对 ρ^* 的变动发生作用，因此须对这些参数进行敏感性分析。

（五）敏感性分析

以各参数的变动区间为界，逐一考察各参数对 ρ^* 的影响，具体如图 23 所示。

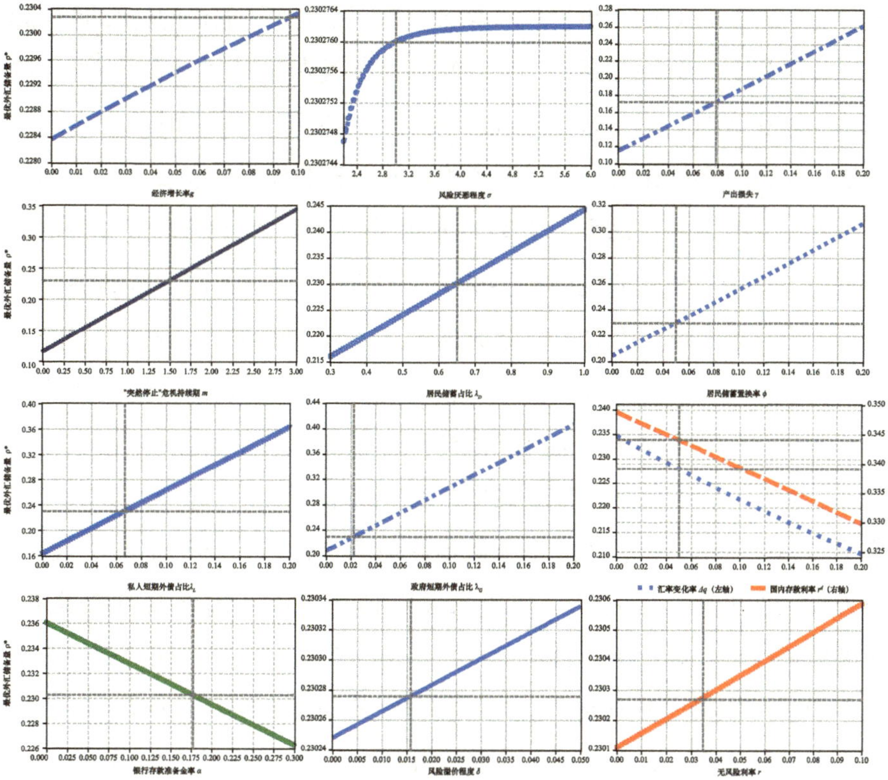

图 23　最优外汇储备量 ρ^* 对各参数的敏感性

注：各图纵轴均为最优外汇储备量 ρ^*，横轴为各参数，其取值范围见表 6；图中浅色垂直虚线为各变量的基准值，浅色水平虚线为变量基准值对应的最优外汇储备数值。

从形态上看，除银行存款准备金率 α、存款利率 r^d、汇率变化率 Δq 外，其余参数与最优储备 ρ^* 呈正相关关系。就经济增长率 g 而言，较高的经济增长意味着较高的消费水平，因此，出于预防消费波动而持有的外汇储备也会相应增加，由此不难理解 g 与 ρ^* 之间的正相关关系。当一国风险厌恶程度 σ 上升时，该国为防范国际资本流动危机而持有的外汇储备 ρ^* 也会上升。不过二者呈现非线性关系：在较低的风险厌恶程度下（$\sigma \leqslant 3.5$），σ 上升带来 ρ^* 的加速上升，而风险厌恶水平较高时（$\sigma > 3.5$），σ 上升带来 ρ^* 上升的速度递减。同样，资本流动“突然停止”危机带来的产出损失γ越大，“突然停止”危机的持续期m越长，一国持有外汇储备的ρ^*也会越高。当国内居民的储蓄比例λ_D越高、居民在遭遇“突然停止”危机时资产置换率ϕ越高时，官方为应对居民储蓄置换的压力、维持汇率稳定而持有的外汇储备ρ^*也会上升。伴随着私人短期外债比率λ_L和政府短期外债比率λ_G上升，官方为偿付短期债务、防范债务危机而增持的外汇储备ρ^*也会提高。就利率因素而言，当存款利率r^d上升时，会通过利差吸引外资涌入，因此可以降低官方持有储备ρ^*。对于风险溢价程度δ而言，其值越高，说明国际风险程度越强，官方基于防范风险而持有的储备比率自然越高。汇率变化率Δq升高（本币贬值）带来最优外汇储备ρ^*下降，这一点似乎与我们感受相悖。本报告认为，汇率贬值会对最优外汇储备产生两层效应：一方面，本币贬值会通过“估值效应”提高本国在国外发行的债券、短期借款所募资金的本币价值，扩大东道国的资金规模，故会对外汇储备形成替代作用；另一方面，本币贬值促使一国干预汇市的动因增加，对外汇储备的需求也会上升。因此，汇率贬值对最优外汇储备ρ^*的影响取决于上述两股力量的对比①。从图形呈现的结果来看，“估值效应”占据上风，因而呈现Δq与ρ^*的负相关关系。同时，一国银行体系的准备金率α越高，则该国银行运营更加稳健。尽管该国遭遇国际资本流动“突然停止”危机时外源性资金流入减少，但稳健的银行体系依然能供应经济运行所需资金，这也减少了官方为维持国内信贷、稳定经济增长、平滑消费而持有的外汇储备量，因此α与ρ^*呈负相关关系。

然而敏感性分析只能判断各参数对ρ^*的影响方向，不能考察各参数的影响程度。要计算影响程度，须进一步测算各参数在变动区间内对ρ^*影响的弧弹性和各参数在历史均值上对ρ^*影响的点弹性。各参数的计算结果如表7所示。

---

① 即便是针对浮动汇率经济体，在利率平价作用下，本币汇率贬值也能减少套利空间，弱化投机性资本流出。

表7　各参数的弧弹性值和点弹性值

参数	g	σ	γ	m	λ_D	r	δ
弧弹性 e_1	0.004 35	0.000 006 37	0.390 72	0.499 09	0.115 07	0.001 05	0.000 19
点弹性 e_2	0.007 54	0.000 005 36	0.330 97	0.495 77	0.114 52	0.000 71	0.000 12
参数	Δq	α	ϕ	λ_L	λ_G	r^d	
弧弹性 e_1	-0.054 26	-0.021 28	0.201 17	0.382 17	0.327 08	-0.028 08	
点弹性 e_2	-0.028 42	-0.024 96	0.110 83	0.287 86	0.095 74	-0.013 15	

注：弧弹性计算依据为 $e_1=[(\rho_t{}^*-\rho_{t-1}^*)/(\rho_t{}^*+\rho_{t-1}^*)]/[(K_t-K_{t-1})/(K_t+K_{t-1})]$，其中$K$代表$g$，$\sigma$，$\gamma$等参数，其取值为“变化区间”的上下限。点弹性值计算通过 $e_2=[(\rho_t{}^*-\rho_{t-1}^*)/\rho_t{}^*]/[(K_t-K_{t-1})/K_t]$ 近似得到，其中K_{t-1}代表g，σ，γ等参数，其取值为历史基准值，K_t为一个“变动幅度”的增加。

从弧弹性的绝对值来看，各参数对ρ^*的影响大小不一，其中，最高的是“突然停止”危机的持续期m，当m增加1%时，最优储备量ρ^*将增长近0.5%，而风险厌恶程度σ和国际风险溢价δ对ρ^*的影响极其微弱。按照影响程度，可以将上述13个参数的弧弹性划分为“高影响（$e_1\geqslant0.2$）”、“中度影响（$0.01\leqslant e_1<0.2$）”和“低影响（$e_1<0.01$）”三组。易知，“突然停止”持续期m、产出损失γ、私人部门短期外债λ_L、政府部门短期外债λ_G、危机时居民资产置换率ϕ对ρ^*存在较大的影响，管理好上述参数对最优外汇储备规模控制意义明显。而居民储蓄比率λ_D、存款准备金率α、存款利率r^d、汇率变化率Δq对ρ^*的影响居中。至于经济增长率g、无风险利率r、国际风险溢价δ、风险厌恶程度σ对ρ^*的影响，则较为微弱。由于弧弹性考察的是变动区间内的政策影响，而点弹性考察的是政策实施伊始的“瞬时”效果，这一点在政策选择上更有意义。从点弹性e_2数值上看，参数如m，γ，λ_D，δ，σ，r，α的点弹性值与弧弹性值略有不同，但私人部门短期外债λ_L、公共部门短期外债λ_G、危机时居民资产置换率ϕ对ρ^*的点弹性值比弧弹性分别低9.43%，23.13%和9.03%，而经济增长率g、存款利率r^d、汇率变化率Δq的点弹性值比弧弹性分别高0.32%，1.29%和2.58%。这一差异性的变化在政策选择和搭配时必须注意。

（六）政策组合效果比较

在掌握了上述13个参数的属性后，可从外汇储备管理政策的“可控性”和“操作性”角度对上述参数进行分类考察。站在外汇储备管理的“可控性”角度，首先货币当局不可能使用“经济增长率 g”作为调控外汇储备规模的工具。其次，参数如一国风险厌恶程度 σ、资本流动“突然停止”危机的持续期 m、“突然停止”造成的产出损失 γ、国际风险溢价 δ、无风险利率 r、居民储蓄比率 λ_D 等都是客观的、不可控的，因此也无法成为货币当局的调控工具。最后，站在外汇储备管理政策“操作性”的角度，可将余下参数按照政策类型划分为外债管理政策（λ_G，λ_L）、银行信贷政策（r^d，α，ϕ）和汇率管理政策（Δq）。这些政策在应对国际资本流动“突然停止”冲击、节约外汇储备方面的作用如何？这需要比较政策效果。从点弹性数值来看，当一国遭遇“突然停止”危机时，汇率贬值（Δq 上升）1%可以降低最优外汇储备达0.054%。就外债管理政策而言，当私人短期外债 λ_L 和政府短期外债 λ_G 降低1%时，可分别节约最优外汇储备0.3821%，0.3270%。就银行信贷政策而言，当一国遭遇“突然停止”危机时，提高存款利率1%可以降低最优储备量0.028%，提高准备金率1%也可节约储备0.02%；而银行外汇管制的效果更为明显：居民资产置换率降低1%则可节约储备0.2%。这只是单一政策实施效果的比较，如果进一步考虑“政策组合”进行效果对比，此时所得结论更加稳健。将上述三类政策共6个变量逐一“捉对”比较，政策效果如图24所示。

λ_L VS λ_G	λ_L VS α	λ_L VS ϕ
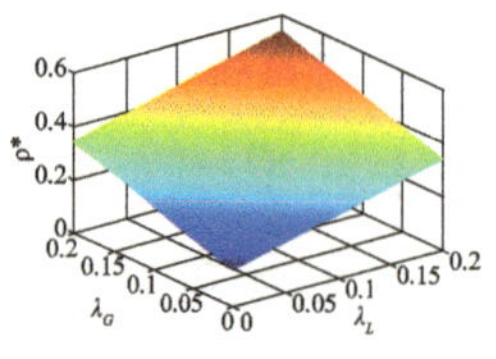	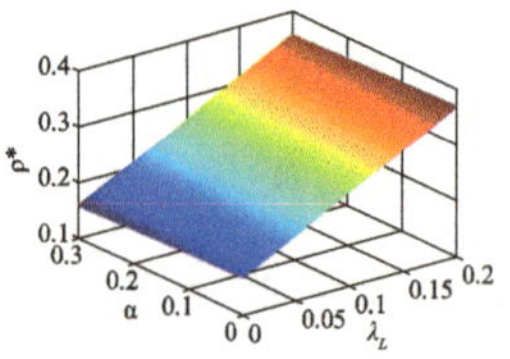	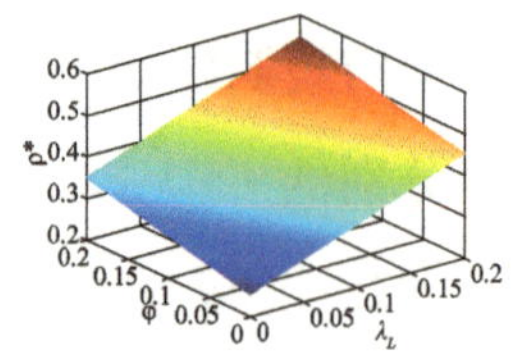

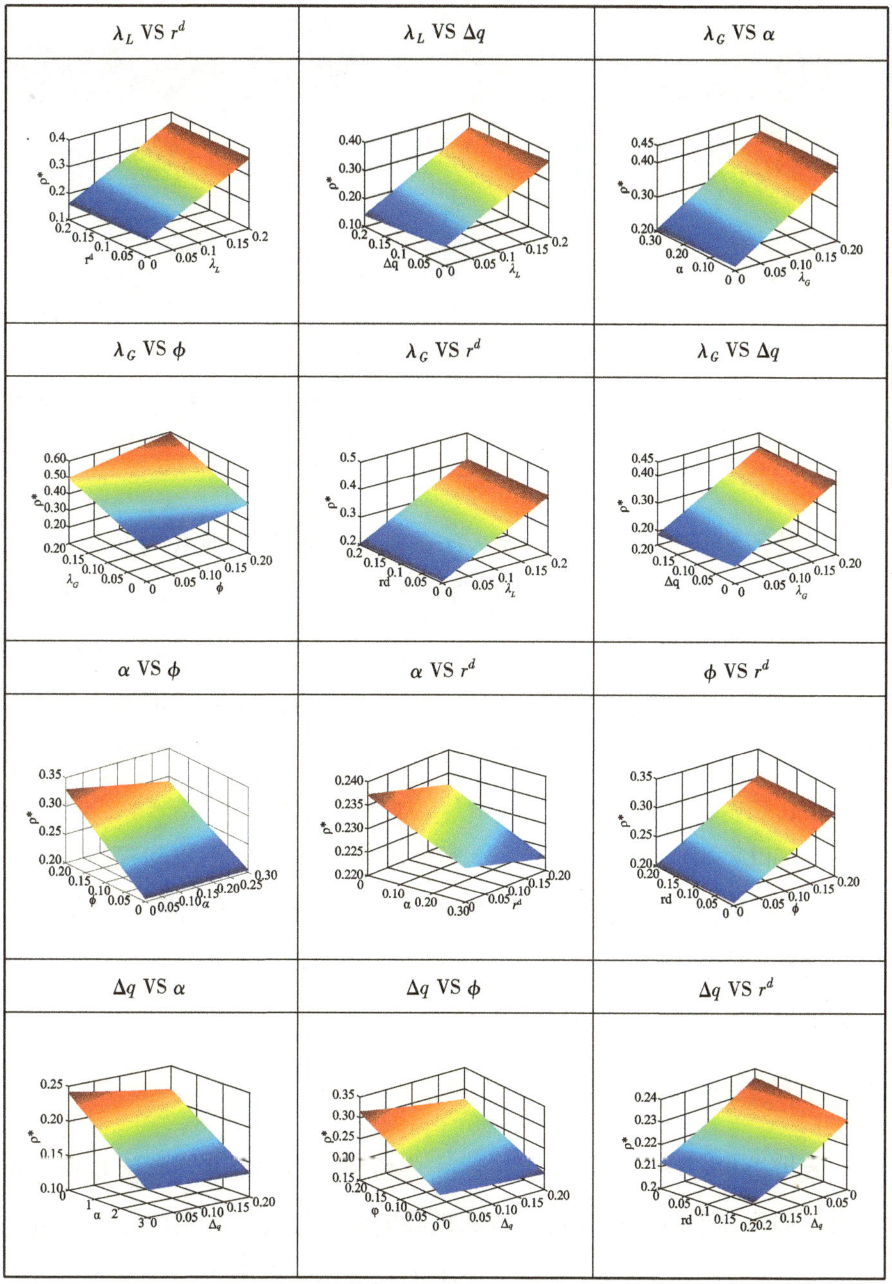

图 24　“政策组合”效果捉对比较图

对图 24 中参数关系进行梳理，可以得到表 8。

表 8 “政策组合”效果比较结果

		λ_L	λ_G	α	ϕ	r^d	Δq
短期外债管理政策	λ_L	—	≈	≫	>	≫	≫
	λ_G	≈	—	≫	>	≫	≫
银行信贷管理政策	α	≪	≪	—	≪	>	≫
	ϕ	<	<	≫	—	≫	≫
	r^d	≪	≪	<	≪	—	≪
汇率政策	Δq	≪	≪	≪	≪	≫	—

注：“≈”表示政策效果差异较小或近似相等；“≫”表示前者政策效果至少比后者高 2 倍；“>”表示前者政策效果比后者高 1～2 倍，“≪”“<”则与前面刚好相反，这里的政策效果是指政策变量在“变动区间”内节省/减少外汇储备的数额。

从政策组合的“捉对”比较效果来看，短期外债管理政策（λ_L，λ_G）的实施效果明显高于银行信贷政策和汇率政策。就银行信贷政策而言，其效果总体优于汇率政策（仅存款利率政策效果低于汇率政策），且银行信贷政策内部的居民资产置换政策效果最佳，准备金率政策效果次之。至于汇率政策，其效果较弱。考虑到债务政策调整比较费时，因此站在政策选择的角度，当经济体遭遇国际资本流动“突然停止”危机时，可以采用提高利率（r↑）、对外汇率贬值（Δq↑）和提高准备金率（α↑）降低居民资产置换率为主（ϕ↓）的渐次推行政策（组合），以节约外汇资产。但长期来看，控制公私短期外债规模（λ_L↓，λ_G↓）的贡献更大，其中，公私短期外债管理效果相似。

五、 总结与展望

本报告重点考察在国际资本流动日趋频繁的背景下，中国及其他新兴市场经济体面临的国际资本流动风险问题。在总体评估国际资本流动现状的基础上，本报告针对目前中国面临的国际资本流动风险——突然停止——进行了系统的评估，并站在中央银行的角度，讨论了应对突然停止风险的外汇储备最优数量问题。研究结果表明：

（1）2016—2017 年，流向新兴市场经济体的国际资本将会明显回升，2016 年下半年至 2017 年，流向新兴市场经济体的国际资本会逐渐恢复至 2013 年的水平。原因有三：第一，美国加息政策悬而未决、市场充分消化政策。预期流入美国的国际资本将会放缓，这会扩大国际资本涌入新兴市场经济体的份额。第二，作为国际资本供应的主体，欧元区经济在欧债危机后受到重创，区域内货币当局扩张政策频繁，这些因素会刺激欧洲资本游离本土。第三，新兴市场经济体的经济增长率整体高于发达经济体且预期向好。这为国际资本流入奠定了基础。

（2）作为新兴市场经济体代表的中国，尽管经济依然存在下行风险，但国际资本“突然停止”风险不断缓释。这一结论主要基于以下四点：第一，国际金融形势好转，中国外部风险趋于下降，跨境资本流出压力不断降低。第二，人民币汇率趋于稳定，有助于抑制套利资本异动，降低“突然停止”风险。第三，即期、远期结售汇逆差不断收窄，预示中国此前遭遇的跨境资本净流出局面正在好转。第四，国内经济开始触底，这将吸引更多外资流入。

（3）中国静态最优外汇储备约占 GDP 的 23.02%，而动态最优外汇储备系数在 1990—2000 年稳定在 15% 左右。但自 2001 年开始，这一指标陡然上升至 20% 以上，甚至在 2014 年达到 27.02%，2015 年降至 23.41%。中国实际外汇储备在 1990—2001 年低于最优外汇储备，但自 2002 年开始，实际外汇储备超过最优外汇储备。不过，2012 年之后，实际外汇储备与最优外汇储备的缺口不断收窄。

（4）理论上，中国的最优外汇储备受到多种因素影响，包括宏观层面的经济增长率、公共储蓄比率、汇率变化率、公共部门短期外债规模；危机层面的因素包括“突然停止”持续期、危机期间居民资产置换率；银行层面的因素包括存款利率、存款准备金率、无风险利率、风险升水；微观层面的因素包括居民风险厌恶程度、私人部门短期外债规模。

（5）从敏感性分析的角度来看，“突然停止”持续期 m、产出损失 γ、私人部门短期外债 λ_L、公共部门短期外债 λ_G、危机时的居民资产置

换率 ϕ 对最优外汇储备 ρ^* 存在较大的影响，管理好上述参数对控制最优外汇储备规模意义明显。而公共储蓄比率 λ_D、汇率变化率 Δq、存款利率 r^d、存款准备金率 α 对 ρ^* 的影响居中。至于经济增长率 g、无风险利率 r、风险升水 δ、风险厌恶程度 σ 对 ρ^* 的影响则相对微弱。

（6）外汇储备管理措施的类型可分为汇率管理政策工具（Δq）、外债管理政策工具（λ_G，λ_L）和银行信贷政策工具（r^d，α，ϕ）。从政策效果来看，控制私人、公共部门短期债务规模、危机时居民存款置换率、汇率贬值、法定存款准备金率、存款利率在节约储备方面的效果依次递减。但从政策实施的“可控性”和“操作性”角度，经济体遭遇国际资本流动“突然停止”危机时可以采用提高利率（$r^d\uparrow$）、对外汇率贬值（$\Delta q\uparrow$）、提高准备金率（$\alpha\uparrow$）、降低居民资产置换率为主（$\phi\downarrow$）的次序渐进强化政策（组合），以节约外汇资产。

（7）长期来看，控制公私短期外债规模对最优储备数量管理（$\lambda_L\downarrow$，$\lambda_G\downarrow$）的贡献更大。从动态最优外汇储备系数 ρ 的变化来看，2001 年，这一系数从此前的 15.31% 跃升至 20.67%；2014 年，这一系数从此前的 21.64% 跃升至 27.62%。导致这一跃升的关键因素在于私人部门、公共部门短期外债的大幅提升，由此可见公私短期外债规模对最优外汇储备的影响。在全球金融动荡、主要经济体施行量化宽松货币政策、全球利率水平走低的背景下，中国私人部门（包括企业）普遍采取“负债美元化”的操作，形成大量的美元负债。私人短期外债占 GDP 的比重从 2008 年的 3.36% 上升到 2014 年的 9.07%，而同期官方短期外债占 GDP 比重稳定在 2% 左右。尽管 2015 年以来国内开启“去杠杆”操作，但私人部门短期外债占比仍高达 6.67%。由此可见，控制私人部门短期外债规模对防范债务风险、最优外汇储备的意义更为重要。

全球股票市场运行与风险分析报告

余颖丰

摘要： 在过去12个月中，全球股票市场经历了若干重大政治与经济事件冲击，呈现出高动荡、负回报率的总体倾向。本报告调研和收集了全球49家交易所的相关信息与数据以及全球107只主要股指日间数据信息，试图呈现过去12个月中全球股票市场变动趋势，并为投资人提供和揭示相关潜在风险。本报告有以下结论：中国沪深股市总市值和交易量的先收缩再恢复对亚太地区股票市场的影响巨大，中国对全球股票市场的影响力不断增强，中国股市是全球资本市场重要的组成部分。全球股票市场交易仍以交易所形式和电子定单交易为主，市场垄断程度仍然不断提高，截至2016年6月，纽约泛欧证券交易所和纳斯达克－OMX垄断了全球40%的股票总市值。亚洲股票市场成为全球股票市场的主流力量。此外，本课题组调研了全球101只股票指数，分析发现中国股市与全球的关联性不断增强，利用在险价值（VaR）测算全球股市风险（截至2016年6月数据）发现，中国股票市场指数在全球股票市场中的表现不尽如人意，但总体而言，风险仍属可控范围。

关键词： 股票市场　风险分析　VaR　相关系数

余颖丰，金融学博士、硕士生导师、首都经济贸易大学金融学院投资系系副主任。

一、引言

本报告延续了2015年报告研究的内容，继续跟踪监测全球股票市场运行，在2015年本课题组的报告中所揭示的风险基本得到印证，尤其是2015年的报告中，本课题组提示投资人“基于对数收益率标准差分析，深圳和上海的股指风险都非常大……”而过去12个月中国股市在全球范围内的表现确实不尽如人意，且在2016年年初出现了若干“黑天鹅事件”。简言之，过去12个月全球股票市场的运行情况，基本符合2015年报告评估和预测定下的基调。

2016年上半年，中国股市在调整中逐步缓释自身风险，而全球股市则直接进入了“负收益时代”，且全球也进入了“犹豫时刻”，在这样的背景下，更有必要经本课题组全面梳理全球股票市场现状并揭示未来12个月可能存在的风险。本课题组继续采用世界证券交易所联合会（World Federation of Exchanges，WFE）的数据。世界证券交易所联合会基于全球49家主要证券交易所的交易数据，按月统计了全球资本市场的交易信息，其中，覆盖美洲地区主要的交易所8家、亚太地区（包括中国）的主要交易所20家和欧非中东（Europe - Africa - Middle East，EMEA）地区交易所21家，具体证券交易所名称和相关信息可见本报告附录1。本课题组除了综合WFE数据库，还综合了Wind数据库和彭博数据端的全球股票市场数据和市场信息，收集和整理了从2015年6月至2016年6月的全球指数数据进行分析，从总市值、交易量、换手率以及全球主要股指等若干方面梳理了全球股票市场运行并揭示未来可能存在的风险。

二、2015年下半年至2016年上半年全球主要证券交易所现状

（一）全球主要证券交易所国内股票市值情况分析

从排名前10位的全球证券交易所的市值来看，美国纽约泛欧证券交易所仍排名第一，截至2016年6月底，达到18.71万亿美元，占全

球股票市值的28.12%。排名第二到第五的交易所分别是纳斯达克—OMX集团、东京证券交易所、上海证券交易所和伦敦证券交易所，它们的交易市值分别为7.06万亿美元、4.69万亿美元、3.78万亿美元和3.48万亿美元，分别占全球股票市值的10.61%、7.04%、5.68%和5.23%。排名前20位的全球交易所中，仍然以亚洲地区为主，其中，北美三家，欧洲地区四家，而亚洲多达九家。其中，中国的上海证券交易所、深圳证券交易所和香港证券交易所均上榜，但中国这三家交易所的排名相对于2015年而言有一定变动，上海证券交易所的市值从2015年6月的5.69万亿美元锐减到2016年6月的3.78万亿美元，市值缩水高达33.68%；而深圳证券交易所的总市值同比也大幅缩水，从2015年6月的3.91万亿美元缩水到2016年6月的2.97万亿美元，缩水幅度达到18.34%；而香港证券交易所的市值也大幅缩水，从2015年6月的3.75万亿美元缩减到2016年6月的2.97万亿美元，缩水幅度高达20.76%（参见图1）。

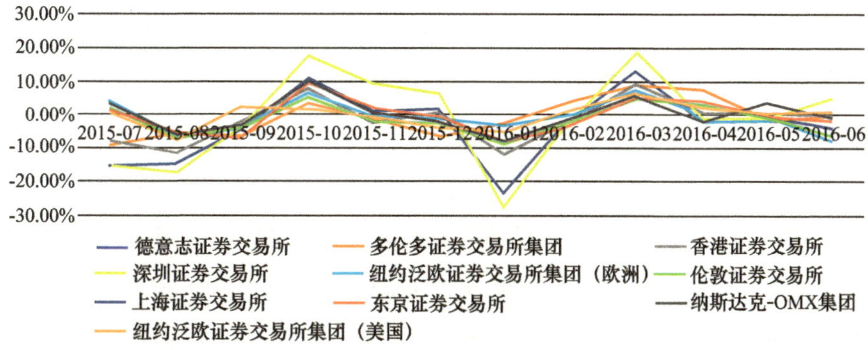

图1 截至2016年6月市值排名前十的交易所过去一年环比市值变化情况

数据来源：Wind数据端、Bloomberg数据端以及WFE。

过去一年，全球最主要的49家交易所中，市值缩水的占到40家，由此可见，2015年全年股票市场呈现熊市态势，此外，最值得一提的是，上海证券交易所市值缩水排名第一，为33.68%，而排名第二的是西班牙马德里交易所，为32.27%，埃及交易所、爱尔兰证券交易所和雅典交易所排名分别位列第3至第5。香港证券交易所和深圳证券交易所分别位列全球股票市值缩水排名第8和第11。在九家市值升水的交易所中，无一家市值超万亿，皆为千亿级别，排名升幅榜前五的交易所分别为：布达佩斯证券交易所、马耳他证券交易所、百慕大证券交易所、印度尼西亚证券交易所、伊斯坦布尔证券交易所，这五家交易所截至2016年6月的市值分别为：190.85亿美元、45.57亿美元、16.71亿美元、4 099.54亿美元和1 995.27亿美元，升值幅度分别为13.04%，11.53%，9.27%，8.48%和7.71%，由此可见，九家市值升值的交易所在全球的重要性非常微弱，全球过去一年中股票市场动荡，持续熊市模式已成为一种常态。特别值得一提的是，全球最重要的四家交易所：纳斯达克—OMX集团北欧交易所、纳斯达克—OMX集团、纽约泛欧证券交易所集团（美国）、纽约泛欧证券交易所集团（欧洲）市值分别缩水1.40%，2.48%，2.74%和3.76%。

（二）全球主要交易所换手率情况分析

“换手率”也称“周转率”，是指在一定时间内市场中股票转手买卖的频率，是反映股票流通性强弱的指标之一。本报告重点分析全球市值排名前10位的交易所换手率情况。

纽约泛欧证券交易所集团（美国）在过去12个月中，换手率平均维持在55.5%上下，2015年6月换手率最高，达到70.9%，而2016年5月换手率最低，为45.10%。纳斯达克—OMX集团的换手率平均维持在57.58%的水平，2016年2月换手率达到最大值，为69.30%；2016年5月换手率最低，为49.50%。东京证券交易所的换手率水平维持在119.62%，表明股票流通性强劲，市场相对而言交易活跃，换手率最大值出现在2016年2月，为145.40%；换手率最低值出现在2016年5月，仅为99.70%。在经历了2015年的股灾之后，上海证券交易所换手率变化在世界范围内十分惊人，2015年6月，上海证券交易所换手率为696.80%，远高于全球其他国家交易所的换手率，深圳证券交易所当月换手率全球排名第1，为838.60%，而相较于当月换手率排名第3、第4和第5的交易所而言，上海证券交易所和深圳证券交易所换手率可谓“惊人”，排名第3至第5的交易所分别是伊斯坦布尔交易所、韩国证券交易所、东京证券交易所，当月换手率分别为207.6%，175.60%和122.10%，中国两个交易所当月换手率高出这些交易所4倍甚至接近7倍，不可不谓“疯狂”。伴随着疯狂之后的，即开始迅速进入泡沫破灭回归理性的阶段，上海证券交易所和深圳证券交易所换手率从2015年7月开始迅速萎缩，2015年8月到9月换手率下跌最为明显。以上海证券交易所为例，2015年8月换手率为491.80%，2015年9月锐减到269.60%，2015年11月有一定反弹，换手率从10月的276.90%回升到389.50%，但因为大盘缺乏实质利好支撑，到2016年2月，换手率萎缩至163.70%，虽然2016年3月和4月有小幅回升，但仍难以恢复到2015年年底的水平。到2016年5月，全球迎来新一轮股市下跌，换手率继续萎缩创过去12个月以来的新低，当月换手率仅为153.50%。深圳证券交易所的换手率情况与上海证券交易所基本保持同样的变化态势，过去12个月换手率最低值也出现在2016年5月，为351.90%。而中国香港证券交易所换手率也呈现明显萎缩趋势，根据2016年6月数据，同比换手率下降高达45.34%，香港证券交易所换手率平均为49.55%，2015年6月和7月处于峰值水平，分别为77.20%和77.00%，然后换手率开始下滑，在2015年12月下滑到38.20%，此后一直在40.00%上下徘徊。2016年2月，换手率仅为38.20%，为全年最低，原因可能是“农历春节效应”。德意志证券交易所换手率平均维持在83.48%的水平，2015年9月，在美联储放弃加息以及欧洲央行一系列货币宽松政策刺激下，换手率一度达到102.80%，此外，德意志证券交易所遭遇了2016年的“五月效应”，2016年5月换手率最低，仅为68.30%。随着经济全球化进程加剧，全球交易所皆开始呈现明显的同步传导效应，即使是以往如同加拿大这样的金融市场，也难置身事外，加拿大多伦多证券交易所集团过去12个月平均换手率为65.68%，最低换手率出现在2015年11月，为55.70%，2016年头两个月换手率活跃，但5月也出现了换手率下跌的趋势。

（三）全球交易所股票成交笔数情况汇总

本报告统计的49家全球主要交易所中，有29家提供议价交易服务，有44家提供电子定单交易服务，由此可见，目前主要的交易所都以电子定单交易为主，但很多交易所同时也提供议价交易服务。按统一口径，即不区分议价交易服务和电子定单交易服务，全球排名前40的交易所中，使用议价交易的交易所仅4家，分别是纳斯达克—OMX集团、纽约泛欧证券交易所集团（美国）、伦敦证券交易所和纳斯达克—OMX集团北欧交易所，分别排名第7位、第11位、第30位和第38位，过去10个月股票交易平均笔数分别为：1.44亿次、0.22亿次、117.3万次和11.5万次。由此可见，全球主要的股票成交模式均以电子定单模式为主，议价交易模式已在大幅收缩。

按电子定单口径进行统计。据过去12个月股票成交月平均笔数数据显示，深圳证券交易所与上海证券交易所分别位列全球交易所股票成交笔数排名的前两位，分别为3.81亿次和3.28亿次。纽约泛欧证券交易集团（美国）、纳斯达克—OMX集团、印度国家证券交易所、韩国证券交易所、孟买证券交易所、多伦多证券交易所集团、巴西证券商品期货交易所位列第3位至第10位，这些交易所的平均股票交易笔数分别为：1.60亿次、1.56亿次、1.55亿次、0.32亿次、0.25亿次、0.21亿次和0.20亿次。特别值得一提的是，中国股市虽然经历了2015年的暴跌，但股票交易笔数远超过排名第3的纽约泛欧证券交易所集团（美国），沪、深两证券所交易笔数分别是纽约泛欧证券交易所集团（美国）的1.68倍和2.38倍，由此可见，中国股市在全球资本市场的重要性。中国香港证券交易所股票交易模式以电子定单为主，全球排名第13位，在以电子定单统计口径下排名第11位，月平均股票交易笔数为0.16亿次。中国台湾证券交易所既提供电子定单交易也提供议价交易，但议价交易笔数非常少，仅为610笔，而电子交易笔数为0.15亿笔，中国台湾证券交易所全球排名为第16位。

从环比和同比层面分析，截至2016年6月，以6月为基准，就同比而言，超过62.2%的交易所的股票交易数呈负增长，跌幅最大的五家交易所为：孟买证券交易所、雅典证券交易所、菲律宾证券交易所、爱尔兰证券交易所和布宜诺斯艾利斯证券交易所，跌幅分别为：70.0%，47.6%，40.85%，40.07%和38.13%。因为2015年6月，中国正经历股市的大幅暴跌，而目前中国股市处于稳定盘整态势，因此相对于2015年同期，自然股票交易数同比增幅偏好，上海证券交易所和深圳证券交易所电子交易数同比增长298.0%和57.92%。就环比而言，因为发达经济体和经济稳健的新兴经济体都在2016年5月经历了一轮全球股市暴跌，到6月进入恢复盘整期，于是环比数据自然偏好，因此有62.34%的交易所环比增幅为正，其中，维也纳证券交易所、特拉维夫证券交易所、西班牙马德里证券交易所、孟买证券交易所和纽约泛欧证券交易所集团（欧洲）2016年6月环比增长率全球排名前5位，分别为62.02%，60.49%，50.83%，48.15%和45.68%。上海证券交易所、深圳证券交易所、中国香港证券交易所以及中国台湾证券交易所（电子+议价）环比增长分别为：10.65%，20.19%，2.28%和-2.8%。

（四）全球交易所股票成交金额情况分析

股票成交金额是指在进行股票交易过程中，买入（或卖出）股票时，买卖双方根据有关交易规则达成交易的金额。在进行任何投资的交易过程中，都会产生各种有关的交易参数。同样，在股票市场上的交易过程中，也必然会产生各种有关股票交易的参数。这些参数涉及股票投资者的投资成本、日后的收益、证券交易所以及证券公司的收费和国家税费等。因此，分析和研究全球股票交易所股票交易金额情况，对投资者研判全球股票市场风险和把握未来全球资本市场动向至关重要。

全球股票交易主要由议价交易和电子定单交易为主，目前电子定单交易为全球主流交易模式，但议价交易仍扮演着重要角色。本报告首先讨论电子定单交易情况，然后讨论议价交易情况，数据统计口径为截至2016年6月过去12个月的总成交金额。

在电子定单交易方面，纽约泛欧证券交易所集团（美国）排名第1，总交易量为19.59万亿美元。排名第2至第10的交易所分别是：深圳证券交易所、上海证券交易所、纳斯达克—OMX集团、东京证券交易所、伦敦证券交易所、纽约泛欧证券交易所集团（欧洲）、韩国交易所、中国香港证券交易所、德意志证券交易所，总交易金额分别为：18.32万亿美元、15.74万亿美元、13.24万亿美元、6.11万亿美元、2.71万亿美元、2.16万亿美元、1.99万亿美元、1.75万亿美元和1.59万亿美元。其中，排名前30位的证券交易所中，欧洲的证券交易所占到11家、亚洲的交易所占到13家、大洋洲1家、北美洲2家、拉丁美洲3家，由此可见，亚洲证券交易所再次占据全球榜首。此外，从同比增长比率分析，本报告有以下发现：全球有48家主要的交易所采用电子定单交易，其中，仅15家相对于去年同期实现了正增长，其余33家电子定单金额缩水。增幅前5位的证券交易所分别是：马耳他证券交易所、深圳证券交易所、爱尔兰证券交易所、新西兰证券交易所和塞浦路斯证券交易所，增长幅度分别为27.8%，27.7%，26.0%，16.6%和11.7%。而跌幅前五的交易所分别为：百慕大证券交易所、卢布尔雅那证券交易所、雅典证券交易所、毛里求斯证券交易所、科伦坡证券交易所，跌幅分别为：63.6%，48.2%，42.9%，40.4%和39.6%。一些重要的证券交易所都实现了正增长，比如纽约泛欧证券交易所集团（美国）、纳斯达克—OMX集团北欧交易所、东京证券交易所，增幅分别为9.7%，3.0%和3.0%。特别值得一提的是，中国的证券交易所，深圳证券交易所实现增幅27.7%，但上海证券交易所出现了负增长，为-9.5%，这是比较特殊的，一般中国内地的两家证券交易所往往始终保持各种指标的同步，而在电子定单交易股票增加金额这一指标上出现了不一致。中国香港证券交易所也出现了负增长，为-19.2%，而中国台湾证券交易所也出现了两位数的负增长，为-17.3%。

在协议交易方面，本报告调研的49家交易所中，仍有31家提供议价交易服务，其中，排名前10位的交易所分别是纳斯达克—OMX集团、纽约泛欧证券交易所集团（美国）、伦敦证券交易所、东京证券交易所、澳大利亚证券交易所、纳斯达克—OMX 集团北欧交易所、上海证券交易所、西班牙马德里证券交易所、印度尼西亚证券交易所和约翰内斯堡证券交易所，股票成交金额分别为：22.8 万亿美元、2.91 万亿美元、0.78 万亿美元、0.71 万亿美元、95.1 亿美元、79.5 亿美元、9.52 亿美元、7.9 亿美元、4.6 亿美元和3. 2 亿美元。从同比增长角度分析，31 家交易所中，同比增长的交易所为11 家，其余20 家同比股票成交金额呈现负增长，增幅前5 的交易所分别为：安曼证券交易所、伊斯坦布尔证券交易所、孟买证券交易所、塞浦路斯证券交易所和纽约泛欧证券交易所集团（美国），增幅分别为 898.2%，538.2%，62.2%，27.2%和 15.1%，由此可见，因为安曼和土耳其的伊斯坦布尔在过去一年都经历了若干经济政治动荡，因此，这些地区证券交易所的股票交易情况波动率极度异常，而剔除掉这种极端情况，其他交易所的涨跌幅都在合理区间之内。跌幅排名前五的交易所分别是圣地亚哥证券交易所、西班牙马德里证券交易所、布达佩斯证券交易所、韩国证券交易所和上海证券交易所，跌幅分别是：90.6%，87.2%，69.2%，48.1%和38.5%。

综合而言，全球证券交易所的股票成交金额模式主要以电子定单交易为主，但是就总量而言，纳斯达克—OMX 集团的议价交易股票成交金额在所有交易模式中排名第 1 位，为22.8 万亿美元。而从综合排名（即不区分议价交易和电子定单交易）来看，纽约泛欧证券交易所集团（欧洲）以2.9 万亿美元的金额排全球第 7 位，由此可见，议价交易仍有一定市场。

三、 全球交易所主要指数表现情况

（一）全球指数综合表现情况分析

本报告统计了全球49 家交易所共106 只股票指数，根据世界交易所联合会的统计口径，指数可分为蓝筹股指数和大盘股指数，在106 只股票指数中，本报告统计了大盘股指数共56只，蓝筹股指数共50只。截至2016年6月，全球106只股票中，相对于2015年6月，呈现跌幅的股票指数有79只，其中，大盘股指数中有41只股指下跌，蓝筹股股指中有38只股指下跌，由此可见，过去一年，全球股票市场经历着熊市态势。

就大盘股指表现而言，中国股市可用“惨烈”二字形容，上海综合指数、深圳综合指数、标普港交所大型指数、台湾加权股价格指数名列全球大盘股股指跌幅榜前4位，分别下跌32.02%，31.51%，28.74%和25.89%，东京东证股价指数排名第五，下跌幅度为24.92%，排名跌幅前14位的大盘股股指全部来自亚洲。纽约泛欧证券交易所集团（美国）的综合指数全年呈上升态势，升幅0.79%，而纳斯达克—OMX集团综合指数也保持了全球上升态势，整体升幅0.81%。全年全球56只大盘股中，升幅排名前五的股票指数分别为：新西兰综合指数、澳交所普通股指数、毛里求斯SEMDEX指数、JSE南非综合指数和埃及EGX30指数，升幅分别为：26.72%，21.52%，13.89%，11.51%和11.02%。

在蓝筹股股指表现方面，中国蓝筹股指数继续表现出“惨烈”的一面，中国地区股指包揽了跌幅榜前4，其中上证180指数跌幅全球第1（蓝筹股统计口径），跌幅30.73%，深证100指数跌幅第2，为29.13%，香港恒生指数跌幅全球第3，为25.54%，而台湾证券交易所的台湾50指数位列全球蓝筹股股指跌幅第4，为24.47%。此外，长久以来，大盘股和蓝筹股股指间有很强的联动相关效应，因此，全球蓝筹股指数表现和大盘股股指表现类似，全球蓝筹股股指跌幅排名前12的大盘股全部来自亚洲，排名顺序也和大盘股股指跌幅顺序一致，比如，东京证券交易所的东证一部核心30指数跌幅全球排名第5，韩国证券交易所的韩国KRX100指数跌幅为20.78%，排名第6。在升值的12只蓝筹股指数中，多数来自于大洋洲和拉丁美洲，其中，新西兰证券交易所的新西兰TOP10指数全年涨幅28.30%，全球排名第1，澳大利亚证券交易所的ASX/S&P50、毛里求斯证券交易所的SEM－7指数、约翰内斯堡证券交易所的富时/JSE 南非 40 指数和埃及证券交易所的道·琼斯指数，分别位列全球蓝筹股指数升幅榜的第 2 至第 5 位，全年升幅分别为 20.44%，20.19%，17.94% 和 5.61%。特别值得一提的是，发达国家的若干著名股指，比如，多伦多证券交易所集团的 S&P 多伦多 60 指数、纽约泛欧证券交易所（巴黎）的法国 CAC40 指数、纽约泛欧证券交易所集团（美国）的纽约证交所美国 100 指数以及纳斯达克—OMX 集团的纳斯达克 100 指数，全年表现并不抢眼，且全部呈下跌态势，跌幅分别为 0.36%，8.86%，1.36% 和 0.96%。

（二）全球交易所主要指数收益率分析

收益率作为最重要的投资回报指标，是市场投资人士关注的重中之重。在过去 10 个月中，因为全球经济形势依然严峻，不确定事件频发，除中国外，若干经济体都经历着或多或少的政治动荡以及经济动荡，导致在本课题组报告期间，全球股票收益率水平低于 2014 年下半年和 2015 年上半年。现将本报告统计结果扼要汇报如下：本报告统计了全球最主要的 106 只股票指数的日间数据，其中大盘股指 56 只，蓝筹股指 50 只。全球 108 只股票指数的对数收益率均值为 -0.490%，其含义是过去 12 个月全球股指的收益率为负。56 只大盘股的对数收益率均值为 -0.640%，而 50 只蓝筹股的对数收益率均值为 -0.320%。由此可见，全球蓝筹股股指平均对数收益率高于全球大盘股股指平均对数收益率。

就大盘股股指而言，2015 年下半年，56 只大盘股中，仅有 14 只大盘股收益率为正，其中收益率排名前 5 位的股指分别是：OMX 冰岛全股指数、新西兰综合指数、爱尔兰综合指数、百慕大证券交易所指数、马耳他证券交易所指数，收益率分别为：0.091%，0.058%，0.054%，0.048% 和 0.044%。而大盘股股指收益率垫底的 5 只股指分别是：秘鲁利马股指、卢森堡 Lux 回报指数、希腊 ASE 通用指数、圣保罗 IBOVESPA 指数和上海综合指数，收益率均为负，分别为：-0.16%，-0.13%，-0.13%，-0.11% 和 -0.10%。特别值得一提的是，中国香港的标普/港交所大型股指数、中国台湾加权股价指数和深圳综合指数皆为负收益，分别为：-0.10%，-0.06%和-0，04%。而到2016年上半年，全球股市进入负收益模式，56只大盘股中，仅6只股指呈现正收益率，这6只股指分别是：OMX冰岛全股指数、德黑兰TEDPIX、马耳他股票交易指数、新西兰综合指数、布宜诺斯艾利斯综合指数和约旦安曼股票综合指数，收益率分别为：0.042%，0.035%，0.034%，0.027%，0.009%和0.006%。这些股指多是非主流市场股指，且收益率几乎接近零，由此可以发现，2016年上半年全球股指处于整体负收益态势。而排名前5位的负收益大盘股包括：希腊ASE通用指数、埃及EGX30指数、上海综合指数、巴塞罗那Global—100指数和西班牙马德里巴伦西亚IGBV指数，收益率分别为：-0.204%，-0.174%，-0.162%，-0.105%和-0.100%。此外，中国香港的标普/港交所大型股指数、中国台湾加权股价指数和深圳综合指数在2016年上半年的表现仍然让投资人失望，仍呈现负收益率态势，分别为：-0.124%，-0.121%和-0.034%。就全年而言，56只大盘股中，仅有14只在过去12个月中表现正收益率，排名前5位的分别是：德黑兰TEDPIX、布宜诺斯艾利斯证券交易所综合和指数、新西兰综合指数、OMX冰岛全股指数和马耳他股票交易指数，收益率分别为：0.105%，0.104%，0.056%，0.0514%和0.044%，而负收益排名前5的大盘股分别是巴塞罗那Global-100指数、西班牙马德里交易所巴伦西亚IGBV指数、西班牙马德里总指数、希腊ASE通用指数以及毕尔巴鄂谷物交易所2000指数，这些指数的负收益率分别为：-0.123%，-0.116%，-0.108%，-0.105%和-0.101%，特别值得一提的是，排名垫底的5只指数中，西班牙独占三元，由此可知，西班牙资本市场在过去12个月中一直处于艰难的严冬期。

就蓝筹股指数而言，2015年下半年，50只蓝筹股指数中有40只下跌，其中跌幅前5位的股指分别是：秘鲁利马精选指数、雅典富时/ASE 20指数、华沙WIG20指数、巴西IBX-50指数和上证180指数，负收益

率分别为 -0.223%，-0.154%，-0.123%，-0.114%和-0.109%。而正收益率排名前5位的分别是：OMX 冰岛 15 指数、爱尔兰 ISEQ 20 指数、新西兰 TOP10 指数、匈牙利 BUX 指数和 OMX 哥本哈根 20 指数，收益率分别为：0.126%，0.0574%，0.0551%，0.0489%和0.033%。到2016年上半年，50只蓝筹股估值中有45只下跌，其中跌幅前5位的股指分别是：雅典富时/ASE 20 指数、秘鲁利马精选指数、上证180指数、深证100指数和西班牙 IBEX 35 指数，负收益率分别为：-0.255 3%，-0.209%，-0.180%，-0.152%和-0.133%。

四、全球股票指数风险统计及研判

根据投资组合理论，样本数据的标准差是一种有效、简洁地刻画金融资产风险的风险测定指标。根据实证金融学与量化金融学的基本事实可知，股票及股指的价格往往存在非平稳性特征，股票价格属于随机游走，因此测算股票价格（或股指的价格）没有太大意义，一般利用测算资产价格的对数收益率的标准差来衡量资产的风险，并认为资产价格的收益率近似满足正态分布，但存在超峰、偏度不为零等问题，对数收益率的标准差也不是最常用的风险测度单位。基于这样的考量，本报告采用两种评估风险的简易方法，首先是测算全球主要股票指数的对数收益率的标准差，然后测算每个股票指数的在险价值（Value at Risk，简称 VaR）。VaR 是全球主要的金融风险监管指标，该指标已被巴塞尔协议纳入风险测算框架中。测算 VaR 的方法一般有三种：一是参数法，二是历史模拟法，三是蒙特卡罗法。第一种方法最为简单、有效，便于计算，需假设金融资产收益率满足高斯分布，且均值与标准差已知，均值和方差一般利用数据的样本获得，这种方法的主要问题是忽略了金融资产收益率的三阶矩不为零、四阶矩超峰问题，因此往往会低估实际风险。第二种方法不依赖于对金融资产收益率统计分布的假设，但对数据窗口的尺度选择极为敏感。第三种方法也是一种模拟方法，但结合了前面两种方法的优点，利用蒙特卡洛模拟技术，结合 Garch 这样的结构模型，构建 DGP（数据产生过程），最终模拟出收益率的超峰、波动聚凝等效应，避免低估实际风险，但唯一的缺点是计算较为复杂，运算时间较长。以本课题为例，课题组编写了 Matlab 程序，计算 102 只股票指数的 VaR 需耗时若干小时。本报告中汇报的 VaR 是利用第三种方法测算的结果。

（一）基于对数收益率标准差的全球主要股指风险分析

对数收益率标准差可作为一种粗略的研判股指风险的指标，目前国内若干大型金融机构采用此指标作为风险评估的分析工具。一般认为，股指的对数收益率与风险成正比关系。经本课题组测算，56 只大盘股股指的对数收益率标准差的均值为 0.051 6，2015 年测算的结果为 0.040 4，比 2015 年本课题组测算的结果有所增长，增长率为 27.7%；而 50 只蓝筹股股指的对数收益率标准差的均值为 0.0650，比 2015 年本课题组的测算有所增加，增长率为 57.3%。由此可见，过去 12 个月全球股票市场收益率风险显著增长。

就大盘股股指而言，56 只大盘股指数中有 36 只股指低于平均值，50 只蓝筹股股指中有 40 只蓝筹股股指数低于平均值，这说明就全球而言，大多数股指的风险都低于全球平均水平，但也说明对数收益率标准差的极大值集中在若干地区或区域。

在大盘股中，对数收益率标准差值最大的前 5 只股指分别是：深圳综合指数、布宜诺斯艾利斯证券交易所综合指数、希腊 ASE 通用指数、埃及 EGX30 指数和上海综合指数，其值分别为：0.137 8，0.115 7，0.112 7，0.106 3 和 0. 105 8。从表 1 可知，深圳综合指数和上海综合指数连续两年进入前 5 位，2016 年，深圳综合指数更是位列全球大盘股中对数收益率标准差排名第 1。而全球大盘股股指中，对数收益率标准差最小的 5 只大盘股股指分别是：毛里求斯 SEMDEX 指数、马耳他股票交易指数、墨西哥 IPC 指数、塞浦路斯 CSE 普通指数和韩国 KOSPI 指数，其值分别为 0.013 1，0.016 9，0.023 4，0.023 47 和 0.024 33。

表1　大盘股股指对数收益率标准差排名前5位

2015年下半年—2016年上半年		2014年下半年—2015年上半年	
大盘股名称	对数收益率标准差	大盘股名称	对数收益率标准差
深圳综合指数	0.137 8	塞浦路斯 CSE 普通指数	0.144 7
布宜诺斯艾利斯证券交易所综合指数	0.115 7	希腊 ASE 通用指数	0.134 6
希腊 ASE 通用指数	0.112 7	布宜诺斯艾利斯综合指数	0.108 6
埃及 EGX30 指数	0.106 3	深圳综合指数	0.081 4
上海综合指数	0.105 8	上海综合指数	0.068 8

数据来源：WFE，经作者整理。

在蓝筹股中，对数收益率标准差值最大的5只股票指数分别是：富时/ASE 20指数、阿根廷 Burcap 指数、深证100指数、秘鲁利马精选指数和埃及证券交易所的道·琼斯指数，其对应的对数收益率标准差分别为：0.223 2，0.122 3，0.115 9，0.1157 和0.104 5。而全球蓝筹股股指中，对数收益率标准差最小的5只股指分别是：毛里求斯证券交易所的SEM－7指数、富时/CySE 塞浦路斯20指数、墨西哥 IPC 指数、韩国 KRX 100 指数和吉隆坡综合股价指数，其对应值分别为：1.41%，2.37%，2.45%，2.62%和2.83%（见表2和图5）。

表2　蓝筹股股指对数收益率标准差排名前5位

2015年下半年—2016年上半年		2014年下半年—2015年上半年	
蓝筹股名称	对数收益率标准差	蓝筹股名称	对数收益率标准差
富时/雅典 ASE 20 指数	0.223 2	阿根廷 Burcap 指数	0.114
阿根廷 Burcap 指数	0.122 3	富时/雅典 ASE 20 指数	0.099 0
深证 100 指数	0.115 9	上证 180 指数	0.084 49
秘鲁利马精选指数	0.115 7	爱尔兰 ISEQ 20 指数	0.073 1
埃及证券交易所道·琼斯指数	0.104 5	富时/CySE 塞浦路斯 20 指数	0.071 8

数据来源：WFE，经作者整理。

（二）基于 VaR 的全球股指风险分析

基于巴塞尔协议推荐标准，本报告利用蒙特卡罗法计算了 10 日内置信区间在 99.99% 下的在险价值（收益率 VaR），根据 VaR 的特性，该值越大，说明风险越大。

就大盘股股票指数而言，56 只大盘股股票指数平均对数收益率 VaR 值为 1.04，远大于 2015 年的平均值，2015 年平均值仅为 0.22，说明过去 12 个月全球股市较为动荡，整体系统性风险水平增长。VaR 值最大的 5 只股票指数按从大到小排列分别为：深圳综合指数、布宜诺斯艾利斯证券交易所综合指数、埃及 EGX30 指数、希腊 ASE 通用指数和上海综合指数。而 VaR 值最小的 5 只股票指数按从小到大排列分别为：毛里求斯 SEMDEX 指数、塞浦路斯 CSE 普通指数、马耳他股票交易指数、韩国 KOSPI 指数和墨西哥 IPC 指数。

就蓝筹股股票指数而言，50 只蓝筹股股票指数平均对数收益率 VaR 值为 1.11，高于大盘股股票指数平均对数收益率 VaR 值，也高于 2015 年的平均值为 0.23。因此，全球蓝筹股股指的表现也从另一个方面印证了全球股票市场的系统性风险在过去 12 个月中不断累积。VaR 值最大的五只股票指数按从大到小排列分别为：富时/雅典 ASE 20 指数、阿根廷 Burcap 指数、秘鲁利马精选指数、深证 100 指数、埃及道·琼斯指数和埃及塔坦兹 20 指数。而 VaR 值最小的五只股票指数按从小到大排列分别为：毛里求斯证券交易所 SEM－7 指数、富时/CySE 塞浦路斯 20 指数、韩国 KRX 100 指数、墨西哥 IPC 指数、吉隆坡综合股价指数。此外，本课题组发现，在 2015 年的调研中，关于风险，基于 VaR 测算和基于收益率标准差的测算会有结果冲突的情形，而 2016 年的测算结果发现，两种方法的结论几乎一致。

（三）中国股市与全球股票市场相关性分析

从股价对数收益率层面研究上海综合指数和上海 180 指数与全球股

票指数的相关性问题。一般而言，相关系数在60%以上，可以认为两金融资产在统计上有相关性，虽然相关性不等于因果性，两个金融资产高度相关也不能保证一个金融资产价格（或收益率）的改变必然导致另外一个金融资产的价格（或收益率）改变，但相关性研究可以让投资人对把握两个金融资产间的可能关系获得一定的信息。本报告以相关系数的绝对值0.6作为分界点，相关系数在+1.0～+0.6表示两金融资产有较强正相关性，而相关系数在-0.6～-1.0表示两金融资产有较强负相关性。

在过去12个月中，根据日度数据，本报告对上海综合指数与全球56只大盘股股票指数的相关系数进行分析发现，上海综合指数与全球股指的相关性明显增加，相关系数大于（包括）0.60的大盘股股票指数有13只，除去深圳综合指数，亚太地区的股指有5只，而欧美发达国家几乎包揽了剩下的所有股指，唯一例外的是埃及EGX30指数（相关系数为0.62）。从正相关视角分析，最显著的特点是：上海综合指数与深圳综合指数的相关性在过去12个月中显著增强，几乎达到同步联动的程度，相关系数高达98.88%，而根据2015年报告测算显示，上海综合指数和深圳综合指数的相关系数仅为52.488%。上海综合指数仅与5只股票指数呈负相关，分别为：毛里求斯SEMDEX指数、德黑兰证券交易所的TEDPIX指数、马耳他股票交易指数、塞浦路斯CSE普通指数以及布达佩斯证券交易所的中小股综合指数，其中比较有趣的是，上海综合指数与毛里求斯SEMDEX指数、德黑兰证券交易所的TEDPIX指数的负相关系数高达44.82%和33.68%（见图2）。

而在过去12个月中，根据日度数据，本报告对上海180指数与全球50只蓝筹股股票指数的相关系数进行分析发现，其特性与上海综合指数及全球主要大盘股指数的相关特性类似。第一，上证180指数的相关系数相对于2015年明显增加。第二，上证180指数与深圳100指数的相关性显著增加，几乎达到了联动的程度。第三，上证180指数与亚

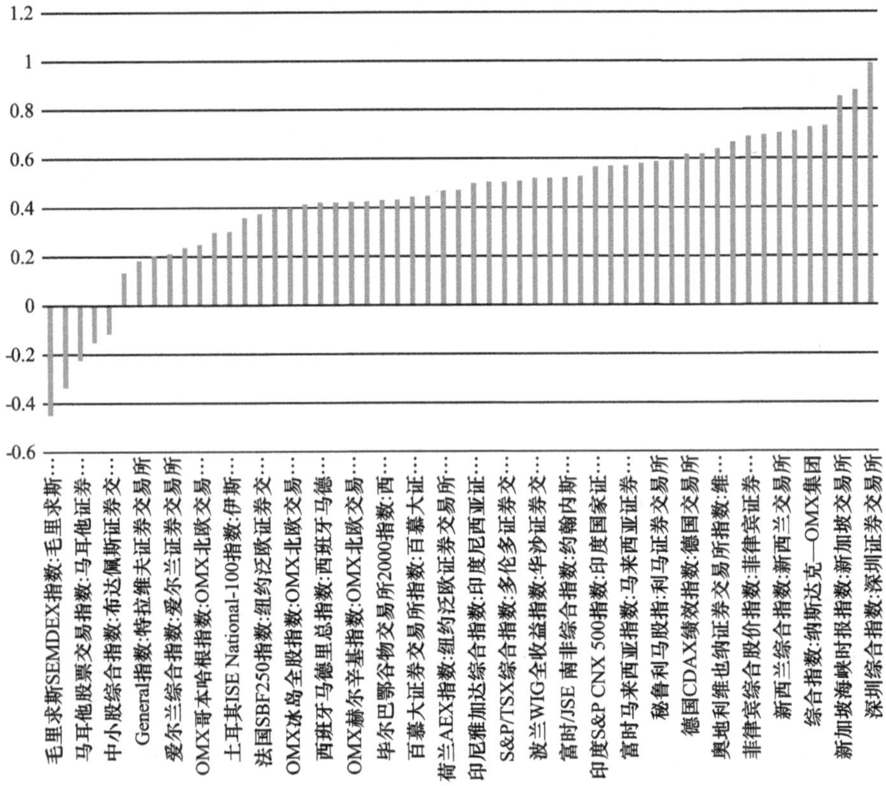

图2　上海综合指数与全球55只大盘股指的相关系数

太地区的股指出现非常高的联动特性。第四，上证180指数与欧美国家主要蓝筹股股指的相关性显著增加。第五，与上证180指数呈负相关的股指非常少，仅3只。更多关于上证180指数与全球50只蓝筹股的相关性研究结果见图3。

因深圳综合指数长期与上海综合指数存在协整关系，尤其是过去12个月，沪深两市几乎出现同时联动，致使深圳综合指数出现与上证综合指数及全球其他国家和地区的股指呈现类似的相关关系，导致深圳综合指数以及深圳100指数相对于上海的指数没有特别值得一提的特性，因此本报告为节省篇幅，不再冗述。

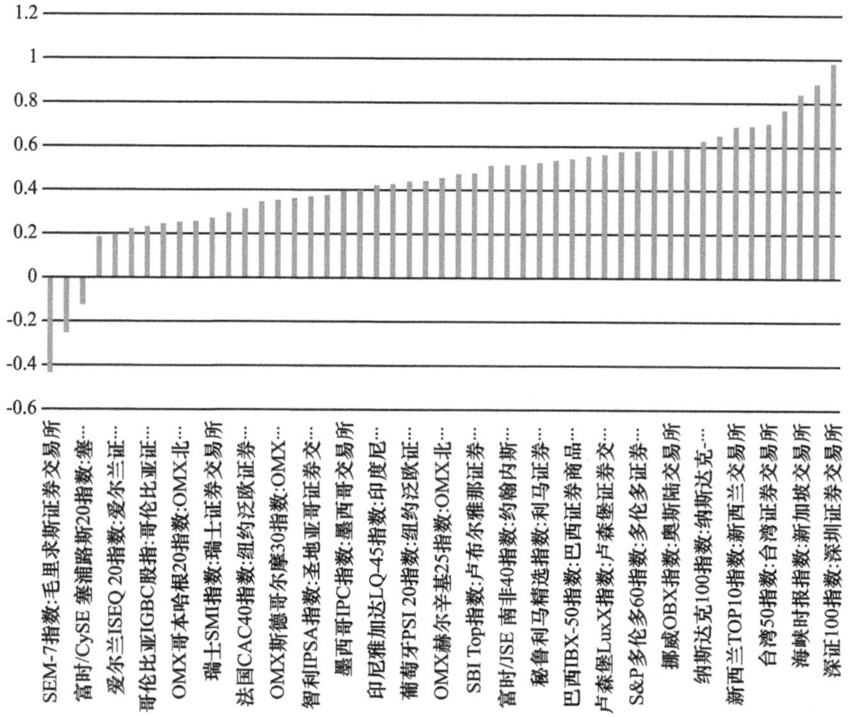

图 3　上海综合指数与全球 56 只大盘股指的相关系数

五、G20“杭州共识”与 2017 年全球股票市场治理展望

2008 年金融危机之后，全球金融市场呈现两大特点：首先是金融市场动荡往往出现在夏季，夏季出现金融市场动荡是大概率事件。中国经济的发展已牵动全球经济的发展，而中国股票市场与全球股票市场联动性不断加强，中国的一举一动都引起了世界的关注。

2015 年下半年，金融市场尤其是股票市场开始巨幅震荡，一个最主要的原因是中国股市从 2015 年 6 月中旬开始，到 2015 年 7 月，几乎每天都出现惊心动魄的过山车行情，上证指数在 2015 年 6 月 12 日见顶后，到 7 月底最后一个交易日收盘已暴跌 28%，造成约 20 万亿元人民币的市值蒸发。中国政府随即出台了大规模的托市政策，甚至前所未有地由公安部调查股市暴跌原因，并且派遣“国家队”出场力挽狂澜。而另外一个特点是“黑天鹅事件”频发。全球经济增长仍然低迷，全球经济复苏如履薄冰，若干“黑天鹅事件”浮出水面，尤其是若干地缘政治因素导致的经济金融不确定事件骤增。2015 年 11 月，巴黎市区发生的一系列恐怖袭击事件震惊世界，造成 132 人遇难。这次血腥袭击使已经因难民危机而四分五裂的欧洲雪上加霜，让欧洲乃至全球的反恐形势变得更加严峻，进而也导致欧洲经济金融复兴道路更加曲折和漫长。进入 2016 年后，英国脱欧等极端“黑天鹅事件”浮出水面，也大大地挑战着金融市场的认知和神经。而美国马上面临年底的总统换届大选，选民须在特朗普和希拉里之间做出艰难选择。特朗普和希拉里二人政治理念相差甚远，这都对未来金融市场走势带来极大的不确定性。此外，因为美国经济数据忽阴忽晴，也让市场对美联储加息政策的预期再次产生分歧。越来越多的迹象表明，美联储内部对加息的具体时间点、加息策略与节奏都有严重分歧。加之美国总统大选临近，这也会对美联储货币政策决议造成干扰，进一步产生因为内生性而导致的不确定性叠加问题，而市场、美联储、美国政治的多重因果预期效应叠加更增加了学者和科研人员对美国未来经济金融走势判断的难度。

在亚洲地区，因为中国在区域内扮演着越来越重要的角色，因此 2015 年下半年到 2016 年上半年股票市场的“猴市效应”，在不到一年时间内中国股市经历了千股跌停、熔断机制出台又暂停的戏剧性变化，导致对亚太区域内资本市场带来一些复苏过程中的不确定性。以 2016 年 1 月 7 日的交易为例，A 股开盘半小时内两次熔断，仅成交 14 分钟，近 1 700 只个股跌停，4 日内两日触发熔断，创造历史最快收盘纪录。当晚，经证监会批准，上交所、深交所和中金所决定于 1 月 8 日起暂停指数熔断机制。1 月 7 日，A 股两次熔断致使恐慌再次蔓延，原油、亚太股市、全球股指期货集体跳水。截至当日上午 10 时，香港恒生指数暴跌 2.8%，最低至 20 335 点，创两年半新低；美国三大股指期货、欧洲斯托克50股指期货、日经225指数大跌；WTI油价跌幅扩大逾3%，创2009年以来新低。

但是，虽然中国股市在过去12个月差强人意，但世界银行的报告中提到，中国经济已成功转型，并开始带动全球经济增长“温和回升”，随着2016年9月初G20会议在杭州的召开，在中国政府引领下，这次峰会达成的会议成果必定会为全球经济以及金融市场注入一剂强心针，也是一副对症下药治理全球经济金融顽疾的良方，该会议达成的共识和成果是前所未见的，诸如《二十国集团创新增长蓝图》《二十国集团全球贸易增长战略》《二十国集团全球投资指导原则》等30项协议已成为世界经济发展的新方向、新路径。作为2016年G20峰会的主席国，中国为“杭州共识”的形成发挥了独特的作用。而这些中国印记也助力汇集起全球力量，为世界经济开启新航程。全球经济如何跳出目前的增长泥沼，显然是全球政策制定者急需解决的头等大事。全球的共识是：目前，货币宽松这剂药还不能停之外，还需要鼓励政策制定者加大财政支出的力度来创造需求，避免羸弱的经济复苏夭折，造成全球经济二次探底。此外，需要高效治理经济金融，实现全球金融资本市场的抗风险增长能力。要实现抗风险能力的增长，必须建设有效的全球经济金融治理架构。G20杭州峰会核准了《二十国集团迈向更稳定、更有韧性的国际金融架构的议程》，指出：“我们支持进一步加强以强劲的、以份额为基础的、资源充足的国际货币基金组织为核心的全球金融安全网，提高国际货币基金组织贷款工具的有效性，并在尊重各自职责的基础上进一步加强国际货币基金组织与区域金融安全网之间的有效合作。”这一举措必将减少全球股票市场中“黑天鹅事件”出现的概率，因此，2017年全球股票市场应值得期待。

本报告对2016下半年全球股市风险进行了扼要研判。

第一，由于美国仍然是世界最大的经济体，美国的一举一动直接影响着全球利率与货币的走势，并时刻能为全球利率和货币定下基调。美联储加息的时间点直接影响着全球资本的流动方向，进而影响全球股票市场的表现。2016 年为美国总统大选年，年底将选出美国新任总统，希拉里与特朗普执政理念迥异，会增加市场预期分化及政治的不确定性。此外，最近传闻希拉里身体状况欠佳，引起市场对希拉里身体健康风险的“黑天鹅事件”的担忧，这都导致外界尤其是资本市场对美国大选之战的结果更为担忧，徒增极端不确定性，未来全球股票市场走势更加扑朔迷离。

第二，全球负利率时代已开始扭曲全球资产价格配置，尤其是在近期爆出欧洲首次出现负利率的企业债等挑战金融从业人员认知底线的金融事件，以及诸如德意志银行业 CoCo 债业务门事件，全球各地房价骤然走高，本报告认为，这些都是全球负利率时代下资产价格配置机制开始扭曲的具体体现。债券市场以及利率市场的价格扭曲自然会传导到股票市场，进而影响股价未来走势，这些不利因素都可能随着预期的增长而变得“可实现化”，进而演变为“自实现预言效应”，导致真实性“黑天鹅事件”发生概率的增加。因此，2016 年下半年和 2017 年上半年，投资人需持续关注负利率对资产价格的影响，尤其是对股票市场的冲击和影响。

第三，大宗商品价格的持续波动仍然是潜在的、导致新兴经济体股票市场的“黑暗物质”。其直接结果是亚太地区内各国决策者从权衡利弊考虑，开始调整汇率政策。而各国决策者的政策策略又往往加剧大宗商品价格的下滑，最终可能引发全球性通货紧缩，并进一步刺破资产泡沫导致股价下挫。唯一可能的方法是各国应基于在 G20 杭州峰会上达成的协议，加强沟通协作，集体性地缓释区域风险，包容发展，寻求总体福利最大化。

第四，中国在全球的重要性不断加强，虽然经济增长速度放缓，但经济成功转型已初见成效，随着 G20 杭州峰会的召开，中国开出的“中国良方”为全球经济增长定好基调和发展框架，此举必将根治全球经济金融长久以来的顽疾，进而促进资本市场健康稳健发展，缓释全球金融市场的潜在风险，因此，2017 年全球金融资本市场尤其是股票市场的表现仍值得关注。

第五，过去20年，人民币仍然是区域内货币的定盘星。中国人民币汇率制度和货币政策的短期选择仍会影响亚太地区区域内经济的走势，进而影响东南亚等地区股票价格的走势，此外也会影响中国自身资产价格（尤其是一二线城市的房屋价格）的走势。

日元经验对新 SDR 框架下人民币国际化发展的启示

赵 然

摘要： 人民币加入 SDR 是人民币国际化进程中的重要里程碑事件，这是新的契机但也充满挑战。无论是国家经济的整体发展或货币的国际化进程方面，当前的中国和 20 世纪 80 年代的日本都有很多相似之处，本文通过分析日元加入 SDR 五国货币篮子后的一系列政策措施与历史经验，着重研究其对人民币在新 SDR 框架下国际化发展的启示。本文发现，日本政府对日元国际化前景的错误判断、对美国经济的过度依赖，尤其是对汇率波动的过度乐观估计都是造成日元在加入 SDR 五国货币篮子后最终走向失败的主要原因；由此本文最终提出，中国当前应当积极推动人民币国际化发展、力保人民币汇率稳定、审慎开放资本账户，为中国实体经济的发展创造良好的外部环境；此外还应加快构建双边自由贸易区和人民币离岸市场，推动企业和金融机构"走出去"。

关键词： 日元国际化 SDR 人民币国际化

赵然，首都经济贸易大学金融学院、金融风险研究院讲师，经济学博士。

自党的十八届三中全会以来，中国经济步入转折期，如何促进经济金融的深度开放已经成为中国政府当前工作的重要方面，十八届五中全会和2015年中央经济工作会议均着重提出要形成中国与世界深度融合的互利合作格局；此外，参与全球经济治理、促进国际货币体系改革和国际金融监管改革更是被纳入“十三五”规划的重要工作目标中。人民币在“十二五”规划结尾时加入SDR为“十三五”规划相关工作的开展打下了良好的基础，但历史教训和现实目标促使我们必须思考：究竟是什么原因导致日元在加入SDR五国货币篮子后在参与全球资产配置过程中“昙花一现”？日元加入SDR五国货币篮子后的国际化发展与新SDR框架下人民币国际化道路是否有相似之处？日元发展的经验教训对新SDR框架下人民币参与全球资产配置有何启示？研究这些问题对中国参与全球经济治理和改革具有较强的现实意义。

一、日元在SDR框架中的发展历程

为了缓解布雷顿森林体系下由于全球国际收支调整机制的缺失所造成的“特里芬难题”并保持外汇市场的稳定，国际货币基金组织（IMF）于1969年10月在第24届年会上通过了创设特别提款权（SDR）的决议，之所以称为特别提款权，主要是为了区别于与成员国按照基金份额所确定的普通提款权（GDR）。SDR是一种人造复合货币，最初是作为黄金等价物出现的，能够替代黄金进行国际收支的结算，与美元的兑换比例是1:1，故在布雷顿森林体系存续期间，SDR也被称为纸黄金。随着布雷顿森林体系的崩溃和固定汇率体系的瓦解，1974年SDR的定值开始转向一篮子货币，初始的货币篮子选取的是占全球出口额1%以上的16个国家的相应主权货币，日元也在这个时期首次进入SDR的框架中①。16种主

① 1974年的16国货币篮子包括美元、马克、日元、法国法郎、英镑、意大利里拉、荷兰盾、加元、比利时法郎、瑞士克朗、澳元、丹麦克朗、西班牙比塞塔、挪威克朗、奥地利先令、南非兰特。1978年IMF对SDR的货币组成重新进行了调整，用伊朗里亚尔和沙特里亚尔代替了丹麦克朗和南非兰特。

权货币组成的货币篮子不可避免地使得 SDR 定值计算的难度加大，不利于 SDR 的推广和发展。最终在 1981 年，国际货币基金组织决定将 SDR 的货币篮子限定为五种主要发达国家的货币：美元、英镑、法国法郎、德国马克和日元，并且商定每五年对 SDR 篮子货币的权重调整一次，这次决议标志着日元成为真正意义上的国际储备货币，日元国际化进程正式启动，本文对日元后 SDR 时代的时间点选取也是从 1981 年开始的。SDR 篮子货币的发展历程如表 1 所示。

表 1　SDR 篮子货币的权重变化（%）

	美元	欧元	法郎	马克	英镑	日元	人民币
1981—1985	42	—	13	19	13	13	—
1986—1990	42	—	12	19	12	15	—
1991—1995	40	—	11	21	11	17	—
1996—2000	39	—	11	21	11	18	—
2001—2005	45	29	—	—	11	15	—
2006—2010	44	34	—	—	11	11	—
2011—2015	41.9	37.4	—	—	11.3	9.4	—
2016—2020	41.73	30.93	—	—	8.33	8.09	10.92

数据来源：国际货币基金组织。

二、日元加入 SDR 五国货币篮子后参与全球资产配置的经验分析

（一）日元加入 SDR 五国货币篮子后参与全球资产配置的发展历程

日元国际化进程可以分为三个阶段，参见图 1。

日元国际化进程是伴随着日本经济实力的崛起而逐步实现的，战后日本经济在 20 世纪 70 年代初就超越联邦德国成为世界第二大经济体。80 年代是日本经济腾飞的时代，这一时期日本经济保持了高速发展并且相比较其他发行国际货币的国家，日本国内通货膨胀率较低，物价稳定；但伴随着广场协议后日元的急剧升值，日本经济泡沫迅速积累，而

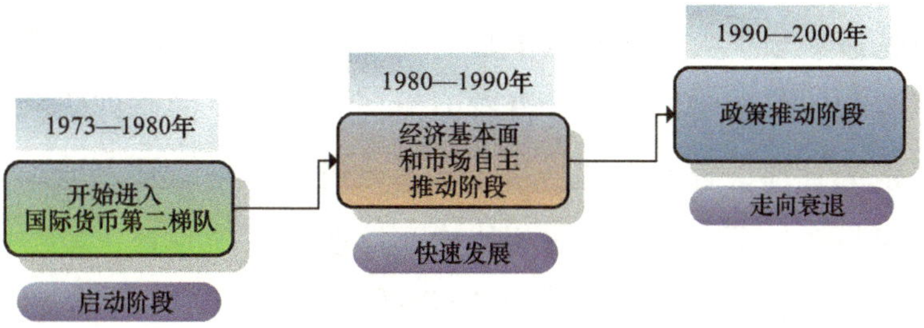

图 1　日元国际化阶段图

房地产泡沫的破灭进一步拖垮了日本经济，使其从 90 年代中期开始进入衰退期，随之日元国际化也宣告失败。

（二）日元加入 SDR 五国货币篮子后日本政府推动日元国际化的政策解析

1. 1980—1985 年日本推动日元国际化的相关政策和大事记

日元正式进入国际化阶段开始于 1981 年加入 SDR 五国货币篮子之后，而后几年日元国际化基本上是市场自然的选择，日本政府在 20 世纪 70 年代末才开始讨论日元国际化问题，但是它们讨论的结果是认为日元国际化会对日本经济产生负面影响。日本大藏省国际金融局在 1978 年发布的报告中指出，日元债券市场的发展会对货币市场造成过大冲击，从而对日本的经济发展产生不可预测的负面影响。所以日本政府在 70 年代末至 80 年代中期对日元国际化采取了谨慎观望的态度，包括日元加入 SDR 五国货币篮子也是国际货币基金组织通过经济规模和贸易规模等经济指标选择的结果，而不是日本政府主动推动的。但是迫于西方国家的压力，日本政府不得不从 70 年代末开始陆续出台政策放松管制。首先是 1979 年 2 月，日本政府宣布取消对非居民购买日元债券的限制；其次在 1980 年修订了已经使用 30 年的《外汇与外贸管理法》（以下简称《外汇法》），将旧法中关于“原则禁止”资本交易改为“原则自由、例外管制”，对于一般情况下的对外汇存和贷款不再加以限制，并将《外资法》并入了《外汇法》，规定居民享有进行外汇存款、借款、证券发行、投资和资本交易的自由，坚持进一步扩大贸易和资本自由化，简化进口手续，改善市场准入。尽管如此，事实上日本并没有因为《外汇法》的修订从本质上放松对外汇的管理，资本交易仍然在日本政府的严格监管之下，大藏省和日本央行对外汇市场的干预相比法案修改前更加频繁，显然此时日本政府并不认为日本需要完全市场化的外汇市场。1984 年后，日本政府对待日元国际化的态度由负面逐渐转为中立，但仍然强调审慎开放。

80 年代中后期，日本金融自由化战略全面展开并迅速发展，政府逐渐从被动接受日元国际化转变为主动推动。1983 年，里根总统要求扩大与日本经济谈判的领域，从贸易开放走向金融开放，并成立了“美日美元—日元委员会”，该委员会主要推动四项工作：金融及资本市场自由化、改善市场准入、扩大欧洲市场、促进直接投资。尤其是在金融及资本市场自由化条款下，美国要求日本实现利率自由化、取消日元转换限制及对日元对外贷款的限制等。经过一年多的谈判，1984 年 5 月 29 日，日本大藏省公布了由“美日美元—日元委员会”起草的《金融自由化与日元国际化的现状与展望》的研究报告。报告明确指出，日本过去以管制为主的金融体系已经成为制约日本经济发展的主要因素，利率管制、金融机构的分业管制、国内金融市场国际业务开放的管制必须废除。日本的经济学家普遍认为，这份报告是日本金融市场走向开放和日元国际化博弈正式开展的里程碑，也充分体现了日本政府对日元国际化态度的转变。和 1978 年的报告不同，这份报告指出，日元国际化将有助于全球经济的稳定发展并且为非居民参与日本的经济活动提供便利，具体表现为：①可以减少外汇风险并相应减少国际贸易中的对冲成本；②提升企业融资的有效性；③加强日本金融企业在国际金融交易中的作用；④有助于推动东京成为全球金融中心。报告还制定了一系列开放日本金融市场和推动日元国际化的政策，主要政策实施情况如表 2 所示。

表2　《金融自由化与日元国际化的现状与展望》制定的主要措施

时间	措　施
1984 年 4 月	取消日元计价对外贷款的限制
1984 年 6 月	取消日元结汇限制
1984 年 7 月	日元计价外债发行、运营规则更加富有弹性
	非居民欧洲日元债发行
1984 年 12 月	允许境外民间企业发行
1985 年 4 月	放松使用基准利率
1984 年 12 月	允许境外金融机构承销欧洲日元债
1984 年 12 月	允许发行欧洲日元可转让定期存单（CD）
1985 年 4 月	取消居民欧洲日元债利息所得的预提所得税
1985 年 6 月	创建日元计价承兑汇票市场
	欧洲日元贷款
1983 年 6 月	面向非居民短期贷款自由化
1984 年 6 月	面向居民短期贷款自由化
	中期贷款自由化
1985 年 4 月	面向非居民
1989 年 7 月	面向居民
	发布指引放松欧洲日元债券交易
1986 年 4 月	面向非居民
1987 年 7 月	面向居民

数据来源：日本大藏省。

2. “广场协议”后日本推动日元国际化的相关政策和大事记

研究日元加入 SDR 五国货币篮子后国际化政策的有效性就不得不提“广场协议”，可以说“广场协议”刺激了日元国际化的短暂繁荣，但也加速了日元国际化的失败。1985 年 9 月，美、日、德、法、英的财长在纽约广场饭店签订了“广场协议”，决定联合干预外汇市场，抛售美元，使美元对主要国际货币汇率逐步下调，其中日元兑美元升值幅度最为明显，不到两年的时间里日元兑美元汇率从237降为152，升值幅度高达56%。短期来看，如此快速的升值一方面促使拥有日元债务的国家扩大对日元外汇储备资产的需求，使得这期间日元的国际价值贮藏职能得到快速发展；另一方面日元升值使得进口原材料价格大幅下降，日本企业的劳动生产率迅速提高，企业竞争力大大增强，1986—1988年，日本的出口规模保持了三年的快速增长。但升值带来的负效应很快显现，长期升值使得日本国内的经济泡沫急剧扩大，最终房地产行业泡沫的破灭将日本经济带入“失去的十年”。

1985年后，日本政府对日元国际化的态度已经变得非常积极主动，金融市场的开放使得日本政府迫切希望日元能在国际货币体系中站稳脚跟，从而保证国内金融体系的稳定。1998年5月，在亚太经合组织（APEC）财长论坛上，时任日本财长松永光发表讲话，明确表明了日本政府对待日元国际化的迫切态度：

我们的政府计划通过一系列刺激措施推动日元国际化的发展。日本正在经历一场金融体系的变革，而这场变革的领跑者就是我们对日本金融自由化的改革，我们于4月1日重新修订了《外汇法》并使跨境交易实现完全自由化。我们将继续采取措施不断努力为提升日元的国际储备和结算职能而创造良好的市场环境。

松永光的这次讲话和以往日本政府对待日元国际化的态度有所不同。尤其是1985年之前，日本政府在提到日元国际化时总会提到担心放宽非居民使用日元的各种限制会损害日本国内的金融体系和资本市场，而这次讲话完全没有提及这方面的担心，但是日本政府这种积极态度的转变有些晚了，已经错过日元在国际资产配置中的最佳发展时机。1985年后日本政府推动日元国际化的主要推动措施参见表3。

表3　1985年后日本推动日元国际化的主要政策措施

时间	措　施
1984年	非居民发行欧洲日元债券； 欧洲日元交易自由化
1985年6月	创设日元计价的银行承兑汇票市场
1986年12月	建立东京离岸市场
1987年5月	金融机构海外交易自由化
1987年6月	大阪证券交易所开始股票期货交易； 私募债券市场自由化； 允许外资投资顾问公司投资完全委托业务
1987年7月	银行间无担保拆借期间从2天增加到6天
1987年8月	美国商业银行证券公司开立分支机构
1987年10月	可转让大额定期存单的最短存款期限从3个月缩短至1个月；暂时取消国内可转让存单的发行额度
1987年11月	创设日元计价的商业票据市场，银行及证券公司开始销售国内商业票据和欧洲日元商业票据； 非居民发行欧洲日元可转让存单解禁
1988年1月	允许非居民机构在境内发行日元计价商业票据
1988年3月	国内金融机构可自由进行海外金融现货期权自助交易
1988年4月	欧洲日元债最长发行期间从1年延长至2年
1988年5月	制定金融期货交易法及修订证券交易法，允许一般居民进行海外期货交易； 16个外国证券公司取得东京证券交易所会员资格
1988年9月	东京证券交易所和大阪证券交易所开始股指期货交易
1988年10月	外国银行、证券公司对日本国债承购比例上升； 建立东京金融期货交易所
1989年4月	放松净流入限制，取消净流出限制，简化交易对象为非居民时的确认手续
1989年5月	日本央行开始在公开市场上进行商业票据的买卖操作
1989年7月	居民海外外币存款自由化（个人存款要求超过等值500万日元）
1990年4月	东京金融期货交易所成立
1990年5月	面向居民的中长期日元贷款自由化

续表

时间	措　施
1990 年 7 月	居民海外外币存款自由化（如果是为了进行组合投资，则无论是个人还是企业存款都必须超过等值 3 000 万日元）
1993 年	完成定期存款利率自由化
1994 年 1 月	放宽居民投资外国债券和武士债券的资格要求
1994 年 7 月	放宽投资以日元计价外国债券的资格要求
1994 年	完成活期存款利率自由化
1995 年 4 月	对于非居民投资国内债券的审批和通知程序实行弹性化
1996 年 1 月	废除非居民投资国内债券的资格要求审查

数据来源：根据日本大藏省公开资料整理。

离岸金融业务随着国际货币理论的不断拓展得到了不断发展。从传统意义上来说，离岸金融业务是指为非居民提供的以非本币为交易货币的金融服务。1986 年，日本设立了东京离岸金融市场，这是日本政府推动日元国际化的重要举措之一。日本模仿纽约将为非居民提供的、以本币为交易货币的金融服务也包括在离岸金融业务内，使离岸金融业务的概念发展为只要服务对象是非居民的金融服务，不管交易货币是本币还是外币，都可以被称为离岸金融服务。按照运营模式的不同，目前世界的离岸金融市场主要分为内外混合型、内外分离型、分离渗透型和避税港型四种。

内外混合模式下，离岸金融业务以境外货币为对象，但在居民和非居民之间没有限制，也就是说不对非居民专户设账，以境外货币表示的资金可以在居民与非居民之间自由融通，差别只在于境外流入资金不需要交纳存款准备金，所产生的利息享受税收优惠。实行这种模式的国家或地区一般没有资本、外汇及利率方面的管制，但非居民的本币业务受到经营执照方面的严格限制。伦敦及香港的离岸金融市场属于这种模式。日本和美国的离岸金融市场则属于内外分离模式，即对非居民专门设账，与居民账户严格分开，禁止资金在两类账户间流动，以防止离岸金融交易对本国货币政策造成不利冲击。

（三）日元加入SDR五国货币篮子后汇率演变历史分析

联邦德国（下称德国）马克和日元同时被纳入SDR的五国货币篮子，可以说这两种货币的起点非常类似。但是众所周知，它们国际化的结果却大相径庭。为了防范汇率剧烈波动给德国实体经济带来伤害，德国在20世纪60年代后执着地维持马克币值的稳定，当然这一方面得益于德国货币当局的努力，更重要的还是德国本国实体经济的发展为马克的稳定创造了良好的外部环境。德国工业生产竞争力的提高确保了其国际收支经常项目可以长期保持顺差，德国长期保持了在全球产业链中的主导地位。1980年至1996年，德国出口产品中以马克计价的比重达到82.3%，而同期日本出口中以日元计价的比重仅为29.4%，德国颇具竞争能力的出口企业很好地保证了国际贸易交易中对马克的稳定需求，确保了马克币值的稳定。可以看出，货币国际地位的提升并不必然带来全球金融市场中货币流动性需求的持续性增加和汇率的长期稳定，汇率的稳定最终还要依赖于本国真实财富的创造能力。

反观日元，从图2可以看出，日本政府高估了自身对汇率波动的承受能力。1980年后日元汇率一直处在震荡区间内，1985年的广场协议更是将日元汇率拉入深不见底的深渊，汇率剧烈波动的恶果随后很快便波及日本的实体经济与贸易。实体经济的发展需要稳定的汇率，尤其是对于类似德国、日本这样以制造业为主导的贸易大国，剧烈波动的汇率

图2　日元汇率波动演变

数据来源：WIND。

不仅会损伤出口商的生产积极性、加剧社会失业，长远看更会阻碍社会科技创新进步，重创制造业的长期稳定发展，而没有稳定发展的实体经济，汇率就无从依托。所以实体经济与汇率是相互依存、彼此扶持的关系，一方出现问题都会加剧另一方的恶化，日本就是最好的例子。

三、 对新 SDR 框架下人民币国际化发展的启示

（一）日元进入 SDR 五国货币篮子后的国际化发展与新 SDR 框架下人民币国际化道路的比较分析

人民币在 2015 年加入 SDR 货币篮子，和日元 1981 年加入时相比一个非常重要的优势就是国际货币体系已经转向了多元化发展。通过之前的分析可以看出，虽然 20 世纪 80 年代布雷顿森林体系已经不复存在，但是美元的国际影响力仍然没有任何货币可以取代，而且全球经济尤其是亚洲经济对美元的依赖程度过高，整个亚洲地区就是一个事实上的“美元区”，日元要在这样的环境下发展国际化战略难度之大可想而知。而在经历了 1997 年的亚洲金融风暴和 2008 年的全球金融危机后，美国和美元的全球影响力都在下降，尤其是在亚洲地区，这为人民币的崛起创造了良好的外部条件。此外，中国政府对待人民币国际化的态度也和 80 年代的日本政府大不相同，中国政府敢于进行大刀阔斧的改革，一直坚定不移地支持人民币国际化战略的发展，而日本政府却在日元加入 SDR 前后采取了谨慎观望的态度，致使日本错过了日元国际化发展机遇最佳的五年。1985 年后，日本政府的态度才从负面改为积极，而此时对于日元的国际化发展为时已晚。

1. 加入 SDR 时人民币和日元国际化程度比较

（1）贸易市场结算职能比较

从图 3 可以看出，1980 年日元加入 SDR 时，日元结算额占日本贸

易总额的比重仅为15%（参见图3），而2015年人民币结算额占中国贸易总额的比重已经接近30%，人民币结算额达到7.23万亿元人民币，同比增长10.4%。从这些数据可以看出，中国政府对人民币结算职能发展的支持力度超过日本政府，人民币国际结算职能的发展也强于日元。

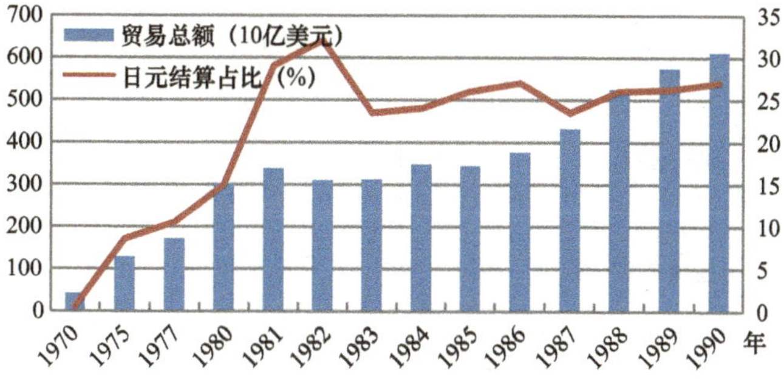

图3　日元结算占日本贸易总额比

数据来源：McDowell. Taking on the Dollar: Japanese and Chinese Currency Internationalization in Comparative Perspective, prepared for the Workshop on Crisis and Change in the Global Monetary System, Ghent Institute of International Studies, Ghent University, Belgium, 2013.

相较于日本，中国对美国的进口依存程度相对较低，但从2008年开始，中国对美国的出口依存度开始超过日本，目前已经达到17%。而日本20世纪80年代对美国的出口依存度也接近35%，说明中国面临着和日本当年同样的问题，即对美国市场过于依赖，这样会在一定程度上制约人民币国际结算职能的发展。

为了观察出口产品在外国市场所占份额的大小是否会显著影响交易过程中结算货币的选择，本文收集了大量数据以观察东盟国家对中国各类贸易品的依存程度。据海关合作理事会通过的HS2000编码将国际贸易中所涉及的各种商品按照生产类别、自然属性和不同功能用途等分成了22类99个章节。本文根据HS2000编码逐类分析了东盟国家分别对中国和日本的进口依存程度（见表4和表5）。

表4　东盟对中国分产品进口依存度（%）

HS 类别	2010 年		2011 年	
	对中国	对日本	对中国	对日本
鞋、帽、伞	53.16	0.90	52.28	1.01
杂项制品	38.53	10.69	40.63	10.10
纺织原料及纺织制品	31.98	5.57	31.73	4.86
石料、石膏、水泥	29.31	17.63	27.70	17.37
生皮、皮革及其制品	20.23	1.65	25.67	1.88
木及木制品	16.74	1.06	21.49	1.63
机器、机械器具、电气设备	18.74	15.20	20.09	14.81
贱金属及其制品	15.32	23.63	15.63	22.80
化学工业及相关工业的产品	13.61	10.27	13.28	9.81
植物产品	14.47	0.52	12.51	0.44
武器、弹药及其零件、附件	20.06	0.09	12.06	0.07
光学、照相、精密仪器	11.11	18.84	11.05	18.81
木浆及其他纤维状纤维素浆	9.20	8.44	10.23	6.63
塑料及其制品	10.26	18.16	10.08	16.12
食品；饮料、酒及醋	6.94	1.17	7.79	1.16
艺术品、收藏品及古物	19.02	2.96	6.96	10.51
车辆、航空器、船舶	6.88	23.68	6.75	21.28
活动物；动物产品	4.98	2.41	5.91	2.20
特殊交易品	5.58	18.77	4.65	19.41
天然或养殖珍珠、宝石	2.59	12.50	2.26	12.37
矿产品	4.11	2.39	2.05	2.31
动、植物油和脂	1.34	0.38	1.08	0.31

注：按照2011年东盟对中国进口依存度大小进行排序。

数据来源：根据联合国网站 UN Comtrade 相关数据计算得出。

表5　东盟对日本分产品进口依存度（%）

HS 类别	2010 年		2011 年	
	对日本	对中国	对日本	对中国
贱金属及其制品	23.63	15.32	22.80	15.63

续表

HS 类别	2010 年		2011 年	
	对日本	对中国	对日本	对中国
车辆、航空器、船	23.68	6.88	21.28	6.75
特殊交易品及未分类商品	18.77	5.58	19.41	4.65
光学、照相、精密仪器	18.84	11.11	18.81	11.05
石料、石膏、水泥	17.63	29.31	17.37	27.70
塑料及其制品	18.16	10.26	16.12	10.08
机器、机械器具、电气设备	15.20	18.74	14.81	20.09
天然或养殖珍珠、宝石	12.50	2.59	12.37	2.26
艺术品、收藏品及古物	2.96	19.02	10.51	6.96
杂项制品	10.69	38.53	10.10	40.63
化学工业及其相关工业的产品	10.27	13.61	9.81	13.28
木浆及其他纤维状纤维素浆	8.44	9.20	6.63	10.23
纺织原料及纺织制品	5.57	31.98	4.86	31.73
矿产品	2.39	4.11	2.31	2.05
活动物；动物产品	2.41	4.98	2.20	5.91
生皮、皮革、毛皮及其制品	1.65	20.23	1.88	25.67
木及木制品；木炭	1.06	16.74	1.63	21.49
食品；饮料、酒及醋	1.17	6.94	1.16	7.79
鞋、帽、伞、杖、鞭及其零件	0.90	53.16	1.01	52.28
植物产品	0.52	14.47	0.44	12.51
动、植物油和脂及其分解产品	0.38	1.34	0.31	1.08
武器、弹药及其零件、附件	0.09	20.06	0.07	12.06

注：按照2011年东盟对日本进口依存度大小进行排序。

数据来源：根据联合国网站 UN Comtrade 相关数据计算得出。

由以上数据可以看出，在鞋帽、杂项制品、纺织制品、石料、毛皮制品、木制品及机械产品中，中国在东盟国家的进口贸易中所占份额均超过了20%，虽然市场份额可观，但是除了机械产品以外，其他产业技术含量较低，产品可替代程度较高（见表6）。由表6可以看出，中国主要出口商品平均需求价格弹性的绝对值要大于中国主要进口商品平均需求价格弹性的绝对值。这说明，中国主要出口商品的贸易额对价格变化更为敏感，即中国出口企业面临的需求风险相对较大。

表6　中国主要出口商品和进口商品需求价格弹性

主要出口商品	弹性	主要进口商品	弹性
生猪	-0.23	大豆	0.48
大米	-1.29	食用植物油	0.01
玉米	-3.16	铁矿砂及精矿	0.43
成品油	0.06	成品油	0.06
塑料制品	0.08	原油	0.33
生丝	-0.59	初级形状的塑料	-0.49
钢材	-0.34	纸浆	-0.005
集成电路	-1.5	钢材	-0.7
集装箱	-0.3	未锻造的铜及铜材	-0.02
摩托车	-0.45	未锻造的铝及铝材	-1.46
自动处理设备	0.13	金属加工机床	-0.57
发动机与发电机	-0.71	汽车及汽车底盘	3.31
		飞机	-0.58

数据来源：杨菊洪．我国贸易条件变化的进出口需求价格弹性分析［J］．中国市场，2012（23）：72-73，101．

而东盟国家进口的日本产品主要是贱金属、车辆、精密仪器、机械产品、石膏及玻璃制品、橡胶制品等相对技术含量较高且产品差异程度高的商品，所以日元在日本对亚洲国家的贸易中结算比重在2008年已经接近50%。

虽然从2010年全面展开人民币跨境贸易结算业务至今，人民币国际结算职能发展迅速，但人民币在中国对亚洲国家贸易结算中的比重在2012年月平均仅为24%，相较于其他主要国际货币发行国家本币业务在本国贸易额中的占比来说还处在一个比较低的水平。目前来说，制约人民币国际结算职能发展的最主要因素就是中国制造品的产品差异程度低，产品差异程度低会导致出口价格弹性过大，从而降低企业的议价能力，但是人民币在国际贸易市场中的发展空间却是十分广阔的。

（2）金融市场储备职能比较

截至2015年年底，中国人民银行与34个国家和地区的中央银行或货币当局签署了双边本币互换协议，协议总规模约为3.255万亿元人民币，且双边本币互换协议的实质性作用明显增强。2014年，境外中央银行或货币当局发起本币互换交易金额共计1.1万亿元人民币，动用人民币金额共计380亿元。截至2014年年末，境外中央银行或货币当局发起本币互换交易金额约2.3万亿元人民币，动用人民币金额共计807亿元；中国人民银行发起本币互换交易折合人民币共计41亿元，动用对方货币折合人民币共计15.8亿元①。如果将双边本币互换协议看作其他国家的人民币外汇储备额，那么截至2015年年底，人民币外汇储备额换算成美元是5 227.1亿美元②；根据国际货币基金组织的统计数据，2015年第三季度全球外汇储备总额为112 033.57亿美元，则可以得出2015年人民币外汇储备额占全球外汇储备额的比重已经达到4.67%。日元在1981年加入SDR五国货币篮子前，在国际债券市场中的份额占比已经达到4.8%，1985年更是达到了9.1%。从这个角度来看，人民币加入SDR时在国际债券市场上的地位劣于日元，但是同期日元外汇储备额占可划分币种外汇储备额的比重仅为3.78%。日元在1981年加入SDR五国货币篮子时占全球外汇储备的比重为4.2%，从这个角度看，人民币加入SDR时的国际储备职能略强于80年代初的日元。

2. 两国推动货币国际化政策比较

如表7所示，日本实现资本账户开放用了将近40年的时间，20世纪70年代是日本资本账户开放最重要的时间段。人民币在加入SDR时，中国资本账户开放程度确实要小于日元1981年加入SDR五国货币

① 中国人民银行《人民币国际化报告（2015年）》。

② 这里采用2015年人民币兑美元的汇率，来自中国人民银行《2015年统计数据》。

篮子之时，但中国政府正在加紧放宽对资本流动的限制，并且大力支持人民币计价资产的跨境流动。2014 年，香港市场人民币“点心债”发行规模达到 5 640 亿元人民币，虽然这个数量和其他主要国际货币离岸债券发行规模相比仍然较小，但在中国政府的大力支持下和人民币在岸债券市场的发展，人民币离岸债券市场会成为促进新 SDR 框架下人民币国际化发展的一个重要突破口。

表 7　日元国际化和人民币国际化相关政策对比

	日本	中国
经常项目开放	1964 年 根据国际货币基金组织第八条款实现日元经常项目可兑换	1996 年 中国正式宣布接受第八条款，人民币经常项目实现完全可兑换
资本账户开放	1960 年 在《贸易外汇自由化计划大纲》中首次提出要逐步放开资本项目管制 1961 年 日本企业首次发行了欧洲债券；日本企业在境外首次发行股票 1969 年 逐步开放对外直接投资 1971 年 出境时可携带外币现钞限制放宽；民间部门持有外汇自由化 1972 年 对外直接投资实现自由化 1973 年 取消日元自由存款余额结汇审查制度； 取消非居民购买证券限制 1974 年 取消日元结汇限制，实行即期头寸管理； 放宽非居民购买日本债券的限制；允许非居民境内发行债券	2001 年 取消 1998 年开始的临时性限购汇措施以及禁止购汇提前还贷规定。至此中国资本项目管制有所松动，实现了部分项目的渐进式开放 2002 年 颁布《合格境外机构投资者境内证券投资管理暂行办法》，允许境外合格机构投资者投资国内证券市场的 A 股、基金、债券等 2003 年 取消境外投资汇回利润保证金制度；十六届三中全会提出了要“在有效防范风险的前提下，有选择、分步骤放宽对跨境资本交易活动的限制，逐步实现资本项目可兑换” 2005 年 改进资本项目外汇管理方式及行政许可程序、简化个人财产对外转移审批方式；国际机构发行熊猫债解禁 2006 年 发布《商业银行开办代客境外理财业务暂行办法》，正式开展 QDII 业务 2007 年 扩大居民个人外汇结售汇额度；允许合格的金融机构在香港市场发行人民币债券

续表

	日本	中国
资本账户开放	1976年 对内直接投资实现自由化 1977年 非居民贷款实现自由化 1978年 完全放开携带现钞出入境 1979年 居民在境外进行证券投资和非居民在境内进行证券投资均实现完全自由化 1980年 修订《外汇法》，规定居民享有进行外汇存款、借款、证券发行、投资和资本交易的自由，坚持进一步扩大贸易和资本自由化 1987年 金融机构海外交易自由化 1988年 允许非居民机构在境内发行日元计价商业票据、允许一般居民进行海外期货交易 1989年 居民海外外币存款自由化、放松净流入限制，取消净流出限制 1994年 放宽投资以日元计价外国债券的资格要求 1996年 废除非居民投资国内债券的资格要求审查 1997年 修改《外汇法》，原则上废除资本项目下的交易许可、将事先备案制改为事后报告制，标志着资本项目实现可兑换	2008年 修订《中华人民共和国外汇管理条例》，管理理念由“宽进严出”转变为“均衡管理”，增强市场配置外汇资源的基础性作用 2010年 发布《关于境外人民币清算行等三类机构运用人民币投资银行间债券市场试点有关事宜的通知》，明确港澳地区人民币业务清算行、跨境贸易人民币结算境外参加银行和境外中央银行或货币当局均可申请进入银行间债券市场进行投资 2011年 发布《境外直接投资人民币结算试点管理办法》，规定跨境贸易人民币结算试点地区的银行和企业可开展境外直接投资人民币结算试点 2012年 进一步深化个人本外币兑换特许业务试点工作；取消部分直接投资项下管理环节，进一步简化管理程序，放松资金运用限制 2013年 取消QDII的业务限制以满足境内机构和个人境外证券投资需求 2014年 发布《国家外汇管理局关于进一步改进和调整资本项目外汇管理政策的通知》，进一步深化资本项目外汇管理改革，推进简政放权； 资本市场双向全面开放，RQFII试点扩容，境外机构获准进入银行间债券市场，境外机构可在境内发行人民币债券； 沪港通股票交易正式开锣； 发布《关于人民币合格境内机构投资者境外证券投资有关事项的通知》，正式开展RQDII业务

续表

	日本	中国
汇率市场化	1971 年 根据《史密森协定》，日元对美元波动幅度由 1% 调整为 2.25% 1971—1973 年 有管理的浮动汇率制 1973—1980 年 包含资本项目管制的浮动汇率制度 1980—2000 年 资本自由化下的浮动汇率制	2005—2008 年 由单一盯住美元改为有管理的浮动汇率制 2008—2010 年 再次改为盯住美元 2010 年 改为盯住一篮子货币的有管理的浮动汇率制 2012 年 银行间即期人民币兑美元交易价浮动幅度由 0.5% 扩大至 1% 2014 年 银行间即期人民币兑美元交易价浮动幅度由 1% 扩大至 2%；实现人民币对所有外币挂牌汇价管理的完全市场化 2015 年 进一步增强人民币兑美元汇率中间价的市场化程度，进行人民币汇率中间价形成机制改革
创立国际金融中心	1985 年 东京成为全球金融中心 1986 年 创立东京离岸金融市场	2007 年 SHIBOR 开始运行 2011 年 根据“十二五”规划，2020 年前要将上海建成全球金融中心 2013 年 上海人民币离岸中心建成

（二）对新 SDR 框架下人民币参与全球资产配置的启示

通过对日元在加入 SDR 五国货币篮子后参与全球资产配置的经验总结，为了使人民币能充分利用 SDR 在全球金融体系中的地位，进一步扩展人民币的各项国际职能，使人民币稳步成为国际核心货币并长期保持国际地位的稳定而不会陷入类似日元“昙花一现”的尴尬境地，中国可在后 SDR 时代从以下几个方面进行战略推进。

1. 维持汇率稳定，谨防汇率剧烈波动

在中国经济发展已经深度参与全球经济并且人民币已经不可逆地进入国际货币的竞争与博弈框架之后，必然会导致中国内部各种类型金融风险的诱发机制与对外开放背景下的各种因素密切相关。一方面，全球经济增长乏力、新兴市场国家经济剧烈波动、主要发达国家的债务危机后续效应以及美国等主要国家的量化宽松政策退出、加息等重要货币政策的变化，必然会通过影响中国的出口增长、汇率波动以及资金大规模外流，引发中国内部的金融风险；另一方面，外部风险将会限制中国政府防范和化解国内金融风险的政策选择空间，导致中国政府在制定、实施任何旨在防范和化解国内金融风险的政策措施时面临极大的制约性和复杂性，造成防范和化解国内金融风险的政策措施弱化甚至失效。

人民币现阶段处境类似于日元的六七十年代，都是货币国际化的启动阶段。从各个角度来看，中国尚未做好完全放开汇率和资本账户的准备，故该阶段我们仍然要在保持货币政策独立性的前提下，力保汇率的稳定，即使延缓资本账户开放的时间表也不能急功近利，不计后果地过快开放金融市场。

日元和人民币国际化进程中，本国的商品出口都受到不同程度的影响，出口规模的同比增速都出现逐月下降的趋势。此外，外部市场对人民币汇率的冲击逐渐加大，虽然人民币在岸市场一路升值，但是离岸市场早已显示出贬值预期。中国的经济增长虽然不再如 2008 年之前一路高歌猛进，但仍然长期保持在 6.5% 以上；中国的工业生产指数也稳步回升并保持在高位运行，2016 年 3 月，中国的工业用电同比增速再次突破 7%。但中国的制造业发展却令人担忧，采购经理人指数（PMI）从 2011 年下半年开始就一直在荣枯线附近徘徊，这说明中国经济发展仍然缺乏动力，中国的经济领先指数也从 2014 年 9 月开始一路下滑，中国经济正处在转型时期，内需的发展在这个阶段尤为重要。让人欣慰的是，目前市场的一系列反应表明中国国内需求处在平稳发展的区间内，正是基于此，国际货币基金组织在其2016年的《全球金融稳定报告》中警告说，随着中国对全球经济和世界金融系统的影响力不断增强，西方国家正面临越来越频繁的新兴市场危机及由此带来的破坏性风险，并且国际货币基金组织在下调全球经济增长预期的同时，上调了对今明两年中国经济增长的预期。美国退出量化宽松后，在主要新兴经济体汇率都普遍走弱的形势下，人民币有效汇率指数仍然保持强劲升值，说明人民币对美元以外货币的升值趋势并未改变。和其他主要货币相比，人民币对美元贬值幅度仍属温和，这在很大程度上对中国的出口贸易扩张带来巨大挑战，“8·11”汇改是中国央行积极应对人民币长期单向升值所出台的主动贬值策略，汇改后人民币在岸、离岸汇率逐渐统一，人民币汇率市场化程度进一步提升，人民币有效汇率指数的上升势头得到缓解。

“8·11”汇改后，人民币贬值程度开始深化。2016年1月6日，离岸市场人民币无本金交割远期（NDF）汇率低至2008年以来的历史新点6.955，当天人民币远期贴水率高达6.49%，虽然随后人民币贬值压力有所缓解，但人民币要实现将汇率波动稳定在一定区间内仍然有很长的道路要走。中国的外汇管理当局面临的挑战和风险也是巨大的，一旦无法及时准确地应对市场中的任何波动，人民币汇率风险极有可能爆发，而人民币国际化也将如日元那般面临“昙花一现”的尴尬处境。我们应该效仿德国，坚定不移地坚持有管理的浮动汇率体制，为本国实体部门的发展赢得时间和空间，充分利用外汇储备力保汇率稳定。德国马克在国际化的进程中所采用的策略就是使用大量外汇储备作为平准基金，在市场中确保马克的供应量稳定在一定水平之内，从而力保马克币值的稳定，这一做法不但为马克赢来了国际声誉，更为马克成为国际货币奠定了坚实的基础。

2015年年底，美国启动新一轮加息周期是否会造成人民币汇率长期的剧烈波动呢？本文认为，从长期看汇率是由一国真实财富的创造能力所决定的，人民币并不必然具备长期贬值的基础，但是短期内仍然要严防汇率风险、保证汇率稳定。虽然从2015年下半年开始，人民币贬值预期持续增加，但截至2016年2月，中国的出口贸易同比增速仍然连续8个月出现负增长，而且2016年2月甚至下降至25.4%，其他金砖国家也出现了类似的情形，经常账户顺差的减少短期内加剧了资本外流，给金砖国家货币汇率带来贬值压力。值得关注的是，美联储加息对各国跨境资本流动的影响，欧元和日元作为第二梯队的主要国际货币和避险资产选择，美联储加息并未造成欧元区和日本国际资本的迅速外逃。然而，反观中国的情况可以看出，从2014年6月起，中国资本和金融账户（不包括外汇储备）一直保持逆差状态，即流出的资本超出了流入的资本，这也造成中国外汇储备的大量流失。随着美国与新兴市场国家收益率差的逐渐收敛，新兴市场国家的持续弱势震荡，可以预期未来资本会加速流回美国。但这并不意味着在新兴市场国家，尤其是中国会发生系统性金融风险，原因有两点：一是以中国为代表的新兴市场国家抵御外部风险的能力整体增强，汇率基本上实现了市场化改革，而且中国货币管理当局的主动贬值策略——“8·11”汇改，显示中国政府已经具备了在当今全球经济动荡时期进行汇率风险管控的能力；二是美国此轮经济复苏期将是第二次世界大战后最为漫长的一次，毫无疑问此轮加息的爬行速度也将非常缓慢，为新兴市场国家提供了足够长的缓冲时间。

货币国际化的进程中，总会伴随着汇率单边升值的压力。人民币国际化战略启动后就长期保持了对美元的单边升值，从2015年开始又转向了贬值预期，这和日元当年的情况非常类似。如果不能很好地稳定汇率，一国货币国际地位提升的同时本国经济所付出的代价也是巨大的。由日元在全球经济结构中地位的演变可以看出，日元汇率的走势和日本国内经济发展息息相关，由市场造成的任何汇率的短期波动都不足为惧，但当国家整体经济增长出现大幅下滑，国家真实财富开始萎缩时，汇率就会出现长期的剧烈波动并且会反过来进一步加剧国内经济的衰退程度。当下中国的经济增长虽然已经不如2008年金融危机之前，但是仍然处在经济稳定发展时期，该阶段人民币的任何短期波动都不应该成为阻挠货币当局进行金融体制市场化改革的拦路虎。只要中国长期保持真实财富的稳定增长，人民币长期来看并不必然具有持续贬值的基础，但我们仍然要从日本的经验中总结学习，对于实体经济的发展一刻都不能松懈，甚至在实体经济和虚拟经济发展出现碰撞时，也要首先保证实体经济的稳定扩张，哪怕暂时牺牲金融市场的发展。

随着中国经济地位的提升，人民币汇率对全球经济的影响力逐渐显现。从图 4 可见过去 3 年人民币贬值预期的产生常伴随着发达经济体和其他金砖国家资本市场的持续下跌。人民币汇率已然成为影响全球股市的一个重要经济变量，人民币持续贬值预期是 2016 年全球经济和市场最大的单一风险之一。长期来看，人民币贬值压力仍然存在，而人民币持续性的贬值压力会加大资金流出新兴市场国家的力度，有可能会使新兴市场国家的货币加速下跌。国际货币基金组织在其 2016 年 4 月 4 日发布的《全球金融稳定报告》中指出，目前 1/3 到 40% 的全球股市收益波动和汇率波动是由新兴市场国家引起的。虽然中国对全球资产价格造成的影响有限，但中国经济的各种正反消息对全球经济的影响力要远远超出想象。中国工业增长疲软、经济增速下滑是导致全球股市下挫、大宗商品价格跳水的主要诱因。国际货币基金组织研究表明，中国经济发展对全球股市的影响力正在不断扩大，且过去 5 年来，中国经济增长中的突发事件对全球股市的影响力几乎增加了 3 倍；此外，随着中国金融体系市场化改革的不断深入，中国经济的金融溢出效应将大大增强。

总体来看，2010 年以来，全球经济结构已经发生了巨大变化。随着中国经济的崛起，中国经济发展和人民币汇率对全球经济的影响力显著增加。现阶段货币的对外价值不再仅表现为名义汇率的单边变化，而是表现为一国国内宏观经济的稳定以及在全球贸易市场和金融市场中真实财富的创造能力，一国的经济增长和真实财富创造能力对汇率具有长期的支撑作用。只要经济发展是平稳的，由市场造成的任何汇率的短期波动都不可怕，但当国家整体经济增长出现大幅下滑，国家真实财富开

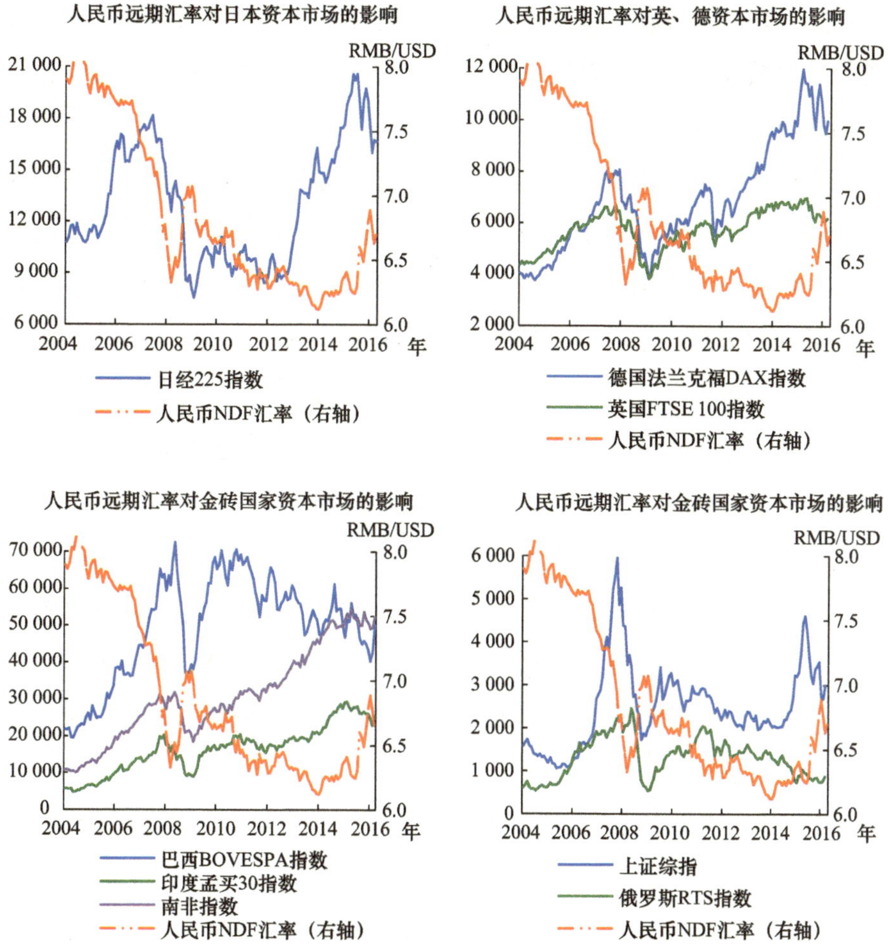

图4　人民币汇率对全球资本市场的影响

始萎缩时，汇率出现持续性的剧烈波动会反过来进一步加剧国内经济的衰退程度。

2. 加强国际合作，构建双边自由贸易区

通过日元的经验也可以看出，推动后 SDR 时代人民币国际化发展的最优路径仍然是要大力发展人民币各项国际职能在亚洲地区的扩展，尤其是在危机期间，人民币更要担当起稳定区域经济的作用以促使亚洲各国积极使用人民币作为储备货币。此外，应当积极创设双边自由贸易

区，并且在自由贸易区条款中要求在双边对外贸易中应当首选双方货币进行计价结算，在贸易合作基础上建立双边外汇市场以降低人民币和伙伴国货币之间进行转换时的交易成本。

在构建双边自由贸易区时，应当首选发展中国家。中国和发展中国家的良好政治关系有利于中国银行业跨国投资规避国家风险，降低进入成本。在亚洲，中国政府一直奉行“与邻为善、以邻为伴”的周边外交方针和“睦邻、安邻、富邻”的周边外交政策。中国已与东盟 10 国分别签署了着眼于双方 21 世纪关系发展的政治文件。中国于 2003 年作为域外大国率先加入《东南亚友好合作条约》，与东盟建立了面向和平与繁荣的战略伙伴关系。双方建立了较为完善的对话合作机制，主要包括领导人会议、9 个部长级会议机制和 5 个工作层对话合作机制。此外，中国与非洲各国的友谊有着坚实的历史基础，在争取民族解放的斗争中相互支持；新中国成立后双方政治交往频繁，在国际事务中不断加强磋商和协调；中国向非洲国家提供了各种援助，而非洲各国也在各方面向中国提供了支持。

3. 推动企业和金融机构“走出去”，鼓励私人部门使用人民币进行计价结算

海外交易和直接投资的一大障碍是信息不对称。由于缺乏对海外市场、企业文化和政府管制的了解，海外投资往往容易碰壁，因此企业开拓海外市场首先需要了解东道国。然而，通过东道国金融机构的服务或者专门的咨询服务来获取信息通常是十分昂贵的，而且由于交易的短期性，对方所提供的服务质量通常受制于单笔的中介或者咨询服务对其带来的收益大小。与之相比，本国银行海外分支机构提供的服务有着高质量低成本的优势。由于国内分支机构与企业有着千丝万缕的联系，本国跨国金融机构的海外分支机构有更强的动机为本国企业对外业务的发展提供高质量低成本的咨询服务。不仅如此，本国跨国银行更加清楚地了解本国企业海外投资的信息需求。政府应当鼓励本国商业银行在跨

国业务中研发用以对冲外汇风险和其他风险的金融工具，并且采取相应措施大力支持私人部门在国际贸易和金融交易中使用人民币进行计价结算。

企业在选择是以国内市场还是海外市场作为销售的重心时要考虑开拓不同市场的固定成本。对于进入海外市场而言，信息的获取是一个重要的固定成本，跨国银行的金融服务通过降低出口的信息成本可以促进出口的发展。类似地，非金融企业在对外贸易和海外直接投资这两种投资方式之间进行选择通常是在外国建立分支机构的固定成本（包括信息成本）和贸易产生的运输成本之间进行权衡。跨国银行海外分支机构的金融服务通过降低信息成本减少了海外直接投资的固定成本，这对本国非金融企业海外直接投资有着直接的促进作用。发达国家的历史经验为此提供了证据。研究发现，日本的金融和非金融企业的对外直接投资是相互促进的；本国与东道国的国际贸易也是德国银行对外直接投资的主要动力；类似地，荷兰的经验也显示跨国银行在海外的分支机构提供的服务在促进本国非金融企业对外直接投资方面的作用，是母国的跨国贷款、第三国、东道国银行的贷款所无法完全替代的。这主要是因为母国银行海外分支机构所提供的配套信息服务的特殊价值是其他融资渠道难以提供的。伯杰（Berger）等（2002）① 对20个欧洲国家所接收的银行外国直接投资的研究同样显示，海外分支机构采集当地市场、文化、语言和法律法规信息的作用是银行对外直接投资的主要考虑。

日本的企业和银行在对外直接投资方面相互促进，而日本企业对外直接投资规模的扩大对于日元的国际化有重要的作用。大量的研究表明，追随客户战略是银行跨国业务拓展的主要方式之一。在新的国际贸易格局中，跨国公司是影响贸易结构的核心力量。与外国银行相比，在为本土对外直接投资企业提供金融服务方面，中国的银行有国内客户关系和配套服务上的天然优势。中国对外直接投资在近年迅速发展。在增

① http：//www. federalreserve. gov/pubs/feds/2002/200225/200225pap. pdf。

速和规模上，2002—2014 年，中国对外直接投资年均增长速度 37.5%，其中，2014 年中国对外直接投资流量达 1 231.2 亿美元。中国对外直接投资额与中国吸引外资额仅差 53.8 亿美元，双向投资额首次接近平衡。2014 年，中国对外直接投资存量达到 8 826.4 亿美元，居世界第 8 位，首次步入全球前 10 行列①。在地区分布上，中国对外直接投资已经遍及世界七成国家和地区。亚洲和拉丁美洲国家一直是中国对外投资的重点，中国在这两个地区的直接投资占总额的 80% 以上。与亚洲和拉美的这种日趋紧密的经贸关系为中国银行业利用经贸网络在这些地区拓展海外业务创造了条件。在行业结构上，中国对外直接投资的行业分布趋于多元化。中国企业在商务服务业、采矿业、批发和零售业、制造业、交通运输业都有投资。追随客户战略和客户广泛的行业分布有利于增加本国银行对东道国的系统性了解。在复杂分工结构下，行业之间存在广泛的联系，跨行业的知识和信息渠道可以为银行开展业务创造优势。

从目前的情况看，中国金融机构的国际化程度相对较低，但经过加入 WTO 的过渡和银行体系的改革，中国银行业国际化发展的条件逐渐具备。特别是中国政府推出“走出去”战略后，银行业国际化发展缓慢的情况迅速得到改变。迄今为止，中国的银行分支机构已经遍布亚太地区、欧洲、美洲和非洲。其中亚太地区是我国银行海外分支机构分布最广的地区。目前，我国银行国际化仍然以国有商业银行为主，其他商业银行的海外资产规模相对较小，占银行总资产的比重也比较小。

银行业海外拓展过程中，区域上应当侧重同发展中国家的业务联系。金融危机之后，发达国家在金融监管方面的力度大幅提高，增加了进入当地银行业市场的难度。在金融监管方面，相对于欧美，亚太地区的监管环境对金融机构国际化造成的压力目前相对较小。另一方面，发达国家金融市场的机构变化，银行向传统银行业务的倾斜使得中国跨国银行业务拓展面临的竞争压力变大。更重要的是与发达国家金融机构的

① 数据来源：《中国对外直接投资统计公报（2014）》。

运营效率相比，中国银行业的水平差距较大。利用贸易联系上的优势，率先进入与中国经贸联系紧密的地区可以在一定程度上弥补中国银行业目前在运营效率上的比较劣势。尽管与亚太其他地区的银行和其他新兴市场国家银行相比，中国银行业的平均效率水平尚不具备明显的比较优势，但差距相对较小。如果保持近年来效率不断提高的势头，中国银行业在亚太和新兴市场地区就有望逐步建立起比较优势。跨境贸易人民币结算消除了企业的外汇风险和成本，对于出口企业而言可以获得有望长期升值的人民币资金。因此，跨境贸易人民币结算业务对于贸易企业很有吸引力，这可以在一定程度上为中国跨国银行业务增添比较优势。

4. 构建人民币海外离岸市场，拓展人民币债券市场

第二次世界大战之后，各国金融机构从事本币之外的其他货币的存贷款业务逐渐兴起，有些国家的金融机构因此成为各国外币存贷款中心，这种专门从事外币存贷款业务的金融活动统称为离岸中心。在此市场上，能够自由兑换的货币可以在其发行国以外进行交易，并且不受任何国家的有关金融法规的管制。纵观欧洲美元等主要国际货币的离岸市场，可以看出离岸市场的最大特点就是能够形成货币资金的自我循环，有充分的投资工具和投资渠道能够满足市场对货币流动性的要求，依这个严格的标准来看，香港的人民币金融资产市场仍然不够完善。

对于中国来说，要使外国投资者愿意持有人民币，就必须为其开辟人民币投资渠道，而短期内中国的资本管制不可能取消，我们不可能主要靠国内的金融市场来满足外国投资者的投融资需求。在这种情况下，发展人民币海外离岸市场是推进跨境贸易人民币结算、加快人民币国际化的关键所在。

此外，在香港之外，也应加强大陆与台湾的金融合作，大陆与台湾签订海峡两岸经济合作框架协议，标志着两岸经贸往来进入全新阶段。人民币国际化的第一阶段的目标是实现贸易项下国际化，两岸跨境结算无疑占有重要份额。

尽管货币国际化的前提是贸易市场的发展，但是随着世界经济一体化进程的不断深化和国际金融市场的不断发展和创新，经济体之间的金融联系日益密切，货币在国际金融市场中所能发挥的各项职能更加凸显，金融市场的发展对一国或地区货币国际化的影响程度日趋显著，金融市场的发展程度和深度成为影响货币国际化进程的一个核心因素。国际债券市场是非常重要的国际金融市场之一，是国际金融体系中不可或缺的组成部分。一个统一、成熟的债券市场是国际金融市场存在和发展的重要基础。近年来，国际债券市场的类别结构和币种结构都发生了显著变化，而且欧洲债券的发行规模远远超过外国债券。

5. 加强宏观审慎监管的同时同步进行金融市场改革和资本账户开放

加强金融风险宏观管理是决定人民币国际化战略能否成功实施，确保人民币国际地位长期稳定发展的根本保障。“三元悖论”框架下策略的动态选择与转换也需要金融风险宏观管理来保驾护航。伴随着中国金融体系的快速发展和人民币国际化战略的逐步推进，宏观流动性对经济金融体系的运行发展所产生的影响越来越大，现有的流动性管理工具虽然在稳定物价和单个微观机构稳健经营方面可以发挥积极作用，但在应对宏观流动性顺周期的加速器效应对整体经济产生的冲击时，则显得无能为力。

伴随着资本账户的逐步开放，中国的资本市场将成为国外游资和投机资本冲击的主要目标，为了有效抵御大规模资本流动的短期冲击，必须要加强中国宏观审慎监管的能力和效率。人民币国际化首先需要的就是一个健康稳定的宏观经济环境和成熟完善的金融体系和金融市场。一个稳健有效的金融体系以及深度发展的金融市场，可以在人民币国际化进程中帮助中国经济抵御国际资本的大规模冲击，并且能在资源的有效配置和抵御风险中发挥积极作用，成为经济开放过程中最好的自我保护屏障。为了实现这一系列的目标，保障人民币国际化战略进程的稳健发展，加强宏观审慎监管力度是必然的选择。

20 世纪 90 年代以来，国际资本大量流入新兴市场国家，助推了这些国家的经济繁荣，但是在危机后资本流入的大规模逆转又使这些国家的经济发展陷入停滞，甚至衰退。李稻葵、梅松（2009）在对全球流动性状况和新兴市场国家经济发展之间的关系进行研究后发现，美元对全球流动性的发展具有决定性的影响，并且美元流动性充裕时所积累的系统性风险在流动性条件逆转后将引发严重的金融危机①。既然资本账户开放不可避免地会造成国际资本的大规模流动，那么为了不扰乱中国经济金融市场，尤其是资本市场的有序发展以达到有效促进人民币实现国际化战略目标，首先要解决的就是构建一个有效、完善的宏观审慎监管体系。国际资本的大规模流进流出所涉及的是金融体系范围内的多个领域，单靠微观审慎监管工具显然不能实现对各个资产价格进行有序管理的目标。

伴随着中国金融体系的快速发展和人民币国际化战略的逐步推进，宏观流动性对经济金融体系的运行发展所产生的影响越来越大。现有的流动性管理工具虽然在稳定物价和单个微观机构稳健经营方面可以发挥积极作用，但在应对宏观流动性顺周期的加速器效应对整体经济产生的冲击时，却显得无能为力。宏观审慎视角下的流动性管理旨在通过引入宏观的、逆周期的调节因素来对金融体系实施动态的、全范围的、具有差异化的流动性管理措施，从而达到实现金融体系整体稳定的目标。布兰查德（Blanchard）等（2010）在对金融危机进行反思后提出，仅追求价格稳定并将利率维持在较低水平的货币政策是不充分的，而宏观审慎管理则是对货币政策的有效补充，能够实现利率工具调节难以达到的目标②。

---

① 李稻葵，梅松．美元 M2 紧缩诱发世界金融危机：金融危机的内外因论及其检验［J］．世界经济，2009（4）：15－26.

② Blanchard O, Dell's Ariccia G, Mauro P. Rethinking Macroeconomic Policy［R］. IMF, 2010, No. 10－03.

从历史经验角度看，19 世纪英镑战胜法郎成为国际主导货币的一个重要原因就是英国当时拥有一个高度发达的金融市场；在马克国际化的进程中，德国在国内金融市场和货币国际化方面也采取了积极的态度并通过控制马克的升值有效维持了金融市场的稳定[①]；而日本 20 世纪 80 年代资产泡沫产生的一个背景就是国内金融市场的改革严重滞后于资本市场的开放，最终引致了来自国内外市场的双重流动性冲击。这些启示都告诉我们，中国当下应当在宏观审慎监管的框架下加快金融市场化的改革步伐，有序、谨慎、逐步地放开资本账户管制。

中国经济发展中期内最大的主题是转型，最关键的问题是金融资源优化配置。在中国深度融入经济全球化的形势下，脱离了资本账户开放与人民币可兑换，不可能实现金融资源的优化配置。长期以来，由于金融制度的建设落后于实体经济的发展，已有的金融部门和运作机制未能有效地服务于实体经济。随着中国经济的发展进入新常态，经济增长速度放缓，面临产业升级和转型的压力，如何有效地改革现有的金融体系，使其服务于实体经济的需要，成为当前亟待解决的问题。

党的十八届三中全会以来，中国金融部门加快了创新的步伐。政府相关的监督和管理部门，改变了原有的金融管理制度，希望推动金融经营环境和经营内容上的创新，服务于中国经济新常态的发展需要。然而，由于中国在金融制度的创新中，延续了金融监管部门作为制度创新的主体，以特殊、特定领域为金融创新试点的方式，使得制度创新所引发的政策和法律风险逐渐累积。政策风险主要表现在：金融制度创新过程中，往往造成短期内资本向特定行业、区域流动，干扰了金融改革的

---

① 为了扩大马克在国际清算中的作用，1954 年 12 月 1 日，联邦德国将其对外关系分为自由货币和非自由货币两个区。自由货币区内的国家须以美元、加元和瑞士法郎与联邦德国进行支付或转账；非自由货币区内的国家，则以其他货币与其进行支付、转账或清算。1958 年到 1959 年联邦德国先后宣布了马克实行有限度的货币自由兑换，以及马克实行完全自由兑换。据统计，1972 年至 1980 年联邦德国向外输出了等值 681 亿美元的马克。马克的大量输出增加了其在国际上的使用，这也引导马克成为重要的国际储备货币。可以说马克实现自由兑换是其走向国际货币的第一步。

正常进行，导致资源配置低下；创新性的金融政策，意味着打破原有的经营格局，而这可能受到传统业务部门或行政部门的干预，造成很多新业务、新产品的开发失败。法律风险主要表现在：制度创新过程中监管不足的风险日益暴露，造成大量的套利行为，扰乱了金融秩序；微观主体在创新过程中，基于成本考虑，模仿导入金融产品居多，侵权行为时有发生，法律风险与合规风险开始凸显，不仅会削弱金融部门的赢利能力，也会降低金融部门的信誉，甚至产生倒闭的风险。此外，微观主体缺乏有效的风险防范动力和机制，增加了整体的系统性风险。金融制度在创新过程中累积了大量的金融风险，防范金融风险需要进一步完善金融制度，防范制度创新过程中产生新的风险。

油价下行周期下的金融指标评析报告

王强宇

摘要： 2014年下半年至2016年年初，国际油价出现单边下跌，从每桶100美元左右跌至30美元以下，跌幅超过70%。油价下跌造成世界主要产油国相继出现金融动荡和危机，主要表现为本国货币大幅贬值、外汇储备大幅缩水、主权债务违约等。中国作为全球第二大石油消费国和最大的石油进口国，在此期间也出现了经济增速大幅放缓、股市动荡、货币对美元持续贬值的情况。本报告在世界范围内选取了7个政治经济状况迥异的主要产油国，通过对其在油价下行周期下的本币对美元汇率、外汇储备规模、基准股票指数和国家主权评级4个指标维度变动情况的对比分析，揭示这些金融指标与油价的关系。在此基础上，结合中国自身情况，提出油价下行周期（即所谓油价新常态）下金融风险调控面临的问题及建议。

关键词： 油价　汇率　外汇储备　股指　国家评级

本报告受首都经济贸易大学2015年度新入职青年教师科研启动基金项目“新常态下构建我国能源安全体系的经济策略研究”资助。

王强宇，首都经济贸易大学金融学院、金融风险研究院讲师，工商管理博士。

一、 能源安全与油价新常态

2014 年下半年至 2016 年年初，国际油价出现单边下跌，从每桶 100 美元左右跌至 30 美元以下，跌幅超过 70%。油价下跌造成世界主要产油国相继出现金融动荡和危机，主要表现为本国货币大幅贬值、外汇储备大幅缩水、主权债务违约等。无独有偶，中国作为全球第二大石油消费国和最大的石油进口国，在此期间也出现了经济增速大幅放缓、股市动荡、货币对美元持续贬值的情况。

2014 年 6 月 13 日，习近平主席主持召开中央财经领导小组第六次会议，专门研究国家能源安全问题，其中将能源安全战略细化为五方面工作，这也是中国官方对能源安全的定义和解释：第一，推动能源消费革命，抑制不合理能源消费。坚决控制能源消费总量，有效落实节能优先方针，把节能贯穿于经济社会发展全过程和各领域，坚定调整产业结构，高度重视城镇化节能，树立勤俭节约的消费观，加快形成能源节约型社会。第二，推动能源供给革命，建立多元供应体系。立足国内多元供应保安全，大力推进煤炭清洁高效利用，着力发展非煤能源，形成煤、油、气、核、新能源、可再生能源多轮驱动的能源供应体系，同步加强能源输配网络和储备设施建设。第三，推动能源技术革命，带动产业升级。立足中国国情，紧跟国际能源技术革命新趋势，以绿色低碳为方向，分类推动技术创新、产业创新、商业模式创新，并同其他领域高新技术紧密结合，把能源技术及其关联产业培育成带动中国产业升级的新增长点。第四，推动能源体制革命，打通能源发展快车道。坚定不移推进改革，还原能源商品属性，构建有效竞争的市场结构和市场体系，形成主要由市场决定能源价格的机制，转变政府对能源的监管方式，建立健全能源法治体系。第五，全方位加强国际合作，实现开放条件下能源安全。在主要立足国内的前提条件下，在能源生产和消费革命所涉及的各个方面加强国际合作，有效利用国际资源。

国际理论界对能源安全的定义很多，其中比较经典的是从 20 世纪

70 年代石油危机时期逐渐发展起来的 4A 框架，即可得性（Availability）、可适用性（Applicability）、可接受性（Acceptability）和可承受性（Affordability）。

可得性是指化石能源的地质存在及其可以被其他能源替代的程度。化石能源具有不可再生性和稀缺性，这和每个国家的自然禀赋密切相关。如果可再生的替代能源较多，则获取成本就会降低。因此化石类能源和可再生能源的可得性决定了市场能源总量的需求和供给水平。可适用性是指运用科技手段保证能源利用效率和转化效率的能力。发展高科技是实现可持续能源系统的关键因素。可接受性是指一个国家或社会是如何理解一种特定能源的，包括这种能源的环境属性和社会属性。一种新能源想要为大众广为接受，必须首先通过环境和社会影响评测。可承受性是指能源价格的经济维度，即在公平取得和品质相同的前提下价格水平被使用者合理接受的程度。

对 4A 框架的每个维度，研究者经常会赋予量化指标加以度量和比较，以区别不同地区或部门的能源安全水平。例如，衡量可得性最常用的指标是储量/产量比率（储产比），即用任何一年年底所剩余的储量除以该年度的产量，所得出的结果表明如果产量继续保持在该年度的水平，这些剩余储量可供开采的年限。在相同的产量水平下，较高的储产比意味着国家能源储备更加充足。衡量可适用性的指标一般是研发规模、未通电家庭比例、能源密集度（单位 GDP 所消耗的能源数量）等。可接受性通常以人均温室气体排放量度量，而可承受性一般以人均能源使用量来度量。

在上述经典 4A 框架以外，有学者着重从安全的三个维度定义能源安全，即为谁的安全，为何种价值的安全，以及来自何种威胁。为了对这三个问题做出回答，他们将能源安全定义为：关键能源系统的低脆弱性。关键能源系统是指支持关键社会功能的能源系统。可以按地域或行业划分，地域性关键能源系统包括全球的、国家的、地区的；而行业性关键能源系统则包括上游能源获取、中游运输和基础设施、下游终端用户。二者排列组合即成为关键能源系统，例如欧亚天然气市场、中国南方电网等。脆弱性由风险和承受能力两个维度组成。风险按其属性可从两个维度阐述，一个是短期波动与长期压力的差异，另一个是物理风险与经济风险的对比。例如，本报告的研究背景就是在长期的经济风险下，即油价下行周期下的金融风险。承受能力则主要包括应对风险的灵活性、多元性等能力。风险和承受能力的组合能够反映关键能源系统的脆弱性，而评估这种脆弱性是衡量能源安全的关键。

以上对能源安全框架的阐述既包括化石能源，也包括非化石可再生能源。虽然近年各种替代能源和可再生能源发展迅速，但化石能源仍是支撑全球发展的主要能源，据《英国石油世界能源展望（2016）》估计，到2035年，化石能源将占能源增量的约60%，能源供应总量的近80%。其中，石油将继续在交通燃料中占主导地位（2035年为88%）。工业应用是石油需求增长的另一个主要原因，这源于相对有限的能效提升和能源替代空间。此外，工业中使用的石油超过40%不直接燃烧，因此将较少受到气候政策的影响。亚洲，特别是中国对石油进口的依赖仍将继续提升，将贡献几乎全部的全球性进口增长（2035年占近80%的区域间净进口）。正因如此，作为全球第二大石油消费国和最大的石油进口国，油价波动对中国的能源安全和经济发展影响重大，而本报告也是侧重于从油价长期下行并维持在中低位这个角度展开研究和讨论的。

2015年12月23日，中国社会科学院世界经济与政治研究所与社会科学文献出版社共同发布《世界经济黄皮书：2016年世界经济形势分析与预测》。黄皮书预计，2015—2016年油价将维持在50～65美元/桶左右的均值水平，并且在未来5～10年内油价都将保持在低位，即为“油价新常态”。

第一财经研究院在其最新报告《石油市场进入“新常态”？本轮油价波动的主要原因及影响》中对这次油价暴跌的特点做出以下概括：“首先，与前两次油价暴跌不同，本次油价的暴跌并不是由经济危机引起的，虽然欧洲仍然深陷经济泥潭，但是中美的经济在2014年还是基本良好。其次，地缘政治危机无法挽救油价下跌。叙利亚内战和乌克兰危机等大型地缘冲突在这两年持续不断，甚至恶化，但丝毫不影响油价的一路下跌，而油价最终在中东两个最大产油国沙特、伊朗断交甚至爆发冲突的大背景下触及 12 年的最低点。最后，技术突破在本轮油价暴跌中扮演了比以往要重要得多的角色。无论是以水平钻井和水力压裂为代表的开采技术突破所直接带来美国页岩油产量剧增，还是持续不断改善的燃油效率、替代燃料和电动车技术，其对于整个石油行业的影响，可能还没有完全被认识到。”

对于造成本轮油价暴跌的原因，该报告分析指出：“虽然从供需、经济、金融以及技术的角度都有很多的论述，但最主要的原因还是在于持续过剩的供应、疲软的需求及增长预期，以及技术对短中期供给和中长期需求的影响。由于页岩油开采的爆发性增长，美国石油日产量短短几年间从 2008 年的 500 万桶上升至 2015 年的超过 900 万桶，增加 80%。非欧佩克国家和非常规石油产量迅速增加，而且面对过去两年的低油价表现出了超乎寻常的韧性，进而迫使欧佩克国家增产以保护市场份额。更重要的是，造成本轮油价下跌的供应过剩，需求疲软和技术进步这三个因素所发生的变化都不是短期性的，而是具有长期影响的结构性变化。”

因此，“这一轮油价暴跌对于世界政治经济的影响将主要有以下几点：①低油价将对全球消费构成支撑从而推动经济增长。但由于全球经济不确定性增加，需求低迷，低油价对于推动经济增长的具体影响还有待考察，但很可能低于以往预期，而且发达国家与新兴国家受到的影响区别很大。②低油价正在推低一些地区和国家的通胀水平，从而增加这些地区和国家的通缩风险，特别是对一些名义利率处于极低利率的地区和国家，继而推升实际利率，对总需求产生不利的影响。③一些国家对于价格的管制政策可能限制油价下跌对消费的刺激作用。而在一些财政收入主要依赖原油生产的国家，低油价带来的财政压力反而会推高这些国家的成品油价格从而对消费造成负面影响。④低油价正对一些产油国的政治稳定构成重要影响。这些国家由‘强权政府’掌控，通过石油收入提供的高福利和高补贴来换取民众支持。这些国家的政治局面正面临油价下跌的巨大冲击，并可能会引发一系列的地缘政治危机事件。⑤低油价降低了一些原油出口国主权债务的安全性，另外由能源生产商发行的高收益债券正遭受重创，不过还未看到由此引发全球性危机的证据。⑥短期内低油价将会影响投资者对于能源行业的热情，并且降低可再生能源的竞争力，对于全球应对气候变化带来不利的影响”。

正是基于这种油价“新常态”的特点和预期影响，本报告在世界范围内选取了7个主要产油国，通过对相关金融指标进行对比分析，揭示油价与这些指标的相互关联及对其产生的影响，这将在下节详细论述。

二、主要产油国的金融指标变动情况分析（2014年4月至2016年6月）

本报告选定的7个产油国是巴西、哈萨克斯坦、尼日利亚、挪威、俄罗斯、沙特和委内瑞拉。按地域划分，巴西和委内瑞拉位于南美洲，俄罗斯横跨欧亚大陆，挪威位于北欧，哈萨克斯坦地处中亚，沙特位于中东，尼日利亚位于非洲。这些国家的石油生产和销售主要由其各自的国家石油公司（NOC）执行，巴西的国家石油公司是Petrobras，委内瑞拉是PDV，俄罗斯是Gazprom和Rosneft，挪威是Statoil，哈萨克斯坦是Kazmunaigas，沙特是Saudi Aramco，尼日利亚是NNPC。如表1所示，截至2015年年底，这七个国家石油总探明储量接近全球总量的45%，总产量占全球总量的38%，而总消费量则只有全球总量的12%。以美国和中国作对比可知，美国和中国占全球石油消费量的前两位，分别为19.7%和14.4%。但美国的石油产量却和沙特旗鼓相当，达到全球总产量的13%，而中国这一数字只有4.9%，是名副其实的最大石油进口国。基于储量、产量和地域覆盖等综合因素考虑，作者认为这七国能很好地反映全球石油市场的真实情况，其各项金融指标也具有代表意义。

表1　2015年年底所选国家石油探明储量、产量和消费量

国家	探明储量（十亿桶）	占全球比例（%）	产量（千桶/日）	占全球比例（%）	消费量（千桶/日）	占全球比例（%）
巴西	13.00	0.77	2 527	3.02	3 157	3.17
哈萨克斯坦	30.00	1.77	1 669	1.82	271	0.29
尼日利亚	37.07	2.18	2 352	2.59		
挪威	8.01	0.47	1 948	2.02	234	0.24
俄罗斯	102.38	6.03	10 980	12.40	3 113	3.30
沙特	266.58	15.70	12 014	13.03	3 895	3.88
委内瑞拉	300.88	17.72	2 626	3.10	678	0.74
美国	54.96	3.24	12 704	13.00	19 396	19.66
中国	18.48	1.09	4 309	4.92	13 367	14.40

资料来源：BP世界能源统计年鉴（2016），其中尼日利亚石油消费量数据未知，但不超过全球总量的0.05%，中国的石油消费量数据包括香港和台湾地区。

为了分析各国金融指标对油价的反映，本文选用全球流动性最强的纽约商品交易所（NYMEX）最近一期即将交割的原油期货合约价格（RCLC1）作为基准油价，选定2014年4月至2016年6月作为研究时段（在这段时间，油价从每桶100美元跌至30美元以下，又反弹至50美元左右）。

对以上每个选定的国家，本文选取了四个具有代表意义的指标衡量其金融风险和金融脆弱性：即本币对美元汇率、外汇储备规模、基准股票指数和国家主权评级。研究时段内的所有这四类指标的相关数据均来源于Trading Economics[①]商业数据库，下文不再单独标注。

（一）汇率波动

图1反映了油价走势与巴西雷亚尔/美元汇率的波动情况，其中左轴分别为2014年4月至2016年6月的油价走势和该时段内每日油价相

① http://www.tradingeconomics.com/。

对于基期2014年4月1日油价之百分比；右轴分别表示同期巴西雷亚尔/美元汇率的波动情况和该时段内每日汇率相对于基期2014年4月1日汇率之百分比。各国数据量纲不同，使用百分比则能有效进行对比，因此本报告主要采用百分比来分析相关指标。可以看出，随着油价暴跌，巴西雷亚尔相对美元也大幅贬值，在2016年年初最高贬值幅度达到80%，后随油价反弹逐渐收窄至50%左右。

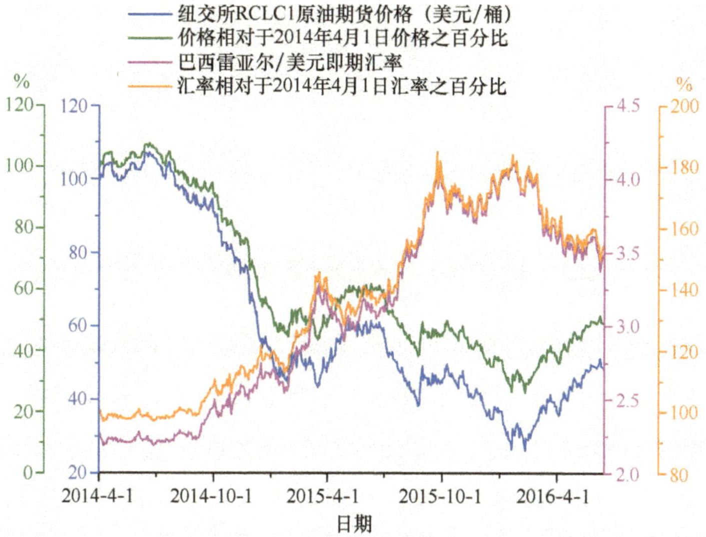

图1　油价走势与巴西雷亚尔/美元汇率波动

图2反映了油价走势与哈萨克斯坦坚戈/美元汇率的波动情况，其中左轴分别表示2014年4月至2016年6月的油价走势和该时段内每日油价相对于基期2014年4月1日油价之百分比；右轴分别表示同期哈萨克斯坦坚戈/美元汇率的波动情况和该时段内每日汇率相对于基期2014年4月1日汇率之百分比。值得注意的是，随着油价持续暴跌，哈萨克斯坦在2015年8月20日放弃以180坚戈/美元为中心的汇率波动区间，导致坚戈对美元瞬间贬值逾30%，此后一路贬值，最高幅度超过110%，后随油价反弹逐渐收窄至90%左右。

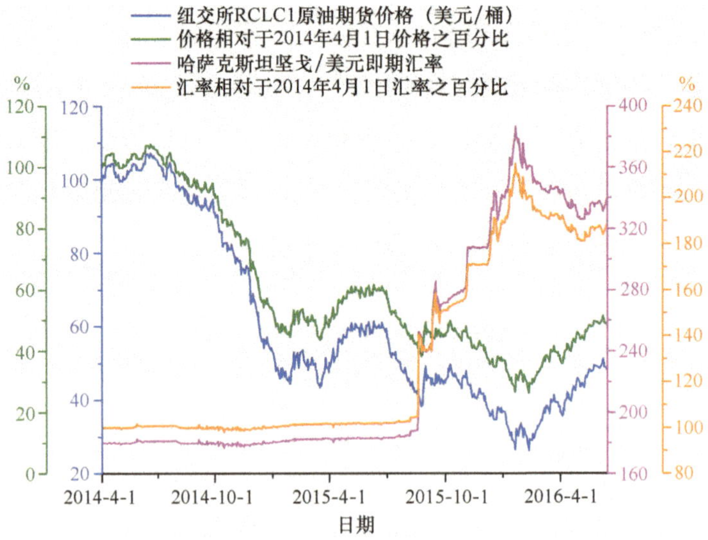

图2　油价走势与哈萨克斯坦坚戈/美元汇率波动

图3反映了油价走势与尼日利亚奈拉/美元汇率的波动情况，其中左轴分别表示2014年4月至2016年6月的油价走势和该时段内每日油价相对于基期2014年4月1日油价之百分比；右轴分别表示同期尼日利亚奈拉/美元汇率的波动情况和该时段内每日汇率相对于基期2014年4月1日汇率之百分比。可以看出，随着油价暴跌，尼日利亚奈拉/美元汇率波动呈现两头平缓、中间迅速贬值的状态。其中2014年10月以前，汇率维持在160奈拉/美元的水平，2014年10月至2015年2月，汇率迅速贬值至200奈拉/美元，2015年2月以后这一汇率水平一直维持至今。总体贬值幅度约为20%。

图4反映了油价走势与挪威克朗/美元汇率的波动情况，其中左轴分别表示2014年4月至2016年6月的油价走势和该时段内每日油价相对于基期2014年4月1日油价之百分比；右轴分别表示同期挪威克朗/美元汇率的波动情况和该时段内每日汇率相对于基期2014年4月1日汇率之百分比。可以看出，随着油价暴跌，挪威克朗相对美元也大幅贬值，在2016年初最高贬值幅度达到50%，后随油价反弹逐渐收窄至40%左右。

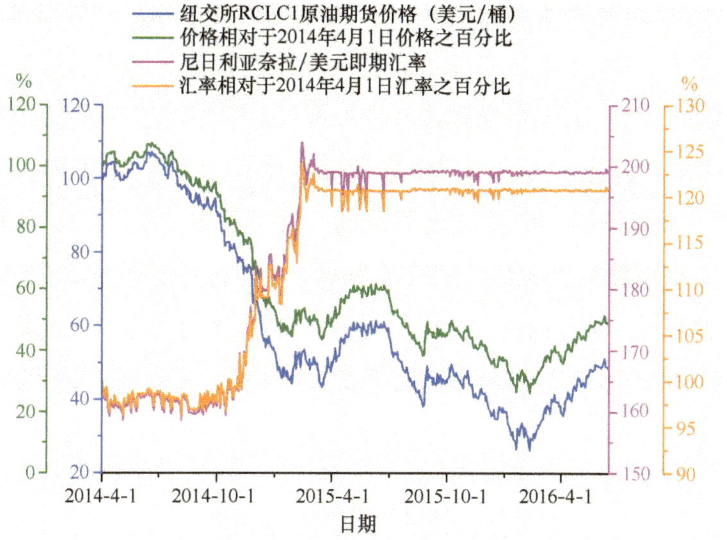

图3　油价走势与尼日利亚奈拉/美元汇率波动

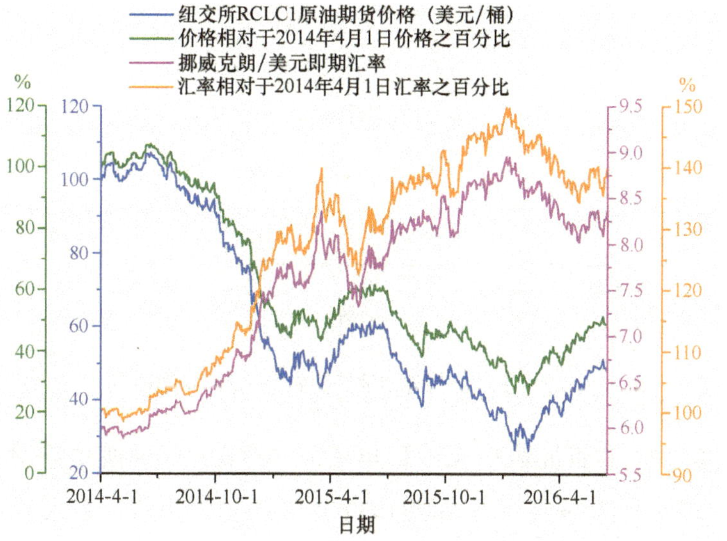

图4　油价走势与挪威克朗/美元汇率波动

图5反映了油价走势与俄罗斯卢布/美元汇率的波动情况，其中左轴分别表示2014年4月至2016年6月的油价走势和该时段内每日油价相对于基期2014年4月1日油价之百分比；右轴分别表示同期俄罗斯卢布/美元汇率的波动情况和该时段内每日汇率相对于基期2014年4月1日汇率之百分比。可以看出，随着油价暴跌，俄罗斯卢布/美元汇率在整体大幅贬值的同时伴随剧烈波动，特别是在2014年12月至2015年4月，俄罗斯央行大幅上调基准利率，并实行外汇干预，使卢布对美元从最高贬值100%回落到40%的水平。在此之后卢布对美元汇率又几经起落，在2016年年初最高贬值幅度达到130%，后随油价反弹逐渐收窄至90%左右。

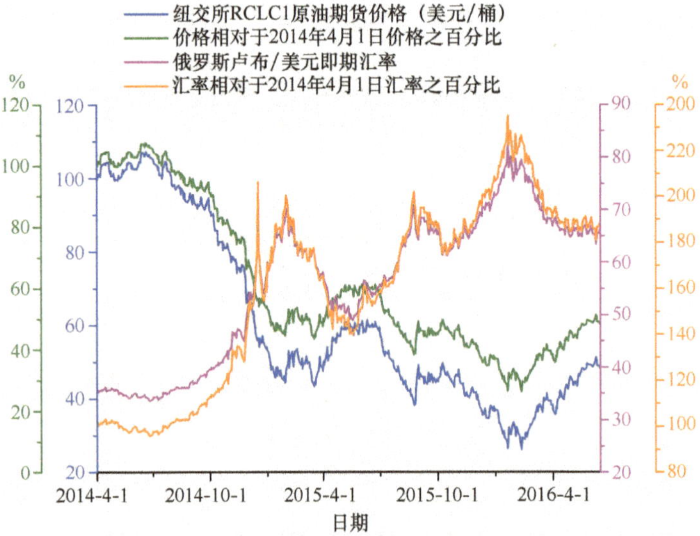

图5　油价走势与俄罗斯卢布/美元汇率波动

图6反映了油价走势与沙特里亚尔/美元汇率的波动情况，其中左轴分别表示2014年4月至2016年6月的油价走势和该时段内每日油价相对于基期2014年4月1日油价之百分比；右轴分别表示同期沙特里亚尔/美元汇率的波动情况和该时段内每日汇率相对于基期2014年4月1日汇率之百分比。可以看出，尽管油价暴跌，汇率仍然

严格盯住了3.75沙特里亚尔/美元的水平，但沙特为此耗费了巨额外汇储备（见下一小节）。

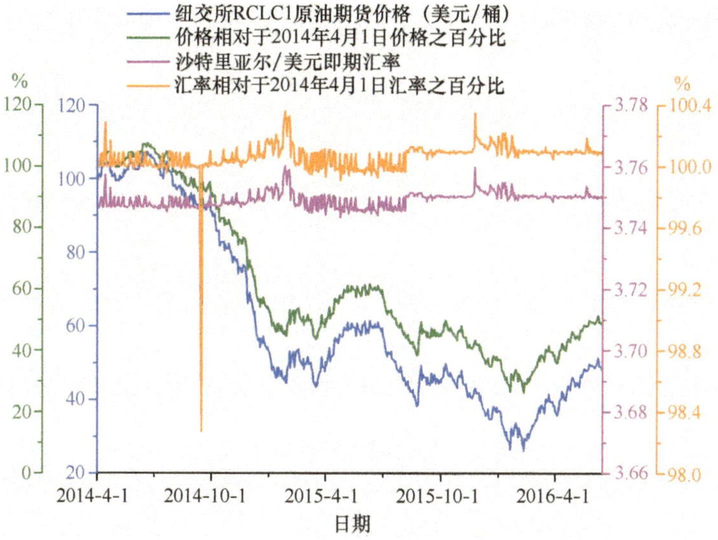

图6　油价走势与沙特里亚尔/美元汇率波动

图7反映了油价走势与委内瑞拉玻利瓦尔/美元汇率的波动情况，其中左轴分别表示2014年4月至2016年6月的油价走势和该时段内每日油价相对于基期2014年4月1日油价之百分比；右轴分别表示同期委内瑞拉玻利瓦尔/美元汇率的波动情况和该时段内每日汇率相对于基期2014年4月1日汇率之百分比。值得注意的是，随着油价持续暴跌，委内瑞拉政府的表现相当惊人，汇率一直严格盯住美元并保持在6.29玻利瓦尔/美元的水平，直到2016年2月17日油价跌至最低点附近时，委政府迫于压力突然将货币一次性巨幅贬值至10玻利瓦尔/美元的水平，贬值幅度达60%。这一汇率一直维持至今。

（二）外汇储备规模变动

图8反映了油价走势与巴西外汇储备规模的变动情况，其中左轴分别表示2014年4月至2016年6月的油价走势和该时段内每日油价相对于基期2014年4月1日油价之百分比；右轴分别表示同期巴西外汇储

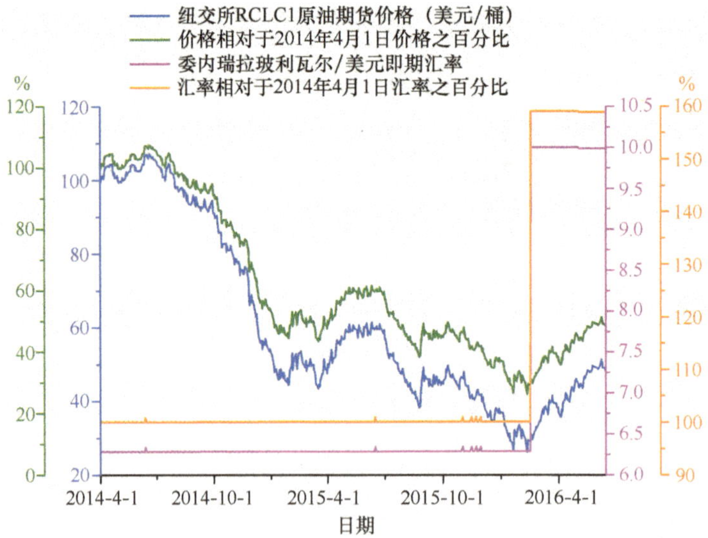

图7　油价走势与委内瑞拉玻利瓦尔/美元汇率波动

备规模的变动情况和该时段内每期公布的外汇储备相对于基期2014年4月1日外汇储备之百分比。可以看出，随着油价暴跌，巴西外汇储备虽然有小幅波动，但在研究时段内总体规模基本维持在原有水平。

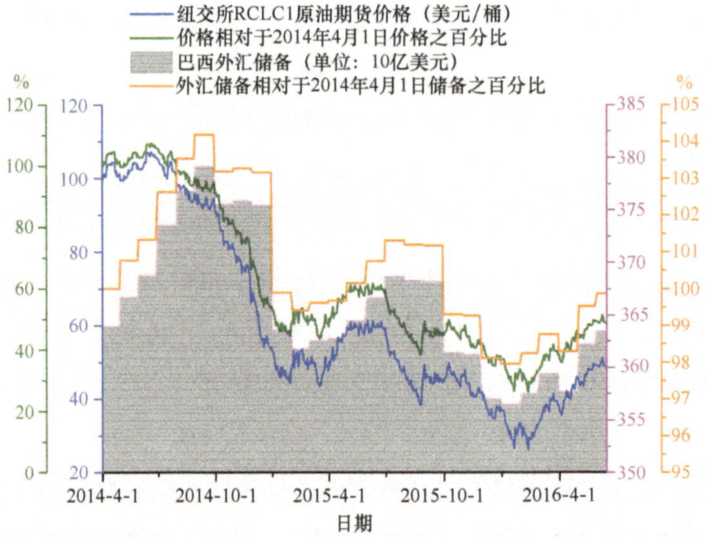

图8　油价走势与巴西外汇储备规模变动

图 9 反映了油价走势与哈萨克斯坦外汇储备规模的变动情况，其中左轴分别表示 2014 年 4 月至 2016 年 6 月的油价走势和该时段内每日油价相对于基期 2014 年 4 月 1 日油价之百分比；右轴分别表示同期哈萨克斯坦外汇储备规模的变动情况和该时段内每期公布的外汇储备相对于基期 2014 年 4 月 1 日外汇储备之百分比。可以看出，虽然油价暴跌，但哈萨克斯坦外汇储备在研究时段大部分时间内却呈增加之势，最多的时候增加了 10%，达到近 300 亿美元。

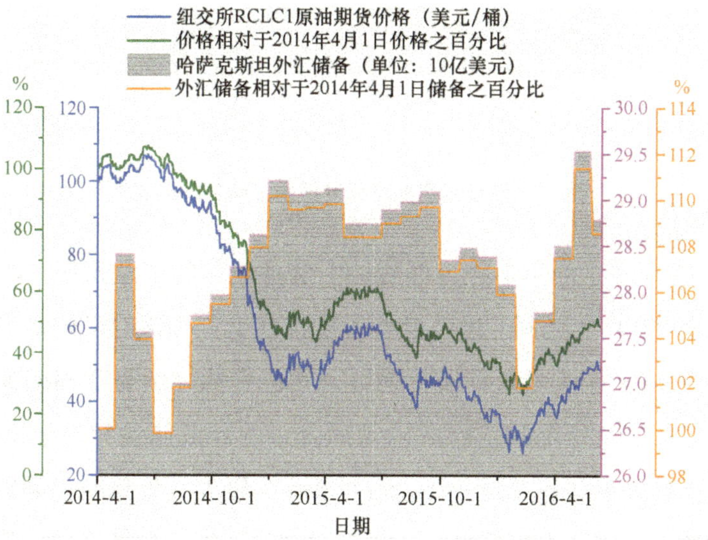

图 9　油价走势与哈萨克斯坦外汇储备规模变动

图 10 反映了油价走势与尼日利亚外汇储备规模的变动情况，其中左轴分别表示 2014 年 4 月至 2016 年 6 月的油价走势和该时段内每日油价相对于基期 2014 年 4 月 1 日油价之百分比；右轴分别表示同期尼日利亚外汇储备规模的变动情况和该时段内每期公布的外汇储备相对于基期 2014 年 4 月 1 日外汇储备之百分比。可以看出，随着油价暴跌，尼日利亚外汇储备呈单边下跌态势，由 370 亿美元降至 270 亿美元，下降幅度达 27%。如果结合前面对尼日利亚奈拉/美元汇率的波动情况分析，可以看出尼日利亚政府为了维持汇率而消耗了大量外汇储备。

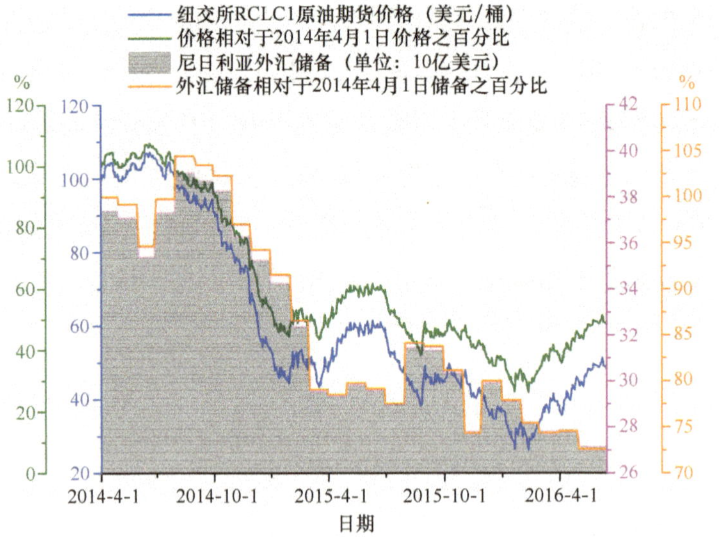

图 10　油价走势与尼日利亚外汇储备规模变动

图 11 反映了油价走势与挪威外汇储备规模的变动情况，其中左轴分别表示 2014 年 4 月至 2016 年 6 月的油价走势和该时段内每日油价相对于基期 2014 年 4 月 1 日油价之百分比；右轴分别表示同期挪威外汇储备规模的变动情况和该时段内每期公布的外汇储备相对于基期 2014 年 4 月 1 日外汇储备之百分比。可以看出，随着油价暴跌，挪威外汇储备在 ±10% 的幅度内剧烈波动，最高时规模达到 700 亿美元，最低时降至 570 亿美元。在研究时段末的 2016 年 6 月，挪威外汇储备规模为 630 亿美元，与 2014 年 4 月持平。

图 12 反映了油价走势与俄罗斯外汇储备规模的变动情况，其中左轴分别表示 2014 年 4 月至 2016 年 6 月的油价走势和该时段内每日油价相对于基期 2014 年 4 月 1 日油价之百分比；右轴分别表示同期俄罗斯外汇储备规模的变动情况和该时段内每期公布的外汇储备相对于基期 2014 年 4 月 1 日外汇储备之百分比。可以看出，随着油价暴跌，2014 年 12 月至 2015 年 4 月，俄罗斯外汇储备从 4 500 亿美元大幅下降至 3 500 亿美元，降幅超过 22%。结合前面对俄罗斯卢布/美元汇率的波动情况的分析，可

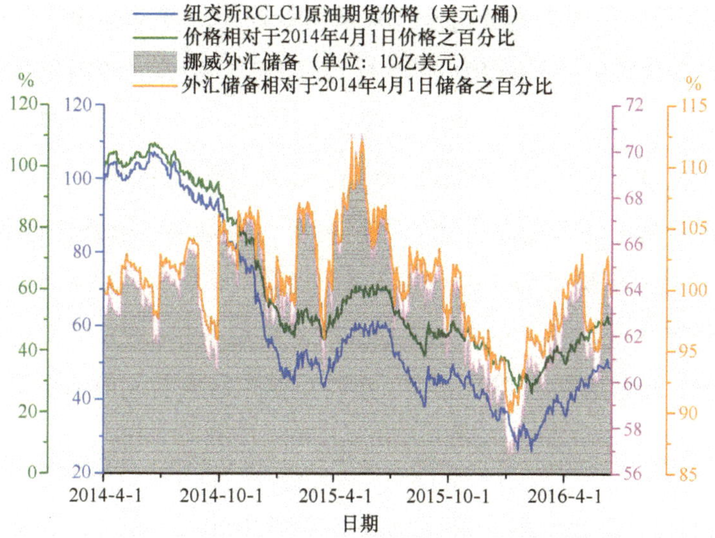

图 11　油价走势与挪威外汇储备规模变动

以看出这一时段内卢布对美元从最高贬值 100% 回落到 40% 的水平，反映出俄罗斯央行在挽救汇率而实行的外汇干预中迅速消耗了超过 1 000 亿美元的外汇储备。储备规模随后缓慢上升，至 2016 年 6 月回到近 3 900 亿美元，较 2014 年 4 月下降 20%。

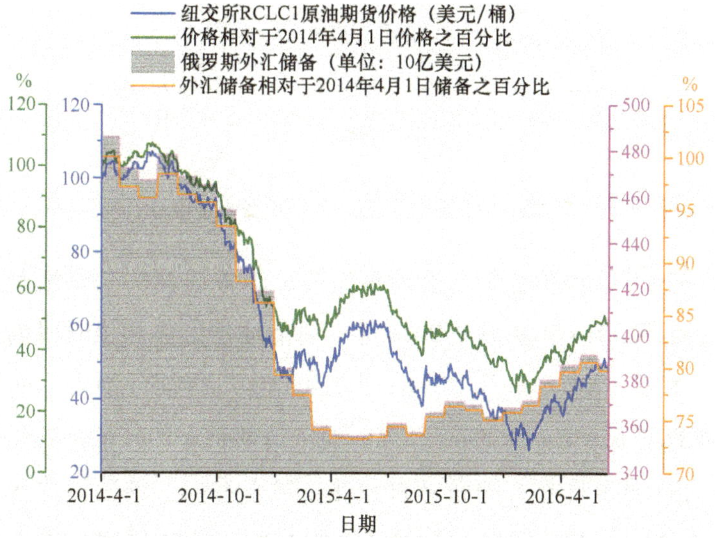

图 12　油价走势与俄罗斯外汇储备规模变动

图 13 反映了油价走势与沙特外汇储备规模的变动情况，其中左轴分别表示 2014 年 4 月至 2016 年 6 月的油价走势和该时段内每日油价相对于基期 2014 年 4 月 1 日油价之百分比；右轴分别表示同期沙特外汇储备规模的变动情况和该时段内每期公布的外汇储备相对于基期 2014 年 4 月 1 日外汇储备之百分比。可以看出，随着油价暴跌，自 2014 年 10 月起沙特外汇储备呈单边下跌态势，由 7 400 亿美元降至 5 800 亿美元，下降幅度达 21%。如果结合前面对沙特里亚尔/美元汇率的波动情况的分析，可以看出沙特政府为了维持里亚尔盯住美元而消耗了大量外汇储备。

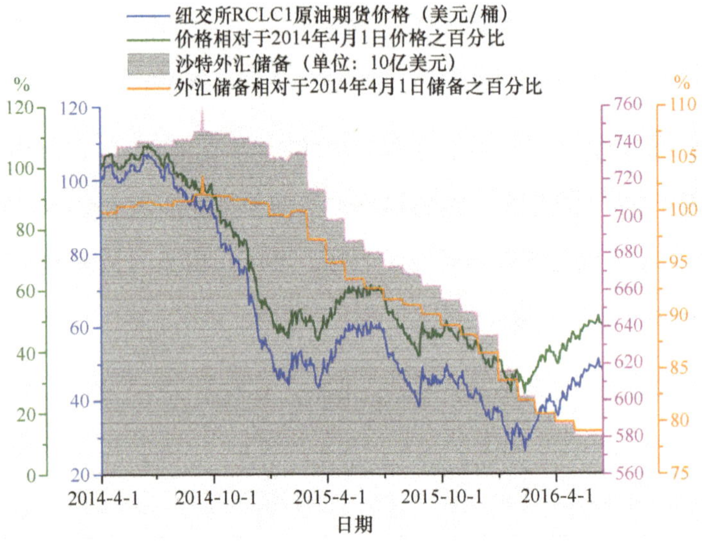

图 13　油价走势与沙特外汇储备规模变动

图 14 反映了油价走势与委内瑞拉外汇储备规模的变动情况，其中左轴分别表示 2014 年 4 月至 2016 年 6 月的油价走势和该时段内每日油价相对于基期 2014 年 4 月 1 日油价之百分比；右轴分别表示同期委内瑞拉外汇储备规模的变动情况和该时段内每期公布的外汇储备相对于基期 2014 年 4 月 1 日外汇储备之百分比。可以看出，随着油价暴跌，在 2015 年 4 月以前委内瑞拉外汇储备一直稳定在 200 亿美元以上，但自

2015 年 5 月起，储备呈迅速单边下跌态势，至 2016 年 6 月，跌至 120 亿美元，跌幅较 2014 年 4 月高达 45%，在七个产油国中外汇储备降幅最大。

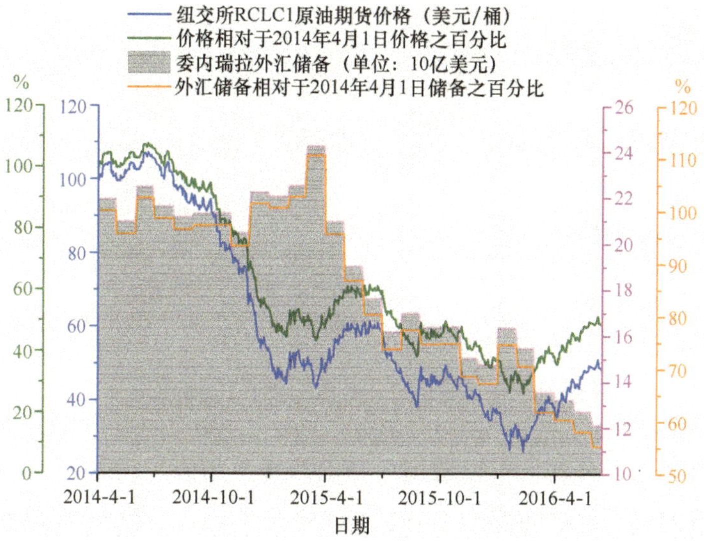

图 14　油价走势与委内瑞拉外汇储备规模变动

（三）股指波动

图 15 反映了油价走势与巴西 BOVESPA 指数的波动情况，其中左轴分别表示 2014 年 4 月至 2016 年 6 月的油价走势和该时段内每日油价相对于基期 2014 年 4 月 1 日油价之百分比；右轴分别表示同期巴西 BOVESPA 指数波动情况和该时段内每日指数相对于基期 2014 年 4 月 1 日指数之百分比。可以看出，在 2014 年 8 月之前的短期内，巴西 BOVESPA 指数与油价走势相反，随后两者则一直保持正相关，但 2016 年 6 月的股指水平与 2014 年 4 月基本一致。

图 16 反映了油价走势与哈萨克斯坦 KASE 指数的波动情况，其中左轴分别表示 2014 年 4 月至 2016 年 6 月的油价走势和该时段内每日油价相对于基期 2014 年 4 月 1 日油价之百分比；右轴分别表示同期哈萨克斯坦 KASE 指数的波动情况和该时段内每日指数相对于基期 2014 年 4

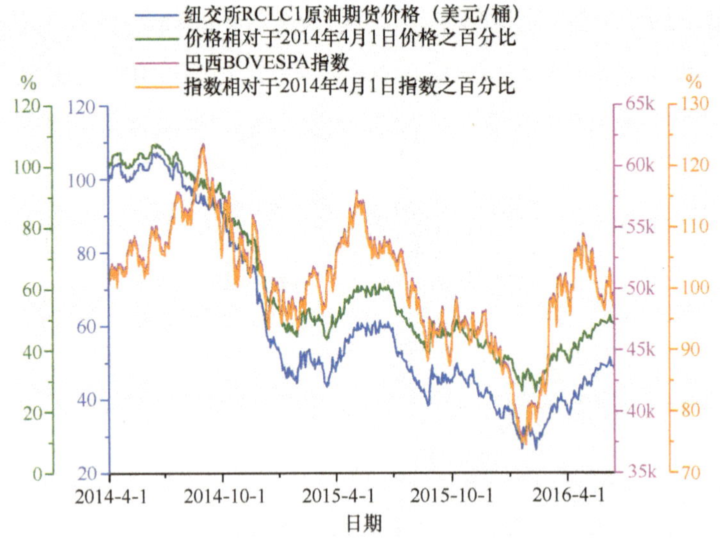

图 15　油价走势与巴西 BOVESPA 指数波动

月 1 日指数之百分比。可以看出，与巴西情况相似，在 2014 年 4 月至 9 月初这段时间，哈萨克斯坦 KASE 指数增长了 25%，之后则与油价走势基本保持正相关，但 2016 年 6 月的股指水平与 2014 年 4 月基本一致。

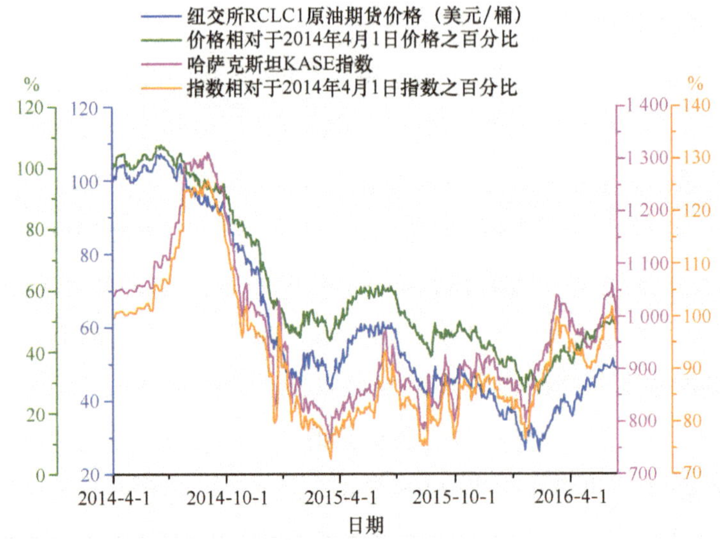

图 16　油价走势与哈萨克斯坦 KASE 指数波动

图 17 反映了油价走势与尼日利亚 NSE30 指数的波动情况，其中左轴分别表示 2014 年 4 月至 2016 年 6 月的油价走势和该时段内每日油价相对于基期 2014 年 4 月 1 日油价之百分比；右轴分别表示同期尼日利亚 NSE30 指数的波动情况和该时段内每日指数相对于基期 2014 年 4 月 1 日指数之百分比。可以看出，自 2014 年 7 月起，NSE30 指数与油价走势一直保持正相关，2016 年 6 月的股指水平较 2014 年 4 月下跌了 30%。

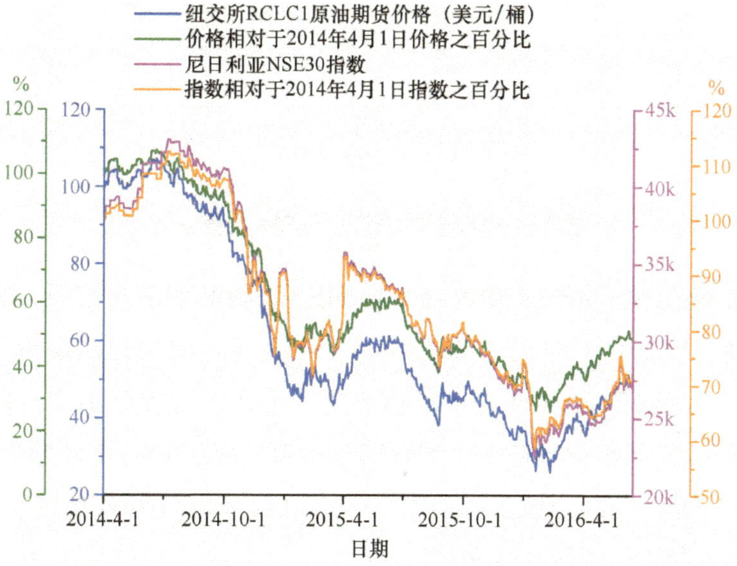

图 17 油价走势与尼日利亚 NSE30 指数波动

图 18 反映了油价走势与挪威 OSEAX 指数的波动情况，其中左轴分别表示 2014 年 4 月至 2016 年 6 月的油价走势和该时段内每日油价相对于基期 2014 年 4 月 1 日油价之百分比；右轴分别表示同期挪威 OSEAX 指数的波动情况和该时段内每日指数相对于基期 2014 年 4 月 1 日指数之百分比。可以看出，在整个研究时段内，挪威 OSEAX 指数与油价并未显现出明显的相关关系，其自身在 550 点至 680 点之间波动，2016 年 6 月的股指水平较 2014 年 4 月上涨了 15%。

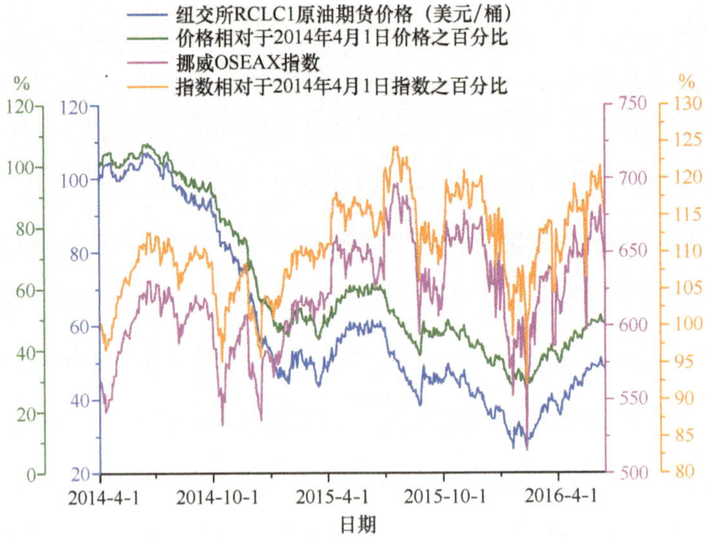

图 18　油价走势与挪威 OSEAX 指数波动

图 19 反映了油价走势与俄罗斯 MICEX 指数的波动情况，其中左轴分别表示 2014 年 4 月至 2016 年 6 月的油价走势和该时段内每日油价相对于基期 2014 年 4 月 1 日油价之百分比；右轴分别表示同期俄罗斯 MICEX 指数的波动情况和该时段内每日指数相对于基期 2014 年 4 月 1 日指数之百分比。可以看出，与巴西和尼日利亚的情况不同，随着油价暴跌，俄罗斯 MICEX 指数却一路上涨，2016 年 6 月的股指水平较 2014 年 4 月上涨了 40%。这也从侧面反映了俄罗斯国内高企的通胀水平。

图 20 反映了油价走势与沙特 TASI 指数的波动情况，其中左轴分别表示 2014 年 4 月至 2016 年 6 月的油价走势和该时段内每日油价相对于基期 2014 年 4 月 1 日油价之百分比；右轴分别表示同期沙特 TASI 指数的波动情况和该时段内每日指数相对于基期 2014 年 4 月 1 日指数之百分比。可以看出，自 2014 年 9 月起，沙特 TASI 指数与油价走势基本保持一致，期间股指在 2015 年上半年曾出现大幅反弹，但随后又呈单边下跌走势，2016 年 6 月的股指水平约为 2014 年 4 月的 70%。

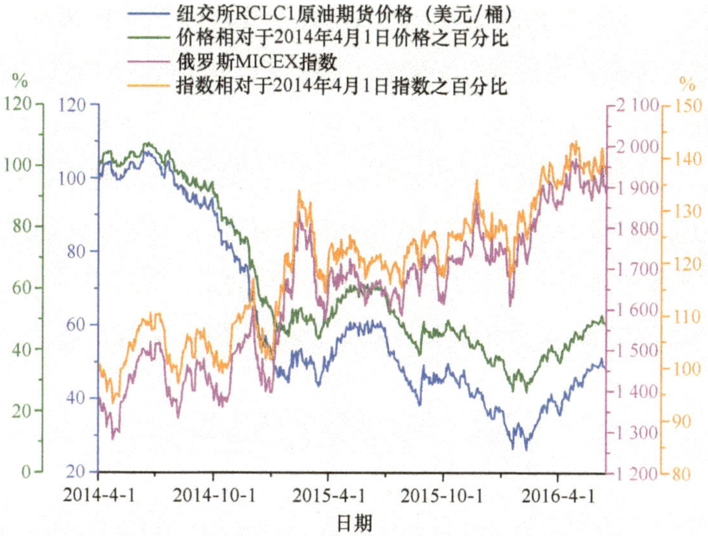

图 19　油价走势与俄罗斯 MICEX 指数波动

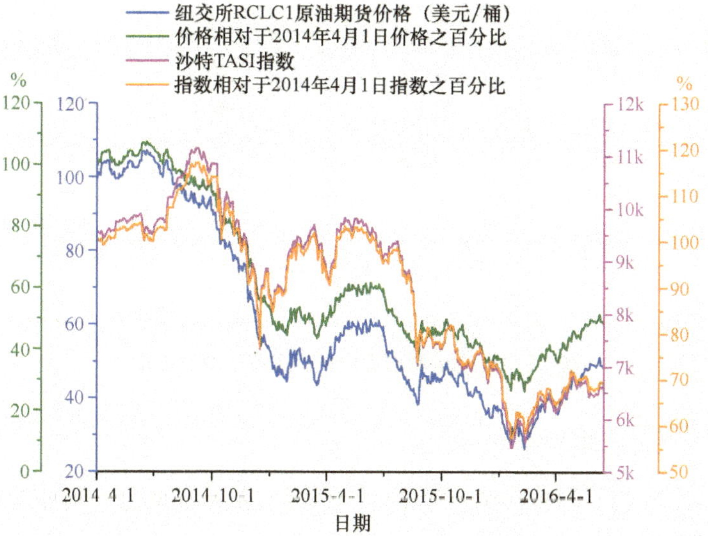

图 20　油价走势与沙特 TASI 指数波动

图 21 反映了油价走势与委内瑞拉 IBVC 指数的波动情况，其中左轴分别表示 2014 年 4 月至 2016 年 6 月的油价走势和该时段内每日油价相对于基期 2014 年 4 月 1 日油价之百分比；右轴分别表示同期委内瑞

拉 IBVC 指数的波动情况和该时段内每日指数相对于基期 2014 年 4 月 1 日指数之百分比。可以看出，随着油价暴跌，委内瑞拉 IBVC 指数涨幅巨大，2016 年 6 月的股指水平较 2014 年 4 月上涨了 500%。对比之前的分析，委内瑞拉作为全球最大的石油探明储量国，在整个研究时段内外汇储备跌幅高达 45%，汇率贬值幅度高达 60%，据委内瑞拉官方公布的 2015 年的通胀率为 180.9%。值得注意的是，2015 年 5 月至 7 月，IBVC 指数从 5 700 点暴涨至 15 500 点，涨幅超过 170%。

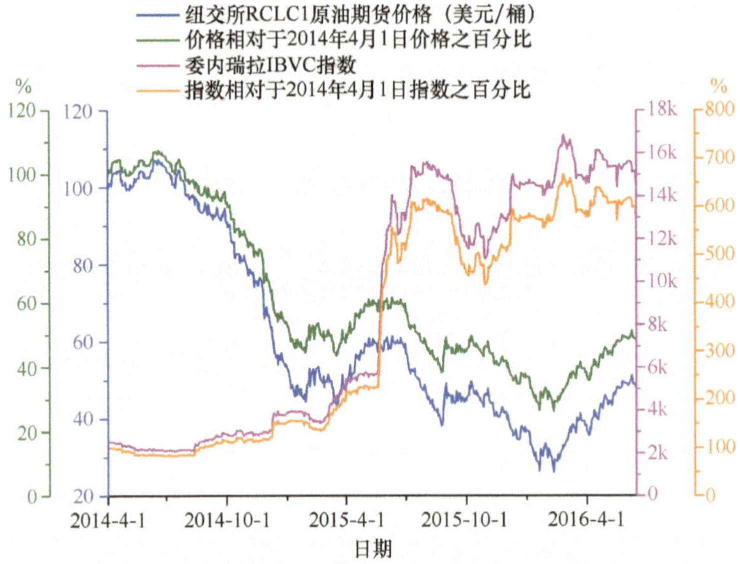

图 21　油价走势与委内瑞拉 IBVC 指数波动

（四）国家信用评级变动

图 22 反映了油价走势与巴西信用评级的变动情况，其中左轴分别表示 2014 年 4 月至 2016 年 6 月的油价走势和该时段内每日油价相对于基期 2014 年 4 月 1 日油价之百分比；右轴分别表示同期标普对巴西信用评级的变动情况和同期穆迪对巴西信用评级的变动情况。可以看出，随着油价暴跌，标普对巴西信用评级从 BBB－连降两级至 BB，而穆迪对巴西则从 Baa2 至 Ba2 连降三级。

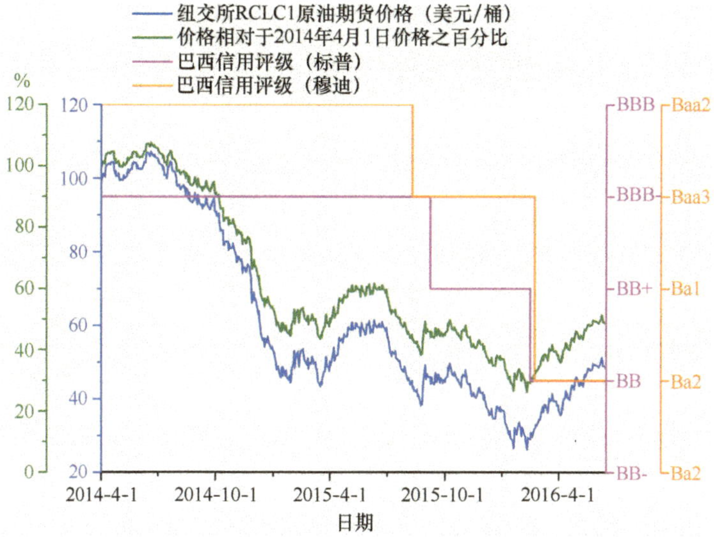

图 22 油价走势与巴西信用评级变动

图 23 反映了油价走势与哈萨克斯坦信用评级变动情况，其中左轴分别表示 2014 年 4 月至 2016 年 6 月的油价走势和该时段内每日油价相对于基期 2014 年 4 月 1 日油价之百分比；右轴分别表示同期标普对哈萨克斯坦信用评级变动情况和同期穆迪对哈萨克斯坦信用评级变动情况。可以看出，随着油价暴跌，标普对哈萨克斯坦信用评级从 BBB + 连降两级至 BBB -，而穆迪对哈萨克斯坦评级则从 Baa2 降至 Baa3。

图 24 反映了油价走势与尼日利亚信用评级变动情况，其中左轴分别表示 2014 年 4 月至 2016 年 6 月的油价走势和该时段内每日油价相对于基期 2014 年 4 月 1 日油价之百分比；右轴分别表示同期标普对尼日利亚信用评级变动情况和同期穆迪对尼日利亚信用评级变动情况。可以看出，随着油价暴跌，标普对尼日利亚信用评级从 BB - 降至 B +，而穆迪对尼日利亚评级则从 Ba3 降至 B1。

图 25 反映了油价走势与挪威信用评级的变动情况，其中左轴分别表示 2014 年 4 月至 2016 年 6 月的油价走势和该时段内每日油价相对于

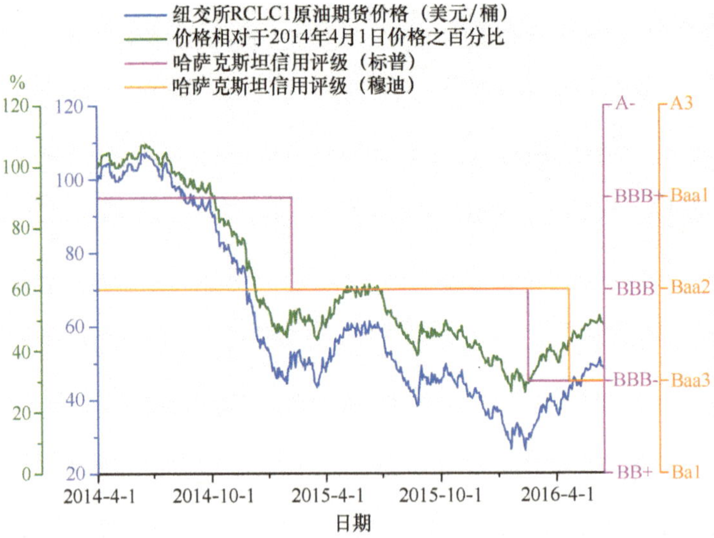

图 23　油价走势与哈萨克斯坦信用评级变动

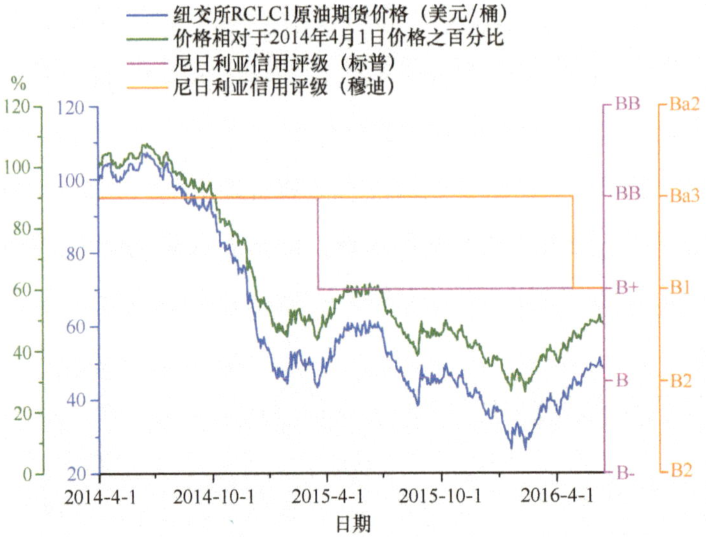

图 24　油价走势与尼日利亚信用评级变动

基期 2014 年 4 月 1 日油价之百分比；右轴分别表示同期标普对挪威信用评级的变动情况和同期穆迪对挪威信用评级的变动情况。可以看出，虽然油价暴跌，但标普和穆迪对挪威维持了最高信用评级，即 AAA 和

Aaa。挪威是全球为数不多的一直享有最高信用评级的国家，反映出其政治经济稳定及极低的国家风险。

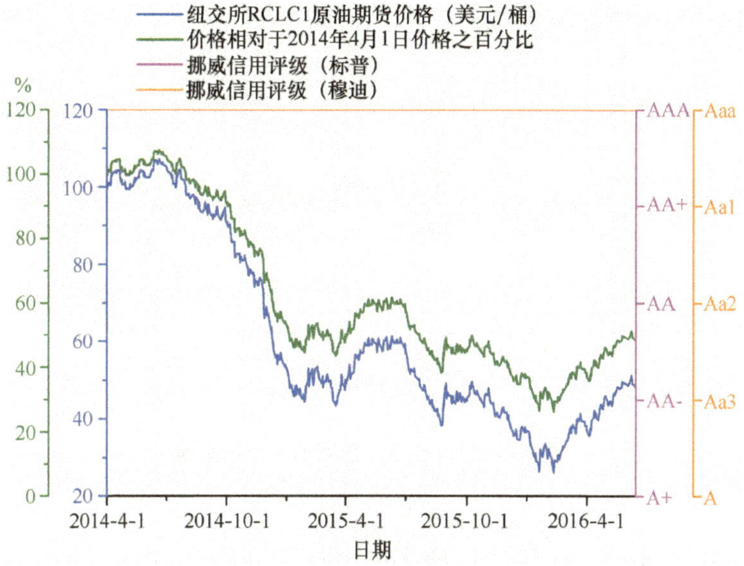

图 25　油价走势与挪威信用评级变动

图 26 反映了油价走势与俄罗斯信用评级的变动情况，其中左轴分别表示 2014 年 4 月至 2016 年 6 月的油价走势和该时段内每日油价相对于基期 2014 年 4 月 1 日油价之百分比；右轴分别表示同期标普对俄罗斯信用评级的变动情况和同期穆迪对俄罗斯信用评级的变动情况。可以看出，随着油价暴跌，标普对俄罗斯信用评级从 BBB 连降两级至 BB +，而穆迪对俄罗斯评级则从 Baa1 连降三级至 Ba1。

图 27 反映了油价走势与沙特信用评级的变动情况，其中左轴分别表示 2014 年 4 月至 2016 年 6 月间的油价走势和该时段内每日油价相对于基期 2014 年 4 月 1 日油价之百分比；右轴分别表示同期标普对沙特信用评级的变动情况和同期穆迪对沙特信用评级的变动情况。可以看出，随着油价暴跌，标普对沙特信用评级从 AA - 连降三级至 A -，而穆迪对沙特评级则从 Aa3 降至 A1。

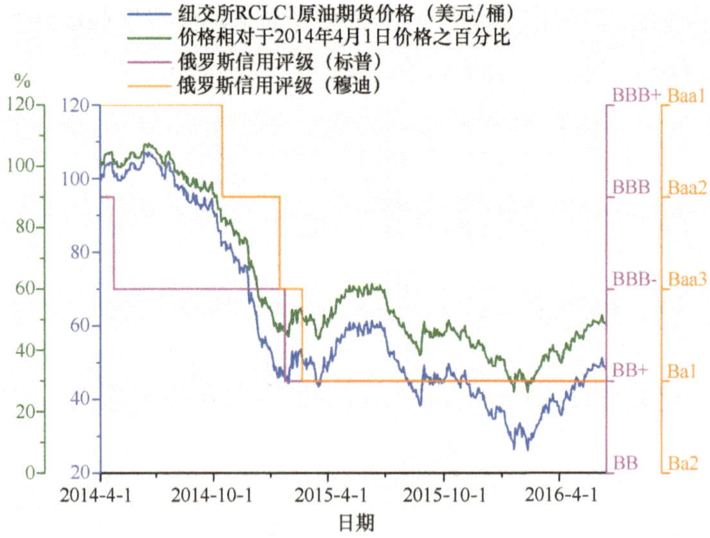

图 26 油价走势与俄罗斯信用评级变动

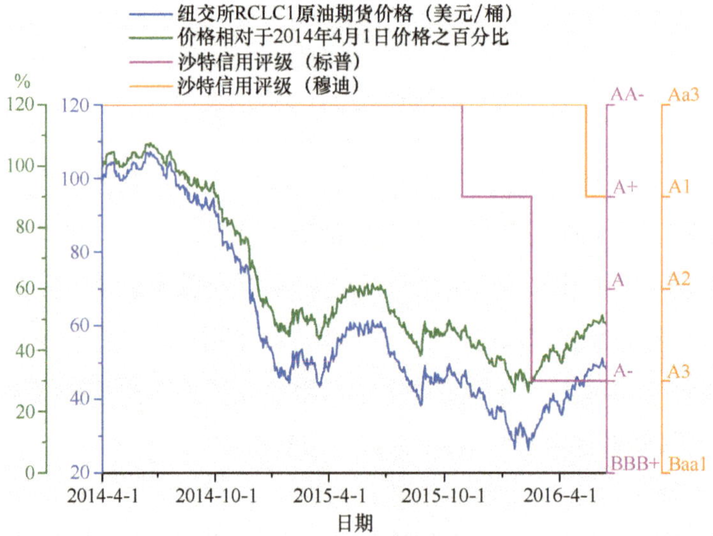

图 27　油价走势与沙特信用评级变动

图 28 反映了油价走势与委内瑞拉信用评级的变动情况，其中左轴分别表示 2014 年 4 月至 2016 年 6 月的油价走势和该时段内每日油价相对于基期 2014 年 4 月 1 日油价之百分比；右轴分别表示同期标普对委

内瑞拉信用评级的变动情况和同期穆迪对委内瑞拉信用评级的变动情况。可以看出，随着油价暴跌，标普对委内瑞拉信用评级从 B - 连降两级至 CCC，穆迪对委内瑞拉评级也是连降两级从 Caa1 降至 Caa3。

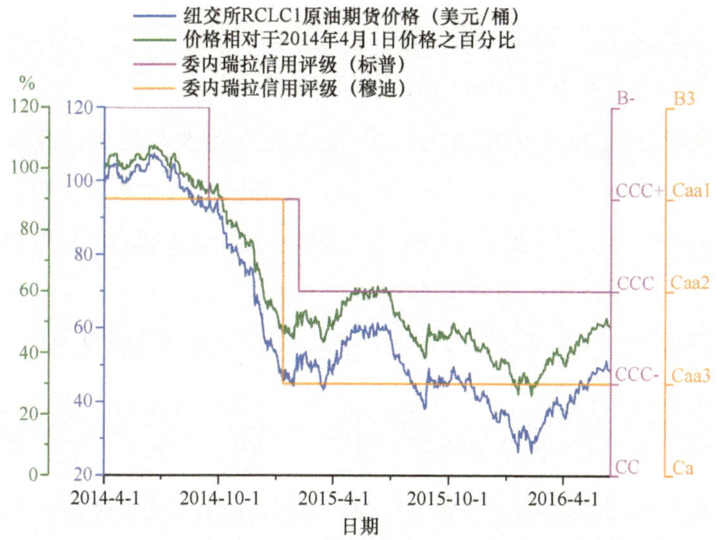

图 28　油价走势与委内瑞拉信用评级变动

三、中国的金融指标变动情况分析（2014 年 4 月至 2016 年 6 月）

通过上一节的分析我们可以总结出七大产油国在油价下行周期下相关金融指标变动的一些共同特征：

第一，本币对美元汇率和美元外汇储备至少其一会出现巨幅负向波动，甚至出现两者皆负的情况。前者如沙特，虽然维持了里亚尔/美元汇率的稳定，但消耗了大量外汇储备；又如挪威，虽然维持了外汇储备规模，但克朗/美元汇率出现大幅贬值。后者还有俄罗斯、委内瑞拉等。这里的政策意义是汇率和外汇储备的取舍问题。

第二，除挪威等极个别情况外，国家主权评级会下降。

第三，基准股指与油价无必然关联。研究时段内，只有沙特和尼日利亚股指与油价表现出同向波动，而委内瑞拉和俄罗斯则表现出反向波动，其余三国股指波动则相对独立于油价。值得注意的是表现出高度反向关系的委内瑞拉和俄罗斯（即在油价暴跌时股指暴涨）都面临严重的国内通胀。

与上述主要产油国不同，中国是全球最大的石油进口国，本节接下来分析中国相关指标在研究时段内的变动情况。

图29反映了油价走势与人民币/美元汇率的波动情况，其中左轴分别表示2014年4月至2016年6月的油价走势和该时段内每日油价相对于基期2014年4月1日油价之百分比；右轴分别表示同期人民币/美元汇率的波动情况和该时段内每日汇率相对于基期2014年4月1日汇率之百分比。可以看出，在整个研究时段内，人民币对美元贬值幅度约为7%。明显的分水岭是2015年8月11日汇改，当日中国人民银行发布《关于完善人民币兑美元汇率中间价报价的声明》：为增强人民币兑美元汇率中间价的市场化程度和基准性，中国人民银行决定完善人民币兑美元汇率中间价报价。做市商在每日银行间外汇市场开盘前，参考上日银行间外汇市场收盘汇率，综合考虑外汇供求情况以及国际主要货币汇率变化向中国外汇交易中心提供中间价报价。人民币/美元当即贬值1.9%，创2005年实行浮动汇率制度以来最大单日跌幅。在此之前，尽管油价暴跌，但人民币/美元汇率基本保持稳定。而在此汇率市场化改革之后，人民币/美元汇率与油价走势表现出较强的相关性。

图30反映了油价走势与中国外汇储备规模的变动情况，其中左轴分别表示2014年4月至2016年6月的油价走势和该时段内每日油价相对于基期2014年4月1日油价之百分比；右轴分别表示同期中国外汇储备规模的变动情况和该时段内每期公布的外汇储备相对于基期2014年4月1日外汇储备之百分比。可以看出，在整个研究时段内，中国外汇储备呈单边下跌态势，由近4万亿美元降至3.2万亿美元，下降幅度达20%。结合前面对人民币/美元汇率波动情况的分析，可以看出中国政府为了维持汇率而消耗了大量外汇储备。但与产油国的情况不同，外

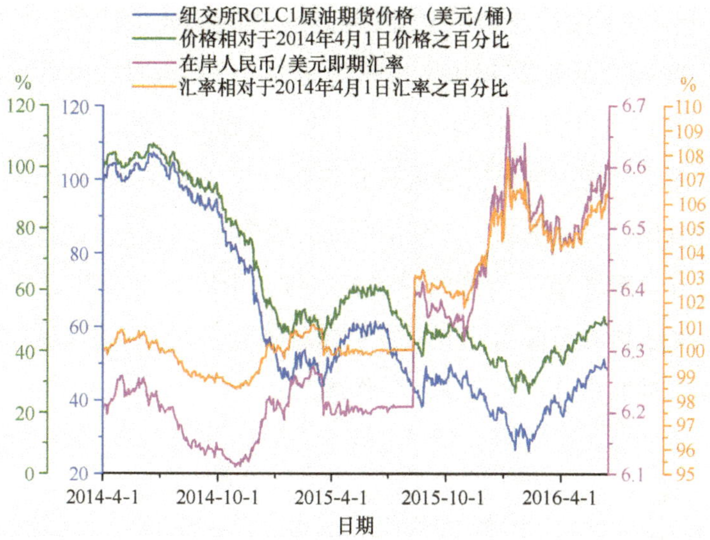

图 29　油价走势与人民币/美元汇率波动

汇储备下降更多原因是中国自身经济增长放缓，对能源需求下降，造成大量资本外流。油价暴跌在这里更多地反映出上述情况的一种结果，而非原因。

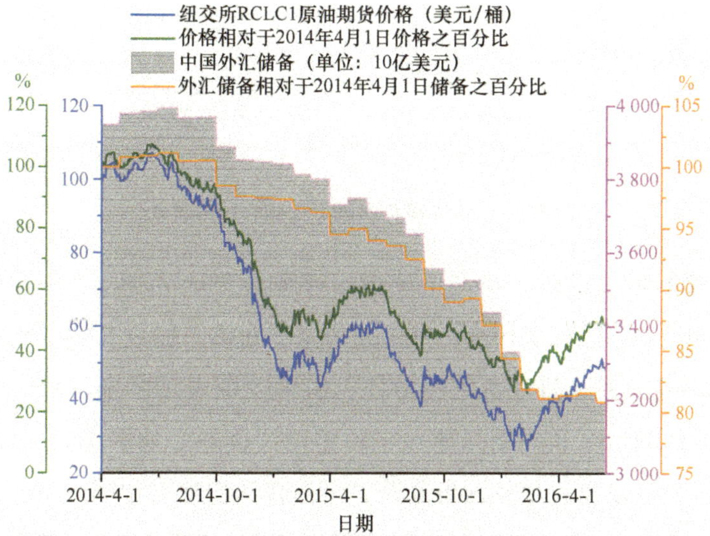

图 30　油价走势与中国外汇储备规模变动

图 31 反映了油价走势与中国上证综合指数的波动情况，其中左轴分别表示 2014 年 4 月至 2016 年 6 月的油价走势和该时段内每日油价相对于基期 2014 年 4 月 1 日油价之百分比；右轴分别表示同期中国上证综合指数的波动情况和该时段内每日指数相对于基期 2014 年 4 月 1 日指数之百分比。可以看出，在整个研究时段内，上证综指虽然发生大幅波动，但并未表现出与油价的明显相关性。中国股市有其自身运行规律，虽然油价作为重要指标能反映全球总体经济发展水平和供求关系，但对中国基准股指并不具有决定性作用。

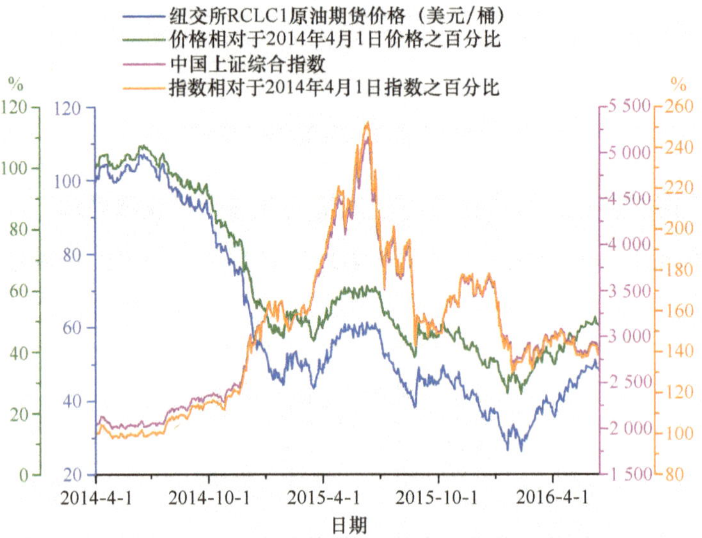

图 31　油价走势与中国上证综合指数波动

图 32 反映了油价走势与中国信用评级的变动情况，其中左轴分别表示 2014 年 4 月至 2016 年 6 月的油价走势和该时段内每日油价相对于基期 2014 年 4 月 1 日油价之百分比；右轴分别表示同期标普对中国信用评级的变动情况和同期穆迪对中国信用评级的变动情况。可以看出，在整个研究时段内，虽然油价暴跌，但标普和穆迪对中国维持了原有信用评级，即 AA－和 Aa3，但展望均降至负面。这反映出虽然面临诸多困难，但中国政治经济状况整体表现出基本稳定的态势。

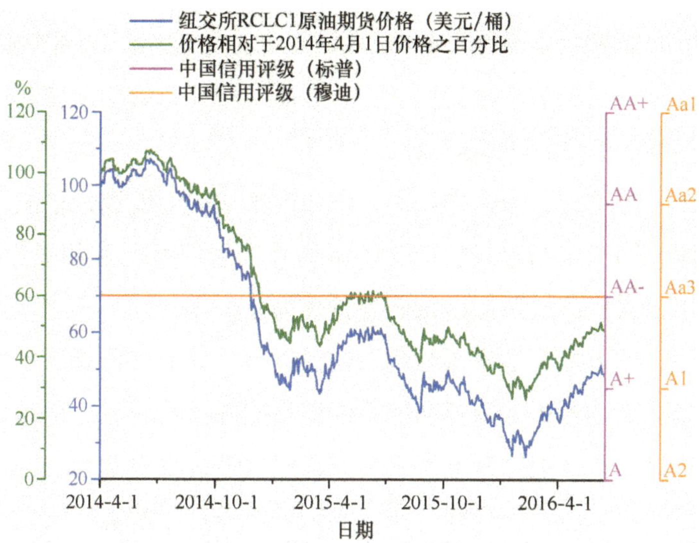

图 32　油价走势与中国信用评级变动

四、 结论和展望

本报告选取世界七大政治经济状况迥异的主要产油国——巴西、哈萨克斯坦、尼日利亚、挪威、俄罗斯、沙特、委内瑞拉，研究在 2014 年 4 月至 2016 年 6 月，随着国际油价从每桶 100 美元暴跌至 30 美元又反弹至 50 美元，其四个重要金融指标——本币对美元汇率、外汇储备规模、基准股票指数和国家主权评级的变动情况，以期对中国金融安全和能源安全策略提供借鉴。

研究发现，主要石油输出国在油价下跌周期下有如下表现：第一，本币对美元汇率和美元外汇储备至少其一会出现巨幅负向波动，甚至出现两者皆负的情况；第二，除极个别情况外，国家主权评级会下降；第三，基准股指与油价无必然关联，但国内通胀会造成股指暴涨。

作为全球最大的石油进口国和第二大经济体，中国的相关指标表现出自身特点：第一，虽然出现了人民币/美元汇率和外汇储备规模双降，但油价波动很难为其做出解释，而更像是中国经济放缓和经济结构性转换带来的结果；第二，中国股市有其自身发展和运动规律，目前仍无法被全球大宗商品供求规律所解释；第三，虽然面临诸多困难和问题，但中国政治经济状况基本保持稳定，政策的一致性和透明度较高，主权评级并未受到能源价格波动影响。

基于上述结论，本报告认为，中国未来在应对能源价格波动甚至能源危机时，固然应当重视能源输出国的政治经济状况和相关金融指标，但更应以自身经济发展和结构调整目标为主线：

第一，着力推进能源供给侧结构性改革。针对当前能源领域产能过剩、效率不高、短板瓶颈等问题，以提高能源供给质量、满足有效能源需求为目标，扩大能源领域有效投资，促进经济稳定增长。

第二，全方位加强国际合作，实现开放条件下的能源安全。加强对能源技术的开发和引进，在有效利用化石能源的基础上逐步扩大对可再生能源的开发和利用，从能源消费结构上逐步降低对化石能源的依赖。

第三，进一步研究金融风险与能源安全的内在关联和逻辑。将能源的金融属性与金融的能源导向有机结合。借鉴外国经验教训，特别是进一步细致研究美国的能源金融政策，研究其同时作为能源生产和消费大国，如何平衡各种经济和技术要素，以保持在能源下跌周期下的强劲经济增长。这也将是笔者下篇报告的侧重点。

参考文献

[1]张宇燕,管清友. 世界能源格局与中国的能源安全[J]. 世界经济,2007(9):17－30.

[2]魏金明. 系统性金融风险的测度及影响因素研究[J]. 商业研究,2016(2):73－80.

[3]张生玲. 中国的能源安全与评估[J]. 中国人口·资源与环境,2007(6):101－104.

[4]沈镭,薛静静. 中国能源安全的路径选择与战略框架[J]. 中国人口·资源与环境,2011(10):49－54.

[5]Cherp A, Jewell J. The concept of energy security: Beyond the four As[J]. Energy Policy, 2014(75): 415－421.

货币政策与金融市场主体风险研究报告

李 雪

摘要： 2007 年美国次贷危机的爆发暴露出以传统物价稳定为目标的货币政策难以同时兼顾金融体系的稳健运行。当前金融机构冒险行为所隐藏的金融结构失衡对未来实体层面造成的负面冲击将远远超出我们的预期，为稳定物价、提升就业率而长期实施的低利率货币政策不知不觉成为金融不稳定的助推器。本报告以风险承担机制的微观基础为出发点，从事实分析过渡到实证扩展，从银行系统扩展到企业部门，从国际视角聚焦到国内问题，试图对该领域的研究新动态进行总结与归纳。研究表明：①在宽松的货币环境下，全球银行业的信贷风险整体处于较高水平，无论是高收入国家还是低收入国家均表现出这样的特征；②中国商业银行资产质量明显下降的同时，还出现了收益与风险不对称的特征；③中国上市企业长期与短期的偿债能力明显下降，且财务风险与经营风险也在不断加剧；④通过实证检验可知，宏观货币政策会影响市场

本报告受到国家社科基金青年项目“供给侧价格黏性与货币政策传导机制阻滞研究”（16CJL016）的资助。

李雪，首都经济贸易大学金融学院、金融风险研究院讲师，经济学博士。

主体的风险承担行为，且宽松货币政策持续时间越长，市场主体则会选择承担更多的风险。人们在此基础上，加深对货币政策与金融稳定关系的再认识，并认为政策制定中如何考量微观基础的风险承担、谨防陷入宽松政策的“恶性循环”与构建货币政策与宏观审慎监管之间的协调机制是未来重要的研究方向。

关键词： 货币政策　风险　金融市场　微观主体

网络泡沫过后，众多国家中央银行纷纷调低利率来抵御经济衰退。此前成功控制高通货膨胀水平的经验也成为此次各国货币当局调低利率至下限水平的强力支持依据（Taylor，2009）。低利率货币环境导致的过多流动性会鼓励银行承担更高的风险，但这并没有立即引起警惕，且当经济主体预期市场会长时间保持低利率环境时，我们也很难发觉控制价格剧烈波动这一政策目标背后蕴藏的巨大风险。有时该政策目标甚至会成为放任风险的“帮凶”，致使整个金融系统承担过度的风险。2007 年爆发的美国次贷危机成为一个例证，美联储为紧急救助而施行的量化宽松货币政策遭到监管部门和许多经济学家的谴责与声讨，随后货币政策目标与金融稳定之间的关联引起了业界与学界的强烈关注，人们也开始反思政策目标的涵盖范围，重新审视货币政策传导的微观基础，并在博里奥等（Borio & Zhu，2008）正式定义风险承担渠道后，形成了大量关于货币政策与风险承担的研究成果，总体认为长期的低利率货币政策会通过改变金融机构的风险容忍度而最终增加金融体系的不稳定性。越来越多的事实证据表明，原有传统总量扩张的货币政策调控措施不仅要面临执行效果大打折扣的尴尬境地，而且很有可能暴露更大的风险敞口。因此，在全球经济进入新常态的情况下，进一步探究货币政策的侧重目标与风险效应对完善货币政策框架具有重要的理论价值。同时，也需要学者们用新的思维来反思主流经济学对于一些重要理论政策的认识，这正是本报告撰写的最终目的。

一、 全球宏观货币政策的事实证据

学界有许多经济学家频频发声，把这次危机的爆发归咎于美联储长久以来施行的低利率货币政策。他们认为低利率的货币环境加上市场上充足的流动性最终刺激了资产证券化产品的恶性膨胀与资产价格的巨大泡沫，为其提供资金来源的金融机构的杠杆水平无疑会节节攀高。分析美联储危机前的货币政策操作便可一目了然，2000—2004 年为抵御经济衰退与“9·11”事件带来的消极影响，美联储史无前例地下调联邦基金利率，连续几次降息（联邦基金利率从 6.5% 下降到 1%，且仅 2002 年就下调至 1.25% 的超低水平）都超出市场预期，宽松的货币环境最终酿成了美国房地产市场的扭曲繁荣。而后美联储立刻调整操作方向，连续加息（2005 年年末，联邦基金利率快速升至 4.25%）也没能挽回恶劣局势。但迫于经济下滑的压力，美联储在 2007 年后又被动大幅降息。此外，现有的传统测算货币流量的指标难以全面反映社会融资规模，例如，对影子银行业务和金融衍生产品等，这些业务资金目前都属于监管的真空地带，相关监管部门无力监管。高杠杆率与流动性过剩等极大可能引致金融不稳定的因素没有受到有关部门的高度关注，自然会让金融市场主体承担过度的风险。由此可推断，货币政策风险承担渠道的提出背景是中央银行长时间实施的低利率货币政策，强调的是金融市场主体在这种货币环境下的风险容忍度上升，进而愿意承担更多的风险。

（一） 全球主要经济体实际利率的变化特征分析

为印证宽松货币政策的确会促使金融市场参与主体主动承担过多的风险，本报告对国际、国内的宏微观数据进行了详细的描述性分析，不仅概述了全球主要经济体所实施的货币政策以及实际贷款利率的变化特征，而且刻画了中国银行业和上市企业的风险水平变化特征与趋势。总体而言，本报告得到了低利率环境下市场主体风险承担水平增加的事实证据。

表 1 给出了包括中国在内的部分国家或地区 2003—2015 年利率的实际水平值。本报告按照收入情况对这些国家进行归类。值得说明的是，为了统一数据口径进行国际对比分析，这里的实际利率是世界银行（World Bank）数据库公布的各国实际利率，是指按 GDP 平减指数衡量的通胀调整贷款利率。此外，本报告关注的是间接融资的信贷市场，实际贷款利率是金融资源需求者与供给者最为关心的指标。

表 1　世界一些国家或地区的实际利率（%）

年份	高收入经合组织国家					高收入非经合组织地区	中高等收入国家
	美国	英国	日本	瑞士	加拿大	中国香港特别行政区	中国
2003	2.086 8	0.939 8	3.598 5	2.301 0	1.386 4	11.711 3	2.658 6
2004	1.550 0	1.447 3	3.161 8	2.799 0	0.697 8	8.910 8	-1.260 1
2005	2.879 4	1.787 1	2.965 2	2.463 7	1.170 2	7.911 9	1.597 0
2006	4.738 5	1.909 3	2.817 9	1.059 9	3.021 4	8.329 3	2.228 0
2007	5.243 9	2.574 2	2.840 4	0.868 7	2.775 8	3.502 6	-0.155 5
2008	3.098 4	1.687 7	3.215 4	1.396 4	0.805 4	3.671 4	-2.277 0
2009	2.442 6	-1.339 3	2.234 8	2.330 4	4.639 6	5.395 7	5.952 4
2010	1.999 5	-2.588 6	3.846 0	2.437 7	-0.041 5	4.716 5	-0.777 1
2011	1.162 3	-1.592 1	3.415 4	2.512 2	-0.231 4	1.060 7	-1.154 6
2012	1.425 0	-1.142 0	2.360 7	2.785 5	1.309 1	1.405 3	3.926 5
2013	1.736 2	-1.218 3	1.862 4	2.887 3	1.662 2	3.084 3	4.225 0
2014	1.581 4	-1.131 4	-0.444 9	3.424 5	1.222 0	2.040 4	4.744 5
2015	2.235 5	—	—	4.023 8	3.346 5	1.024 0	4.824 9

续表

年份	中高等收入国家			中低等收入国家		低收入国家	
	阿根廷	伊朗伊斯兰共和国	白俄罗斯	阿拉伯埃及共和国	越南	布隆迪	海地
2003	7.828 8	—	-5.134 7	6.327 0	2.424 5	4.514 5	21.819 2
2004	-18.327 1	-3.268 9	-4.700 9	1.526 8	0.448 6	4.514 5	21.819 2
2005	-4.029 0	-0.860 4	-6.399 7	6.523 6	1.667 6	-0.346 6	19.910 9
2006	-5.740 5	1.654 1	-1.721 9	4.880 8	2.401 5	13.833 8	10.113 1
2007	-5.631 3	-7.024 9	-3.807 6	-0.077 6	1.413 6	9.299 6	13.949 2
2008	-1.466 0	-10.894 2	-10.447 3	0.107 9	-5.616 3	-6.024 7	4.354 5
2009	5.250 9	9.222 8	5.669 0	0.710 0	3.627 9	5.384 4	13.140 4
2010	-5.676 2	-2.086 5	-1.669 9	0.818 7	0.946 6	0.103 9	11.408 7
2011	-3.149 6	-11.692 0	-33.651 5	-0.563 9	-3.551 7	-0.929 0	3.813 3
2012	-3.881 1	4.784 0	-31.889 7	-0.363 5	2.294 9	-0.950 0	3.465 4
2013	-2.143 3	-5.784 1	0.109 6	3.027 2	5.358 4	1.753 3	1.970 8
2014	-4.122 6	1.567 9	0.764 8	0.175 3	4.825 9	6.800 3	5.988 9
2015	—	—	—	0.616 8	7.322 2	11.175 9	4.288 9

资料来源：根据世界银行数据库，经作者整理所得，“—”为缺失数据。

从表1中可观察到，中国为中高等收入国家，13年中有5年时间实际贷款利率在零值以下，2005年和2006年也没有超过2.5%，整体表明中国信贷市场中间接融资成本相对较低。对银行机构而言，贷款收益受到了冲击，重新调整资产组合风险以获得目标收益的动机增强，相应地，对借款企业也会产生很大影响。其他中高等收入国家中，阿根廷除了2009年的实际贷款利率为5.251 4%外，其他年份均为负值。白俄罗斯、伊朗与阿根廷的情况相同，其中白俄罗斯的实际利率在2011年和2012年表现异常，数值分别为-33.651 5%与

-31.889 7%，这与白俄罗斯货币大幅度贬值引发的恶性通货膨胀直接相关。

高收入国家中，美国、英国、日本、瑞士与加拿大这五个经合组织国家也保持了较低的货币政策利率，尤其在2007年美国次贷危机爆发后，英国与加拿大两国为应对经济衰退出现了负利率，美国与瑞士的实际利率也徘徊在2%。中国香港特别行政区的实际利率在2006—2010年间波动比较剧烈，2007年接近-1%，2008年下降到-4.883 9%，而到2009年则一跃上升至4.595 1%。

中低等收入国家中，从埃及与越南两国的具体数值情况可知，埃及的金融系统受到危机的影响非常明显。从2007年开始，实际利率就处于零值左右，直到2013年才有所回升。而低收入国家中，海地2003—2015年的实际贷款利率虽然没有出现负值，但是在2011年之后出现了明显的下降。布隆迪的实际利率走势比较复杂，利率波动非常剧烈，2007年利率值是9.299 6%，2008年迅速下跌到-6.024 7%，而2009年利率回升到5.384 4%，表现出金融市场的巨大不确定性特征。

总体来看，不同类型国家的实际利率除个别年份均保持了较低的水平，为风险积累创造了条件，从这样的现实情况出发，不难推测各国中央银行在未来的政策制定中会面临两难抉择：抵御经济衰退的宽松货币政策反而会为下一次金融危机的爆发埋下祸根。因此，面对如此复杂多变的全球经济金融形势，中央银行有必要去大胆尝试新的政策组合工具，以期实现金融稳定与货币稳定的双重目标。

（二）危机前后全球主要经济体货币政策的制定与实施概况

目前，世界主要经济体的中央银行所实施的货币政策还是以宽松为主基调。发达国家中，美联储继续维持联邦基金利率在0~0.25%区间，还声称只要美国失业率大于6.5%，通货膨胀率在未来一年至二年不大于2.5%，利率就会长期维持在超低的水平。基于2013年就业态势出现好转的情况，美联储从2014年年初把每月资产购买规模850亿美元调低到750亿美元，显露出退出量化宽松政策的意图。但美联储同时表示，在资产购买计划全面退出后相当长的时间内，会坚持高度宽松的货币政策立场，利率仍将维持在0～0.25%之间。而欧洲央行在2013年继续加大了政策宽松的力度，年度内几次大幅下调基准利率，5月为活跃信贷市场，欧洲央行把0.75%的基准利率下降到0.5%，11月又因信贷投放受到抑制，进一步将基准利率降至0.25%，此时边际贷款便利利率也从5月开始经历1.5%→1%→0.75%的调整，可见，欧洲央行为刺激经济，加大了政策宽松的力度。值得一提的是，欧洲央行在2013年7月首次使用利率“前瞻性指引”，向市场透露未来将在长期内保持更低的利率水平。

日本央行动作较大，继美国之后开始推出量化宽松的货币政策。2013年4月，日本央行决定实施“量化和质化宽松货币政策（QQE）”，做法是将基础货币、国债和交易型开放式指数基金（ETF）余额扩大一倍，再将国债的平均到期期限延长至两倍以上，力图在短期内推高通货膨胀率，并预计到2015年中期，基础货币达到270万亿日元，占名义GDP的56%。但根据日本央行2015年1月6日公布的数据，2014年年底基础货币已成功突破量化宽松提出的2015年中期目标，达到275万亿日元（约14.3万亿元人民币），提前创下历史新高。从目前情况来看，日本央行表示还会继续推行量化宽松举措，包括正在进行的由日本央行收购长期国债。日本这台“印钞机”势必会对亚洲经济产生巨大影响。英国中央银行——英格兰银行也继续实施宽松的货币政策。2013年，英格兰银行把基准利率保持在历史最低水平0.5%，没有更改3 750亿英镑的资产购买规模。同欧洲央行一样，英格兰银行也于2013年7月正式采用“前瞻性指引”，宣布为使英国失业率降到7%以下，英国央行会进一步扩大量化宽松力度，利率维持在超低的水平，且政策延续到2016年年底甚至更长时间。而加拿大中央银行在2014年7月16日宣布基准利率维持在1%不变，强调货币政策偏中性的政策措施立场，但在10月决议声明中删除了有关中性货币政策立场的所有表述。到

2015年1月，加拿大央行迫于油价大幅度下跌的不利影响，将基准利率下调25个基点，降至0.75%。加拿大央行行长波洛兹对此措施做了简要解释，声称石油价格自2014年中期以来超过50%的跌幅是促使此次加拿大央行降息的直接原因，再考虑到石油行业职工失业以及石油业务萎缩对加拿大经济的负面冲击，加拿大很可能会选择延长维持较低利率水平的时间或推出像其他国家一样的资产购买计划。瑞士中央银行为应对通缩压力和提振几乎为零增长的经济态势，采取降息至负利率的货币政策，目前瑞士的基准利率为负值水平，存款利率为-0.75%。

其他新兴市场经济体的情况是，匈牙利央行12次下调基准利率至3%的水平；智利央行自2011年4月以来下调基准利率至最低水平4.5%；韩国为求支撑经济增长，于2015年意外地降息25个基点，7天回购利率下降到1.75%，这是韩国历史最低水平。而作为最大的新兴市场国家，中国自2014年11月22日起下调金融机构人民币贷款和存款基准利率。金融机构一年期贷款基准利率下调0.4个百分点至5.6%，一年期存款基准利率下调0.25个百分点至2.75%，目的是缓解企业融资成本较高这一问题，为经济健康持续发展提供较为宽松的货币环境。人民银行也强调，此次利率下调采取了非对称方式，扩大了存款利率浮动区间（由1.1倍扩大至1.2倍），简化了存贷款基准利率期限档次，为完成利率市场化改革提供了有利条件。从现实做法以及人民银行持续引导利率下行来看，中国目前采取的是宽松的货币政策①。

总体看来，为稳定世界经济，促进经济复苏，全球主要经济体均实行了较为宽松的货币政策，而主要的政策工具就是调低政策利率。这样的政策举措，虽然制定初衷是提振经济，但收效甚微，受到很多经济学家的质疑。

---

① 以上数据来源于《中国金融稳定报告（2014）》和汇通财经网、人民银行官网。

从危机前后全球主要几个国家的货币政策转变中，也可发现一些政策转变的规律。危机爆发前，多数国家先经历了一段长时间的政策宽松，迫于通货膨胀抬头的影响，短期内迅速转变政策基调，改为紧缩的货币政策。但可想而知，此时的经济主体并没有适应新政策的环境。政策利率的提升不但没有遏制“非理性繁荣”，反而造成风险的加剧，最终使整个经济系统受到了极大的冲击。直至爆发全球金融危机，世界主要经济体的货币当局为了抵御经济衰退不得不又推出并实施新的货币政策工具，短暂的紧缩结束之后，变成漫长的低利率时代。由此推断，作为本轮金融危机的基本启示之一，控制价格稳定不能同时保证金融稳定，针对价格走势而制定的短期政策反而会导致金融结构失衡（Bernanke，2012）。

货币政策事关金融稳定，货币当局将货币政策目标定位为短期物价稳定显然存在局限性。货币当局不仅要做到“事后及时应对”，还要兼顾“事前准确预防”，从这一角度来讲，目前的货币政策没有达到要求，因此，需要将金融稳定纳入货币政策中，及时察觉金融失衡的微妙变化，事前做好预防与监控。基于此，对货币政策风险承担机制的探讨就具有十分重要的现实意义。

二、 全球主要经济体金融市场主体的风险现状

放眼全球的市场状况，金融自由化继续升温，很多发展中国家纷纷打开了金融大门，放松了对金融市场的管制，尤其在降低利率、放松金融市场准入条件等方面力度很大。这意味着单一国家的银行危机或者金融衍生产品创新将不仅影响单一国家的金融体系，风险传染机制在全球市场一体化演进中不断得到印证，如此快速发展与高度复杂化的金融市场使得传统的监管架构难以招架风险的发生与扩散。而得益于稳健的金融开放政策以及金融衍生工具发展的相对滞后，让中国在此次金融危机中的直接损失较小，且短期内风险不会完全显露，但仍有很多问题值得我们关心：在全球低利率甚至负利率的环境下，金融市场主体的风险行

为是否会受到冲击？目前现状如何？货币政策冲击是如何作用于市场微观主体而导致过度的风险承担？风险承担行为还受到哪些因素的驱动？这些棘手、现实问题的解决，都离不开对货币政策风险承担机制微观基础的研究。这是本研究报告关心的第二个问题。

（一）西方主要国家金融行业的资产质量与风险总体分析

继续观察2003—2015年全球主要经济体银行业的整体风险情况，基于数据的可得性，本报告仅分析银行业不良贷款率的变化情况，从图1中发现，在宽松的货币政策条件下，多数高收入经合组织国家银行业不良贷款率在2009年有大幅度的跳升，尤其是美国和日本，且美国在2009年达到了5%的高值后出现回落趋势，而日本银行业不良贷款率由2007年的1.5%上升到2009年的2.4%后，一直保持在这一水平，波动幅度不明显。

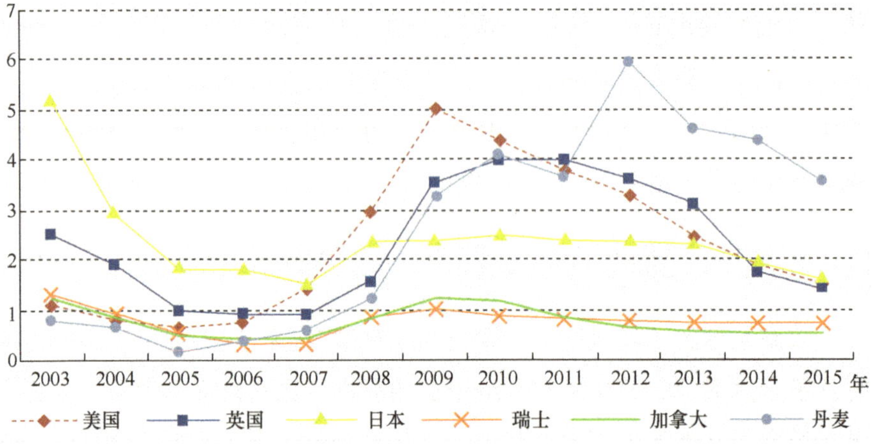

图1　2003—2015年高收入经合组织国家银行不良贷款率（%）

数据来源：世界银行数据库（World Bank Data Base），经作者整理而得。

与之不同的是，2008年丹麦和英国不良贷款率迅速上升，之后丹麦继续缓慢爬升，直到2012年不良贷款率达到最大值5.95%。丹麦是欧盟的一员，因欧盟成员众多，且并不都属于高收入国家，因此没有在图1中列示，但世界银行数据库中可以查找到欧盟银行业整体的数据情况，本报告发现，欧盟国家银行业整体不良贷款率从2003年的2.6%上升到2015年的5.7%，足以表明欧盟国家银行系统承担着较大的信贷风险。加拿大在2007年之前，不良贷款率始终保持在0.4%~0.5%之间，但是次贷危机爆发后，加拿大银行的不良贷款率从2008年的0.76%迅速上升到2009年的1.26%，至今也未回归到0.5%以下的水平。总体来看，高收入经合组织国家银行业的风险水平较高。

对比分析中高等收入国家的情况，本报告列举了六个国家的具体数据（参见图2）。其中，南非和白俄罗斯的银行业不良贷款率水平在2003—2015年出现了缓慢地上升，南非在2009年达到了最大值5.93%，白俄罗斯在2012年达到了一个高点5.5%，但这远没有结束，2015年继续攀升到新的高点，不良贷款率达到了6.83%。巴西的银行不良贷款率在2003—2015年大部分时间维持在3%~3.5%，2009年出现了一次跳升，达到4.21%的水平。而阿根廷和中国的银行业风险走势较为相近，从2003年的高位开始逐年下降，阿根廷于2011年降到低位水平1.39%，然后又缓慢爬升到2014年的1.99%，2015年又下降到1.69%，呈现出一定的波动态势。中国银行业整体的资产质量相对于其他中高等收入国家的情况稍好，但是近三年也出现了风险释放的迹象，不良贷款率从2012年的0.95%上升到1.5%，增长幅度高达57%，且从中国银行业的结构分析也可以发现，中国银行业的不良贷款并没有见底，风险并没有完全释放，现在正是风险管理的关键时期。在转型发展期，银行等存款类金融机构特别要重视利润当期性与风险滞后性的错配。因为，发放贷款后利润当期增加，但3年后才会出现风险，5年后不良贷款会增加，7年后会形成损失，因此银行业经营不是“百米赛跑”而是“马拉松比赛”。目前，也有专家指出，中国银行业进入了焦虑时期。

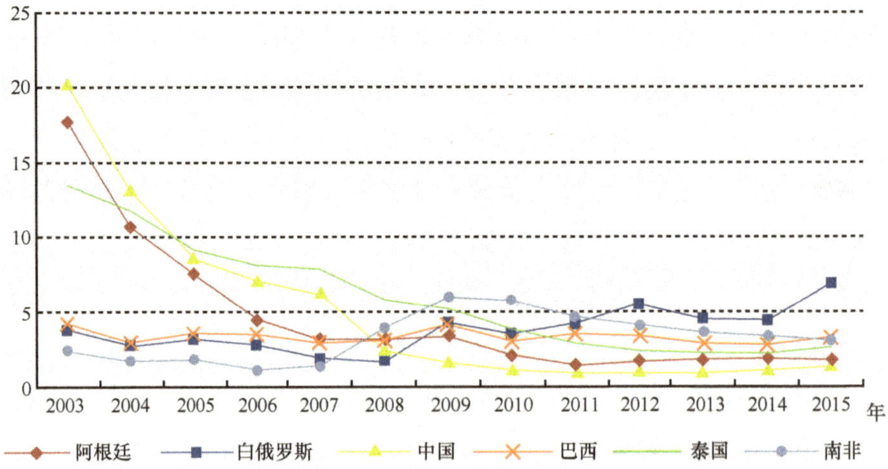

图 2　2003—2015 年中高等收入国家银行不良贷款率（%）

数据来源：世界银行数据库（World Bank Data Base），经作者整理而得。

泰国银行业的不良贷款逐年降低，在 2014 年降低到最低点 2.4%。可见，中高等收入国家的银行业风险水平比较分化，部分国家银行业信贷风险需持续关注，而部分国家银行业信贷风险总体可控。

中低收入国家中，银行业整体风险水平趋于下降，但巴基斯坦银行业的不良贷款率走势却呈倒 S 状。从 2007 年起，不良贷款率不断攀升，2008 年为 9.12%，2011 年达到 16.21%，之后再未回落到较低水平，2013 年的不良贷款率为 13%。印度银行系统的信贷风险水平在 2003—2015 年经历了先迅速下降后缓慢上升的过程（参见图 3）。

从绝对值角度分析，中高等收入国家的银行不良贷款率显著高于高收入国家，而中低收入国家又普遍高于中高等收入国家，表明在宽松的货币环境下，全球银行业的信贷风险整体处于较高水平，让我们不得不推断二者之间存在的内在关联。

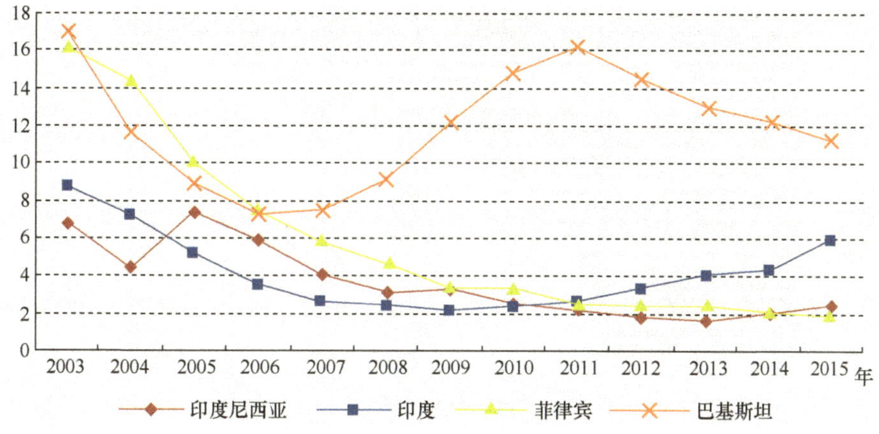

图3　2003—2015年中低收入国家银行不良贷款率（%）

数据来源：世界银行数据库（World Bank Data Base），经作者整理而得。

（二）中国金融行业的资产质量与风险分析

在宽松的货币环境下具体分析中国银行业的风险水平与资产质量，结合图4以及前文中提到的不良资产贷款率，我们发现，虽然不良贷款率指标表明中国银行业总体平稳向好，但2011年后中国商业银行整体不良贷款余额出现反弹，隐藏的风险应引起相关部门的警惕，商业银行真实的资产质量仍然需要关注。通过观察2011年第一季度到2016年第二季度中国不良贷款余额的趋势图也可发现，目前中国银行业的贷款质量较差，这时候的风险释放是否彻底还是不确定因素，资产质量的下降，会加剧银行在实际运营中的风险。2011年第二季度的不良贷款余额为4 229亿元，到2016年第二季度，不良贷款余额已高达14 373亿元，增长了近2.4倍（参见图5）。

从中国商业银行不良贷款率的内部构成来看，次级类不良贷款率的占比最高，其次是可疑类不良贷款，最后是损失类不良贷款，且随着时间的推移，这三种不良贷款都显著增高，最终导致不良贷款率的增大。从绝对数额上也可以得到相同的结论，截至2015年第4季度末，中国

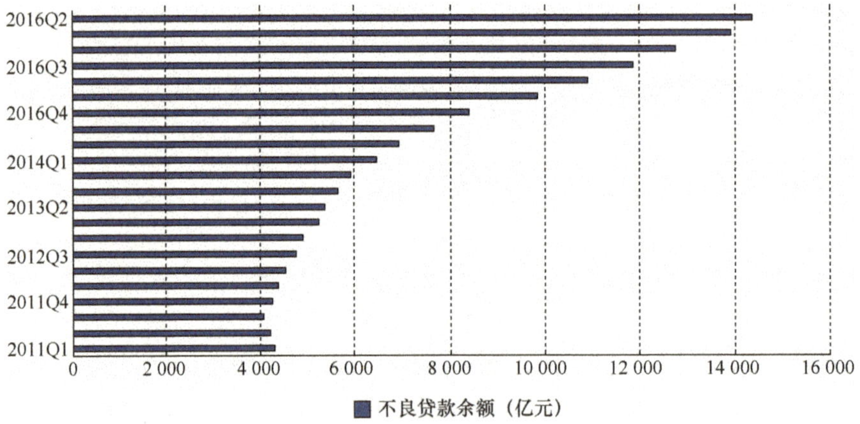

图 4　中国商业银行不良贷款余额

资料来源：银监会网站，经作者整理得到。

商业银行不良贷款中可疑类和损失类贷款占比共达到 54%，表明中国商业银行资产质量有所下降，意味着风险在不断积累。

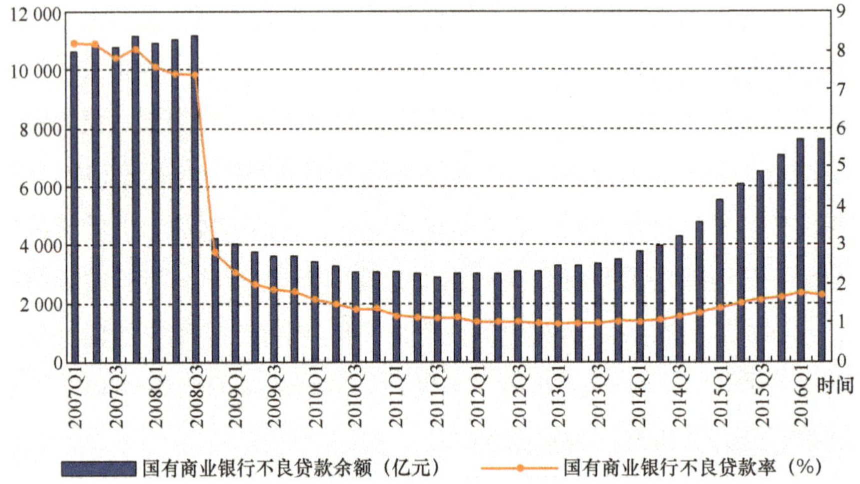

图 5　中国国有商业银行不良贷款余额与不良贷款率

资料来源：银监会网站，经作者整理得到。

中国不同类型银行①不良资产的变动差异较为明显，图 5 和图 6 分别是国有商业银行与股份制商业银行的不良贷款余额和不良贷款率的走势。我们发现国有商业银行在样本期不良贷款及不良贷款率较高，但增长幅度没有股份制商业银行明显。股份制商业银行不良贷款余额增长较快，在 2011 年第二季度不良贷款余额达到最低水平 530 亿元后便不断攀升，2016 年第二季度不良贷款余额上升到 2 959 亿元，且连续十几个季度上升。国有商业银行和股份制商业银行的不良贷款余额合计在商业银行不良贷款余额中占比依然较高（73%）。且从商业银行资产负债总额的分布上看，国有商业银行和股份制商业银行始终占据绝对的市场份额。

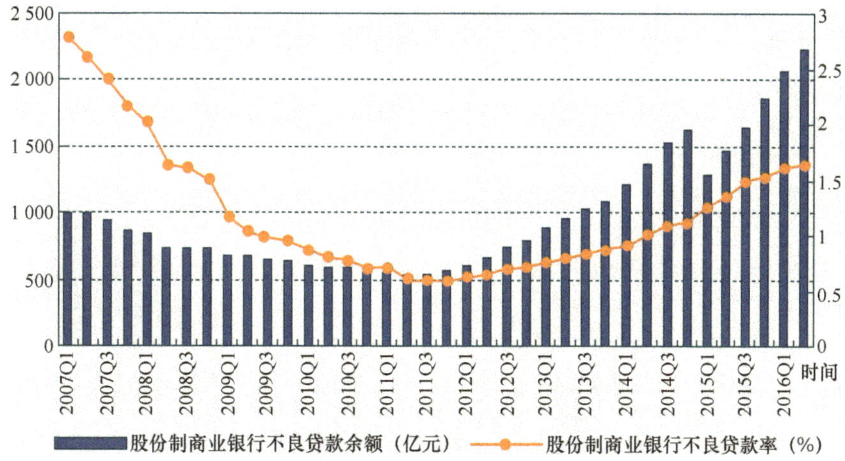

图 6　中国股份制商业银行不良贷款余额与不良贷款率

资料来源：银监会站，经作者整理得到。

其他类型银行中，对比城市商业银行与农村商业银行，可发现城市商业银行的不良贷款余额走势呈倒 U 形，在 2011 年第二季度达到 326 亿元低点后一路上扬，至 2016 年第二季度不良贷款余额达到1 420亿元

① 大型商业银行包括：中国工商银行、中国农业银行、中国银行、中国建设银行、交通银行。股份制商业银行包括：中信银行、中国光大银行、华夏银行、广东发展银行、深圳发展银行、招商银行、上海浦东发展银行、兴业银行、中国民生银行、恒丰银行、浙商银行、渤海银行。

高点。而农村商业银行的不良贷款率一直位居国内金融机构前列，在2016年第二季度，不良贷款率达到2.62%，高于其他类银行中最低的不良贷款率1.12个百分点。绝对值上，农村商业银行的不良贷款余额的上升幅度也是最快的，从2007年第一季度的150.6亿元迅速上升至2016年第二季度的2 237亿元，增加近15倍左右。相比其他机构，以农村商业银行为代表的中小型金融机构风险控制体系相对薄弱，在全球经济低迷、货币政策相对宽松的环境下，无论是不良贷款余额还是不良贷款率，都面临较大的压力。

外资银行的不良贷款率一直保持在较低水平，但外资银行的不良贷款率与不良贷款余额的波动比较大，其风险水平表现出不稳定性。且从走势来看，外资银行的不良贷款率与不良贷款余额都呈上升的态势（参见图7）。

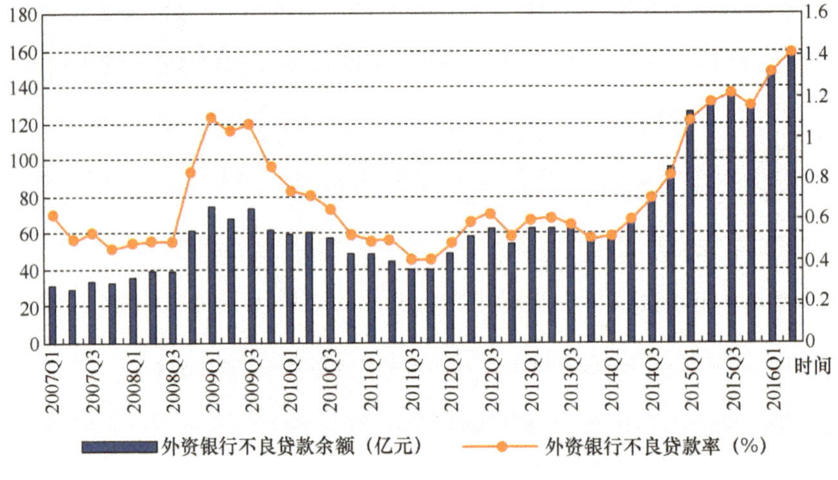

图7 中国外资商业银行不良贷款余额与不良贷款率

资料来源：银监会网站，经作者整理得到。

总而言之，中国几类银行的资产质量状况各有差异，但总体呈现出不良贷款率增加的态势，且从不良贷款余额总量上分析，中国银行业的信贷风险在增加，尤其对地方政府融资平台、房地产行业和产能过剩行业的违约风险不能轻视。

继续考察表 2 中的风险与收益指标，我们发现商业银行收益与风险并不对称。一般来说，高风险对应着高收益，而从近两年的数据可知，中国商业银行的盈利水平有所下降，2015 年年末资产收益率为 1.1%，较 2013 年年末下降 0.17 个百分点。同时，风险加权资产并没有相应减少，反而增长趋势明显。其中，以操作风险加权资产额增长最为明显，从 2013 年第一季度的 49 492 亿元增加到 2016 年第二季度的 77 789 亿元，增长了 57.2%。信用风险加权资产与市场风险加权资产也分别增长了 48.7% 与 53.4%。因此，风险增加并没有伴随着收益的增加，这不仅说明中国银行业以存贷差和信贷扩张的传统盈利方式并不可持续，也体现出在低利率的货币环境下中国商业银行的稳健性也悄然受到了挑战。

表 2　中国商业银行的收益与风险指标

时间	资产利润率（%）	不良贷款率（%）				风险加权资产（亿元）		
		总体	次级类	可疑类	损失类	操作风险	信用风险	市场风险
2013-03	1.37	0.96	0.41	0.44	0.12	49 492	643 351	6 254
2013-06	1.38	0.96	0.42	0.43	0.12	49 625	658 238	6 658
2013-09	1.36	0.97	0.41	0.43	0.13	49 714	679 386	6 304
2013-12	1.27	1.00	0.43	0.43	0.14	59 124	696 583	6 067
2014-03	1.40	1.04	0.46	0.45	0.14	59 289	738 124	6 939
2014-06	1.37	1.08	0.51	0.43	0.13	59 152	725 338	6 847
2014-09	1.35	1.16	0.55	0.46	0.15	59 315	738 071	6 627
2014-12	1.23	1.25	0.60	0.50	0.15	68 194	763 911	6 845
2015-03	1.29	1.39	0.68	0.56	0.16	68 530	803 087	7 929
2015-06	1.23	1.5	0.73	0.60	0.17	68 672	833 708	8 354
2015-09	1.20	1.59	0.75	0.65	0.19	68 814	859 033	8 598
2015-12	1.10	1.67	0.78	0.69	0.20	77 226	884 712	8 613
2016-03	1.19	1.75	0.82	0.73	0.20	77 489	928 287	10 029
2016-06	1.11	1.75	0.77	0.76	0.21	77 789	956 711	9 593

资料来源：银监会网站，经作者整理得到。

（三）中国非金融行业的偿债能力与风险分析

表4刻画了中国上市企业偿债能力和风险水平的变化情况，由于中国上市企业数量较多，因此仅在房地产行业、煤炭开采和洗选业、汽车制造业、医药制造业、电力行业、零售业、技术硬件与设备、食品、饮料行业与服装业中列举了比较有代表性的企业[①]，观察时间为2004年和2014年，从资产负债率和长期债务与营运资金比率两个指标的变化情况来考察中国上市企业的偿债能力。从表4中数据可知，各行业的多数代表企业从2004—2014年资产负债率有显著提升，当然资产负债率大幅增加并不一定是坏事，它从侧面也反映了中国企业债务资金来源的扩大，但可以肯定的是资产负债率高企，财务风险也相对增大，如果企业不能依靠收益及时偿债，资金链断裂就易导致企业破产。尤其是2014年，房地产行业较为低迷，龙头房企万科地产和招商地产的资产负债率分别高达77%和71%，且开发商多采用高杠杆和高资金成本驱动的“以债养债”方式运营，更加激化了房地产企业的负债风险。长期债务与营运资金比率可进一步反映出中国上市企业短期偿债能力正大幅减弱[②]。2004年，招商地产长期债务与营运资金比率为0.045，到2014年上升到0.462 8。兖州煤业的长期债务与营运资金比率也从0.045 3增加至6.253 9。上汽集团、物产中大、伊利股份与红豆股份也均有显著增加。其他企业（长安汽车、复星医药、同方股份）的比率甚至直接从正值转变为负值。

同时，表3也给出了企业的财务杠杆系数与经营杠杆系数。一般而言，经营杠杆系数越大，企业经营风险越大，财务杠杆系数越大，财务风险则越大。对比2004年和2014的数据，本报告发现多数代表性行业企业，如煤炭开采和洗选业、汽车制造业、医药制造业与食

① 本报告根据企业资产规模来选取代表性企业。

② 长期负债与营运资金比率越低，表明企业的短期偿债能力不仅较强，且预示着企业未来偿还长期债务的保障程度也较强。比率若为负值，说明流动资产与流动负债的差值为负，负债大于资产，说明企业短期偿债能力显著下降。

品、饮料行业等企业，其经营杠杆系数和财务杠杆系数都有显著提高，财务风险与经营风险不可小觑，说明中国实体经济层面在样本期间与虚拟经济情况类似，都承担了较高的风险。而出现这样的情况，本文认为其与宏观政策的影响关系紧密，全球主要经济体所实施的宽松利率政策为实体经济与虚拟经济两个层面的风险积聚提供了“温床”。

表3　中国上市企业的偿债能力与风险水平

行业（代表性企业）	资产负债率		经营杠杆		财务杠杆		长期债务与营运资金比率	
	2014 年	2004 年	2014 年	2004 年	2014 年	2004 年	2014 年	2004 年
房地产								
万科	0.772 0	0.594 2	1.021 2	1.052 8	1.025 4	0.996 7	0.393 3	0.331 7
招商地产	0.711 6	0.579 8	1.049 3	1.091 1	1.098 4	1.021 7	0.462 8	0.045 0
煤炭开采和洗选业								
冀中能源	0.515 4	0.450 6	3.059 5	1.421 6	4.376 5	1.036 2	7.180 8	3.171 3
兖州煤业	0.667 2	0.161 1	1.836 0	1.240 6	1.408 3	0.989 3	6.253 9	0.045 3
汽车制造业								
长安汽车	0.642 5	0.447 5	1.251 0	1.264 3	1.024 7	0.981 7	-6.646 0	0.231 6
上汽集团	0.554 1	0.180 8	1.113 4	1.238 0	0.996 1	1.001 8	0.806 8	0.053 3
医药制造业								
复星医药	0.459 4	0.455 8	1.182 2	1.283 6	1.139 4	1.075 1	-7.667 5	4.084 0
哈药股份	0.460 1	0.478 7	2.442 2	1.856 0	0.865 3	1.142 3	0.190 3	0.744 8
电力行业								
华能国际	0.693 5	0.442 6	1.449 7	1.579 6	1.406 0	1.119 4	-1.294 9	-2.685 4
国电电力	0.732 9	0.679 4	1.521 7	1.619 2	1.576 0	1.362 8	-1.233 2	-6.552 6
零售业								
小商品城	0.674 3	0.777 9	1.707 7	1.888 7	1.865 3	1.033 5	-0.921 1	-0.038 4
物产中大	0.759 7	0.641 1	1.301 1	1.251 8	1.293 3	1.093 4	0.718 2	0.245 4
技术硬件与设备								
京东方	0.404 8	0.585 5	2.716 3	1.561 9	1.080 9	1.063 1	0.855 4	1.727 1

续表

行业（代表性企业）	资产负债率		经营杠杆		财务杠杆		长期债务与营运资金比率	
	2014 年	2004 年	2014 年	2004 年	2014 年	2004 年	2014 年	2004 年
同方股份	0.701 5	0.604 0	1.530 1	1.492 4	3.167 1	1.290 5	-6.391 9	0.480 8
食品、饮料行业								
贵州茅台	0.155 6	0.338 4	1.035 6	1.045 5	0.994 7	0.982 6	0.000 6	0.000 1
伊利股份	0.571 1	0.514 6	1.279 7	1.522 7	0.980 6	1.023 0	1.479 8	0.142 4
服装业								
雅戈尔	0.694 5	0.629 8	1.070 6	1.268 6	1.171 7	1.117 7	-1.799 0	-4.592 5
红豆股份	0.699 9	0.496 6	1.396 2	1.275 3	2.095 1	1.126 4	0.777 4	0.109 5

数据来源：根据 WIND 数据库与 CSMAR 数据库数据，经作者整理所得。

本节通过对国际、国内的宏微观数据进行详细分析，不仅描述了全球主要经济体所实施的货币政策以及实际贷款利率的变化特征，而且刻画了中国银行业和上市企业的风险水平特征与变化趋势。研究发现：

第一，为稳定世界经济，促进经济复苏，全球主要经济体实行了较为宽松的货币政策，主要的政策工具是调低政策利率。不同类型国家的实际利率除个别年份外均保持了较低的水平，为风险积累创造了环境。

第二，在宽松的货币环境下，全球银行业的信贷风险整体处于较高水平，无论是高收入国家还是低收入国家均表现出这一特征。

第三，中国各类银行不良贷款余额逐年递增，信贷风险不断暴露，尤其是商业银行的资产质量下降明显，且出现了收益与风险的不对称特征。风险增加的同时并没有带来收益的增加，表明中国银行业以存贷差和信贷扩张的传统盈利方式并不可持续。

第四，从中国上市企业偿债能力和风险水平的变化情况看，中国实体经济与虚拟经济情况相似，各行业龙头企业的长期与短期偿债能力明显下降，且财务风险与经营风险也在不断加剧，尤其是中国的制造行业。

三、金融市场主体风险承担水平的测算与货币政策影响机制分析

根据前面的分析，我们初步得出结论：宽松的货币环境可推高市场主体的风险承担水平。那么到底目前中国金融市场主体的风险处于什么水平？受到货币政策影响的程度是多少？本研究报告在解构风险承担机制微观基础的实证分析过程中，首先对国内银行机构和上市企业的风险承担水平进行测算，然后对低利率货币政策影响风险决策的机制进行检验，重点强调货币政策传导到市场后经济主体的行为反应以及这些行为反应对金融体系的冲击。

（一）中国银行业整体风险承担水平的测算

常出现在研究文献中用于衡量银行等金融机构的风险行为指标有博伊德等（1993）提出的 Z 指数值，该值是衡量银行破产的指标，反映商业银行整体经营的稳定性情况，也是监管部门关注的重要方面。其计算方法比较简单，公式为：

$$Z = \frac{\mathrm{ROA} + (E/A)}{\sigma(\mathrm{ROA})}$$

其中，ROA 代表商业银行的资产收益率，E/A 为商业银行的权益资本与总资产平均比率，σ（ROA）是 ROA 的标准差。Z 指数应用之所以广泛，不仅因为它的判定条件比较简单（Z 值越高，则银行越稳定），而且因为在非平衡面板数据下，使用该指标可以避免计算不同银行在不同窗口长度的分母值（Soedarmono et al.，2013）。因此，很多学者（Houston et al.，2010；Soedarmono et al.，2013；Beck et al.，2013）在研究中都使用 Z 指数来衡量银行破产风险，进而判断银行的风险承担意愿。但也有经济学家认为，中国目前存款保险制度刚刚起步，费率设定还未成熟，再加上政府隐性担保仍然存在，中国鲜有破产案例，使用 Z 指数分析类似中国背景下的银行风险承担行为并不合适。

综合考虑后，本报告借鉴了德利等（Delis et al.，2011）的做法，

将银行风险承担以风险加权资产比率（RWAA）作为风险承担的测算指标，因为风险加权资产不仅反映信用风险，还可适度反映市场风险。还有一点值得提出，风险加权资产比率可能相对于其他代理变量更能反映银行的风险承担，这是由于银行积极主动的行为意愿，而其他风险指标或多或少带有一些因经济形势导致的被动色彩。本报告没有直接使用会计公式测度风险加权资产比重，因为Bankscope数据库提供的风险加权资产数据缺失比较严重，直接使用会影响实证的研究结论，因此需间接求得风险加权资产数据。我们最终借鉴了德利等（2011）和方意等（2012）的思想，在《商业银行资本充足率管理办法》中，明确了商业银行资本充足率的算法：

$$\text{充足率} = \frac{\text{资本} - \text{扣除额}}{\text{风险加权资产} + 12.5\text{倍市场风险资产}}$$

使用总权益值近似替代资本分子，得到风险加权资产占比的计算公式：

$$\text{风险加权资产比重} = \frac{\text{总权益值}/\text{资本充足率}}{\text{总资产值}}$$

（二）企业风险承担的测算

根据前人的研究文献，本报告总结出替代企业风险承担水平的指标主要包括：盈利的波动性（John et al.，2008；Boubakri et al.，2011）、股票回报的波动性（Coles et al.，2006）、负债比率（Faccio et al.，2011）以及企业存活的可能性等。其中，利用盈利波动性指标作为企业风险承担水平代理变量的做法更普遍，因为较高的风险水平等价于企业运营资产在创造盈余价值的过程中面临较多市场不确定因素，或者说企业通过投资而创造的收入现金流存在着较高的不确定性，这一指标很好地刻画了企业投资所承担的风险。

鉴于此，本报告也使用企业盈利波动性（标准差）指标来作为企业风险承担水平的代理变量，用σ（ROA）表示。ROA表示企业的平均资产收益率，计算公式为：

$$ROA = \text{企业净利润}/\text{平均总资产额}$$

具体测算中，本文借鉴法乔等（Faccio et al.，2011）处理数据的方法，按年度将每个企业的资产收益率分别减去当年同一行业的资产收益率均值加以调整。这样的做法是为了消除经济周期对本行业带来的干扰，最终得到反映风险决策水平的纯粹值。然后计算企业在每一观测时间段内经行业调整的 ROA 的标准差，公式为：

$$\sigma(\mathrm{ROA})_{it} = \sqrt{\frac{1}{T-1}\sum_{t=1}^{T}\left(\mathrm{ROA}_{it} - \frac{1}{T}\sum_{t=1}^{T}\mathrm{ROA}_{it}\right)^2} \mid T = 3$$

说明：i 表示企业，t 表示在观测时间段的年度，取值为 1 到 3。这里要对取值为 3 做一解释，因为在很多国外文献中，观测时段一般选取为 5 年，而中国情况则不同，上市企业管理人员通常为 3 年一个任期，所以在测算过程中本文选用 3 年期为一个观测时段。

（三）货币政策影响风险承担的机制分析：一个实证检验

在货币政策影响主体风险承担的机制中，关于使用哪个指标能更好地代替货币政策立场，学术界的意见还未统一。目前，比较合理的做法是在研究问题时尝试采用多种指标加以比较与分析的方法。于是，我们选取目前最为广泛使用的几种指标——存款准备金率（DRR）与贷款基准利率（LR）作为货币政策的指示器，这两种货币政策工具的侧重点有所不同，且均为货币当局政策调控的重要工具。贷款基准利率与存款准备金率来源于世界银行数据库。

银行业的研究样本选择了数据较全面的 60 家商业银行的年度数据，样本期设定为 2003—2013 年，样本特点属于非平衡面板数据。其中包括工、农、中、建、交 5 家大型国有银行，以光大银行为典型代表的 12 家全国性股份制银行，以北京银行为典型代表的 43 家城市商业银行。有关银行的数据主要来源于 Bankscope 数据库，同时也使用了银行每年公布的财务年报数据对其进行补充。

上市企业的研究样本取自 CSMAR 和 WIND 数据库，具体是沪深 A 股上市企业，研究时间段是 1999—2014 年。借鉴前人的研究，我们对这些上市企业进行筛选：首先剔除金融类上市企业和样本期内被 ST 和

PT 的上市企业，然后将数据缺失样本删除，仅保留连续三年及以上数据完整的样本，最后共获得 1 100 个企业的数据。本文还对筛选后的企业数据进行缩尾处理，剔除异常值。

在研究影响机制的过程中，首先建立货币政策和风险承担行为之间关系的模型。依据前面的分析结果，我们参考阿尔通巴什等（Altunbas et al.，2012；Soedarmono et al.，2013）的模型设计，建立了动态面板基准模型，模型形式如下：

$$\mathrm{RISK}_{it}^{f} = \alpha_0 \mathrm{RISK}_{it-1}^{f} + \beta_0 MP_t + \beta_1 \mathrm{Control}_{it}^{f} + \mu_i + \varepsilon_{it}$$

$$\mathrm{RISK}_{jt}^{b} = \chi_0 \mathrm{RISK}_{jt-1}^{b} + \eta_0 MP_t + \eta_1 \mathrm{Control}_{jt}^{b} + \mu_j + \varepsilon_{jt}$$

模型组合中，$i=1，2，\cdots，N$，表示企业个体；$j=1，2，\cdots，N$，表示银行个体；t 表示年份。被解释变量 RISK^f 为企业风险承担变量，本报告使用企业盈利的波动性（标准差）作为企业风险承担水平的代理变量，RISK^b 为银行风险承担变量，主要解释变量为货币政策立场代理变量，用 MP 表示。为了能确切判断货币政策对风险决策的影响，我们在两个模型中还加入了几种影响风险承担意愿的控制变量 Control，具体在风险承担模型中控制了包括企业或银行个体自身的特征、行业结构特征以及宏观经济环境等。为捕捉风险的动态特征以及为得到更为准确的估计结果，我们采用系统两步广义矩估计（SYS—Twostep），因两步广义矩估计结果对异方差与截面相关性具有更强的稳健性。表 4 给出了货币政策影响金融市场主体风险承担行为的模型估计结果，具体来看：

模型 A 与 B 是银行风险承担模型的估计结果，存款准备金率与贷款基准利率前的系数均显著为负（1% 显著水平），且每种利率下降 1 个百分点，银行的风险加权资产比率则会分别上升 0.093、0.11 个百分点，说明在控制了其他各种影响因素后低利率的货币政策将促使银行提高风险资产比例，进而推高银行的风险承担水平，这样的稳健结果验证了当下货币政策风险承担机制在银行部门成立的结论，与前面的分析结果相一致。

模型 C 与 D 是企业风险承担模型的估计结果，货币政策立场与企业风险承担之间呈现显著的负向相关关系，这一结论与德利等（Delis et al.，2012）的理论推理一致，即在宽松的货币政策作用下，企业倾向于提高其自身的风险承担水平。当宽松的货币政策在实体经济中得到有效扩散时，经济繁荣且外部融资约束可以得到很大缓解，企业对此态势的乐观情绪提高了企业的风险容忍度，于是承担了更多的风险。从而推断出，中央银行无论是使用紧缩性数量型货币操作工具（提高存款准备金），抑或是进行紧缩性价格型货币操作（提高贷款基准利率）都会起到抑制企业风险承担的作用。

表4　货币政策与风险承担的估计结果

Variable	被解释变量：$FISK^b$		Variable	被解释变量：$FISK^f$	
	DRR	LR		DRR	LR
	A	B		C	D
$FISK^b$（-1）	0.320***	0.323***	$FISK^f$（-1）	0.811***	0.819***
	(28.60)	(28.60)		(27.36)	(25.34)
MP	-0.093***	-0.110***	MP	-0.838***	-0.788***
	(-7.42)	(-7.24)		(-6.46)	(-5.14)
_cons	2.682***	4.462***	_cons	12.503	13.35*
	(8.03)	(8.57)		(1.61)	(1.73)
$Control^b$	YES	YES	$Control^f$	YES	YES
Wald 检验 P 值	0.000	0.000	Wald 检验 P 值	0.000	0.000
Sargan 检验	0.786	0.808	Sargan 检验	0.1044	0.081
AR（2）	0.236	0.243	AR（2）	0.979	0.224

注：表中的***，**，*分别表示在1%，5%，10%的水平上显著。

以上分析结论，也证实了宏观货币政策会影响市场主体的风险承担行为，且宽松货币政策持续时间越长，市场主体则会选择承担更多的风险。这样我们不得不反思货币政策与金融稳定的关系。多数学者认为，金融稳定不应该是货币政策主要关注的目标，但此次危机的爆发重启了人们对货币政策与金融稳定关系的关注，金融稳定与稳定物价等传统货币政策目标对比，是否应成为新的货币政策目标，对此还存在很大的学术分歧。

不难看到，创新的货币政策工具在危机后金融稳定的恢复工作中起到了关键作用。为稳定金融恐慌，美联储在2008年年底将联邦基金利率降至零值附近，且使用了一系列创新工具向商业银行、投资银行和货币市场基金以及金融市场提供流动性，以稳定市场信心。这些创新货币政策工具的综合使用对恢复金融稳定的成效明显，包括美联储在利率有效下限约束下使用的非常规政策工具——大规模购买长期国债和抵押贷款支持证券等资产以及使用作为补充的宽松货币政策工具——“前瞻性指引”，货币当局就货币政策预期加强沟通，影响关于短期利率未来走向的市场预期，对长期利率施加下行压力。从结果看，这些工具的综合运用降低了长期利率并推动了资产价格，金融状况也得到改善，对近几年的经济复苏的确做出了贡献。但学者也开始担忧近期的货币政策，他们认为这种政府主导型的低利率政策的期限延长以及因持续低利率的“前瞻性指引”而产生的预期，可能会激励金融市场参与者为提高回报而承担额外的风险，致使资产价格不可持续地上涨，系统性风险随之而来。具体风险还体现为金融市场参与者的道德风险不断上升、银行信贷过度集中、企业借贷后投资过度，这都隐含着贷款质量的下降，尤其是中国国有银行对国有企业的支持性信贷造成了大笔不良贷款，信贷资金投放效率低下，造成潜在风险不断积聚。此外，出于评级的要求和会计上的考虑，这些金融机构为维持高收益率过分重视投资组合的短期表现而承担过多的风险。于是，货币政策与金融稳定就出现了一个困境：后危机时代面对相当长的经济恢复期，有利于金融稳定的宽松货币政策反而会为下一次金融危机爆发埋下祸根。因此，对如何走出困境的问题分析将成为货币当局与学术界的研究重点。

对于长期采取适应性货币政策带来的潜在金融稳定风险，目前虽然存在这种政策工具带来的潜在危机与相对效用之间的权衡，但学术界与业界还是基本认同基本货币政策工具在防范系统性风险上是有效的，并对如何加强执行货币政策与维护金融稳定以及协调二者之间的关系提出了一些值得关注的观点和思路。例如，美联储理事塔鲁洛（Tarullo）指出，制定货币政策时充分考虑金融稳定并不意味着要赋予货币政策其他任务，有充足的证据表明金融不稳定对物价稳定和就业会产生深远影响。政策制定者并没有事前发现房地产泡沫的破灭给金融稳定带来的毁灭性影响。但事后美联储建立了更集中检测金融稳定潜在风险的组织架构，并创立金融稳定政策研究办公室专门负责金融风险监管，分析影响金融稳定的因素和关注减少风险的宏观审慎政策。美联储和相关监管部门共同致力于提高金融机构对或有利率冲击的适应能力，通过压力测试和资本计划演习等手段，尽量准确估计更多种类的利率冲击带来的影响程度，但这种监管也仅仅适用于审慎监管的金融部门。

四、 政策启示与建议

这次金融危机的爆发暴露出以传统物价稳定为目标的货币政策难以同时兼顾金融体系的稳健运行，当下金融机构冒险行为所隐藏的金融结构失衡对未来实体层面造成的负面冲击远远超出我们现在的预期，为稳定物价、提升就业率而长期实施的低利率货币政策不知不觉成为金融不稳定的助推器。正如古德弗兰德（Goodfriend，2007）所强调的，传统货币政策的制定存在一定的缺陷，物价稳定已不能间接实现金融体系的稳定。因此，弄清楚货币政策与金融稳定之间的内在机理至关重要，且学者们逐渐意识到货币政策与宏观审慎监管配合的必要性，宏观审慎监管所营造的金融稳定环境无疑是货币政策有效作用的前提条件，只有宏观审慎监管与货币政策协调配合，才能达到既促进经济增长又维护金融稳定的效果。无论是在货币政策中纳入宏观审慎框架还是在宏观审慎监管框架设计中考量政策的内容，我们必须重新思考的问题是货币政策与宏观审慎监管的协调机制。在货币政策“照顾不周”的时候，宏观审慎可弥补货币政策的不足，这种政策思路已成为当前政策制定者的重要共识。根据丁伯根原则，宏观审慎监管可对货币政策实施过程中造成的金融失衡加以修正，对货币政策仅关注对物价稳定进行有效补充，货币政策与宏观审慎监管相互补充，而非对立或替代（De Nicolo et al.，2010）。此外，具体的政策建议方面，我们分别针对中央银行和金融市场主体提出以下两点建议：

第一，中国经济进入新常态后，受全球经济缓慢复苏和国内“三期叠加”因素共同影响，经济下行压力持续加大，为真正实现金融支持实体经济发展，降低企业融资成本，最终实现稳增长、调结构的战略目标，中国人民银行自2014年至今仅一年半的时间里就先后进行了三次降息、五次降准，其中近期也首次使用了“降息+定向降准”的政策组合，不仅为市场发展提供了较为宽松的货币环境，也凸显出货币政策支持经济结构调整的作用。因此，预期未来很长时间内中国都将保持在低利率的金融环境下，那么在使用货币政策调控的同时就必须加强风险的防范。具体来看，政策制定者要时刻关注微观市场主体风险容忍度及对政策变化的反应，可建立风险容忍度指标体系，对市场主体主动承担风险的水平进行测量，并将其纳入中国的货币政策框架中，从防范风险的角度巩固宏观政策调控与微观主体的互动关系，使货币政策能够根据实体经济的真实需要进行灵活调整。

第二，金融市场主体在流动性充裕的背景下更要认清形势，加强自身的风险管理，不能为了加速发展盲目提高杠杆水平。在进行决策时，充分考虑自身微观特征对风险承担产生作用的同时，更要分析宏观货币政策与风险之间的关联，只有宏观与微观“两手抓”，才能做到从整体上把握风险承担问题，得以在复杂的经济形势中长久发展。而且各类型市场主体制定的风险管理体系应与当前的货币政策相协调，宗旨是在低利率环境下主动降杠杆、合理举债，在利率上行期做好应对措施，不过分保守。反应敏感度较高的非国有企业、中小企业与房地产企业更应时刻保持警觉，从企业经营特点甚至是行业特征着手加强风险的控制与监测，在易承担风险的宽松货币环境下做到事前主动预防、事后及时应对。为避免深度调整期企业出现大量倒闭，中央政府可适时采用积极的财政政策，例如，可对小微企业进行税务减免以及对高科技创新产业发放政策补贴，与货币政策协调配合，最终完成中国经济转型升级的重要使命。此外，微观市场主体与货币当局之间应建立更为顺畅的沟通机制，因为微观主体的行为反馈对政策的制定与调整至关重要。

国内焦点

中国大类资产配置风险研究报告

赵大萍

摘要： 2016年以来，中国金融市场波动较以往愈加剧烈，股票、债券等主要市场呈现震荡走势。股票市场中“熔断”机制的夭折，注册制的推迟，IPO进程放缓等事件的发生给市场带来更大的不确定性。随着央行宽松预期的下降，美联储加息意向的增强等，中国债券市场在2016年上半年并未延续前两年快速上涨的态势，而是在各种因素交织影响下以震荡走势为主。相比于股票和债券市场的低迷状态，2016年上半年，大宗商品类资产价格普遍上涨，打破了此前市场已经持续5年下跌的颓势。截至8月份，大宗商品价格指数为104.77点，已接近两年来的最高位置。大宗商品价格指数的企稳回升反映出大宗商品市场的良好运转状况，也暗示着中国经济与市场信心的恢复。2016年上半年，中证货币基金指数呈现持续上涨态势，但增速有下滑趋势。

考虑到近两年来，中国经济增速呈温和放缓态势，中周期和短周期

赵大萍，首都经济贸易大学金融学院、金融风险研究院讲师，管理学博士。

开始从2016年初呈现企稳向好的形势，未来在长周期范围内也将呈现向好形势，因此建议未来投资者可以适当增持权益类资产。鉴于央行量化宽松政策的逐渐退出和美联储加息预期的增强，建议投资者规避信用违约风险，低配固定收益类资产。此外，考虑到大宗商品已进入牛市初期，建议投资商品类资产。在外汇市场方面，建议关注汇率波动风险，可适当投资保值效果较好的黄金及美元资产等。

关键词： 大类资产　资产配置　风险分析

一、 中国大类资产配置概况

2008年全球金融危机之后，世界经济自此持续处于低迷状态，至近年来才开始逐步复苏，市场得以逐步提振。但从全球金融市场整体来看，2015年至今，美联储加息周期开启，欧洲、日本继续推行量化宽松政策以刺激经济振兴，但深陷一体化、债务、难民等危机中；油价、大宗商品价格仍处于低位，传统资源型国家面临衰退风险；新兴市场货币贬值形势严峻，市场形势较以往更加复杂。就中国金融市场而言，2015年中国股市暴涨暴跌，给金融市场和市场财富带来巨大冲击；2016年初，“熔断”制度的出台及迅速夭折又进一步打击了市场，股票市场整体上涨乏力；房地产方面，一二线城市与三四线城市的房地产出现史无前例的分化，市场形势迅速变化。此外，中国实体经济增速温和放缓，中小企业资金较为紧张，制造业仍待复兴，债务违约趋于常态化。就新兴的互联网金融方面，P2P融资平台不断爆发跑路、被查等事件，存在巨大风险漏洞。在这种国内外经济情势下，中国人民银行自2015年以来已出台五次降息、六次降准措施以调节市场。至2016年9月份，低利率时代已然来临。而伴随着货币宽松政策的实施，“资产荒”、人民币贬值舆论、货币流出压力等问题接踵而至，资产泡沫面临破灭风险 。随着经济形势和金融市场愈加复杂，大类资产配置面临的风险也呈现出新的变化。投资资金该如何在收益和风险特点不同的大类资产之间分配，怎样实现有效的资产配置、规避风险成为学术界特别是金融工程领域的研究热点，更成为中国乃至海外众多投资机构和投资者迫切想了解的问题。

具体而言，大类资产是指具有相似的收益风险特征和投资用途的资产类别。而大类资产配置是指按照一定的权重比例将资金分配在不同属性的大类资产上，以实现一定风险水平下的收益最大化，或是在达到预期效益的同时使风险最小化。广义资产配置的投资种类全面多样，包括股票、债券等常见的具有活跃交易市场的投资标的，也包括房地产、艺术品、古董等流动性较低的投资类型，以及信托计划、对冲基金、融资融券和股指期货等新兴的投资类型。狭义的大类资产配置的投资范围相对比较局限，主要包括股票、大宗商品、货币市场工具和债券等少数几类常见的资产品种。

1952 年，马科维兹（H. Markowitz）发表了著名论文《投资组合选择》，系统地阐述了金融市场中收益和风险的度量方法，构建了投资组合选择模型对资产进行配置管理。这一成果也成为现代金融理论的发展基础，马科维兹亦因此获得诺贝尔经济学奖。到 2016 年为止，资产配置依然是金融市场中一个非常基本且关键的问题。2000 年，伊博森等（Ibbotson 和 Kaplan）对美国 94 只混合基金的月度投资收益率进行分析发现，几乎所有的获利水平都是由大类资产配置所决定的。由此可见，资产配置不仅在资产定价、风险管理等方面有重要的应用和影响，更对资产组合的收益水平起到决定性的作用。本报告正是以中国大类资产配置风险为背景，以 2016 年以来的中国大类资产配置状况为主，从狭义的大类资产配置角度进行分析，旨在阐明近年来中国大类金融资产配置的基本特征和风险点，为优化中国大类资产配置和管理金融风险提供一定的建议及参考。

（一） 中国资产管理市场现状

自 1997 年以来，全球的资产管理规模年复合增长率在 6% 左右。目前，资产管理行业已经成为全球金融服务业中资金规模最大、发展最快的领域之一。尽管资产管理行业在金融服务业中发展迅速，但是却受到近年来新流入的资金减少、负利率的经济环境、全球资产回报率下降等因素的影响，呈现出增长速度放缓的趋势。2015 年，全球资产管理资金总规模约为 71.4 万亿美元。从全球的市场分布看，北美和欧洲的资产管理规模居首位；亚太地区的资产管理行业规模在近年来增长迅速，但从全球市场份额看，目前占比并不高。相比北美资产管理规模（主要是美国）占到全球的 52%，欧洲的资产管理行业规模占全球的 28% 而言，亚太地区资产管理规模仅占全球市场的 20%。而在亚太地区的分布中，又以日本、新加坡、中国为主。因此，在目前全球资产管理规模不断扩张、增长速度有所趋缓、亚太地区发展势头强劲的情况下，作为全球第二大经济体，中国的资产管理行业规模增长迅速，但发展还存在很大的上升空间。

一般来说，资产管理行业受国家宏观经济环境的影响较大。近年来，中国资产管理行业规模得以迅猛扩大，一方面得益于中国经济的快速发展和 GDP 的持续增长，居民收入水平的不断提高。高净值客户购买各种理财产品的需求增加，为资产管理行业带来了更多的客户资源，从而促进资产管理行业资金规模的不断扩张；另一方面，中国经济快速发展，互联网、智能产业等行业发展形势较好，具有较好的投资前景，在一定程度上增加了资产管理行业资金的投资渠道，拓宽了其业务范围，从而促进了整个行业快速发展。

截至 2015 年年底，中国各类资产管理机构（银行理财、信托、保险、券商资管、公募基金以及基金子公司）管理资产总规模达到约 93 万亿元人民币，比 2014 年年底增加 33 万亿元人民币。2012—2015 年，中国资产管理规模年均复合增长率达到 51%。其中，2015 年年底，中国基金管理公司及其子公司、证券公司、期货公司、私募及管理机构资产管理业务总规模达到 38 万亿元人民币，已超过 2014 年中国 GDP 总量 67.67 万亿元人民币的一半之多，进一步印证了随着经济的发展，中国资产管理行业规模扩张迅速的势头。除去信托、券商资管、基金子公司专项和基金公司专户所含的通道业务，2015 年，中国资产管理行业管理资产总规模约为67万亿元人民币。与资产管理行业已经成为全球金融服务业中资金规模最大、发展最快的趋势相一致，在中国，资产管理行业也成为中国金融体系内最具活力和成长潜力的板块。资产管理行业的发展对提升资本市场效率、助推经济转型、保护金融投资者权益和服务普惠金融具有重要的战略意义。2012—2015年，中国资产管理市场规模情况如图1所示。

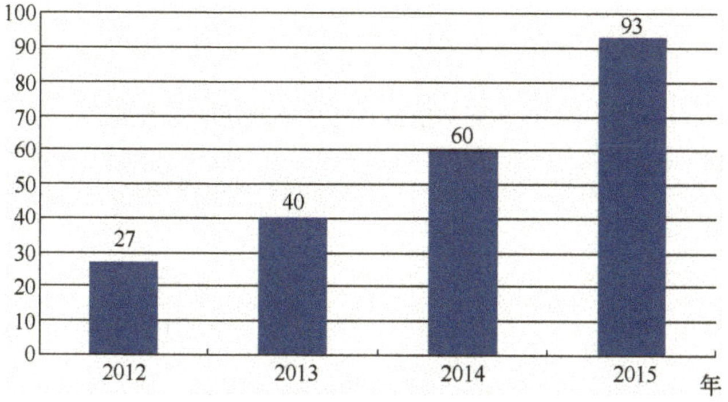

图1　2012—2015年中国资产管理市场规模（万亿元）

数据来源：中国资产管理市场报告（2015），经作者整理。

从资产管理机构的市场份额看，银行理财产品、信托理财产品和保险资产管理占有的份额最多。据测算，2015年，银行理财产品、信托理财产品和保险资产管理份额占比分别达到了25%，18%，16%（见图2）。

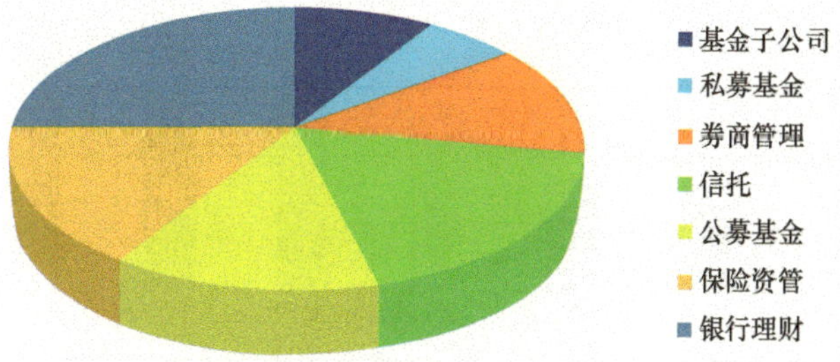

图2　2015年资产管理机构市场份额情况

数据来源：《中国资产管理市场报告（2015）》，经作者整理。

从中国资产管理业务总体情况看，截至 2015 年年底，资产管理业务总体规模已经达到 382 049.11 亿元。其中，公募基金管理人数量已经达到 112 家，公募基金产品数量从 2014 年年底的 1 894 只增加到 2015 年年底的 2 722 只，增长幅度为 43.79%。证券公司资管产品数量达到 18 228 只，也较往年有所增长。从管理规模看，截至 2015 年年底，公募基金资产净值的总规模从 2014 年年底的 4.47 万亿元上升至 8.39 万亿元，增幅为 87.70%，实现大幅增长。2015 年资产管理业务总体情况如表 1 所示。近年来公募基金的发展情况如图 3 所示。

表 1　2015 年证券投资基金业资产管理业务情况

业务类型	管理人数量（家）	产品数量（只）	管理规模（亿元）
公募基金	112	2 772	83 971.83
证券公司资管产品	94	18 228	118 948
基金公司专户产品	100	5 139	41 632.28
其中：社保基金及企业年金	—	—	11 753.30
基金子公司专户产品	79	16 092	85 728
期货公司资管产品	104	2 945	1 045
私募机构私募基金	25 005	24 054	50 724
合计	25 494	69 180	382 049.11

数据来源：中国证券投资基金业协会，经作者整理。

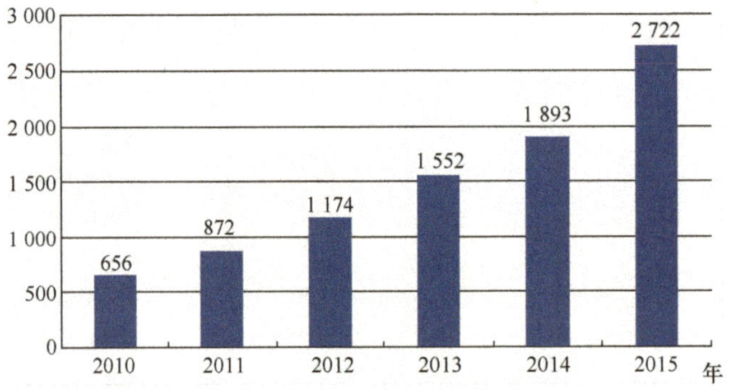

图 3　2010—2015 年公募基金管理的产品数量变化（只）

数据来源：中国证券投资基金业协会，经作者整理。

从图 3 可以看到，自 2010 年以来，中国公募基金产品数量从 2010 年的 656 只增长至 2015 年的 2 772 只，6 年间增长逾 4 倍，显示出中国公募基金管理行业迅猛发展的势头。

从中国保险资产管理业务看，随着保险资产总额增速的稳步回升，2015 年年底保险行业资产总额已达 12.36 万亿元，相比年初增长 21.66%。目前，中国保险资金运用已自成体系，投资渠道也在逐步向多元化方向发展，与银行、证券、信托等金融部门相比，保险业可以提供期限更长、供应更加稳定、资金成本更为合理的巨额资本，已成为国内最重要的机构投资者之一。2010—2015 年保险行业资产规模变化如图 4 所示。

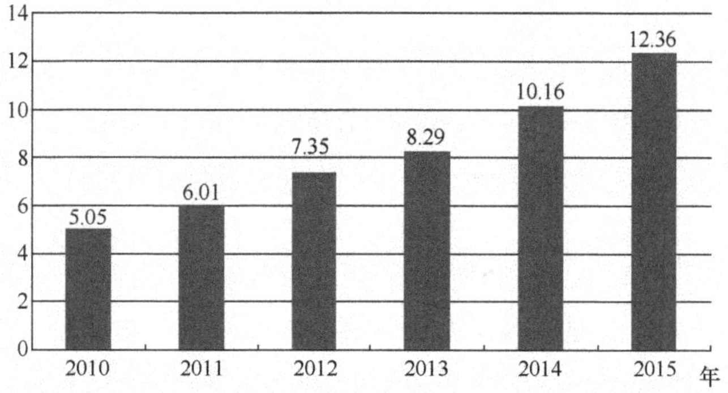

图 4　2010—2015 年保险行业资产规模变化（万亿元）

数据来源：中国保险资产管理业协会，经作者整理。

在资产管理行业中，银行客户金融资产管理也占有非常重要的位置。截至 2015 年年底，全国共有 426 家银行业金融机构有存续的理财产品，理财产品数达 60 879 只，理财资金账面余额为 23.50 万亿元，较 2014 年年底增加 8.48 万亿元，增幅为 56.46%。2015 年，理财资金日均余额为 19.54 万亿元，较 2014 年增长 5.79 万亿元，自 7 月份开始理财资金日均余额突破 20 万亿元。中国银行已经设立理财中心 7 204 家、财富中心 303 家、私人银行 34 家。中高端客户数比上年末增长超过

10%，集团私人银行客户8.65万人，管理客户金融资产规模超过8 100亿元。2015年，中国银行发行理财产品5 589只。近三年中国银行管理客户金融资产规模如图5所示。

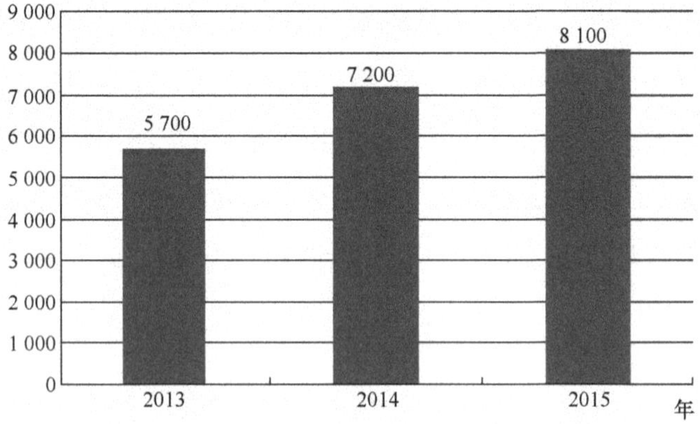

图5　2013—2015年中国银行管理客户金融资产规模（亿元）

数据来源：中央国债登记结算有限责任公司，经作者整理。

（二）美林时钟投资理论在中国的失效

美林时钟投资理论是在大类金融资产配置研究中非常重要的一种理论。该理论是美国美林证券通过分析30年的美国市场数据提出的，主要是为了验证三个原则：①经济存在周期，可将其划分为四个阶段即复苏、过热、滞胀和衰退；②在各个不同的经济阶段，其最优资产不同，依次是股票、大宗商品、现金和债券；③在各个不同的经济阶段，各个行业相对表现存在差异，可根据其差异选择配置优势资产以及优势行业来获得更为优异的收益。

根据这样的原则并结合历史数据和证据，美林时钟理论对经济进行了阶段性划分，并针对不同阶段进行不同的大类资产及行业配置，对于各个阶段，对应的最优资产各有不同，简单概括就是：经济复苏期，股票为王；经济过热时，大宗商品为王；经济滞胀时，现金为王；经济衰退时，债券为王。而这样进行大类金融资产配置背后的逻辑包括四个方面：

（1）经济复苏阶段。政府部门通过宽松的货币、财政刺激政策等提振经济，使 GDP 快速增长、企业利润明显提升，从而有助于提振公司股价。所以复苏阶段，最优配置的大类资产是股票或者股票型指数基金。

（2）经济过热阶段。企业生产扩张速度放缓，在产能约束以及通胀上升的双重压力下，央行会进行逆周期的调控，用提高利息等偏紧政策来抑制通货膨胀抬头及经济过热局面。在此阶段，最佳配置的大类资产是大宗商品。

（3）经济滞胀阶段。经济的增长率放缓，并且低于潜在生产水平，同时通货膨胀率呈现上升趋势，在这个阶段，现金或者货币性基金成为滞胀阶段资产配置的最好选择。

（4）经济衰退阶段。经济增长、通胀水平双双下行，同时企业的盈利水平不佳，实际收益率出现下跌趋势。央行则通过降低利率等相对宽松政策来提振经济，导致收益率曲线快速下降。所以债券或者是债券型基金是资产配置最好的选择。

图 6 为美林投资时钟理论示意图。

然而需要注意的是，经典的投资时钟理论基于诸多假设，包括生产要素和生产技术的发展水平决定经济的长期发展趋势；由于经济产出和货币供应水平有规律地偏离均衡状态的运动，使中短期经济呈现周期性波动等。因此，在实际的市场投资中，不能一味照搬这一理论，美林时钟投资理论只是根据历史数据，对基本资产配置方向予以说明，但市场瞬息万变，必须将理论联系实际。

在中国投资界，美林时钟投资理论也受到一定关注和应用。但在近两年的媒体报道和金融业界人士的玩笑话中，美林时钟已被戏谑为“电风扇”。究其原因，正是中国近年剧烈变幻的大类金融资产表现引起的。目前，人们普遍认为，2014 年 7 月至 2015 年 5 月，中国股票市场出现了一轮较好的上涨行情，被部分股民称为所谓的“牛市”。但是

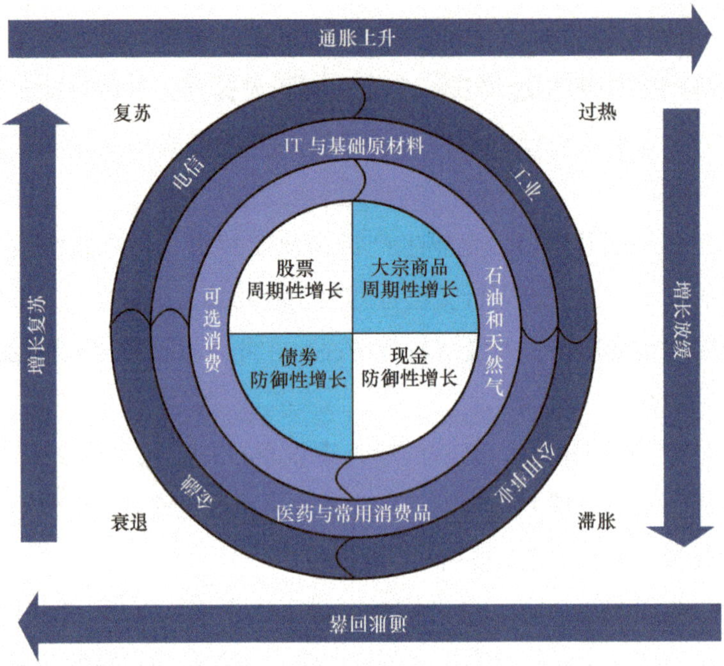

图6　美林时钟投资理论示意图

资料来源：ML Global Asset Allocation Team.

好景不长，2015年6月，中国爆发“股灾”，千股跌停的景象引起世人关注，股票市场迅速回落之后，债券市场开始崛起。自2015年8月起，在股票市场状态低迷的情况下，中国债券市场表现出较好的发展态势，获得投资者的青睐。但是债券市场的良好发展状况仅持续了大约半年的时间，2016年2月，中国债券市场各项重要指标出现明显下跌，取而代之的是大宗商品市场的良好发展。在金融市场如此快速变幻的资产配置轮动中，美林时钟被戏称为“电风扇”也变得不足为奇了。究其原因，就是中国银行资产的再配置带来的大类资产配置轮动速度过快。相比美国等发达国家，中国的储蓄率一直处于较高水平，居民家庭配置资产财富的主要方式就是存款，最近几年兴盛的理财、货币基金和宝宝类产品也可视为存款的变种产物。从这个角度来说，中国金融体系最重要的部门仍然是商业银行，商业银行资产配置的方向决定了整个金融配置的方向。

回顾2009年7月之前，银行配置资产的主要方式还是贷款，投向的主要对象是房地产、地方融资平台和铁路及公共基础建设项目。而2009年7月之后，商业银行收缩表内业务，控制信贷规模，并继续大量扩张表外业务。2014年7月，中国股票市场迎来一轮上涨行情，全面进入牛市，但是因为得不到充足的资金支持，经济和固定资产投资的加速却出现下滑。随着资金大量涌入以股票市场为主的资本市场，股票市场进入正反馈模式，股票市场上涨行情越好，给投资者带来的回报越高，赚钱效应越高，随着资金进一步涌入，股市又进一步上涨。这样的正反馈持续了近一年的时间。2015年6月，股票市场逐步进入负反馈模式，优先资金开始撤离，债券市场亦显露风险。在资金成本为5%的情况下，股市配资出现问题，而债券收益率不足5%，在此情况下，投资者只有通过加杠杆的方式进行投资活动，而加杠杆的过程必然导致债券收益率的进一步下降，投资者唯有加大杠杆倍数，但又会导致债券收益率的进一步下降，如此往复，形成恶性循环。因此，2015年股灾之后，尽管经济基本面相对平稳，但是债券收益率大幅下降，银行外资金大量增加，保本基金受到追捧，美林时钟投资轮动过快，变成了“电风扇”。由此可见，在中国居民家庭高储蓄率的背景下，商业银行资产的再配置导致了两年来中国大类金融资产配置轮动速度过快，使得美林时钟投资理论在中国失效。

二、中国主要大类资产现状分析

（一）权益类资产：股票市场波动加剧，走势较为低迷

权益类金融资产、权益类投资是指投资于股票、股票型基金等权益类资产，包括股票、股票型基金等，其收益与股票市场行情密切相关，风险也与股票市场的波动紧密相连。考虑到中国金融市场的实际情况，下面对2015年以来以中国股票市场的基本状况进行分析。

两年来，中国股票市场波动较往年更加剧烈，有人戏称其坐上了“过山车”，时而高涨，时而快速下跌，投资者的心情更是随之跌宕起伏。回顾2015年上半年，中国股票市场延续了自2014年年中以来较好的上涨态势，在2016年5月时达到近两年的最高点位。但是虚高的股票市场缺乏实体经济的有力支撑，2015年6月，“股灾”爆发。在此之前，中国权益类投资呈现一路上升趋势，在2015年6月12日触及5 178.19点的年内最高点，最大涨幅达60.08%。然而随着股灾来临，指数几乎“腰斩”，2015年7月1日A股暴跌，沪指跌5%超800只股票跌停，三周内中国股市蒸发的市值高达23 600亿美元。一度出现的千股跌停状况给中国股票市场乃至金融市场带来沉重打击，自此中国股票市场重新回到低迷不振的境地。出于挽救市场的动机，中国证券行业监督委员会提出了股票市场“熔断”机制，旨在调控股票市场大幅下跌的情况。2016年的第一个交易日（2016年1月4日），A股交易实施股指熔断机制——根据规定，当沪深300指数触发5%熔断阈值时，交易所将暂停交易15分钟，而如果尾盘阶段触发5%或全天任何时候触发7%则暂停交易，直至收市。就在这一天，中国沪深300指数当日下跌逾7%，沪深两市10个板块全部下跌，由此触发了中国证券史上第一次熔断。此后股票弱势反弹了两天，1月7日，沪深300指数又发生迅速下跌，熔断连续触发5%，7%两道阈值，上证跌破3 200点，收于3 125点。交易时间再次刷新纪录，一天交易仅约15分钟。连续大幅下跌之后，投资者抛售股票受阻、公募基金集中赎回，对新制度的不信任、对“股灾”的恐慌再次袭来。1月7日晚间，上海证券交易所、深圳证券交易所、中国金融期货交易所紧急发布通知：为维护市场稳定运行，经证监会同意，自1月8日起暂停实施指数熔断机制。2016年1月4日开始，至1月7日被叫停，熔断机制成为中国证券史上最短命的股市政策。在4个交易日中，中国股票市场价值损失了5.6万亿人民币之多，给投资者带来巨大损失，给市场带来巨大冲击，股票市场并未能从中获得发展的助益。截至2016年9月，中国股票市场仍然呈现出上涨乏力的疲态。

从表2可以看出，除小盘指数外，2014年其他各股票指数的收益率均在近五年中位居首位，印证了2014年下半年开始的股票市场牛市的观点。2015年6月股灾爆发，中国股票市场结束此前近一年的涨势，转而急速下跌，由此也导致了2015年各股票指数最终全年收益率表现平平。具体而言，2015年各主要股票指数收益率均为正值，虽远低于2014年的水平，但仍然明显高于2011—2013年的水平。其中，2015年度小盘指数收益率高达60.03%，为五年来最高水平，分析其原因，是始于2014年下半年，股票市场上涨行情主要由中小盘股票带动起来，在A股市场上，历来是中小盘股成长性强，股性更加活跃，由此带来较高收益。

表2　主要股票指数收益率情况（%）

年份	2015	2014	2013	2012	2011
上证综指	9.41	52.87	-6.75	3.17	-21.68
大盘指数	2.18	51.39	-8.82	9.76	-24.1
中盘指数	34.62	35.56	15.58	-1.2	-34.72
小盘指数	60.03	37.07	21.74	0.27	-32.13

数据来源：Wind数据库，经作者整理。

为进一步说明股票市场形势，下面选取囊括沪市和深市300只股票走势的沪深300指数作为代表，对中国股票市场的走势做具体分析。从图7可以看到，2014年6月至2016年8月，由于中国股市震荡巨大，其股票指数波动的幅度远超过往年的变化，其表现在：2014年5月30日至2015年6月30日，股票指数从2 143点涨至4 473点，基本处于单边上涨态势。而在下半年，整个股市基本上处于单边下跌的态势。即2015年的股市上半年表现为暴涨，下半年又表现为暴跌。从2016年元月至今，股市仍旧保持小幅震荡的态势，从2016年1月4日3 296点小幅震荡直至2016年9月2日3 067点，最低点低至

2 655.6点，基本在3 100点上下波动。图8显示的是2014—2016年中国股票市场成交状况。

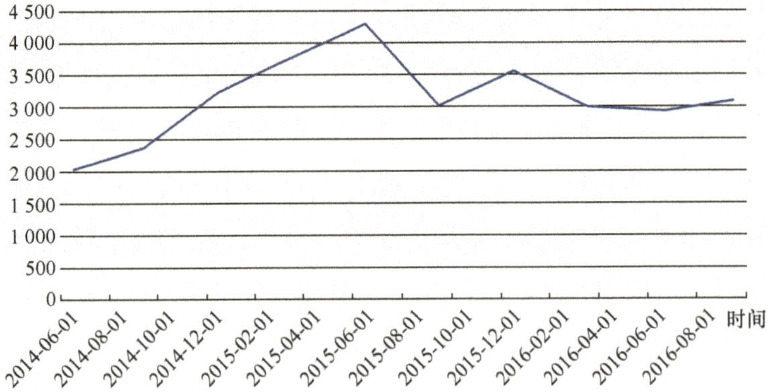

图7　2014—2016年中国沪深300指数走势图

数据来源：Wind数据库，经作者整理。

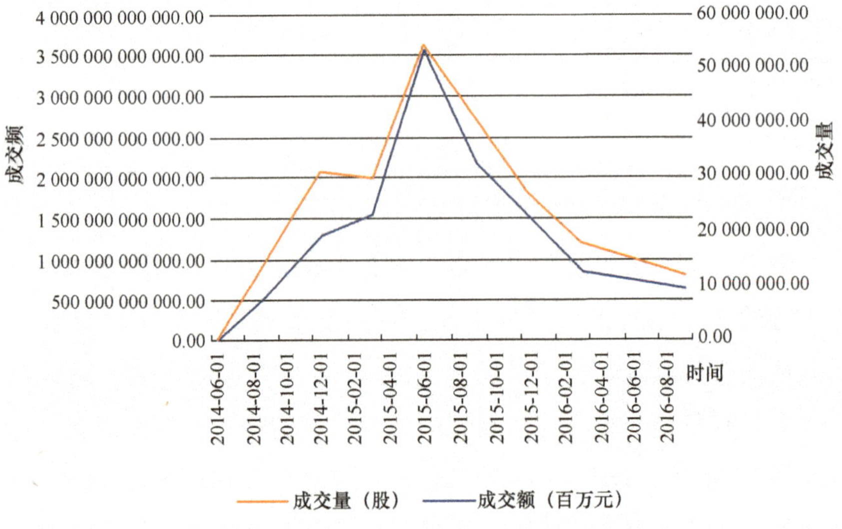

图8　2014—2016年中国股票市场成交状况

数据来源：Wind数据库。

对于近两年中国股市为何会出现多次异常波动，如暴涨暴跌等现象，有学者认为，主要是股票交易制度不够完善、投资者结构不合理、过度使用杠杆、监管制度有缺陷和多空不均衡等原因，认为应引进发达国家资本市场的成熟制度和交易规则。而有些学者认为，此次暴涨暴跌并没有合理的理由，没有技术、金融及宏观创新等方面的推动。还有些学者认为，与政府的金融市场发展战略有关，与政府金融市场的顶层设计有关，与中国股市的信用基础及社会背景有关。

2016 年的股票市场中，一件重要的事情就是自当年 1 月 1 日开始实施的初次公开上市（IPO）新规。2015 年，因市场出现大幅波动，监管层一度暂停新股发行，全年 A 股市场完成 219 宗 IPO 交易，共筹资 1 586亿元人民币。2016 年 A 股 IPO 与上年相比较，无论是首发企业数量，还是融资额均出现较大幅度下滑。2016 年上半年，A 股最大规模的 IPO 为玲珑轮胎，募资 25.96 亿元，但 2015 年上半年仅国泰君安募资额就高达 300 亿元。截至 2016 年 6 月底，中国共有 63 家公司成功首发上市，融资总额 288 亿元人民币，IPO 企业数量和融资额较 2015 年分别下滑了 67% 和 80%。值得注意的是，由于 IPO 节奏放缓、首发企业标的稀缺，上半年上市的新股均在上市初期受到热烈追捧，连续 10 个以上的涨停板已经成为新股的标配。而伴随着首发节奏放缓，监管层对 IPO 的监管也日趋严格。

2016 年 5 月 27 日，全国中小企业股份转让系统公司正式推出新三板挂牌公司分层管理办法，并于发布日起施行。新三板分层方案有利于提升企业的流动性及治理水平，未来将有越来越多的企业挂牌新三板。2014 年开始敞开大门的新三板市场到 2015 年已相当火爆。2015 年下半年开始新三板挂牌企业数从上半年的每日 20 家左右加速至每日 40 家。截至 2016 年 6 月 30 日，新三板已挂牌企业数达到 7 685 家，总股本 4 635亿股，募集资金达 714 亿元，交易量达到了 874 亿元。可以说，新三板市场迎来了一个新的发展机遇。

（二）固定收益类资产：牛市结束，资产配置价值下降

固定收益资产是指投资于银行定期存款、国债、金融债、企业债、可转换债券和债券型基金等固定收益类资产。美林证券提出投资时钟理论将债券类资产划分为一类。因此下面主要以中国债券市场中有代表性的几只债券指数为例，通过分析其走势特点，进一步分析中国金融市场上固定收益类资产的发展情况及现状。

2014年，中国债券市场被称为牛市，彼时中国债券市场发展势头一片大好。相比之下，2015年，为应对国内经济增速放缓、下行压力较大，央行继续采取相对稳健的货币政策，多措并举引导市场利率下行，资金整体趋于宽松，债券市场在一定程度上持续显现牛市格局，中证全债、中证国债、中证金融债和中证企业债的主要债券指数等持续上涨，但涨幅有所缩小，债券收益率曲线呈现下行态势。总体来说，2015年中国债券市场基本延续了2014年中国债券市场良好的发展势头，但是整体上涨乏力，几只主要债券指数的收益率都有不同程度的回落。表3展示了五年来中国主要债券指数收益率的基本情况。

表3　主要债券指数收益率情况（%）

年份	2015	2014	2013	2012	2011
中证全债	7.95	10.68	-1.07	3.52	5.88
中证国债	7.47	10.84	-2.81	2.64	6.85
中证金融债	8.51	12.08	-1.81	2.08	5.14
中证企业债	9.86	9.91	1.51	6.30	4.95
中证可转债	-25.64	48.55	-1.41	4.11	-12.77
中证央票	4.04	5.91	1.19	3.71	3.97

数据来源：Wind数据库，经作者整理。

除此之外，债券市场2015年发行各类债券规模达22.3万亿元，较2014年同期增长87.5%，增速较2014年同期上升55.2个百分点。2015年，债券市场共发行各类债券16.82万亿元，同比增长53.12%，增速提高了16.7个百分点。其中，中央结算公司发行债券10.12万亿元，占债券发行总量的

60.15%；上海清算所发行债券5.63万亿元，占债券发行总量的33.48%；交易所发行债券1.07万亿元，占债券发行总量的6.38%。

2015年，基本延续了2014年债券市场较好发展的态势，2016年以来，驱动债券市场走势的因素发生转变，内有央行宽松预期下降以及经济底部企稳成为主导利率债走势的首要因素，外有美联储的加息预期。因此，2016年上半年并未表现出前两年的快速上涨态势，而是在各种因素交织影响下以震荡走势为主。2010—2015年，中国主要债券指数收益率走势情况如图9所示。

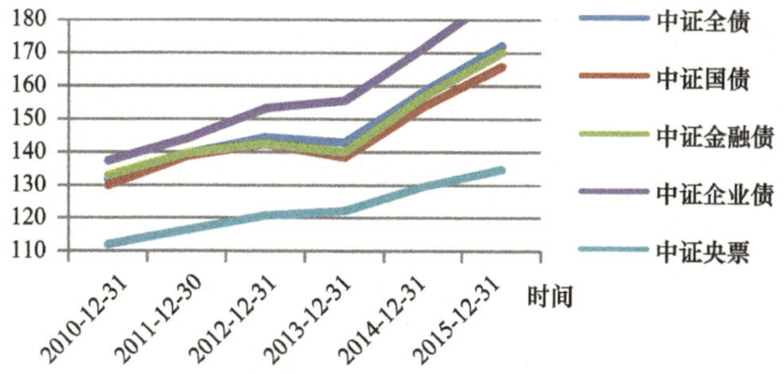

图9　主要债券指数收益率走势图

数据来源：Wind数据库，经作者整理。

分析2016年中国债券市场表现震荡的原因，主要包括三个方面。

第一，央行宽松预期渐渐微调。2014年年底以来，央行几乎每隔两到三个月都会有一次降准、降息政策出台，但2016年1月，面对春节前走款压力，市场寄希望于央行再次降准，而央行用灵活的公开市场取代力度较大的降准。除此以外，美联储升息预期带来的人民币贬值压力，以及通胀回升给货币宽松带来的制约进一步强化了预期。

第二，与5月1日实行的营改增有关，体现在许多大型银行需要对持有至到期取得的利息收入交纳营业税，由此国债、金融债等收益率在4月震荡抬升。后来，财政部和国税总局下发文件才确定了政策性金融债及质押式回购的免税地位，基本消除了营改增的影响。

第三，近些年，中国金融市场中股债“跷跷板”效应依然显著。由于IPO暂停等救市策略推出，短期配置需求资金如巨额打新资金、银行理财以及部分权益类配资资金被转移到债市，尤其是交易所债市。据统计，IPO暂停后，至少有1万~1.5万亿打新股资金转移到了债市。其中，商业银行通过理财等方式进入交易所持有债券（主要为信用债），由2016年6月底的4 525.53亿元上升到9月底的5 180.64亿元，基金公司专户理财产品配置交易所债券（主要为信用债），由5 018.85亿元上升到6 546.32亿元。这些资金的流入给全市场带来较大的波动。此外，2015年第三季度以来货币市场中交易所回购利率大幅降低，也是导致交易所公司债利率下行的重要因素之一。

（三）商品类资产：价格广泛上涨，市场步入牛市初期

商品类资产是主要投资于大宗商品或者通过基于商品的交易型开放式指数基金（ETF）投资于大宗商品的金融产品，主要以黄金、白银为主的贵金属，油气能源、农产品等作为投资标的。此类金融资产以指数化或基金中的基金（FOF）投资为主，投资策略以复制指数或大宗商品价格的方式为主。对中国金融市场而言，目前商品类金融产品数量还相对较少，主要包括用以避险的黄金商品、有明显行业周期性特点的油气能源商品等。在市场指数方面，目前已有中国大宗商品期货价格指数（CFPI）、中国大宗商品价格指数（CCPI）等。本文主要选用中国大宗商品价格指数作为研究对象，该指数以2006年6月为基期，利用加权平均法计算，涵盖了能源、钢铁、矿产品、有色金属、橡胶、农产品、牲畜、油料油脂和食糖9大类别，26种商品，能够较好地反映中国大宗商品的现货价格。

2016年上半年，大宗商品类资产价格普遍上涨，打破了此前大宗商品市场已经持续5年下跌的颓势。2016年年初，国际原油价格表现出较为明显的上涨态势。在国内，随着新一轮房地产市场刺激政策出台以及两会召开的利好信息释放，国内大宗商品市场需求增加，购销两旺，去库存、去产能压力大减，以煤焦钢产业链为代表的大宗商品价格出现明显持续上涨。在能源、黑色及有色金属类大宗商品价格强势上涨

的带领下，大宗商品其他板块也有良好表现，一改此前五年之久的低迷态势。多数大宗商品生产企业、经销商也有了久违的盈利。虽然2016年5～6月由于大宗商品价格涨幅过大以及产能恢复导致供应链端压力增大，市场一度出现回调现象，但总体看，2016年上半年已是中国大宗商品市场自2013年以来表现最好的时期。从图10中可以看出，中国大宗商品价格指数（CCPI）在2015年处于持续下跌的态势，并于2016年1月到达81.9点的低位，随后在2月大宗商品价格指数回升至83.9点，实现企稳回升，并持续上涨至5月102.2点的较高位置。6～7月，大宗商品价格又出现暂时回落，但是截至8月，大宗商品价格指数又涨为104.77点，已经接近两年来的最高位置。总体来说，2016年前8个月，大宗商品价格指数实现稳中有升，体现出大宗商品市场的良好运转状况。而与此同时，中国经济与市场也似乎找到了新动力，市场信心、人气均明显恢复。根据2016年7月底，上海证券报《2016年第三季度大宗商品调查报告》，在受访的十几家期货公司中，六成受访机构看好三季度的大宗商品行情。过半数机构投资者认为，大宗商品已经进入牛市初期，能源、有色和黑色商品的走势释放出中国经济复苏的信号。

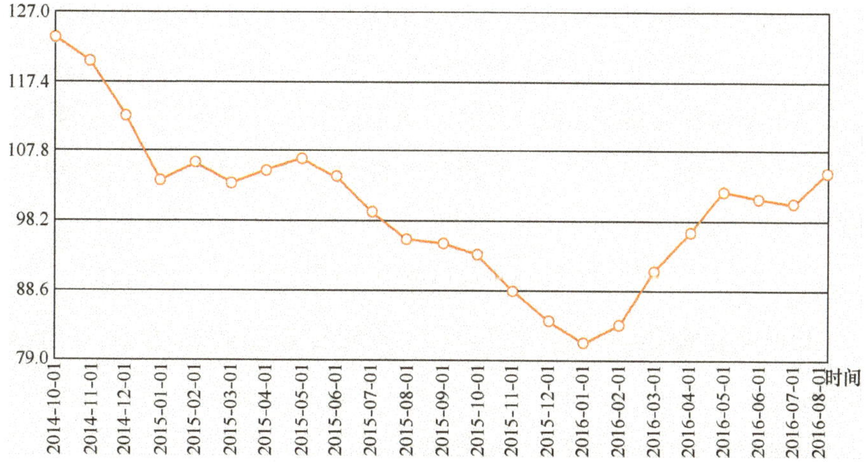

图10　中国大宗商品价格指数走势

数据来源：Wind数据库，中国流通产业网，经作者整理。

总结本轮中国大宗商品市场的上涨原因，主要是国内的大宗商品需求较以往有明显提升，供需两旺的局面提振了市场景气。为进一步分析，下面以生意社监测的大宗商品数据及编制的反映大宗商品供需情况的 BCI 指数在 2016 年 8 月的表现为例，说明各主要商品价格指数及涨跌情况（见表 4）。

表 4　2016 年 8 月中国大宗商品 BCI 指数一览表

类别	点位	均涨跌幅（%）	较最高点跌幅（%）	较最低点涨幅（%）
总指数	727	1.58	28.66	10.15
能源类	559	4.12	46.60	9.39
化工类	652	1.22	35.83	8.67
纺织类	799	1.23	25.61	11.75
有色类	733	0.28	27.06	20.76
橡胶类	596	-1.14	47.21	11.82
钢铁类	709	5.05	32.67	43.81
农副类	940	2.15	15.39	6.46

数据来源：2016 年 8 月《中国大宗商品经济数据报告》，经作者整理。

注：周期指 2011-12-01 至 2016-08-31。

从表 4 可以看到，2016 年 8 月，中国大宗商品市场中总指数平均涨幅为 1.58%，说明制造业经济整体发展良好，呈现扩张趋势。其中各类商品的供需状况良好，除去橡胶类大宗商品外，其余七类大宗商品的供需指数平均都有上涨，供需两旺的情况与大宗商品较好的情况相呼应。

（四）货币类资产：市场整体上涨，但增速呈下滑趋势

货币类金融资产是以货币市场作为投资对象，满足投资者一定流动性需求的金融产品，包括货币基金等。本部分主要以中国货币基金为例，具体分析货币类金融资产的现状。

2014 年下半年国内货币政策相对宽松，股票市场和债券市场等大幅上涨，货币基金市场上涨乏力。2015 年至 2016 年 7 月底，中证货币

基金指数整体呈现持续上涨态势，但是增速却整体呈现下滑趋势。2016年年初，中证货币基金指数在1月份到达1 369.17点，此后6个月缓慢攀升至7月底的1 386.62点，市场整体呈现上涨的态势。但是相对于2015年度0.3%左右的收益率而言，2016年，中国货币基金指数收益率基本在0.20%~0.24%的区间内小幅震荡。图11为2015年1月以来的中证货币基金指数走势。

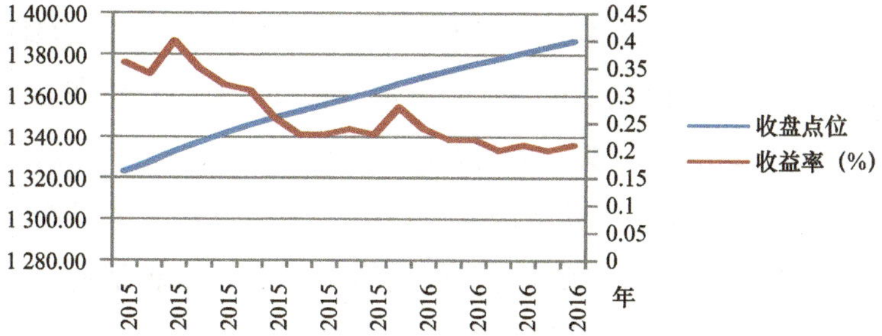

图11　中证货币基金指数走势

数据来源：Wind数据库，经作者整理。

三、未来大类资产配置风险关注点

（一）量化宽松政策退出，市场流动性风险潜伏

从全球范围看，从2015年四季度开始，世界主要经济体的政策及经济出现较大分化：美国启动了加息政策，中国的人民币出现货币贬值趋势，而欧洲和日本则开始施行量化宽松的货币政策。2016年1月，随着中国股票市场指数当月跌幅逾20%，包括美国、日本和欧洲在内的主要经济体先后进入了危机模式，放缓了对原有经济政策的施行和推进。在这种情况下，全球市场很快从极端恐惧的危机模式重新进入了一个和谐趋同的发展模式。这样的国际经济环境对中国经济发展而言是一个利好要素。

2015年，中国GDP实现增长6.9%，经济结构调整优化取得进展。

而自 2015 年 11 月以来，供给侧改革成为政府对于市场调控的新的重要话题。需求侧有投资、消费、出口三驾马车，供给侧有劳动力、土地、资本、创新四大要素；供给侧结构性改革旨在调整经济结构，使要素实现最优配置，提升经济增长的质量和数量。

在此背景下，2016 年仍将在稳增长和调结构之间权衡，需求侧的稳增长政策着眼于短期经济增长，而供给侧的结构性调整更多地作用于中长期经济增长质量的提升。因此，2016 年经济增速仍有下行压力，不过随着前期大量稳增长政策逐渐释放效力，同时当前政策力度加大，全年经济增长很可能前低后稳。此外，地产投资、基建投资在近期已经表现出一些边际改善的迹象，而消费需求在收入的支持下将继续稳定增长。鉴于此，预计 2016 年经济增速下滑的速度可能会有所减缓。此前有机构预测 2016 年中国 GDP 增速可达到 6.7%。在这种情况下，尽管中国宏观经济增长速度在逐步放缓，但是下降幅度正在收窄，并且随着供给侧结构性改革的继续深入，未来政策的效力将进一步释放，宏观经济整体有望进一步得到提振。

然而，尽管在此较为良好的宏观环境预期背景下，考虑到未来经济增长速度仍在放缓及量化宽松政策将退出等因素，未来大类金融资产配置中仍需要密切关注流动性风险。2016 年第一季度，中国杠杆投资幅度较大，信贷快速扩张，社会融资总量达 6 万亿元人民币，中央和地方政府融资 8 000 亿元，整体债务扩张 7.4 万亿元，占名义 GDP 的 47%，创 2013 年 3 月以来的新高，整体宏观经济运行状况也优于此前预期。但是随着通货膨胀率的上升，相对宽松的货币政策最终将会趋于紧缩。考虑到 2016 年第一季度的社会融资总量中，按揭项目占比高达 20%，而房地产市场一直被认为存在泡沫，此中暗藏风险。鉴于目前中国债券市场面临严重的信用违约风险的情况，信用债的流动性已经出现问题。而未来随着货币政策和宏观流动性的进一步收缩，总需求的扩张将受到抑制。在这种情况下，金融市场当中的流动性风险，特别是债券市场的流动性风险需要引起投资者的关注。

（二）债券违约常态化，周期性行业债券违约风险高

2014 年 3 月 7 日，超日太阳宣布不能按期兑付 11 超日债第二期利息，成为国内首例债券违约事件，中国债券市场违约的序幕从此被拉开。此后的两年内，中国债券市场中的违约事件层出不穷，债券违约已趋于常态化。

仅 2016 年上半年，中国债券市场发生违约事件近 30 起，超过了 2014 年和 2015 年违约数量的总和。从违约规模看，2016 年上半年为 220 亿元，是 2014 年和 2015 年总违约规模的 2 倍。中国信用债违约呈加速之势，主要因为 2016 年是企业非金融信用债的到期高峰，企业面临巨大的偿还压力，再加上经济增速持续下行，过剩产能行业盈利能力大幅下降，由此呈现债务违约事件频发的局面。

此外，2016 年，非金融信用债的到期规模达 5.1 万亿元人民币，比 2015 年增加近 45%，亦达到近几年的最高值，这无疑增加了还本付息的流动性压力。展望 2016 年下半年，债券主要集中在 7 月、10 月和 11 月到期。在未到期的非金融信用债中，共有 134 只债券评级被下调，主要分布在采掘、钢铁、建筑装饰、房地产和有色金属等周期性和产能相对过剩行业，评级被下调的债券占比超过 60%。评级的下调会增加相关企业的融资难度，使融资成本上升，从而相对容易爆发债券违约风险。此外，考虑到已经违约的债券往往具有资产负债率过高的特点，在未到期的非金融信用债中，因钢铁、家用电器、采掘和有色金属的资产负债率较高，所以需要密切关注其违约风险问题。

（三）人民币贬值形势较为严峻，资产保值增值压力大

2015 年是人民币汇率制度的新拐点。为迎合加入特别提款权（SDR）的契机，为了进一步完善人民币汇率市场形成机制，中国人民银行宣布自 2015 年 8 月 11 日起，做市商在每日银行间外汇市场开盘前，参考上日银行间外汇市场的收盘汇率，综合考虑外汇供求情况以及国际主要货币汇率变化，向中国外汇交易中心提供中间价报价。2015

年12月11日，中国外汇交易中心首次发布中国外汇交易系统（CFETS），公布了人民币参与交易的13种货币权重，其中美国、欧盟、英国、日本四大经济体货币权重达到66.33%，未来人民币汇率制度将向盯住一篮子货币过渡，人民币汇率改革向市场化方向又迈进一步。然而即使在此情境下，人民币仍然承受着巨大的贬值压力。实际上，从2014年6月以来，随着热钱净流量的快速流出，人民币结束了此前十多年的升值趋势，继而进入贬值通道。

2016年5月3日，中国人民银行宣布将本外币一体化的全口径跨境融资宏观审慎管理试点扩大至全国范围内的金融机构和企业。对金融机构和企业，中国人民银行和国家外汇管理局不实行外债事前审批，而是由金融机构和企业在与其资本或净资产挂钩的跨境融资上限内，自主开展本外币跨境融资。这样做的初衷是为了鼓励、刺激国内金融机构和企业在海外发行美元债券，鼓励海外美元融资。这一举措印证了此前业内对央行美元流动性不足的猜测，说明人民币汇率贬值的压力正在聚集。

截至2016年8月31日，中国外汇交易中心（CFETS）人民币汇率指数为94.33，较7月末贬值1.06%；参考国际清算银行（BIS）货币篮子和特别提款权货币篮子的人民币汇率指数分别为95.04和95.11，分别较7月末贬值1.10%和0.92%。整体来说，8月份人民币汇率指数走势总体较为平稳。虽然受暑期出境游和海外留学购汇需求依然较为旺盛的影响，但人民币汇率指数仍难改回落趋势。考虑到未来美元加息预期将进一步增强，欧洲和日本继续实施量化宽松的货币政策等外部因素，以及中国目前处于转型升级困难期，通货膨胀水平上升和国际贸易活动持续相对低迷等内部因素，未来人民币仍面临较大的下行压力。在此情况下，投资者应该关注人民币资产保值增值问题，特别是注意管理、控制房地产和股票等收益不确定性较高的资产的投资风险。

（四）养老基金入市带来新的机遇与挑战

根据国际老年社会的标准：60岁以上人口占总人口比例达到10%，

或65岁以上人口占总人口比重达到7%，中国早已步入老年社会。截至2015年末，中国65岁及以上人口数量为1.44亿人，同比增加631万人，增长4.59%；占总人口的比重达到了10.47%，较上年增加0.41个百分点。近几年，中国整个金融行业发展较快，银行、保险、证券和基金市场均面临较大的发展机遇。2015年8月，中国出台养老保险基金入市办法，给资产管理带来新的机遇和挑战。据统计，截至2015年年底，中国公募基金资产合计突破8万亿元，混合型基金和货币基金在宽幅震荡市场中受到欢迎，迅速扩张。

尽管国务院发布的《基本养老保险基金投资管理办法》中明确指出养老金只限境内投资，投资股票、股票基金、混合基金和股票型养老金产品的比例合计不得高于养老基金资产净值的30%，但是伴随着养老基金入市，股票市场将受到较大的影响。中国社会科学研究院郑秉文研究员认为，第一，养老基金将成为股票市场价值投资的重要基础。根据发达国家的市场经验，保险资金和养老基金是股市投资的长期性基金，而养老基金比保险资金更加稳定；养老基金在较长时间内无须考虑流动性的问题，是发现市场价值和实施价值投资的本源所在。第二，股市投资者的构成将明显发生变化。初级阶段的股市里，散户占绝对统治地位，却给市场带来较大的波动性，成熟的股市里，机构投资者将占统治地位。养老基金进入股市将极大地扩大机构投资者的队伍。目前，中国股市的投资者中正是散户占统治地位。即使基金业规模较为可观，但由于共同基金里几乎完全由赎回的散户“基民”占统治地位，养老基金占比不到10%，长期投资基金很少，在遇到牛市时便必然承受巨大的赎回压力。也就是说，中国共同基金同样十分缺乏长期性资金，养老基金的加入成为重要利好。第三，股市投资行为与后果将发生重要变化。散户个人的投资动机常出于明显的短期获利和投机心理，其特点是换手率特别高。而在养老金实行完全投资体制的智利、哥伦比亚和秘鲁等拉美国家均不到28%。这是因为生命周期基金的资产配置和股票持有比例变化是有公式和模型制约的，是自动的，这就更加降低了股市换手率。第四，股市的稳定性较好，波动性较小，投机性受到抑制。因此，养老金入市将开启价值投资的开关，引导追求长期收益性的投资理念，整体上对短期投机心理具有抑制的客观效果，最终将有利于减少股指波动的幅度，遏制大起大落，市场投机将会减少。因此，养老金投资是股市的压舱石，是资本市场的定海神针。

四、 大类资产配置风险测算

（一） 测算方法

为让读者对大类金融资产配置风险有更加直观的认识，本部分采用目前通用的在险价值（VaR）方法，对大类金融资产配置风险进行测算。

在险价值（Value at Risk，VaR）VaR 方法，是 1993 年 G30 集团在研究衍生品种基础上发表的《衍生产品的实践和规矩》报告中提出的度量市场风险的方法。按其字面的意思可解释为“处于风险状态的价值”，具体含义是：处于一定市场正常波动中，在给定一定的持有期内和置信水平的前提下，某一金融资产或者证券组合在给定的时间区间所面临的最大期望损失。从概率角度分析，VaR 的计算形式为：

$$\mathrm{Prob}(\Delta P_{\Delta t} > \mathrm{VaR}) = 1 - c$$

其中，ΔP 指在特定的持有期限内的价值损失额；Δt 指一定的持有期；VaR 表示在给定一定的置信水平下处于风险状态的价值，即可能的损失上限；c 表示给定的置信水平。

自问世以来，VaR 方法受到广泛的关注，并应用于资产组合的风险计算中。目前，基于 VaR 度量金融风险已成为国外大多数金融机构所采用的衡量金融风险大小的方法。因此，此处选用 VaR 方法度量大类金融资产配置的风险是合理可行的。

（二） 测算结果

考虑到此处对大类金融资产配置风险进行度量，本部分分别使用沪深300指数代表权益类资产，中证全债指数代表固定收益类资产，中国大宗商品价格指数代表商品类资产，中证货币基金指数代表货币类资产四种指数基金计算整体资产组合的风险；此外，根据投资者或机构持有不同的风险偏好，此处将投资组合设为三类：追求高风险、高收益的激进型金融资产配置；厌恶风险的保守型金融资产配置；以及处于二者之间的稳健型金融资产配置。其中，根据不同类型投资者或机构对收益的不同追求，以及对风险的不同承受能力，对各类型风格的四大类金融资产配置比例进行预设（见表5）。从表中看出：激进型金融资产配置偏好高风险、高收益，在收益水平较高的权益类固定资产上的配置较高，为50%；而保守型金融资产配置更重视对风险的规避，倾向于固定收益类和货币类资产，二者分别占比为20%；稳健型金融资产配置在各类资产中的投资比例居于二者之间，相对比较均衡。

表5　各类型投资组合的四大类资产配置比例（%）

类型	权益类资产占比	固定收益类资产占比	商品类资产占比	货币类资产占比
激进型	50	30	20	0
稳健型	30	30	30	10
保守型	20	30	20	30

在风险测算方面，本报告重点关注近年来中国大类金融资产配置的风险情况。但为了进一步分析本段时间内大类金融资产配置风险的特点，本部分在风险测算中将样本分成不同阶段，便于比较分析。整个样本区间为2006年6月2日到2016年7月29日，频度为周度，按照时间、经济形势以及金融市场运行的特点，将样本分为三段：第一段为2006年6月2日到2008年5月31日，此时间内中国经济处于快速发展时期，股票市场也处于上行通道；第二段为2008年6月1日到2011年5月31日，此时间内受全球金融危机影响，中国经济虽然仍处于较快

发展阶段，但增速有所放缓，中国股票市场呈现持续下跌的态势；第三段是2011年6月1日到2016年7月29日，是本部分重点关注的一段时间，其风险测算结果对了解近年来中国大类金融资产配置风险有一定的参考意义。全样本及各段时间内中国大类金融资产配置风险测算结果如下。

1. 全样本风险测算结果

根据整个样本区间内的数据，首先计算各大类资产的收益情况及其风险测算结果（见表6）。从表6中可以看出，在近10年内，四类资产中商品类资产的周平均收益高于其他三类资产的收益，其中，商品类资产的单周最大收益出现在2008年11月，高达21.568 5%。而四者当中，周平均收益最低的是货币类资产，仅为0.06%。观察各类资产的周波动率，可以看出周平均收益最高的商品类资产波动最大，符合高风险、高收益的特点。而权益类资产收益的周波动率仅次于商品类资产，相比于其收益水平最低的表现，表明在过去近10年内，权益类资产每单位风险所带来的收益较低。这与股票市场震荡低迷的态势较为吻合。

表6　全样本内各类资产的收益及风险测算（%）

	权益类资产	固定收益类资产	商品类资产	货币类资产
周平均收益	0.25	0.09	0.32	0.06
周波动率	4.13	0.33	5.08	0.03
收益率偏度	-7.21	183.31	-15.43	129.85
收益率峰度	147.77	1 625.77	133.14	408.57
单周最大收益	16.21	2.77	21.57	0.22
单周最大回撤	-15.01	-1.19	-18.83	0.02
VaR（5）	-6.62	-0.38	-8.56	0.03
VaR（1）	-10.32	-0.75	-12.89	0.02

数据来源：Wind数据库，经作者整理。

表7是各类型资产配置组合的收益及风险测算结果。从中可以看到，激进型资产配置拥有最高的收益，约为稳健型资产配置收益的1.05倍，约为保守型资产配置收益的1.31倍。而通过分析三类资产配置的VaR（5%）可以发现，激进型资产配置的在险价值远高于另外两类资产配置的在险价值，约为稳健型资产配置在险价值的1.09倍，约为保守型资产配置在险价值的1.63倍。由此可见，激进型资产配置承担的风险最大。不同投资风格的金融资产配置收益走势如图12所示。

表7　全样本内各类型资产配置组合的收益及风险测算（%）

	激进型资产配置	稳健型资产配置	保守型资产配置
周平均收益	0.21	0.20	0.16
周波动率	3.00	2.68	1.79
收益率偏度	-8.36	-9.84	-8.25
收益率峰度	133.47	130.55	131.47
单周最大收益	12.54	11.54	7.83
单周最大回撤	-10.19	-8.74	-5.79
VaR（5）	-4.73	-4.35	-2.89
VaR（1）	-8.06	-6.94	-4.60

数据来源：Wind数据库，经作者计算整理。

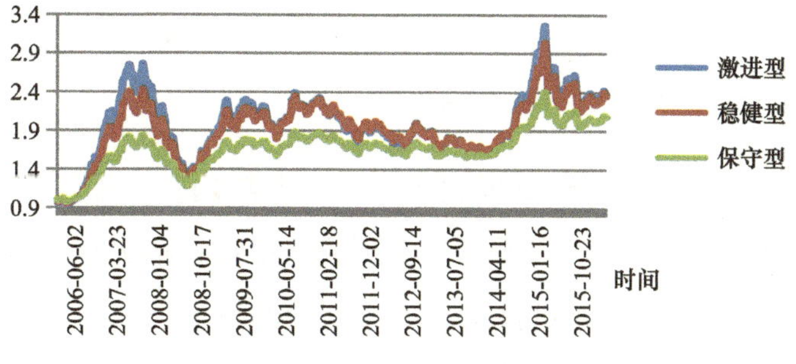

图12　不同类型的金融资产配置收益走势

数据来源：Wind数据库，经作者整理。

2. 2006 年 6 月—2008 年 5 月大类资产配置风险测算结果

2006 年 6 月到 2008 年 5 月，中国经济处于快速发展阶段，股票市场也正在经历一轮上涨行情，根据样本区间内的数据，本时间段内各大类资产的收益情况及其风险测算结果见表 8。从表 8 中可以看出，在这段股票市场“牛市”期间，商品类资产的周平均收益高达 1.25%，不仅远高于其他三类资产的周平均收益，也远高于近 10 年内的平均水平 0.93%。在整体经济发展势头良好的背景下，权益类资产也得以提振，其周平均收益达到 1.07%。与此同时，固定收益类资产的周平均收益处于低位，仅为 0.02%，略低于其近 10 年的平均值；货币类资产的周平均收益为 0.06%，与近 10 年的平均值基本相同。

表 8　2006 年 6 月—2008 年 5 月各类资产的收益及风险测算（%）

	权益类资产	固定收益类资产	商品类资产	货币类资产
周平均收益	1.07	0.02	1.25	0.06
周波动率	5.02	0.22	5.78	0.03
收益率偏度	-14.32	69.05	-51.17	294.85
收益率峰度	79.54	578.49	33.15	992.13
单周最大收益	16.21	1.10	12.81	0.22
单周最大回撤	-13.51	-0.69	-12.93	0.02
VaR（5）	-7.42	-0.30	-11.18	0.03
VaR（1）	-10.04	-0.45	-12.55	0.03

数据来源：Wind 数据库，经作者计算整理。

表 9 是 2006 年 6 月到 2008 年 5 月的样本期内资产配置组合的收益及风险测算结果。从中可以看到，受到股票市场行情大涨的利好影响，在权益类资产中配比较高的激进型资产配置的周平均收益达到 0.79%，高于稳健型和保守型资产配置组合的收益水平。而通过分析三类资产配置的 VaR（5%）值可以发现，激进型资产配置在得到较高收益的同时，在三类金融资产配置组合中所承担的风险值也最高。但从整体看，

受到整体经济和金融市场发展良好的影响，该时期的各类型资产配置组合获得的周平均收益均为三段样本期内最高。

表9　2006 年 6 月—2008 年 5 月各类型资产配置组合的收益及风险测算（%）

	激进型	稳健型	保守型
周平均收益	0.79	0.71	0.49
周波动率	3.56	3.13	2.09
收益率偏度	-22.25	-30.62	-30.07
收益率峰度	55.80	42.65	42.54
单周最大收益	10.65	8.67	5.80
单周最大回撤	-9.13	-7.61	-5.06
VaR（5）	-5.65	-5.32	-3.54
VaR（1）	-7.43	-6.72	-4.41

数据来源：Wind 数据库，经作者计算整理。

3. 2008 年 6 月—2011 年 5 月大类资产配置风险测算结果

2008 年 6 月到 2011 年 5 月，中国经济仍保持良好的发展势头，但是经济增速有所放缓，而股票市场在全球金融危机爆发之后，处于持续下滑的状态。根据样本区间内的数据，本时间段内各大类资产的收益情况及其风险测算结果见表 10。从表 10 可以看出，在这段时间内，权益类资产的周平均收益为 -0.02%，出现负收益，远低于近 10 年内的权益类资产的周平均收益水平。由此可以看出，在 2008 年金融危机爆发后，中国股票市场受到的冲击是巨大的。在此期间内，其他三类金融资产的收益相对较好，固定收益类资产的周平均收益略高于近 10 年来平均值，货币类资产收益水平低于平均值。商品类资产的周平均收益与其他三类资产的收益水平相比较高。这主要是因为全球金融危机爆发后，尽管经济形势不佳，但受到美元指数走弱等因素影响，大宗商品类价格有所上升，在一定程度上提高了商品类资产的收益回报。

表 10　2008 年 6 月—2011 年 5 月各类资产的收益及风险测算（%）

	权益类资产	固定收益类资产	商品类资产	货币类资产
周平均收益	-0.02	0.10	0.26	0.04
周波动率	4.58	0.43	5.99	0.02
收益率偏度	-2.87	272.83	13.13	193.61
收益率峰度	120.60	1 686.53	103.51	518.52
单周最大收益	15.84	2.77	21.57	0.15
单周最大回撤	-15.01	-1.05	-16.93	0.02
VaR（5）	-7.06	-0.48	-9.39	0.02
VaR（1）	-11.84	-0.82	-14.05	0.02

数据来源：Wind 数据库，经作者计算整理。

表 11 是 2008 年 6 月到 2011 年 5 月的样本期内资产配置组合的收益及风险测算结果。从表 11 可以看到，受到股票市场行情低迷的影响，在权益类资产中配比较高的激进型资产配置的周平均收益仅为 0.07%，低于稳健型和保守型资产配置组合的收益水平。而通过分析三类资产配置的 VaR（5%）值可以发现，尽管收益水平不佳，但是受到股票市场波动剧烈的影响，激进型资产配置的在险价值仍高于另外两类资产配置的在险价值，约为稳健型资产配置在险价值的 1.08 倍，约为保守型资产配置在险价值的 1.65 倍。

表 11　2008 年 6 月—2011 年 5 月各类型资产配置组合的收益及风险测算（%）

	激进型	稳健型	保守型
周平均收益	0.07	0.10	0.09
周波动率	3.41	3.09	2.06
收益率偏度	9.06	13.87	17.78
收益率峰度	115.85	114.04	117.70
单周最大收益	12.54	11.54	7.83
单周最大回撤	-10.19	-8.74	-5.78
VaR（5）	-4.87	-4.50	-2.96
VaR（1）	-8.55	-7.70	-5.01

数据来源：Wind 数据库，经作者计算整理。

4. 2011 年 6 月—2016 年 7 月大类资产配置风险测算结果

近年来，中国经济正处于转型发展的重要时期，行业正在经历改革升级和结构调整带来的阵痛，经济增速进一步放缓。与此同时，中国金融市场在后金融危机时代震荡发展。根据样本区间内的数据，本时间段内各大类资产的收益情况及其风险测算结果如表 12 所示。从表 12 中可以看出，权益类资产的周平均收益为 0.09%，低于近 10 年内权益类资产的周平均收益水平。与此同时，固定收益类资产和货币类资产的周平均收益均高于近 10 年的平均水平。而商品类资产的周平均收益出现负值，不仅远低于近 10 年的平均水平，也是三段样本期内商品类唯一出现周平均收益为负的资产。分析其原因，一方面，金融危机后全球经济处于复苏阶段，经济需求不足，大宗商品价格走低；另一方面，美元指数走强和人民币国际化进程的加快均不利于大宗商品价格的回升，由此拉低了商品类资产收益水平。

表 12　2011 年 6 月—2016 年 7 月各类资产的收益及风险测算（%）

	权益类	固定收益类	商品类资产	货币类资产
周平均收益	0.09	0.10	-0.01	0.07
周波动率	3.40	0.29	4.11	0.02
收益率偏度	-26.29	-23.53	-50.44	118.13
收益率峰度	149.17	233.59	184.20	389.27
单周最大收益	11.25	0.97	13.92	0.18
单周最大回撤	-13.08	-1.19	-18.83	0.03
VaR（5）	-5.04	-0.36	-6.65	0.05
VaR（1）	-10.08	-0.68	-11.08	0.04

数据来源：Wind 数据库，经作者计算整理。

表 13 是 2011 年 6 月至 2016 年 7 月样本期内资产配置组合的收益及风险测算结果。从表 13 中可以看到，在权益类资产中配比较高的激进型资产配置的周平均收益为 0.07%，与金融危机后（第二段样本内）激进型资产配置的周平均收益水平基本持平，但只有近 10 年来激进型

资产配置的周平均收益水平的 28%，从一定程度显示出近年来权益类资产收益的下滑。与此同时，保守型资产配置组合表现良好，收益水平超过了稳健型资产配置组合，其原因可能是稳健型资产配置组合在商品类资产上的配比略高于保守型，而商品类资产的收益状况不佳，拉低了组合的收益水平。通过分析三类资产配置的 VaR（5%）值可以发现，收益水平最高的激进型资产配置的在险价值高于另外两类资产配置的在险价值，约为稳健型资产配置在险价值的 1.1 倍，约为保守型资产配置在险价值的 1.67 倍。

表 13　2011 年 6 月—2016 年 7 月各类型资产配置组合的收益及风险测算（%）

	激进型	稳健型	保守型
周平均收益	0.07	0.06	0.07
周波动率	2.45	2.18	1.45
收益率偏度	-39.76	-45.76	-45.62
收益率峰度	134.34	141.06	139.62
单周最大收益	6.85	6.64	4.46
单周最大回撤	-9.03	-8.73	-5.79
VaR（5）	-3.78	-3.45	-2.26
VaR（1）	-7.10	-5.89	-3.89

数据来源：Wind 数据库，经作者计算整理。

五、对未来中国大类资产配置的建议

（一）顺应经济向好形势，优选配置权益类资产

近两年来，中国经济增速呈现温和放缓态势。自 2015 年年底以来，供给侧改革成为政府调控市场重要的新话题。需求侧的稳增长政策着眼于短期经济增长，而供给侧的结构性调整则将更多地作用于中长期经济增长质量的提升。此外，地产投资、基建投资在近期已经表现出一些边际改善的迹象，消费需求也在收入的支持下持续稳定增长。尽管中国宏观经济增长速度在逐步放缓，但是下降幅度正在收窄，并且随着供给侧

结构性改革的继续深入，未来政策的效力将进一步释放，相信宏观经济整体有望进一步得到提振。

可以说，国内改革已经进入深水区，中国经济在长周期范围内是向好的，而中周期和短周期也都开始从2016年初呈现企稳向好形势，因此建议投资者适当增持权益类资产。而由于国内固定收益市场资产荒持续，高收益资产难寻，机构资产配置压力普遍较大，增加权益产品比重亦是资产配置必然的方向。在具体投资策略上，建议投资者从产业升级角度和经济周期的角度挑选强势产业，关注如电子、通信计算机、医疗服务和传媒等高端制造业和消费服务业的权益类资产等。供给侧改革主题亦有配置价值。

（二）规避信用违约风险，低配固定收益类资产

2016年以来，中国经济已初步呈现底部企稳形势，央行宽松预期有所下降，中国债券未能延续前两年的良好形势，总体呈现震荡的走势，固定收益类资产收益率水平大幅下降。考虑到未来美联储的加息预期可能抑制国内降息空间等因素影响，固定收益类资产配置价值可能会继续下挫。此外，2016年上半年，中国债券市场发生违约事件近30起，超过了2014年和2015年违约数量的总和，仅半年的违约规模就已几乎是2014年和2015年总违约规模的2倍。2016年下半年，债券主要集中在7月、10月和11月到期。在未到期的非金融信用债中，共有134只债券评级被下调，主要分布在采掘、钢铁、建筑装饰、房地产和有色金属等周期性和产能相对过剩行业，评级被下调的债券占比超过60%。债券违约风险不容忽视。

在此情况下，建议投资者低配债券、信托等固定收益类资产，债券操作要注重规避利率和信用风险。在具体策略中，考虑到未来一段时间利率下行空间有限等因素，利率债的预期回报率将低于往年但高于长期预测值，且利率债与权益的负相关关系可以起到分散风险的作用，建议投资以利率债为主，可适当关注高等级信用债和城投债。

（三）大宗商品进入牛市初期，建议增持商品类资产

2016年上半年，大宗商品类资产价格普遍上涨，打破了此前五年的低迷走势，实现企稳回升。2016年7月底，由上海证券报组织和调查的《2016年第三季度大宗商品调查报告》出炉，集结十几家期货公司的问卷调查，六成受访机构看好第三季度的大宗商品行情，过半数机构投资者们认为大宗商品已经进入牛市初期。

考虑到全球经济整体向好走势，及未来股市和汇市的资金或将流向相对估值偏低的大宗市场等因素，大宗商品价格有望得到进一步推动及回归。在此情况下，建议投资者适当增持大宗商品类资产配置。与此同时，结合国内供给侧改革及淘汰落后产能的形势，2016年下半年将成为政策执行的关键期，有望在很大程度上通过政策的执行影响供需预期，中国国内定价的大宗商品亦值得投资者审慎配置。

（四）关注汇率波动风险，适当投资黄金和美元资产

预计未来一段时间，人民币贬值压力将持续增大，而美元走强的趋势可能越来越明朗，因此建议适当投资人民币债务、黄金和以美元为主的海外资产。投资美元计价的海外资产，一方面利于丰富资产组合，分散风险，同时也有机会多获取一份汇差收益。但要注意的是，考虑到未来全球宏观经济可能面临流动性紧缩的形势，因此在投资海外资产时，应该注重低风险，低杠杆，高流动性；投资者可以重点关注可能获得市场上涨和汇率收益的美国股票市场产品，以及A，H股溢价较高的低估值港股。在全球资产配置的过程中，还应该警惕美元加息背景下高收益债券（垃圾债）的风险，以及外债占外汇储备比重较高的、部分新兴市场的系统性风险。

与此同时，可以适当增加对黄金的投资。除了面临人民币贬值压力外，考虑到当前全球地缘政治的风险及未来一段时间通货膨胀的预期，可以选择投资黄金作为保值和避险的手段。此外，应注意控制人民币债务投资的杠杆风险，适当远离如房地产等较高风险的人民币资产。

（注：学生黄舒玥对本文亦有所贡献。）

2016 年商业银行资产质量问题研究报告

王婉婷

摘要： 商业银行信贷资产质量具有强烈的亲周期性，在经济上行期，激进的信贷投放带来的风险可能被掩盖，但在经济增速下行、经济结构调整期，非理性的信贷总量持续扩张必将带来资产质量风险的集中暴露。目前，经济增速放缓、产业结构调整、存款利率放宽等多重因素叠加，商业银行利润增速放缓、资产质量压力持续。中国商业银行正面临一轮业绩下滑、风险上升、经营困难的“冰河期”。

2015 年至 2016 年，不良贷款增长主导了商业银行资产质量恶化的趋势；对未来不良贷款指标有预判作用的关注类贷款、逾期贷款增势明显；资本充足性补充存在一定压力，中小银行在未来 1～3 年内资本补充压力增大。预计未来短期内，商业银行资产质量恶化的持续性压力不减，预估 2016 年至 2017 年中国商业银行不良贷款率将上升到 2.7% 左右。在此期间，应重点关注不良贷款爆发的典型行业和区域分布特征，其中，小微企业、产能过剩行业、三四线城市房地产贷款仍是决定商业银行信用风险状况的重要因素；此外，应重点关注资产规模占比不断上

王婉婷，首都经济贸易大学金融学院、金融风险研究院讲师，经济学博士。

升的债券类资产、应收款项类投资的信用风险变化。展望2017年及未来一段时间，中国银行业将进入低盈利、高风险的“新常态”，不良资产风险的管理问题成为商业银行经营的“主旋律”。

关键词： 宏观经济　风险　资产质量

一、宏观经济、货币政策与商业银行风险的关系

（一）下行宏观经济与低利率货币政策

2016年，世界经济复苏活力较弱，多数经济体面临较大挑战，各国经济的平衡与再平衡呈现多样化、高频化态势；全球货币政策格局日趋复杂，美联储正式进入加息通道，主要经济体货币政策明显分化；地缘政治冲突仍在持续，不确定性因素显著增多，后金融危机时期的增长挑战明显。更重要的是，面对外部经营环境的不确定性，中国国内经济下行压力加大，全面推进供给侧结构性改革意味着“旧产能、旧库存、旧杠杆”被化解清理，各类隐性的风险正在加速暴露。传统产业产能严重过剩，企业的投资回报率降低甚至出现大规模亏损，企业偿债压力加大，债务违约风险上升。

面对国外不确定的经济环境、国内经济下行的压力以及供给侧改革空间的需要，中国近年来一直保持宽松的货币环境。自2001年以来，长期处于低利率的环境中，仅在2009年前后出现了短暂的利率上升而带来正利率的情况。在如此低利率的状态下，正如大公国际在《2016年全球银行业信用风险展望》中所表述的，2016年，低利率继续构成困扰多国银行业信用风险的主要因素，使银行业可能长期处于低利率、低盈利、高风险的“新常态”（见图1）。

（二）低利率货币政策与商业银行高风险

长期的低利率环境会影响商业银行对风险的容忍度和感知程度，放松借款者融资的价格条款，降低对风险的定价，从而提高了商业银行资

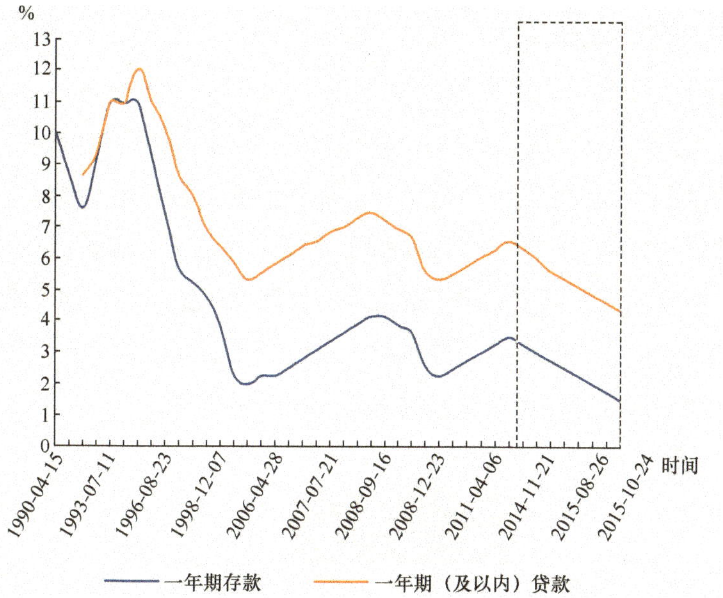

图1　人民币存贷款基准利率

数据来源：中国人民银行。

产组合的整体风险水平①。中国自2001年以来，长期处于低利率的环境中，仅在2009年前后出现了短暂的正利率情况，长期的低利率政策会通过风险承担机制作用于银行系统，提高商业银行的风险，极易滋生系统性风险且难以消化。这一点也被实证所证明，阿德里安（Adrian，2009）指出，2000年以来，美国长期低利率的宽松货币政策是引起银行借贷标准放松、银行体系风险过度积聚和本轮金融危机的重要原因②；牛晓健（2013）验证了中国低利率的政策环境会催生商业银行的

① Borio，C and Zhu H. Capital Regulation，Risk－taking and Monetary Policy：A Missing Link in the Transmission Mechanism［R］. BIS working paper，No. 268，2008.

② Adrina T，Shin H S. Money，Liquidity，and Monetary Policy［J］. American Economic Review，2009，99（2）：600－605.

风险承担行为[①]。在宽松的货币政策环境下，银行会放松贷款审批条件，从而承担过度的风险。

根据银行风险承担渠道理论（Borio & Zhu，2008；Adrian & Shin，2010），宽松货币政策（如低利率）一方面通过推动资产价格上涨、抵押物价值上升，企业财务费用下降、现金流增加等方式，降低了银行对风险的识别和测度；另一方面降低了投资尤其是无风险证券的回报率，在收益搜寻动机和竞争效应等的推动下，降低了银行和其他金融机构的风险规避程度，导致银行风险承担上升。具体而言，理论上，货币政策可通过如下细分渠道影响银行的风险承担（见图 2）。

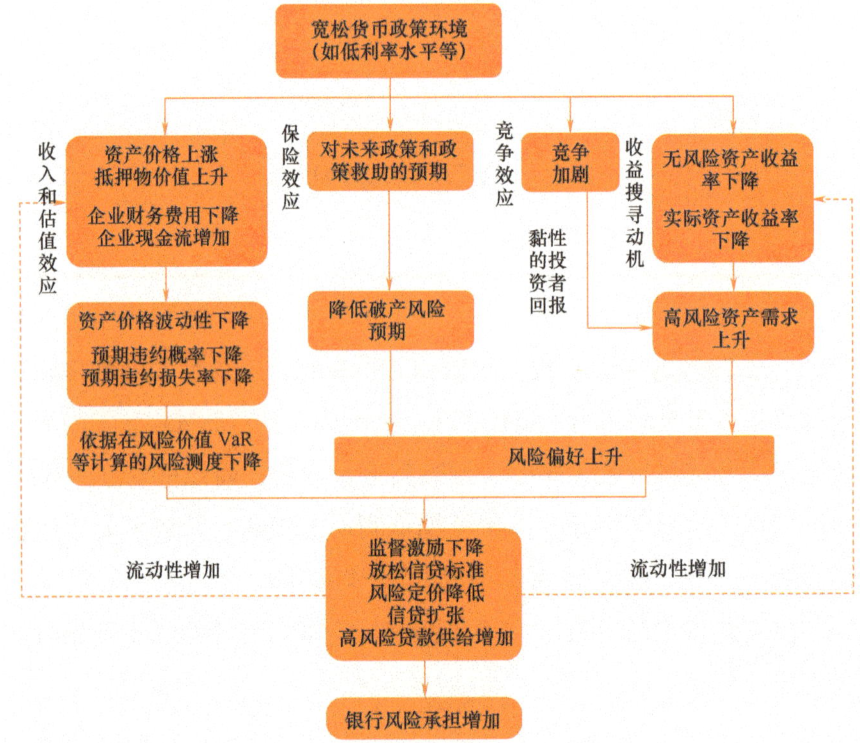

图 2　低利率的货币政策影响银行风险承担的理论机制

① 牛晓健，裘翔. 利率与银行风险承担——基于上市银行的实证研究 [J]. 金融研究，2013（4）.

1. 收入和估值效应

贷款监督与抵押合约是银行控制信用风险的重要措施。宽松货币政策（如低利率）会推动资产价格上涨、抵押物价值上升，抵押物价值的上升和企业净值的改善将降低银行对违约概率、违约损失率的估计，从而降低银行对风险的识别和测度，导致银行的项目筛选和贷款监督激励下降、信贷标准放松、风险定价偏低、高风险贷款增加。

2. 收益搜寻动机

一般情况下，宽松货币政策会导致无风险资产收益率下降，在其他因素不变的情形下，将导致银行的资产组合收益率下降，为实现黏性的名义收益率，金融机构将不得不增加对高风险资产的需求，风险偏好上升①。

3. 竞争效应

在其他因素不变的条件下，宽松货币政策（如低利率）将使得银行业的竞争更加激烈，引起银行边际利润和存贷利差的下降。迫于竞争压力和实现目标收益率，银行将可能降低借贷标准，增加风险资产在资产组合中的比重，导致银行特许权价值的降低，增加银行经营风险。

4. 保险效应

若商业银行认为央行在经济形势较差时，将实施宽松货币政策或救助政策，经济下行风险和破产概率的预期降低，风险偏好也将上升。这是典型的道德风险问题，相当于某种隐性保险效应（Borio & Zhu，2008）。

恰如当前在中国经济下行、宽松货币政策下，低利率的环境、低盈利的现状驱使商业银行在原有信贷风险暴露的同时，以低廉的利率定价进一步扩张资产规模，商业银行信贷风险的激增及风险补偿机制的缺乏令人担忧。

---

① Rajan R G. Has Financial Development Made the World Risker? [R]. Proceedings, Federal Reserve Bank of Kansas City, 11728: 313 -369.

二、 商业银行资产质量恶化的现状凸显

2015 年至 2016 年，受经济增速放缓、市场化改革及产业结构调整加速等影响，中国银行业经营压力进一步增大。银监会 2015 年年报统计显示，2015 年商业银行实现净利润 1.59 万亿元，同比仅增长 2.43%，与宏观经济一样继续探底，未来盈利或呈现零增长甚至负增长。同时，不良资产加速上升为 1.67%，信用风险被银行业内外人士公认为是对中国银行业最严峻的挑战。由中国银行业协会和普华永道联合发布的《中国银行家调查报告（2015）》显示，近 80% 的受访银行家认为“信用风险防范，控制不良贷款”是 2016 年银行业面临的最大挑战。

（一） 资产质量堪忧， 不良贷款增幅新高

宏观经济走弱、商业银行资产质量整体下行，不良贷款余额上升及增速、不良贷款率整体加速上升。不同类型银行资产质量分化较为明显，其中，大型商业银行、股份制商业银行和大型城市商业银行受益于经营区域较广，贷款行业分布较为分散，不良贷款上升幅度相对较小；中小城商行、农商行资产质量受区域经济下行影响，不良率偏高。

1. 不良贷款余额上升及增速、不良贷款率均整体上升

不良贷款率是商业银行的生命线，据银监会统计，自 2011 年第四季度以来，商业银行（法人口径）不良率连续反弹 16 个季度，不良“双升”状态持续四年，商业银行不良贷款余额和不良贷款率持续上升。截至 2015 年年末，商业银行不良贷款余额为 12 744 亿元，同比上升 51.25%；不良贷款率为 1.67%，同比上升 0.42 个百分点，明显高于过去几年的增幅。2016 年以来，商业银行资产质量继续下滑，截至一季度末，商业银行不良贷款余额为 13 921 亿元，不良贷款率为 1.75%（见图 3）。

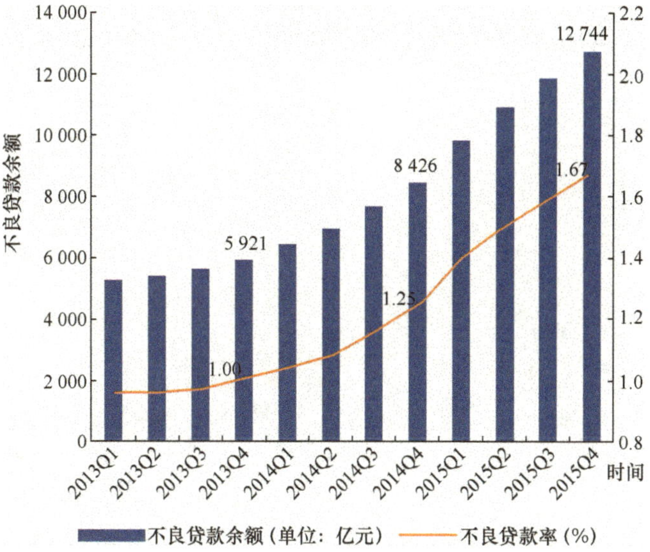

图3　商业银行不良贷款率变化

数据来源：银监会2015年年报。

2. 不同类型商业银行不良贷款增长的差异化表现

从不良贷款率变化情况看，据银监会统计，截至2016年一季度末，大型商业银行、股份制商业银行、城市商业银行、农商行不良贷款率分别为1.72%，1.61%，1.48%和2.56%，农商行不良贷款率远高于其他类型银行。此外，农商行普遍存在资产质量五级分类把控不严情况，其实际不良贷款率可能高于账面数字。

以在A股或H股上市的商业银行为例，分别从大型商业银行、股份制商业银行、城市商业银行中选取部分银行进行代表性分析。截至2015年年末，上市银行的不良贷款率中，以农行、招行及浦发的升幅最大，分别达到0.85，0.57，0.5个百分点。截至2015年年末，不良贷款率最高且显著高于2%的仅有农行，达2.39%。大型商业银行的不良贷款率普遍高于1.5%；股份制商业银行的不良贷款率介于1.5%～1.7%。图4中的城市商业银行的不良贷款率有三家银行超过1%，另外三家低于1%，其中，盛京银行是不良贷款率最低的一家银行（0.42%），也是唯一不良贷款率下降的银行（下降0.02个百分点）。

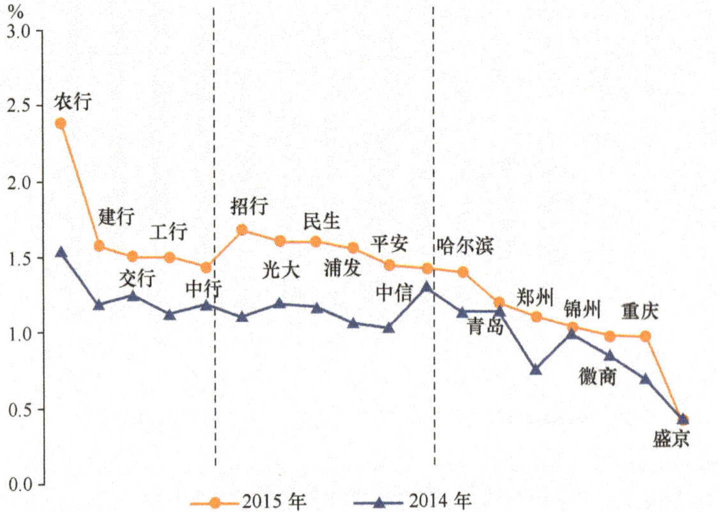

图4 不同类型商业银行不良贷款率变化

数据来源：各家银行2015年年报。

注：图中显示的为部分商业银行的简称，盛京银行："盛京"、徽商银行："徽商"、哈尔滨银行："哈尔滨"、重庆银行："重庆"、锦州银行："锦州"、郑州银行："郑州"、青岛银行："青岛"。下同。

从不良贷款余额的增长情况看，截至2015年年末，商业银行不良贷款余额为1.27万亿元，比年初增加4 319亿元，增幅达51.5%，创金融危机后增幅新高。具体而言，工农中建四大行由于整体贷款规模较大，不良贷款余额绝对水平较高；而从增幅来看，农行、招行、平安分列前三位，不良贷款增幅均高于68%。所有商业银行不良贷款余额的增幅均超过两位数，大型商业银行的不良贷款余额增速均超过30%；除中信银行外，股份制商业银行的不良贷款率余额增长超过了50%；城市商业银行的不良贷款增幅参差不齐，跨度较大，见图5。

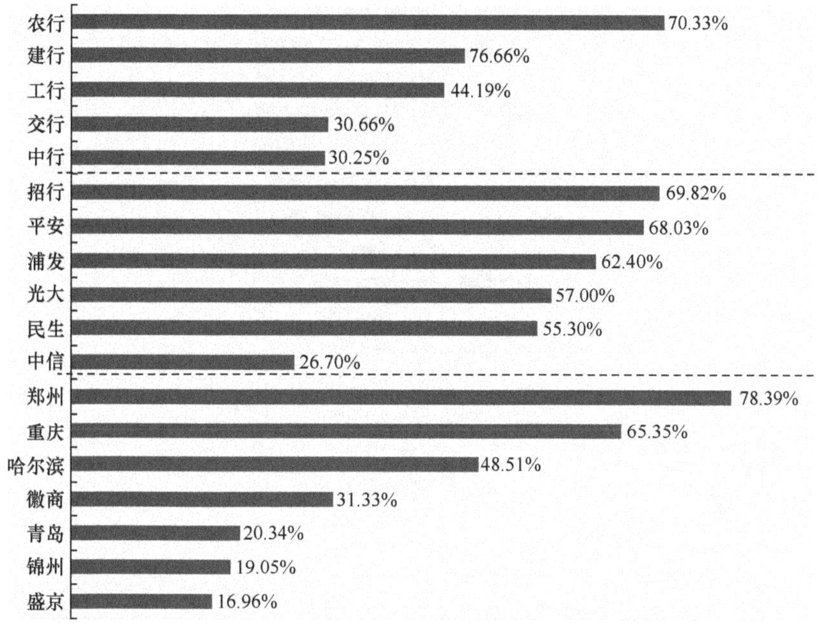

图5　不同类型商业银行不良贷款余额变化

数据来源：各家银行2015年年报。

3. 不良贷款的行业分布：批发和零售业、制造业

纵观各类上市银行，公司类贷款不良率高的两大行业为批发和零售业及制造业，其他不良率较高的行业为住宿和餐饮业、采矿业和建筑业。大型商业银行中批发和零售行业不良率高达7.13%，远高于其他行业，值得引起警惕。股份制商业银行的批发和零售业不良率高达3.66%（见图6）。

（二）关注类贷款比例趋升，下迁趋势明显

关注类贷款是指尽管借款人目前有能力偿还贷款本息，但存在一些可能对偿还本息产生不利影响的因素，如果不利因素继续下去，将影响借款人的偿还能力，促使该笔贷款变为不良贷款。因为关注类贷款介乎正常贷款与不良贷款之间，再加上存在某些银行为了让不良数据好看，

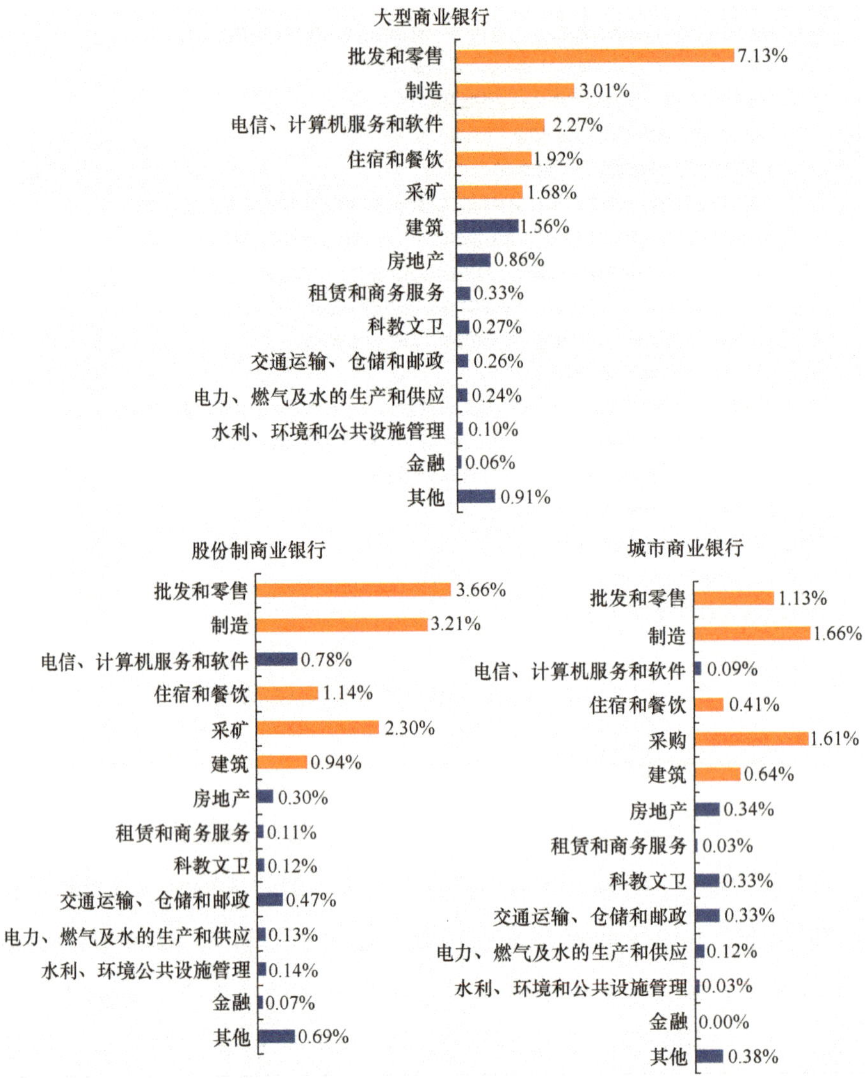

图 6　不同类型商业银行不良贷款行业分布

资料来源：普华永道：《2015 年中国银行业回顾与展望》，2016 年 4 月。

而把一些存在不良隐患的贷款搬到关注类贷款中，因而其规模及占比也被视作判断不良贷款走势的前瞻性指标。

2015 年年末，上市银行的关注类贷款率也较 2014 年年末普遍上升，银行业的资产质量风险可能进一步暴露。关注类贷款应关注的是银行在进行不良贷款认定时，可能在某种程度上隐藏或延迟了“不良”的生成，使得坏账水平可能被低估。整体而言，据银监会统计，2015年年末，商业银行关注类贷款余额为28 854亿元，同比上升37.50%；关注类贷款占比为3.79%，同比上升0.68个百分点。2016年一季度末，关注类贷款余额31 953亿元，关注类贷款占比为4.01%，较年初上涨0.22个百分点。

从个别上市的商业银行看，关注类贷款率上升明显的是股份制商业银行和工行。工行关注类贷款增幅高达62.76%，远高于其他几大行，该行关注类贷款占比亦上升1.46%至4.36%。其他股份行中，关注类贷款余额增幅明显的是民生、光大及招行，其中，后两者增幅均略高于58%，民生银行关注类贷款余额则较2014年年末上升110.43%至755.47亿元，该行关注类贷款占比的变动幅度也在11家银行中位列第一。只有建行和锦州两家银行关注类贷款率下降（见图7）。

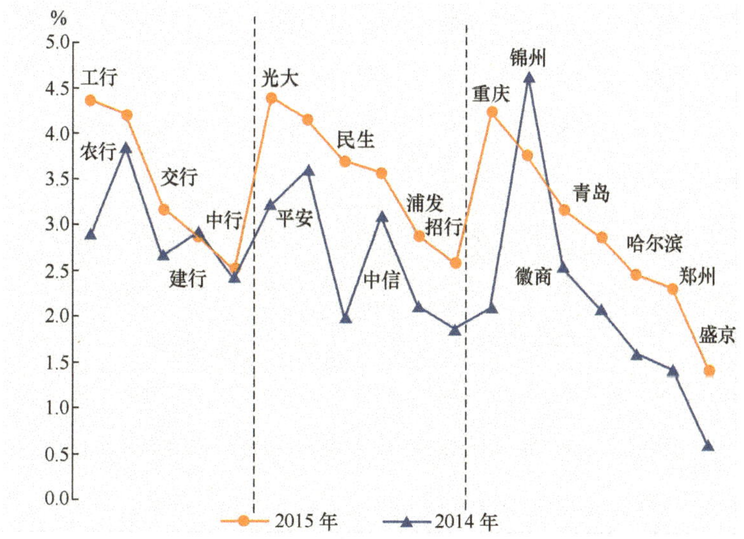

图7　部分上市银行（A股或H股）关注类贷款率变化

资料来源：普华永道：《2015年中国银行业回顾与展望》，2016年4月。

除关注类贷款余额增幅及占比变化外，银行贷款迁徙率可以“动态”地反映资产质量变化趋势，而关注类贷款迁徙率[①]在一定程度上能反映未来银行不良贷款率的变动。一些银行出现关注类贷款迁徙率大幅变动现象，应予以高度关注。2014 年，16 家 A 股上市银行关注类贷款迁徙率平均值是 23.90%，到 2015 年年末，这一数据变为 33.23%。其中，五大行除工行和交行关注类贷款迁徙率接近 30% 外，其余三家迁徙率均低于 22%，处于上市银行较低水平。而股份制商业银行和城市商业银行关注类贷款迁徙率偏高，除民生银行和平安银行外均超过了 30%，其中兴业银行和浦发银行已接近或达到 50%（见表 1）。

表 1　上市银行关注类贷款变化　　单位：亿元人民币

银行名称	关注类贷款			关注类贷款占比（%）			关注类贷款迁徙率（%）	
	2014 年	2015 年	去年增幅（%）	2014 年	2015 年	去年变动幅度	2014 年	2015 年
工商银行	3 197.84	5 204.92	62.76	2.90	4.36	上升 146bps	17.20	29.60
农业银行	3 111.73	3744.32	20.33	3.84	4.20	上升 36bps	4.99	18.28
中国银行	2 006.54	2291.65	14.21	2.37	2.51	上升 14bps	9.89	22.07
建设银行	2 814.59	3029.17	7.62	2.97	2.89	下降 8bps	10.19	20.58
交通银行	919.03	1181.03	28.51	2.68	3.17	上升 49bps	24.33	27.32
华夏银行	242.31	450.10	85.75	2.58	4.21	上升 163bps	35.75	34.15
招商银行	466.34	737.94	58.24	1.86	2.61	上升 75bps	25.47	42.17
民生银行	359.02	755.47	110.43	1.98	3.69	上升 171bps	16.67	27.19
平安银行	369.49	504.82	36.63	3.61	4.15	上升 54bps	20.16	29.13
光大银行	420.18	665.12	58.29	3.24	4.39	上升 115bps	26.68	30.33
兴业银行	289.44	417.76	44.33	1.82	2.35	上升 53bps	42.16	52.96
浦发银行	430.14	646.68	50.34	2.12	2.88	上升 76bps	46.29	49.40

① 关注类贷款迁徙率 = 期初关注类贷款向下迁徙金额/（期初关注类贷款余额 - 期初关注类贷款期间减少金额）×100%。

续表

银行名称	关注类贷款			关注类贷款占比(%)			关注类贷款迁徙率(%)	
	2014 年	2015 年	去年增幅(%)	2014 年	2015 年	去年变动幅度	2014 年	2015 年
中信银行	681.61	903.92	32.62	3.12	3.57	上升 45bps	30.16	31.77
北京银行	87.20	81.53	-6.50	1.29	1.05	下降 24bps	11.96%	35.76
南京银行	39.16	48.14	22.92	2.24	1.92	下降 32bps	17.86	46.19
宁波银行	37.20	45.28	21.72	1.77	1.77	保持不变	42.56	34.77

数据来源：各家商业银行 2015 年年报。

除此之外，一个有趣的现象是，建设银行关注类贷款占比较 2014 年末下降 0.8% 至 2.89%。但仍不容乐观的是，该行关注类贷款迁徙率较 2014 年翻番至 20.58%。关注类贷款规模和迁徙率继续增加，说明不良贷款的攀升还将持续一段时间，暂未出现所谓的拐点。

（三）逾期贷款“双升”，不良认定需谨慎

逾期贷款指本金或利息逾期 1 天或者以上的贷款，是衡量资产质量的前瞻性指标。我们分别从大型商业银行、股份制商业银行、城市商业银行中选取 18 家商业银行进行代表性分析①。2015 年年末，18 家上市银行逾期贷款额为 15 147.56 亿元，较 2014 年年末增长 45.67%；逾期率 2.70%，上升 0.67 个百分点。逾期贷款额和逾期率“双升”，也预示着资产质量的风险有可能进一步暴露。大型商业银行的逾期率升幅最快，2015 年年末较 2014 年年末上升 0.70 个百分点。股份制商业银行逾期率最高，2015 年年末达 3.46%，较 2014 年年末上升 0.55 个百分点。城市商业银行的逾期贷款额增长最快，2015 年年末较 2014 年年末增幅超过 60%（见图 8）。

① 包括 5 家大型商业银行，平安银行、招商银行、民生银行、浦发银行、光大银行、中信银行 6 家股份制商业银行，哈尔滨银行、郑州银行、青岛银行、重庆银行、徽商银行、锦州银行、盛京银行 7 家城市商业银行。

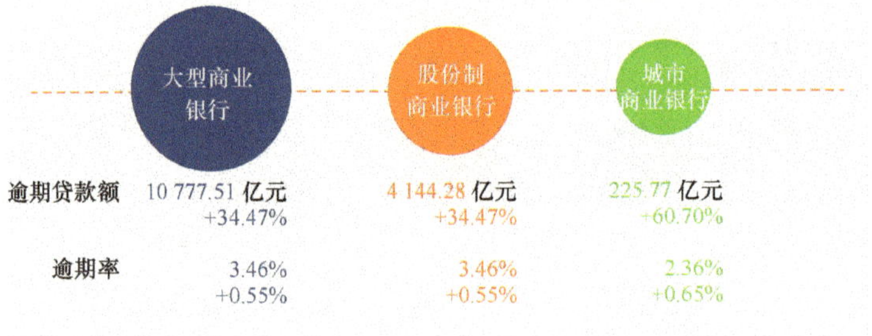

图 8　部分上市银行（A 股或 H 股）逾期贷款余额变化

资料来源：普华永道：《2015 年中国银行业回顾与展望》，2016 年 4 月。

多家银行逾期率居高不下。按个别银行进行比较，2015 年年末上市银行的逾期率上升现象较普遍。其中只有中信逆势下跌；股份制商业银行如平安、光大和民生的逾期率均超过了 4%；另有多家银行的逾期率在 3% 以上；盛京银行的逾期率是 18 家上市银行中最低的，也是唯一一家逾期率低于 1% 的银行（见图 9）。

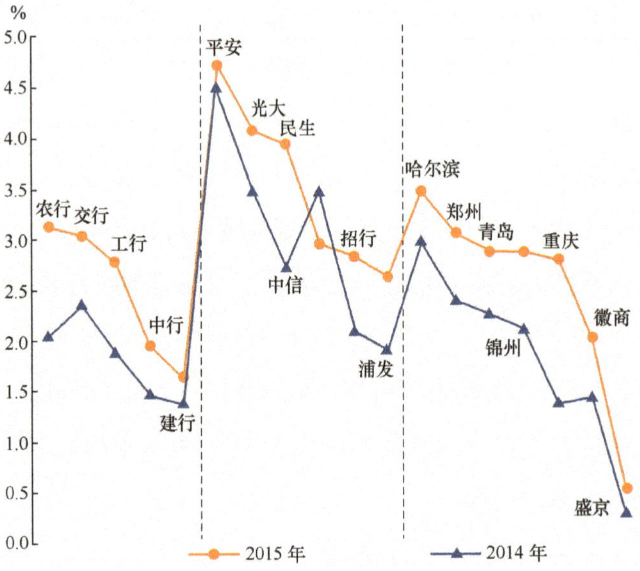

图 9　部分上市银行（A 股或 H 股）逾期贷款率变化

资料来源：普华永道：《2015 年中国银行业回顾与展望》，2016 年 4 月。

大部分上市银行的逾期贷款额增速介于30%～70%。其中，增速最快的重庆银行高达136.75%，最慢的中信银行呈轻微负增长的趋势。盛京银行虽然逾期率最低，但2015年年末逾期贷款额比2014年增加了112.76%。平安银行的逾期贷款额增速较慢，但其逾期率却最高（见图10）。

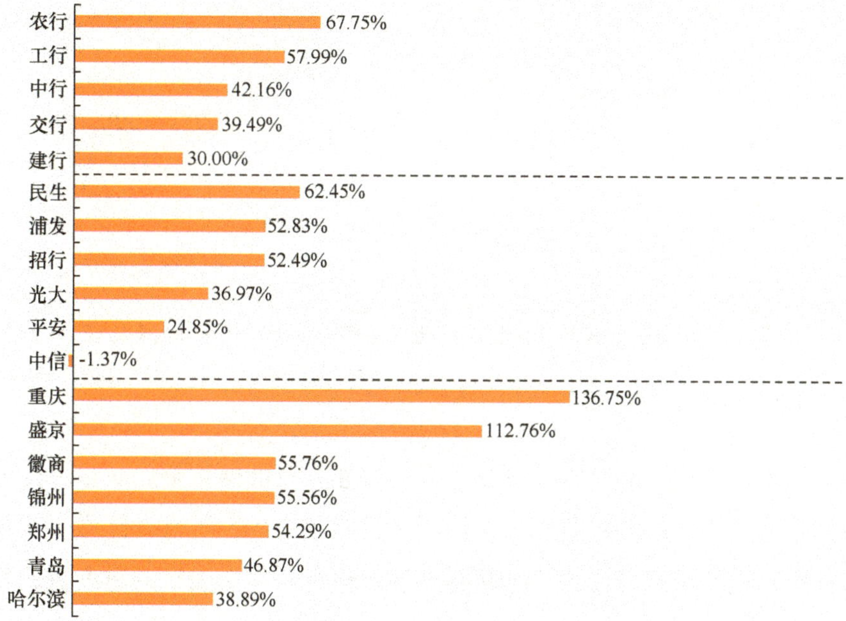

图10　部分上市银行（A股或H股）逾期贷款额增幅情况

资料来源：普华永道：《2015年中国银行业回顾与展望》，2016年4月。

逾期贷款增速高于不良贷款，将逾期贷款率与不良贷款率对比可见，2015年末股份制商业银行和城市商业银行的逾期贷款率大幅高于不良贷款率（见图11）。

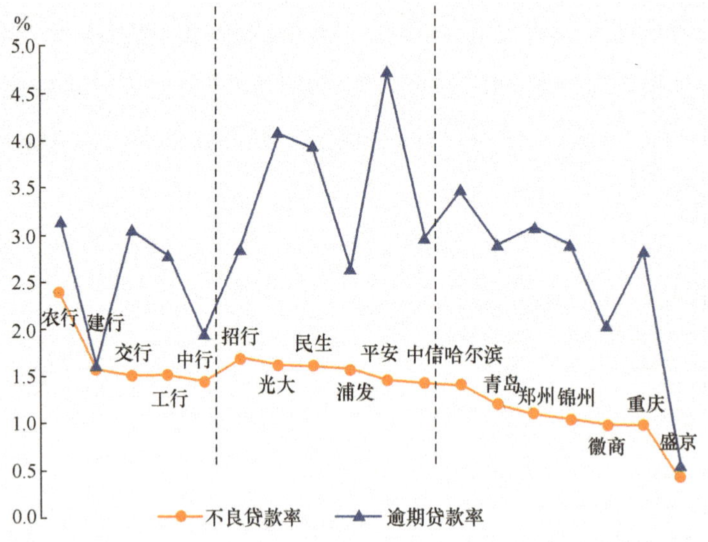

图 11　部分上市银行（A 股或 H 股）不良贷款率与逾期贷款率比较

资料来源：普华永道：《2015 年中国银行业回顾与展望》，2016 年 4 月。

比较逾期贷款额与不良贷款余额的增速，也能衡量资产质量风险的暴露程度。两者的差距若较大，说明不良贷款在未来还有可能进一步增加，资产质量风险可能进一步暴露。盛京银行和重庆银行的逾期贷款增速显著，且远高于不良贷款额的增幅，值得引起关注。尤其是盛京银行，虽然目前的不良贷款率和逾期贷款率较低且与趋势吻合，但逾期贷款额大幅增加，将是资产质量的一个不确定因素（见图 12）。

贷款逾期偿还的时限越长，表明借款人还款的概率越不乐观。进一步分析逾期贷款结构可见，上市银行逾期 90 天及以上的逾期贷款额已逐渐占逾期贷款总额的一部分。如这些贷款日后转变成不良贷款，资产质量的形势将更加严峻（见图 13）。

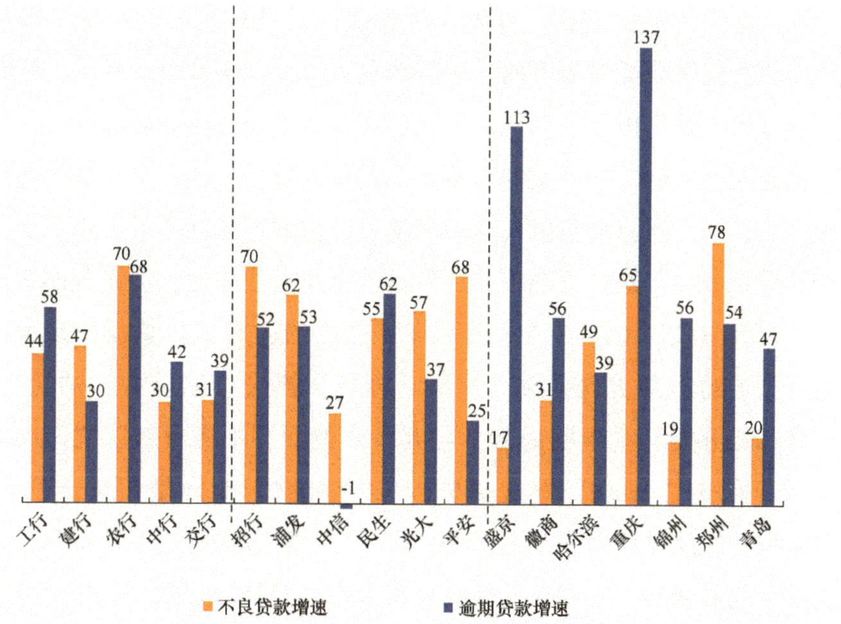

图 12 部分上市银行（A 股或 H 股）不良贷款增速与逾期贷款增速比较（%）

资料来源：普华永道：《2015 年中国银行业回顾与展望》，2016 年 4 月。

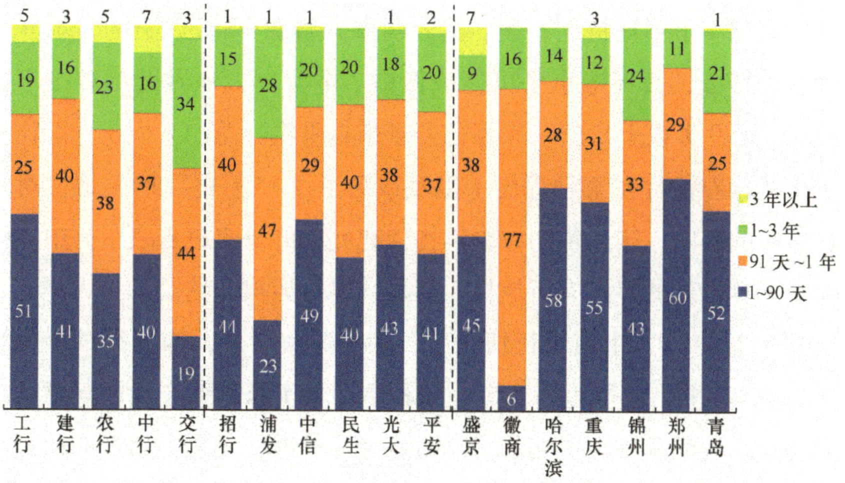

图 13 部分上市银行（A 股或 H 股）逾期贷款结构（2015 年年末）

资料来源：普华永道：《2015 年中国银行业回顾与展望》，2016 年 4 月。

要全面关注不良贷款，首先应该解决的是数据真实性问题。事实上，仅关注五级分类体系下的不良贷款及不良率，实属过于局限。实践中，银行出于粉饰报表的动机，可能存在人为干预五级分类的情况。比如，已逾期但逾期时间不足的，不予下调贷款质量分类；又比如企业已出现风险苗头，但目前贷款尚未逾期或者已逾期但时间不长，也不予下调贷款质量分类。这种情况下，两种贷款分类方法相比，会出现四级分类下“不良贷款”（包括“一逾两贷”在内的逾期贷款总额）远大于五级分类下的不良贷款金额（次级、可疑和损失贷款总额）的情况。要反映四级分类下“逾期贷款”与五级分类下“不良贷款”之间的对应关系，采用“不良贷款/逾期 90 天以上贷款”指标是相对合理的。一般来说，风险已经暴露的逾期 90 天以上贷款都应纳入不良贷款，再加上部分期限未到但定性风险特征已符合不良贷款的贷款，该指标应当大于 1。

因此，我们再以不良贷款余额与逾期 90 天及以上的贷款额的比率做一个比较。通过比较可见，大部分上市银行不良贷款余额与逾期 90 天及以上的贷款额的比率都低于 1，说明大多数银行逾期 90 天及以上的贷款额都多于不良贷款余额。这表明部分逾期 90 天以上的贷款并未被确认为坏账，其坏账水平可能被低估。事实上，外界近年对“不良贷款/逾期 90 天以上贷款”指标已经越来越重视，总的来说，这个比值低于 1 意味着银行在某种程度上隐藏或延迟了“不良”的生成。对于不良贷款的界定，国际信用评级机构穆迪此前的研究报告表示，中国银行业对不良贷款的界定有所放松，坏账情况可能被低估。

从表 2 中 13 家上市银行情况看，除交通银行外，四大行该比值均大于 1.1，其中，建行达到 1.62。这种主动真实暴露资产质量问题的态度和做法，说明其采用严格的资产质量评价标准，更能为后续的稳健经营打下坚实的基础。而股份行中，除招行将所有逾期 90 天以上贷款列入不良、兴业银行和中信银行接近全部列入不良外，其余股份行该比值普遍低于 0.8。其中，平安银行仅为 0.52，但该行被诟病较多的不良认定不严格的问题已有所改善，2015 年年末“不良贷款/逾期 90 天以上贷款”比值达到近两年以来的较高水平。

表 2　上市银行逾期 90 天贷款变化情况

银行名称	2014 年年报比值	2015 年年报比值	2014 年逾期 90 天以上贷款占比（%）	2015 年逾期 90 天以上贷款占比（%）
工商银行	1.08	1.10	1.04	1.36
农业银行	1.34	1.18	1.15	2.03
中国银行	1.49	1.23	0.80	1.17
建设银行	1.44	1.62	0.83	0.98
交通银行	0.96	0.61	1.30	2.46
平安银行	0.36	0.52	2.86	2.80
浦发银行	0.67	0.77	1.60	2.02
光大银行	0.84	0.69	1.43	2.32
中信银行	0.86	0.95	1.50	1.50
招商银行	1.11	1.05	1.00	1.59
民生银行	0.92	0.67	1.27	2.38
宁波银行	0.85	0.88	1.01	1.08
兴业银行	1.07	0.96	1.02	1.52

数据来源：各家商业银行 2015 年年报。

注：华夏银行、北京银行、南京银行未在年报中公布“90 天以上逾期贷款”数据。

在银行业资产质量下行期间，随着监管趋严及银行主动调整以及银行真实暴露“不良”情况和严格执行贷款分类后会在一定程度上加速不良数据的增长。而除平安银行外，“不良贷款/逾期 90 天以上贷款”比值出现上升的还有浦发银行、中信银行、宁波银行，表明贷款分类审慎程度有所提升。也有部分银行该比值出现下滑，包括光大银行、民生银行及交通银行，其中民生和交行下滑幅度较大。

（四）拨备覆盖率持续下降，风险抵御能力减弱

反映上市银行拨备的两项指标——贷款总额准备金率和拨备覆盖率显示，这些银行的拨备情况值得关注，拨备覆盖率较大程度下调。据银监会2015年年报显示，截至2015年年底，商业银行贷款损失准备金余额2.3万亿元，比年初增加3 493亿元；拨备覆盖率181.18%，比年初下降50.86个百分点；贷款拨备率3.03%，比年初上升0.13个百分点（见图14）。

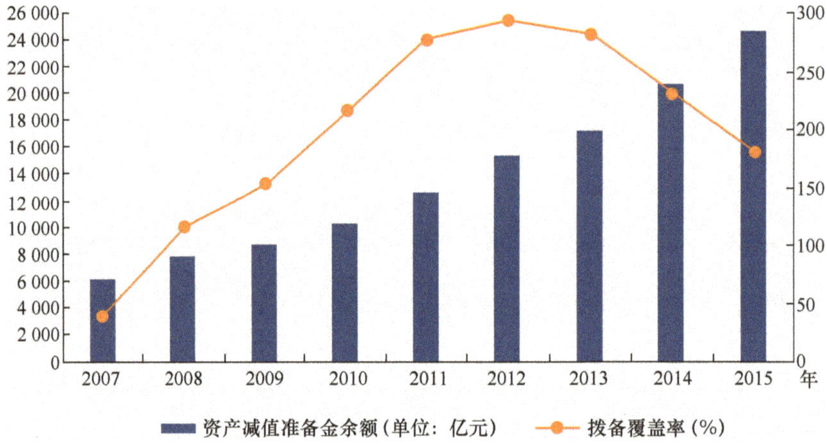

图14　商业银行资产减值准备金额及拨备覆盖率

除个别银行以外，2015年大部分银行的贷款总额准备金率都呈明显上升趋势（见图15）。股份制商业银行中，浦发、招商、平安上升的幅度相对多一些；城市商业银行中，以锦州及郑州上升较为显著。但是在拨备覆盖率方面，由于不良贷款迅速增加，除盛京、锦州以外，大部分上市银行都有所下降，不少银行已经接近150%的监管红线（见图16）。

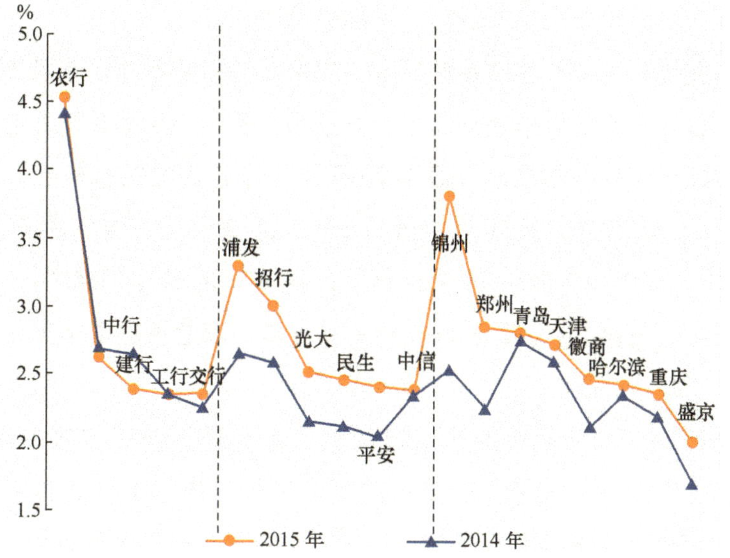

图 15　部分上市银行（A 股或 H 股）贷款总额准备金率变化（2015 年年末）

资料来源：普华永道：《2015 年中国银行业回顾与展望》，2016 年 4 月。

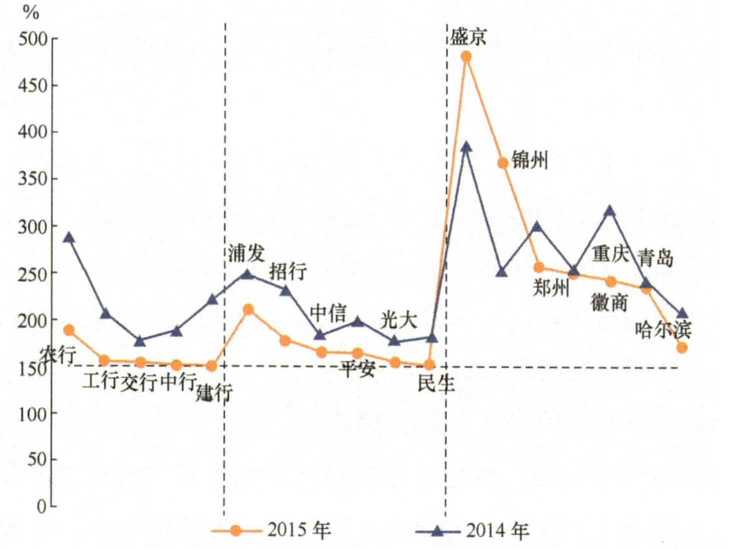

图 16　部分上市银行（A 股或 H 股）拨备覆盖率变化（2015 年年末）

资料来源：同图 15。

（五）资本补充压力较大，经营稳健性弱化

商业银行整体资本充足性良好，但部分银行资本充足率已经逼近警戒线，存在一定的资本补充压力。商业银行资本充足率整体保持较高水平，银监会统计数据显示，截至2015年年末，商业银行核心一级资本充足率为10.91%，较年初上升0.35个百分点；一级资本充足率为11.31%，较年初上升0.55个百分点；资本充足率为13.45%，较年初上升0.27个百分点。截至2016年一季度末，商业银行资本充足率均值为13.37%。

2015年，部分城市商业银行和大型银行通过发行二级资本债券，资本实力得到一定提升。但受风险资产增长过快、不良贷款率不断攀升、利润增速放缓等因素影响，部分银行的资本充足水平面临一定的下行压力，如华夏银行、平安银行2015年资本充足率已逼近10.5%的监管红线，面临较大的资本补充压力。净利润增速放缓背景下，各类银行资本内生增长能力趋弱，但随着资本市场的持续发展和完善，未来商业银行的外源资本补充渠道将进一步拓宽。

城市商业银行补充资本金压力较大。核心一级资本充足率方面，大型商业银行和股份制商业银行基本保持稳定（见图17）。除了交行、浦发、光大略有下降外，其他大中型银行均有所上升。相对而言，城市商业银行变动较为剧烈。随着H股首发及定向增发，郑州、青岛、锦州和重庆的资本得到了补充，而其他城市商业银行的资本消耗较为显著，补充资本金的压力较大。同时，资本充足率方面，上市银行普遍积极采用发行优先股、二级资本债、普通股发行等补充资本工具来补充资本，但仍有一些银行出现下降（见图18）。

截至2015年年底，多家上市银行已通过发行二级资本债券、优先股及普通股等形式补充各类资本。根据已公告的情况看，未来一段时间，仍有不少上市银行将陆续发行各类资本工具（见表3）。

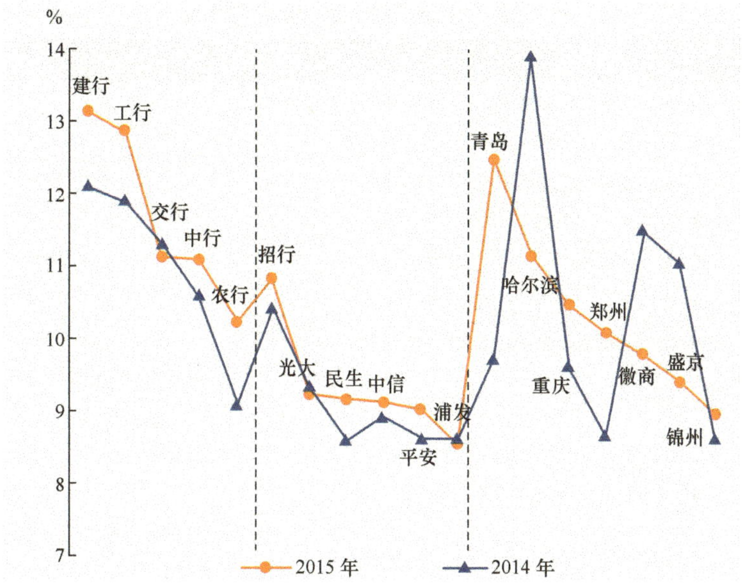

图 17　部分上市银行（A 股或 H 股）核心一级资本充足率变化（2015 年年末）

资料来源：普华永道：《2015 年中国银行业回顾与展望》，2016 年 4 月。

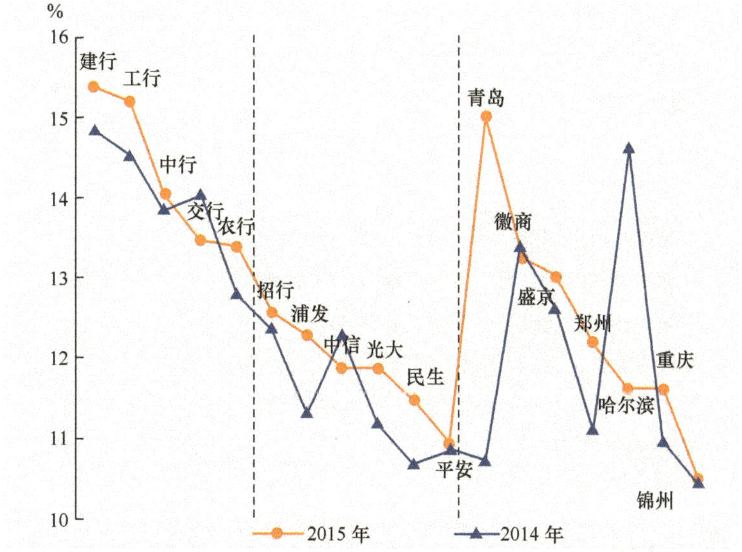

图 18　部分上市银行（A 股或 H 股）资本充足率变化（2015 年年末）

资料来源：同图 17。

表 3　部分上市银行资本工具发行情况

银行	2015 年度已发行	已公告待发行
工行	• 境外发行二级资本债券：20 亿美元 • 境内发行优先股：450 亿元	—
建行	• 境外发行二级资本债券：20 亿美元 • 境内发行二级资本债券：240 亿元 • 境外发行优先股：30.5 亿美元	—
农行	• 境内发行 4 亿股优先股：400 亿元	—
中行	• 境内发行 2.8 亿股优先股：280 亿元	—
交行	• 境外发行优先股：24.5 亿美元	• 境内发行最多 4.5 亿优先股：不超过 450 亿元
浦发	• 境内发行优先股：150 亿元 • 境内发行二级资本债券：300 亿元	—
中信	• 发行 21.47 亿股 A 股普通股：119.18 亿元	• 境内发行最多 3.5 亿股优先股：不超过 350 亿元
民生	• 境内发行二级资本债券：200 亿元	• 境内发行最多 2 亿股优先股：不超过 200 亿元
光大	• 境内发行优先股：200 亿元	—
平安	• 发行 5.99 亿股 A 股普通股：99.40 亿元	• 发行最多 2 亿股优先股：不超过 200 亿元
盛京	• 境内发行二级资本债券：100 亿元	—
徽商	• 境内发行二级资本债券：80 亿元	• 境外拟发行最多6 000万股优先股：不超过 60 亿元
哈尔滨	—	• 发行二级资本工具，发行规模不超过 80 亿元
重庆	• 配售 4.2 亿股 H 股，募集金额 32.27 亿港元	—
锦州	• 配售 13.79 亿股 H 股，募集金额 64.28 亿港元	—
郑州	• 配售 15.18 亿股 H 股，募集金额 58.44 亿港元	—
青岛	• 境内发行二级资本债券：22 亿元 • 配售 9.47 亿股 H 股，募集金额 44.99 亿港元	—

资料来源：公开信息整理得到。

三、 商业银行存在资产质量未来恶化的风险点

信用风险仍将是商业银行面临的主要风险，短期内难以得到有效缓解。2016 年经济增速放缓趋势未变，对商业银行资产质量形成持续性

的压力，商业银行对未来资产质量恶化风险点的估计显得尤为重要。本报告认为，对于资产规模占比仍占大多数的信贷资产而言，应重点关注其典型的行业分布特征和区域分布特征，其中，小微企业、产能过剩行业、三四线城市房地产贷款和部分类信贷业务风险走势，仍是决定商业银行信用风险状况的重要因素；同时，无论是从不良贷款率数据，还是从增加幅度看，压力按区域大小分布分别为西部（包括重庆、四川、贵州、云南等12个省市）、中部（包括山西、吉林、黑龙江、安徽等8个省市）、东部（包括北京、天津、河北等11个省市）；此外，应重点关注资产规模占比不断上升的债券类资产、应收款项类投资的信用风险变化。

（一）不良资产分布的行业特征明显

商业银行资产规模保持稳步增长，据银监会统计，截至2016年一季度末，全国商业银行资产规模达162.15万亿元，较上年同期增长15.32%，增速同比提高3.27个百分点。信贷资产仍是绝大多数商业银行资产的主要构成部分，大型银行贷款余额占资产总额的比重平均在50%左右，城市商业银行和农商行贷款余额占比分别在30%和40%左右。然而，由于银行贷款投向的不同，不良资产的分布呈现明显的行业特征，部分行业不良率和不良余额较低，而部分行业则是不良资产的重灾区。不良率既呈现行业特征，也呈现周期特征。

我们整理了21个行业2014—2015年的平均不良贷款率（见表4）。

表4　21个行业2014—2015年的平均不良贷款率

排序	2015年		2014年	
	行业分类	不良率（%）	行业分类	不良率（%）
1	农林牧渔业	5.50	农林牧渔业	5.50
2	批发和零售贸易业	4.50	房地产业	4.00
3	化学工业	4.30	建筑业	4.00
4	建筑业	4.00	住宿和餐饮业	3.00
5	建材工业	3.10	煤炭工业	3.00
6	住宿和餐饮业	3.00	化学工业	2.90
7	煤炭工业	3.00	电子工业	2.80

续表

排序	2015 年		2014 年	
	行业分类	不良率（%）	行业分类	不良率（%）
8	电子工业	2.80	纺织工业	2.80
9	交通运输、仓储及邮政业	2.70	建材工业	2.80
10	机械工业	2.70	交通运输、仓储及邮政业	2.50
11	纺织工业	2.70	轻工业	2.20
12	轻工业	2.30	燃气生产供应业	2.20
13	燃气生产供应业	2.20	食品工业	2.20
14	食品工业	2.10	社会服务业	2.00
15	医药工业	2.00	医药工业	2.00
16	社会服务业	2.00	冶金工业	1.90
17	冶金工业	1.90	水的生产与供应业	1.80
18	森林工业	1.40	机械工业	1.80
19	传播与文化业	1.20	森林工业	1.40
20	房地产业	0.80	传播与文化业	1.00
21	水的生产与供应业	0.50	批发和零售贸易业	1.00

数据来源：Wind 整理所得。

从表 4 可以看出，2015 年不良贷款率前三个行业分别是农林牧渔业（5.5%，属于第一产业）、批发和零售贸易业（4.5%，属于第三产业）和化学工业（4.3%，属于第二产业），不良率最低的三个行业分别是传播与文化业（1.2%）、房地产业（0.8%）和水的生产与供应业（0.5%）。与 2014 年对比，可以看出几个戏剧性的变化①：

（1）农林牧渔业 2014—2015 年的不良贷款率均高居行业第一，实际上从 2009 年以来，这个行业一直是不良率最高的行业。多年以来，农林牧渔业一直是政府财政支持的基础产业，获得的政策类贷款较多，贷款质量和贷款约束相对也较差。

① 王海军，行业不良变化图谱：房地产 2015 年逆袭不良率仅 0.8% ［N］. 21 世纪经济报道，2016-08-02.

（2）房地产行业2015年实现逆转，2015年不良贷款率不到1%，排在第20位，而在2014年以高达4%的不良率高居行业第二。这一变化与2015年政府对房市政策干预造成的新一波上涨行情有关。未来房地产行业的不良情况与政府政策高度关联，如果房市价格泡沫继续维持的话，这一行业的不良率短期不会有剧烈的升高。

（3）批发零售业在2015年以4.5%的不良贷款率高居行业第二位，而在2014年的不良率仅为1%，在21个行业中不良率最低。造成这一变化的主要原因与中国经济持续下行有关，批发零售业主要对接终端消费者，内外需求不振，必然降低销售收入，恶化经营状况。

（4）制造业的不良贷款率覆盖广且处于高位。2014—2015年，在不良率最高的10个行业中，制造业门类的子行业均占一半。其中，2015年是化学工业（第3）、建筑业（第4）、建材工业（第5）、电子工业（第8）和机械工业（第10）；2014年是建筑业（第3）、化学工业（第6）、电子工业（第7）、纺织工业（第8）和建材工业（第9）。

（5）煤炭工业不良贷款率也一直在高位徘徊。煤炭工业属于第一产业的采掘业，2014—2015年分别处于不良率第5和第7位。煤炭工业的不良率过去16年一直高于工业不良率。但是与农林牧渔业和建筑业相比，不良率相对较低。

结合表4的不良贷款率综合判断，制造业的不良情况在全部行业中最为严重，而文化教育、娱乐、科技和金融业等产业的贷款质量相对较好，不良余额及不良率都比较低。鉴于2016年上半年经济大势尚无明显改善，我们认为，上述分析的特点仍会延续一段时间。2016—2017年，制造业、批发零售业和个人贷款仍将是不良的“重灾区”，而从制造业的细分子业看，钢铁、水泥、光伏、煤炭、玻璃和建筑业等传统行业由于产能过剩严重，债务风险集聚，不良率将持续走高。

（二）不良资产分布的区域特征警示

对不同区域商业银行不良贷款规模及不良率的变化情况分析，有助于分析各省市的不良贷款压力情况。据《2015年银监会年报》统计，

2015年31个省市自治区（下称“省市”）中，有29个不良贷款率上升，整体增加了0.45个百分点；内蒙古、福建、浙江等9个省市的不良贷款率在2%以上；甘肃、云南、重庆等7个省市的不良贷款规模增幅超过了100%，显示西部地区不良风险暴露更快；浙江、山东和广东等7个省市的不良贷款规模增加了200亿元以上，东部地区依然是不良贷款风险的集中地。从区域不良贷款变化看，2015年不良贷款率按高低排名，分别为西部1.87%、中部1.75%、东部1.68%，分别增加了0.82，0.47，0.33个百分点；西部、中部和东部三个地区商业银行不良贷款规模增幅分别高达105%，60%，38%，不良贷款余额分别增加了1 270亿元、811亿元和2 045亿元。对比2014年、2015年不良贷款数据，对相关数据和变动情况进行详细分析如下①：

1. 31个省市商业银行不良贷款率

31个省市商业银行不良贷款率排名及变化情况见表5，从表5中看出，2015年有9个省市不良贷款率超过2%。

表5　31个省市商业银行不良贷款率排名（%）

31个省市商业银行不良贷款率排名（2015年）				
排序	地域	不良贷款率 2015年	不良贷款率 2014年	不良贷款率 变动
1	内蒙古	3.97	2.16	1.81
2	福建	2.77	1.94	0.83
3	浙江	2.5	2.04	0.46
4	山西	2.34	1.7	0.64
5	山东	2.32	1.72	0.6
6	云南	2.18	0.94	1.24
7	广西	2.18	1.13	1.05
8	江西	2.08	1.44	0.64
9	四川	2	1.26	0.74

① 轻金融不良资产研究中心. 31个省不良率排名及详解，2016－08－12.

续表

31 个省市商业银行不良贷款率排名（2015 年）				
排序	地域	不良贷款率 2015 年	不良贷款率 2014 年	不良贷款率变动
10	陕西	1.99	1.08	0.91
11	青海	1.9	1	0.9
12	安徽	1.86	1.3	0.56
13	黑龙江	1.72	1.55	0.17
14	湖南	1.67	1.16	0.51
15	辽宁	1.64	1.46	0.18
16	天津	1.6	1.11	0.49
17	贵州	1.6	0.97	0.63
18	湖北	1.58	1.28	0.3
19	宁夏	1.58	1.2	0.38
20	江苏	1.55	1.31	0.24
21	河南	1.48	0.97	0.51
22	吉林	1.47	1.14	0.33
23	广东	1.43	1.15	0.28
24	河北	1.18	0.74	0.44
25	甘肃	1.13	0.47	0.66
26	上海	1.01	1.02	-0.01
27	新疆	1	0.84	0.16
28	重庆	0.99	0.46	0.53
29	北京	0.84	0.72	0.12
30	海南	0.69	0.55	0.14
31	西藏	0.23	0.23	0
其他	境外分行	0.07	0.06	0.01
	总行	1.88	1.49	0.39
	西部地区	1.87	1.05	0.82
	中部地区	1.75	1.28	0.47
	境内	1.74	1.29	0.45
	东部地区	1.68	1.35	0.33

数据来源：银监会 2015 年、2014 年年报。

（1）不良贷款率区间分布。2015年，内蒙古是不良贷款率最高的省份，高达3.97%；福建、浙江、山西、山东、云南、广西、江西和四川的不良贷款率也在2%以上；18省市不良贷款率在1%～2%，陕西、青海、安徽、黑龙江、湖南和辽宁等不良贷款率均在1.6%以上；4个省市不良贷款率低于1%。2015年，西藏地区的不良贷款率最低，为0.23%，此外，海南、北京和重庆的不良贷款率分别为0.69%，0.84%，0.99%。2015年年末有12个省市的不良贷款率超过了商业银行整体不良贷款率（1.74%）。

（2）不良贷款率变化。2015年，共有3个省市的不良贷款率相较2014年年末增加了1个百分点以上，分别为内蒙古（增加了1.81个百分点）、云南（增加了1.24个百分点）、广西（增加了1.05个百分点）；山西、青海、福建、四川、甘肃、山西、江西、贵州和山东9个省市的不良贷款率都增加了0.60个百分点以上；辽宁、黑龙江、新疆、海南和北京5个省市的不良贷款率增加幅度为0.1～0.2个百分点；2015年上海不良贷款率为1.01%，相比前一年下降了0.01个百分点，是不良贷款率唯一下降的地区，西藏地区不良贷款率与前一年相比则保持不变。

（3）不良贷款率区域分布。2015年，无论是从不良贷款率数据，还是增加幅度看，压力按区域大小分布分别为：西部（重庆、四川、贵州、云南、西藏、陕西、甘肃、青海、宁夏、新疆、广西和内蒙古）、中部（山西、吉林、黑龙江、安徽、江西、河南、湖北和湖南）、东部（北京、天津、河北、辽宁、上海、江苏、浙江、福建、山东、广东和海南）。

不过，从各地银监局公布的银行业不良贷款数据看，整体银行业的不良贷款压力要大于商业银行。截至2015年年底，河南、山西、吉林和黑龙江四省的不良贷款率均超过了3%，其中，山西省高达4.75%，黑龙江省不良贷款率为3.6%，吉林省达到3.68%。而这些省份商业银行的不良贷款率大部分都在2%以下。

2. 31个省市不良贷款规模

31个省市不良贷款规模变化见表6，从表6中看出，2015年有7个省市银行不良贷款规模翻番。

表6　31 个省市商业银行不良贷款规模变化排名

31 个省市商业银行不良贷款规模变化（2015—2014 年）					
排序	地域	不良贷款余额（2015 年,亿元）	不良贷款余额（2014 年,亿元）	规模变动（亿元）	规模变动幅度(%)
1	甘肃	85.8	25.3	60.5	239.13
2	云南	273.6	107.8	165.8	153.80
3	重庆	180.3	75.9	104.4	137.55
4	青海	57.4	25.3	32.1	126.88
5	陕西	319.7	143.1	176.6	123.41
6	广西	246.9	113.8	133.1	116.96
7	贵州	165.6	82	83.6	101.95
8	内蒙古	441.1	221.2	219.9	99.41
9	河北	272.3	146.2	126.1	86.25
10	四川	573.4	319.8	253.6	79.30
11	河南	316.8	178.5	138.3	77.48
12	湖南	287.6	166.8	120.8	72.42
13	江西	268.3	158.3	110	69.49
14	安徽	362.3	219.1	143.2	65.36
15	山西	315.1	196.4	118.7	60.44
16	天津	304	190.6	113.4	59.50
17	福建	719.2	454.1	265.1	58.38
18	海南	21.9	14.2	7.7	54.23
19	山东	1 081.1	716.8	364.3	50.82
20	吉林	140.2	93.3	46.9	50.27
21	宁夏	54.5	37.5	17	45.33
22	湖北	341.2	236.7	104.5	44.15
23	广东	1 151.5	802.2	349.3	43.54
24	新疆	83	60	23	38.33
25	浙江	1 600.7	1 219.9	380.8	31.22
26	江苏	1 104.4	848	256.4	30.24
27	黑龙江	138.5	110	28.5	25.91
28	北京	366.3	293	73.3	25.02
29	西藏	4.3	3.5	0.8	22.86
30	辽宁	444.3	362.6	81.7	22.53

续表

31个省市商业银行不良贷款规模变化（2015—2014年）					
排序	地域	不良贷款余额（2015年,亿元）	不良贷款余额（2014年,亿元）	规模变动（亿元）	规模变动幅度(%)
31	上海	397.3	370.7	26.6	7.18
其他	西部地区	2 485.5	1 215.2	1 270.3	104.53
	中部地区	2 170	1 359.1	810.9	59.66
	境内小计	12 724.4	8 410.7	4 313.7	51.29
	总行	605.9	418.3	187.6	44.85
	东部地区	7 463	5 418.2	2 044.8	37.74
	境外分行	19.7	14.8	4.9	33.11

数据来源：银监会2015年、2014年年报。

（1）不良贷款规模分布。截至2015年年末，共有4个省份的不良贷款规模在1 000亿元以上，分别为浙江1 600亿元、广东1 152亿元、江苏1 104亿元和山东1 081亿元，而在2014年仅有浙江在千亿元；从不良资产余额变动看，浙江、山东、广东、福建和江苏5个省市的不良贷款规模均增加了200亿元以上；陕西、云南和安徽等12个省市的不良贷款规模也增加了100亿元以上。

（2）不良贷款规模变化。2015年，共有甘肃、云南、重庆、青海、陕西、广西和贵州等7个省市的不良贷款规模相比前一年翻番，其中，甘肃增幅最高，达到239%；上海不良贷款规模增幅最小，仅为7%。只有13个省市的不良贷款规模增幅小于2015年中国不良贷款总体增幅。

（3）区域不良贷款数据。从不良贷款规模变化情况看，西部地区104.53%的增幅，远超东部的38%和中部的60%。不过，从总规模上看，东部地区7 463亿元的不良贷款规模，占比超过了58.65%，远超中西部之和。因而，虽然中西部地区不良贷款暴露更快，不过从不良风险压力看，基数占绝对规模的东部地区形势更为严峻。

（三）债务类资产投资风险频频显现

1. 债券投资类资产占比上升，政府信用债受青睐

分析各类上市银行的资产结构可见，整体上呈现出贷款和同业占比下降、投资类资产占比上升的趋势（见图19）。大型商业银行和股份制商业银行的贷款仍是占比最大的部分，但占比有所下降。城市商业银行的投资类资产已超过贷款，成为占比最大的部分。与2014年相比，大型商业银行的资产并无重大变化，贷款仍是各家大型商业银行的业务重点，占比50%左右。投资类业务略有上升，但升幅并不显著；股份制商业银行中，除了招商银行外，其余各银行的贷款占比都低于50%。浦发银行和中信银行的投资占比较大，超过了30%。各家股份制银行的投资资产占比均有所增加；城市商业银行的资产配置更依赖于投资业务。为了持续致力于丰富投资组合，扩大收入来源，城市商业银行的投资业务占总资产的比例均有显著上升（见图20、图21和图22）。从图23看，盛京银行、徽商银行和锦州银行投资业务占比上升较快。

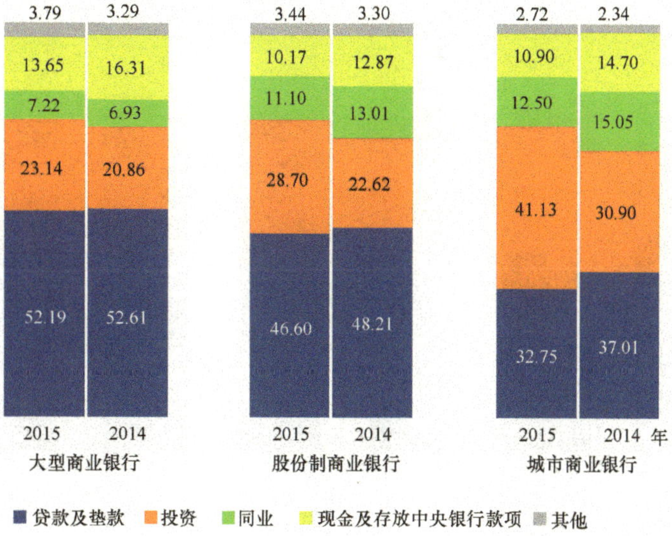

图19 不同类型商业银行资产结构变化（%）

资料来源：普华永道：《2015年中国银行业回顾与展望》，2016年4月。

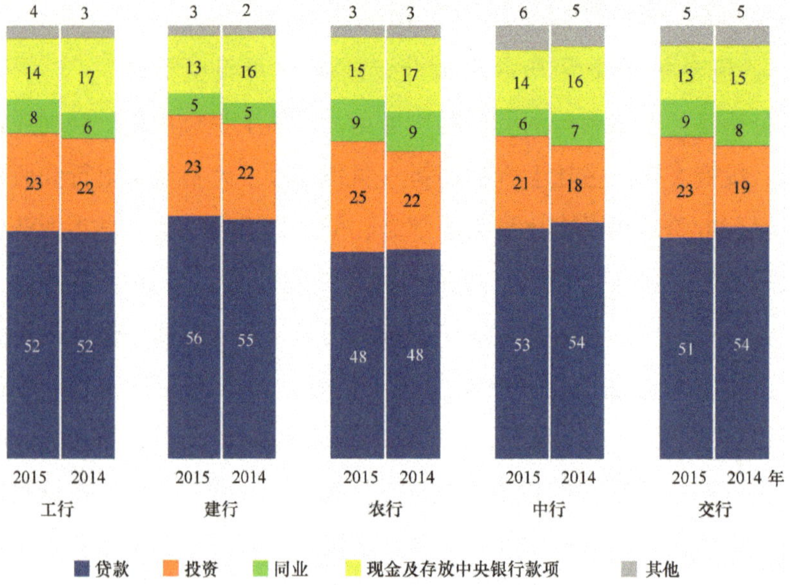

图 20　大型商业银行资产结构变化（%）

资料来源：普华永道：《2015 年中国银行业回顾与展望》，2016 年 4 月。

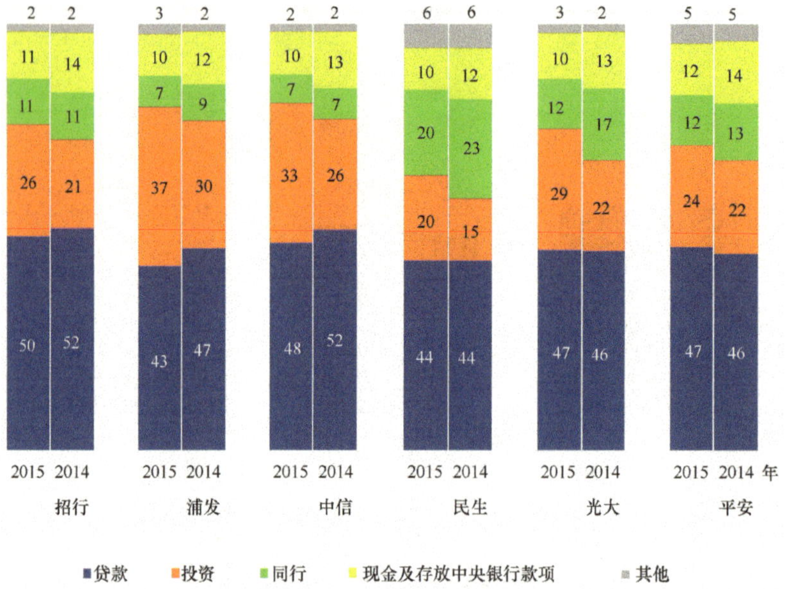

图 21　股份制商业银行资产结构变化（%）

资料来源：普华永道：《2015 年中国银行业回顾与展望》，2016 年 4 月。

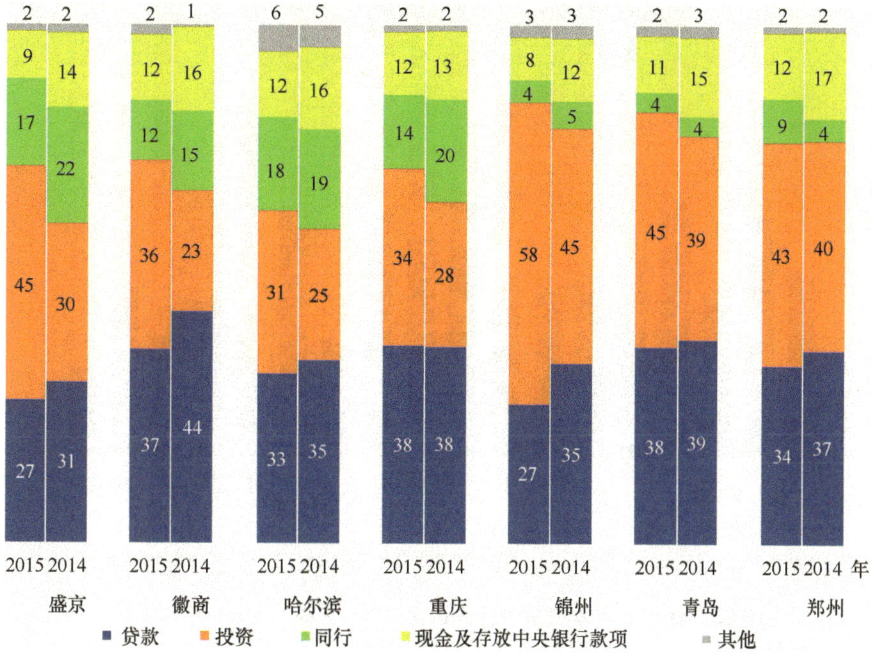

图 22　部分城市商业银行资产结构变化（%）

资料来源：普华永道：《2015 年中国银行业回顾与展望》，2016 年 4 月。

从投资的债券类别看，多数银行加大了政府信用债券投资力度。从商业银行持有的债券资产发行人占比情况看，受到商业银行债券市场供给结构变化（如大量地方政府债置换），以及公司债券违约事件增多的影响，多数银行加大了对政府信用债券的投资力度，并不同程度地减少了对公司债券的投资比重。图 23、图 24 中除了工行、盛京银行、重庆银行增加了企业债占比，青岛银行保持占比稳定之外，其余银行的公司债券占比均有下降。另外，除了浦发、光大及哈尔滨银行增加了金融债投资占比，其余银行的金融债投资的占比均有减少。

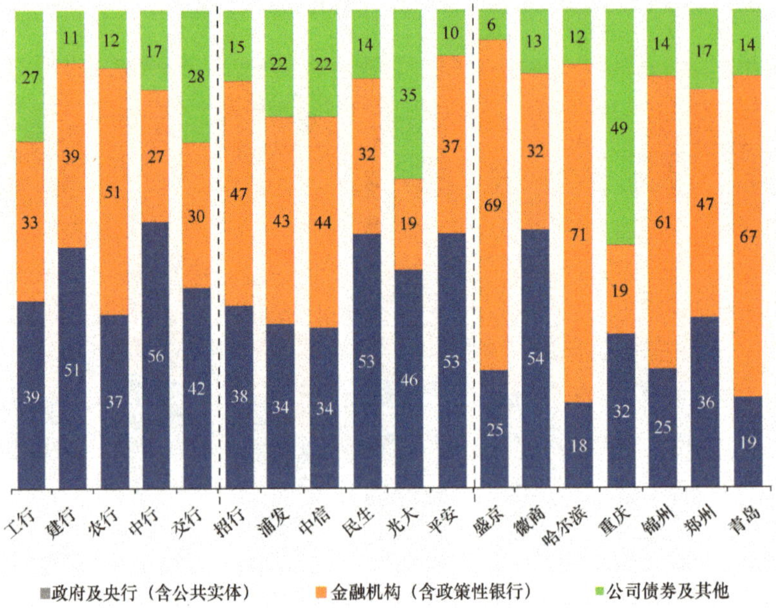

图23 债券资产中各类发行人占比（%）（截至2015年年末）

资料来源：普华永道：《2015年中国银行业回顾与展望》，2016年4月。

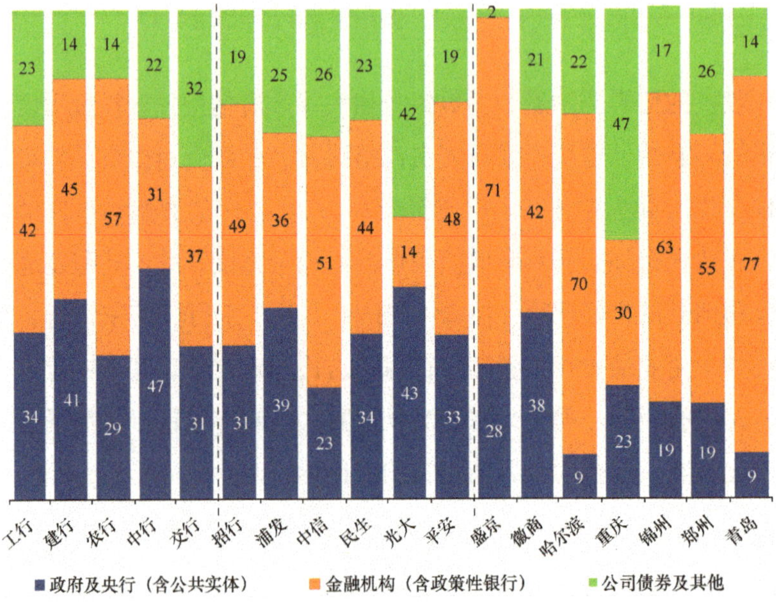

图24 债券资产中各类发行人占比（%）（截至2014年年末）

资料来源：普华永道：《2015年中国银行业回顾与展望》，2016年4月。

2. 债券市场信用违约加剧，警惕风险传染

（1）违约速度加快，多数悬而未决。2014 年 3 月，超日债违约打开了债券违约的潘多拉魔盒，从此一发不可收拾。截至 2016 年 4 月末，主要债券品种中（包括短融、超短融、中期票据、企业债、公司债和定向工具等，未包括中小企业私募债、集合债等），已有 25 只债券实质性违约，涉及 16 个发行人，其中，2016 年以来已有 11 只债券违约，违约速度明显加快①。违约品种已经涵盖了包括超短融在内的所有债券品种，违约主体从民企扩散至央企，再到地方国企，各类型企业均已沦陷。违约主体均是产业债发行人，城投债尚未发生实质性违约。

从违约后处置情况看，25 只违约债券中仅有 8 只完成了兑付，其余 17 只至今仍悬而未决。违约后完成兑付的绝大多数是民企发行人，通过资产重组、争取银行流动性支持等途径兑付了债券。而违约的地方国企、央企等大多已经连年亏损，积重难返，政府支持力度下降，且债务重组需经层层上报，协调难度较大，重组进展较慢，拖累债券兑付。

（2）潜在违约规模仍大，产能过剩行业承压。中低评级债券到期量大，债券违约常态化。中低评级债券到期偿还量从 2015 年第四季度开始大幅上升，并将于 2016 年第三季度达到高峰。随着去产能的推进和低评级债券的大量到期，预计会有更多违约事件浮出水面，违约将呈常态化。

对存续债券按照债务负担、营利性、短期偿债能力等指标进行简单筛选的结果显示，风险较高的债券仍有近 500 只，总额近 7 000 亿元，主要集中在煤炭、有色金属、化工和钢铁等产能过剩行业（资产负债率高于 60%，2014 年和 2015 年前三季度连续亏损，货币资金对短期债务的覆盖率低于 50%）（见图 25）。

① 姜超，周霞，朱征兴，等. 信用违约加剧、警惕风险传染 [Z]. 海通证券研究所，2016－04－20.

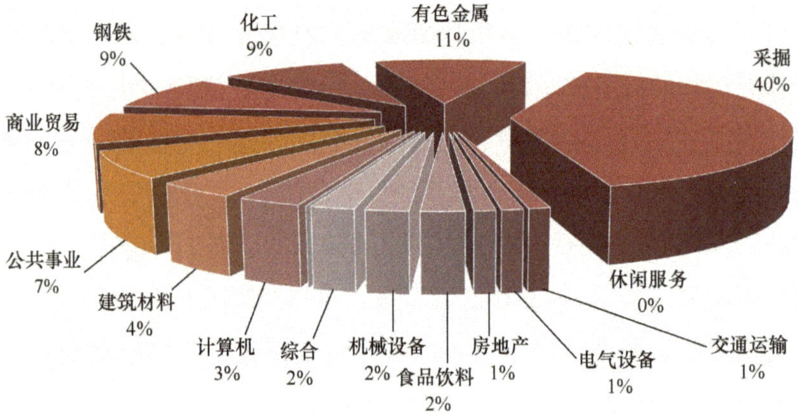

图 25　违约风险相对较高的债券行业分布（%）（截至 2015 年年末）

资料来源：Wind，海通证券研究所。

（3）流动性风险共振，一二级市场双杀。信用违约除了引发信用风险之外，还将提升流动性风险。一方面，相关债券若暂停交易则类似于股灾期间的停牌，投资组合中若有暂停交易的债券，在面临赎回或到期的时候将无法及时回收流动性，只能被迫卖出相关债券进行止损；另一方面，信用风险上升将加剧市场恐慌情绪，降低投资者风险偏好，即使违约风险不高的债券流动性也将大幅下降，低资质债券将首当其冲。

此外，违约风险升温还将冲击债券一级发行市场。山水和铁物资事件后均有大量债券取消发行。据不完全统计，山水水泥违约后的两周内，至少有 43 家公司取消公开债券的发行，金额约 460 亿元；而铁物资事件后的一周内，有 59 家公司取消或推迟债券发行计划，涉及总额约 480 亿元。发行人取消债券发行，一方面是由于债券发行利率上升，发行人出于降低融资成本的目的推迟发行；另一方面，也是由于投资者变得谨慎（尤其是对于低资质发行人），债券需求骤然下降。

（4）借新还旧受阻，警惕风险传染。债券违约将影响企业借新还旧，导致再融资成本提高甚至停滞，严重情况下将大幅影响社会融资中的债券融资。违约风险增大将提高企业借新还旧的成本，在恐慌情绪蔓延的情况下（如山水违约、铁物资公告债务重组），可能导致再融资受阻，严重情况下可能导致企业债券类融资大幅萎缩。而2016年以来，企业债券是社会融资增量的主要来源，债券融资的大幅回落或使得经济复苏进程夭折，从而进一步增大违约风险，形成“违约风险增大—再融资受阻—经济回落—违约风险进一步增大”的恶性循环。

（四）应收款项类投资信用风险不容小觑

1. 投资类资产占比上升，扩大信托资管计划

2015年，中国经济持续放缓，央行执行宽松的货币政策，市场流动性保持宽松，受利率市场化影响，息差收入收窄。受上述环境影响，在商业银行资产规模稳步增长的同时，投资类资产占比明显上升，其中，城市商业银行投资类资产增幅尤为明显，增量部分主要投向非标准化债权产品。2014年以来，商业银行投资类资产保持了较快的扩张速度。在各类银行资产配置中，城市商业银行投资类资产增长最为显著。截至2015年年末，城市商业银行投资类资产较年初增长58.43%，占资产总额比重达41.33%，较大型银行和农商行分别高出15.69和13.69个百分点。其中，应收款项类投资占城市商业银行投资总额的比重为57.08%，较2014年年末增长12.43个百分点①。

股份制商业银行与城市商业银行为丰富投资组合、扩大收入来源，在投资类资产中，增加了应收款项类投资，提高了投资组合收益。应收款项类投资中包括信托公司管理的信托计划、由证券公司及保险机构管理的资产管理计划，以及其他商业银行发行的理财产品的投资。如图26、图27所示，2015年股份制商业银行的信托资管计划占比85.55%，较上年增长4.81个百分点。城市商业银行虽然各自的投资结构不同，但投资仍以信托资管计划、购买他行理财产品为主。图28中徽商银行、锦州银行应收款项类投资总量增长明显，新增投资主要投向信托资管计划。

① 数据来源：Wind数据库。

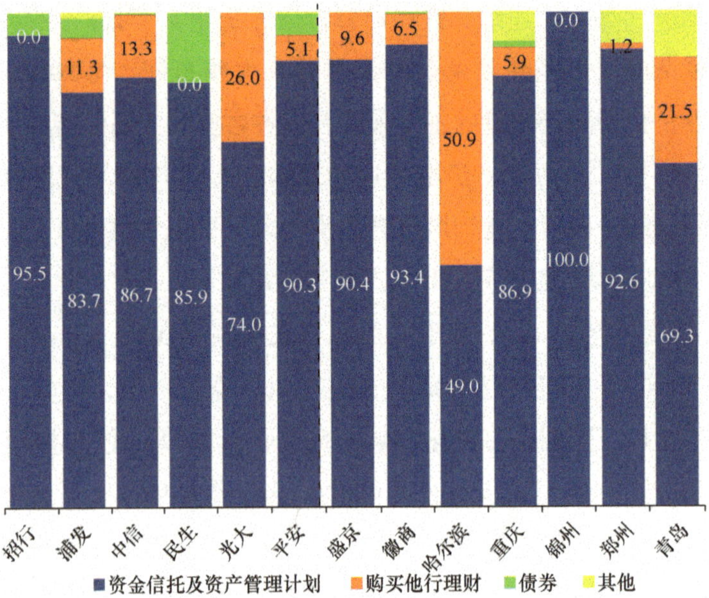

图 26　2015 年股份制商业银行与城市商业银行应收款项类投资投向（%）

资料来源：普华永道：《2015 年中国银行业回顾与展望》，2016 年 4 月。

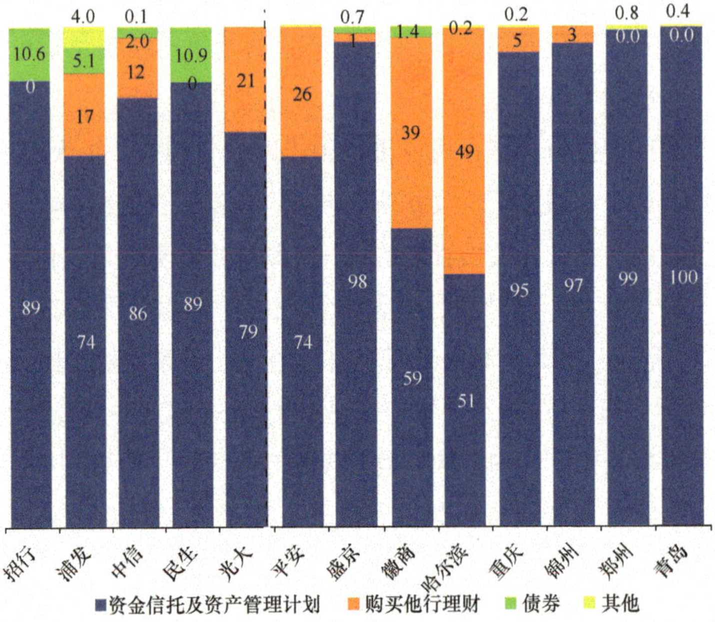

图 27　2014 年股份制商业银行与城市商业银行应收款项类投资投向（%）

资料来源：同图 26。

2. 应收款项类违约事件显现，不良率有所上升

随着股份制商业银行与城市商业银行应收款项类投资业务的上升，其信用风险值得关注。目前多数信托资管计划最终投向实质为企业贷款。受经济下行影响，该业务的信用风险在不断积聚。除民生外的股份制商业银行与城市商业银行的应收款项类投资准备金率较上年均有显著增加，以防范应收款类资产的违约（见图28，图29）。

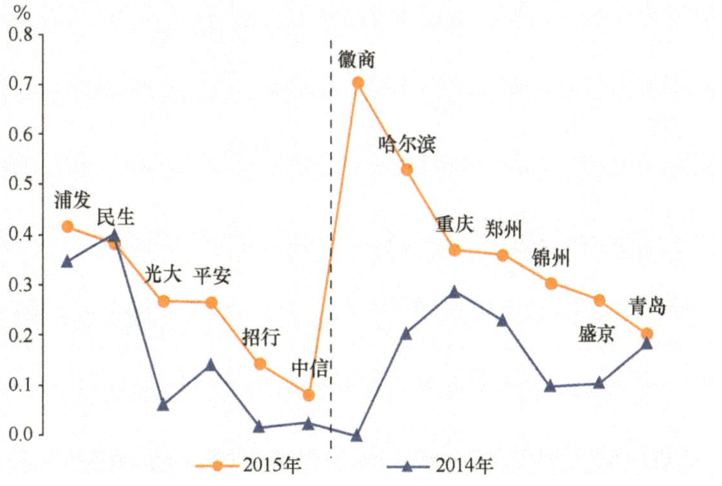

图28　股份制商业银行与城市商业银行应收款项类投资额准备金率（%）

资料来源：同图26。

从已披露的信息看，2014年，除了哈尔滨银行外，其余银行应收款项类投资不良率为零。而2015年已出现违约事件，部分股份制商业银行中的应收款项类投资不良率有不同程度的上升。

城市商业银行的业务资质和投资范围较农商行更广，因而经济下行时期城市商业银行可大力借助投资资产管理计划、信托计划、理财产品等非标产品，变相突破贷款和同业投资的限制，大幅增加应收款项类金融资产规模。非标产品具有底层资产不明晰、交易结构复杂等特点，便于商业银行绕道监管，放贷于“两高一剩”等限制性贷款行业。此外，

在经济下行、不良率暴露时期，商业银行可通过券商定向资管计划和收益互换协议，对接银行理财资金为不良资产出表。城市商业银行应收款项类投资大幅增加，而其风控机制和内控管理相对弱于大型银行，其存在的潜在信用风险值得关注。

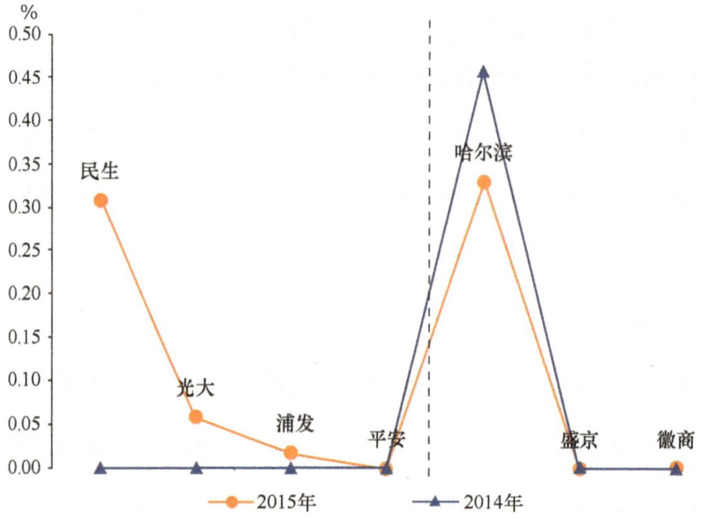

图 29　部分股份制银行和城市商业银行应收款项类投资不良率（%）

资料来源：同图 27。

（五）小微企业贷款风险仍受持续关注

《中国银行家调查报告 2015》调查显示，小微企业贷款风险是银行家关注的首要风险。当前环境下，小微企业面临经营压力大、成本上升、融资难等一系列问题，商业银行小微企业贷款不良率呈持续上升态势。2016 年一季度商业银行小微企业贷款不良率达 2.7%，比年初增加了 0.1 个百分点，且高出商业银行业一季度不良率 1.75% 近 1 个百分点。透视 2015 年不同类型商业银行小微企业贷款结构变化可见，在小微企业贷款风险增长的态势下，不同类型商业银行小微企业客户定位有所差异，由此也将带来各自不同的小微企业贷款风险特征。

1. 各类银行机构不同类型小微企业贷款增长迥异

尽管目前小微企业不良贷款率不断上升，但是由于市场广阔，加之政府的支持，商业银行不会放弃这块带骨头的鸡肉，小微企业贷款增速仍高于商业银行贷款的平均增速（见图30）。但从各类银行不同类型小微企业贷款增速的比较看，不同银行机构2015年在不同类型的小微企业贷款上的发力有所不同。

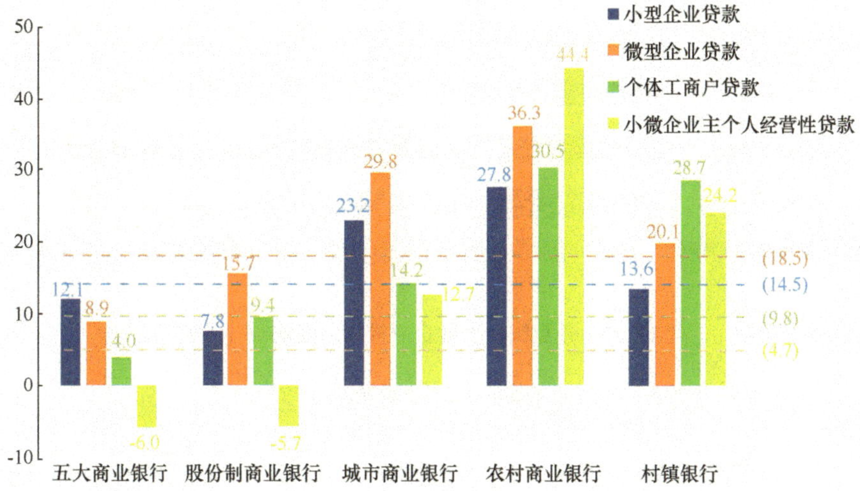

图30　各类银行小微企业贷款余额增速情况比较

资料来源：《中国中小微企业金融服务发展报告2016》。

农村商业银行四类小微企业贷款增速均超过了其他机构，而且其小微企业主经营性贷款余额增幅表现尤为突出，高达44.4%（见图31）。城市商业银行的四类贷款中微型企业贷款和小型企业贷款增速较快，并且高于其他两类贷款增速。与之相反的是，村镇银行的个体工商户和小微企业主个人经营性贷款增速较快，并且高于其他两类贷款增速。值得注意的是，五大商业银行和股份制商业银行小微企业主个人经营性贷款余额出现负增长，其他三类小微企业贷款增速也较低。

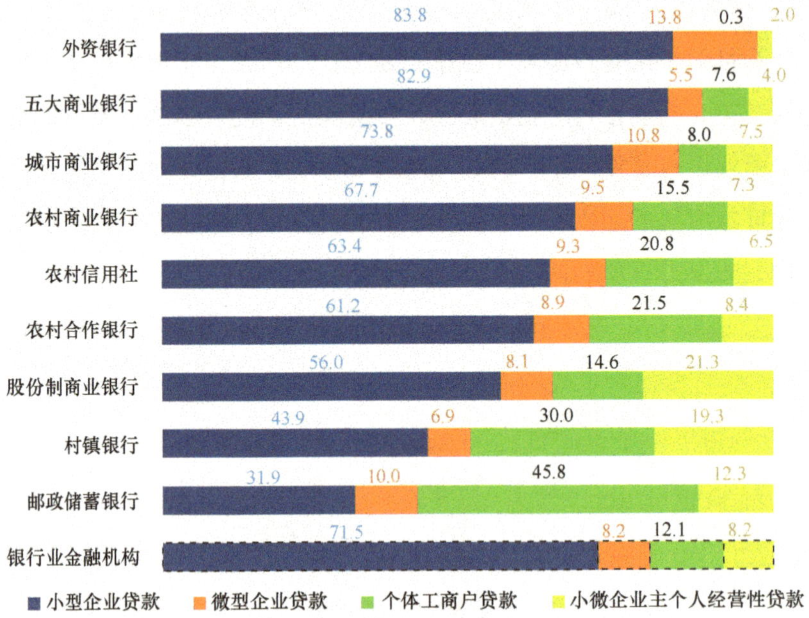

图 31　各类银行小微企业贷款余额结构（%）

资料来源：《中国中小微企业金融服务发展报告 2016》。

五大商业银行的小型企业贷款余额占其小微企业贷款总余额的比例达到了 82.9%，高于除外资银行外的其他各类银行业金融机构；而其微型企业贷款余额占比仅为 5.5%，在所有银行业金融机构中是最低的；以个人形式发放的贷款仅占约一成。股份制商业银行的小微企业主个人经营性贷款余额占比为 21.3%，高于其他各类银行业金融机构，几乎占据了整个银行业金融机构的小微企业主个人经营性贷款余额的半壁江山。其小型企业贷款余额仅占约五成，低于银行业金融机构整体水平。外资银行的小型企业贷款余额占比 83.8%，微型企业贷款余额占比 13.8%，在所有银行业金融机构中都是最高的，但外资银行极少发放个体工商户贷款，小微企业主经营性贷款占比仅为 2.0%，远低于其他各类银行业金融机构。

邮政储蓄银行的个体工商户贷款余额占比达 45.8%，远高于其他各类银行业金融机构；以个人贷款形式发放的小微企业贷款占到了五成以上；但其小型企业贷款余额仅占约三成，在各类银行业金融机构中是最低的。农村信用社、农村合作银行及村镇银行的个体工商户贷款比例也较高，小型企业贷款比例相对较低。

2. 小微企业贷款结构迥异带来未来风险点的差异

各类型银行机构不同类型小微企业贷款余额结构迥异，决定了不同类型银行机构未来小微企业贷款风险暴露点会有所差异。从目前各家银行的动态看，不同类型银行小微企业贷款风险点的不同已有初步显现。比如，股份制商业银行的代表平安银行，逾期贷款主要集中在上海钢贸、杭宁温民营中小企业、小微联保互保及山东两高一剩行业等；而个体户和经营性贷款增速较高的农村商业银行，小微贷款的主要风险来自于存量互联保业务，以及部分高风险区域的经营性贷款客户群。不同类型商业银行小微企业贷款风险特征的差异化表现，有待我们做进一步的跟踪和挖掘。不同类型银行由此采取的差异化小微企业风险防范措施，也有待进一步关注。

四、 商业银行不良资产处置的可行性渠道探寻

在经济持续下行、企业债务负担迅速上升、银行业信贷资产质量风险不断暴露的情况下，商业银行亟须采取多种手段化解不良资产风险。商业银行不良资产未来处置渠道的可行性，决定了其化解信用风险的能力和业务的进一步发展空间。概括而言，商业银行不良资产处置方式主要包括催收、依法收贷、批量转让、委托处置、核销、资产证券化及“债转股”等方式。目前，商业银行在不断增加不良资产核销及转让力度的同时，传统的不良资产处置方式已无法满足需求，商业银行不良资产证券化和“债券股”的讨论越发激烈。

（一） 不良资产核销及转让力度增大

2014 年年初，财政部颁布了《金融企业呆账核销管理办法》，放宽

了金融机构贷款核销的标准。目前核销及转让成为银行主动管理不良贷款的重要手段，上市银行对于不良贷款的核销及转让，自 2012 年起持续上升。2015 年主要上市银行继续保持较高的处置力度，核销及转让金额达 3 861 亿元，为 2014 年的 1.67 倍。

（二）商业银行不良资产证券化呼之欲出

1. 商业银行不良资产证券化呼之欲出

商业银行面临的信贷风险迅速积累，传统的不良资产处置方式已无法满足需求。与清收、核销和转让等传统化解手段比较，不良资产证券化可以在短期内改善商业银行资产质量，在处理效率和成本方面的优势明显。不良资产证券化作为不良资产风险化解的一种方式，受到市场期待，商业银行跃跃欲试，监管层也多次表示鼓励试点。2016 年 2 月，银监会等部委联合印发的《关于金融支持工业稳增长调结构增效益的若干意见》和 2016 年 3 月发改委颁布的《关于 2016 年深化经济体制改革重点工作的意见》中，均反复强调了应推进不良资产证券化。据媒体报道，工农中建交及招商银行六家银行将参与不良资产证券化的首批试点，总额度为 500 亿元，预示着不良资产证券化在 2005—2008 年小试牛刀之后即将重启。

2. 不良资产证券化的推行障碍重重

然而，不良资产证券化作为一种特殊的资产证券化形式，与一般的信贷资产证券化产品的基础资产有所不同，不良资产证券化在操作方面仍存在诸多瓶颈。作为信贷资产证券化的特殊形式，不良资产证券化产品在定价估值与风险管理、投资者需求、政策壁垒及法律保障等方面的瓶颈亟待突破。

但在诸多的瓶颈之中，不良资产证券化流动性不足导致的市场缺乏活力，是制约资产证券化进一步发展的主要因素，也是银行业金融机构对资产证券化重视不够的根本原因。不良资产证券化产品流动性不足主要表现在两个方面：一是从发行端看，不良资产证券化产品发行主要出于出表的动机，借以压低账面不良资产额度，特别是有的小法人银行业金融机构组成的资产包在地域性等方面不够分散，难以被市场认同，因而向不良信贷资产投资人提供隐性担保和暗回购等承诺，投资人只有持有而无法将此类不良资产证券化产品转让。二是从需求端看，产品在发行初期和存续期信息披露不规范、不透明，是导致市场接受程度低的主要原因。目前，中国规定证券化资产信息披露仅在发行期间投资人可查，不允许代表投资人的估值机构查询和入库分析。由于不让二级市场投资人查询，自然没有人贸然投资二级市场，反过来也制约了一级市场的发展。目前的实际情况是，资产证券化产品一般是银行业金融机构“抬轿式”的互持，没有真正的市场可言。此外，由于降息和理财资金成本上升，资产证券化产品发行存在利率与理财资金成本倒挂现象，也成为当前制约资产证券化产品销售的因素之一。

综上所述，不良资产证券化试点虽然呼之欲出，但在落实的初期阶段仍有较多瓶颈有待突破。距离该类产品和市场全面成熟，可作为商业银行依赖的化解不良资产风险的主要渠道仍然为时过早。

（三）“债转股”对商业银行机遇与挑战并存

随着中国经济下行、企业债务负担加大，十几年前曾经被用做解决结构性问题的“债转股”方案被重新提上日程。债权和股权无论是收益与风险，还是权利与义务，都是完全不同的两种事物。在1998—2002年发生的上一轮改革中，通过大量采用债转股方案来解决国企和银行贷款问题。时隔多年，中国经济和银行业面临新一波的挑战，政府希望再一次利用债转股缓解企业的债务压力。

1. 多家银行已涉及“债转股”协议安排

从积极的层面看，市场化的债转股方案会直接改变商业银行资产负债结构，降低贷款占比，丰富收入来源。同时，银行也可以从股价上升中分享到资本增值的收益。因此，尽管目前市场上仍存在较大争议且监管层也不完全鼓励，但是“债转股”的模式已陆续出现在多家上市公司与债权人达成的协议之中，为商业银行在不良资产处理提供了另一条出路（见表7）。

表7 近年涉及债转股的部分上市公司及相关安排

上市公司	行业/业务	涉及债务（亿元）	拟转股权（亿元）	清偿率（%）	债权人数	主要债权银行	进展
华荣能源	造船、能源勘探与生产	225.98	141.08	62.43	22家银行	中行、浦发、国开行、进出口行	2016年3月24日股东大会通过
中国秦发	煤炭开采与销售	0.48	0.48	100	1名	民生	2016年1月6日完成
长航油运	原油、成品油以及化工品等运输	61.95	61.95	100	18名	中行、建行、工行、交行、中信、民生、长城资管、平安、招行	2015年4月8日完成
长航凤凰	干散货航运及港航物流服务	45.74	6.70	14.60	132名	民生、交行、光大	2014年9月30日完成

注：清偿率由以逆转股权价值除以涉及债务金额得出。

数据来源：根据公开信息整理。

2. “债券股”中蕴含多项挑战

（1）资产风险上升。相对于债券来说，股权的受偿地位更低，接受债转股的银行受偿地位被进一步削弱，持有资产的风险较以前进一步上升。

（2）公允值估值难度加大。股权投资在商业银行资产负债表上一般以公允价值进行后续计量，债转股方案的推行可能会使商业银行持有大量非上市企业股权，公允价格难以简单获得，增加商业银行自身会计核算的难度。

（3）资本压力增加。根据《商业银行资本管理办法（试行）》的规定，相比债权投资，股权投资资产具有更高的风险权重。商业银行对一般企业债权的风险权重为100%，而被动持有工商企业股权的风险权重为400%。在实施债转股后可能会增加商业银行的风险加权资产，从而增加其资本的压力。若按照目前市场估计的1万亿元的债转股规定，假设各家上市银行将作为先驱参与债转股规模，且各银行实施债转股的规模按照其持有的信贷资产规模进行分配，图32模拟了2015年度实施债转股后各家银行的资本充足率下降的情况。由图32可见，债转股实施后显著增加了对资本的占用，限制了商业银行发展其他业务，从这点看不利于其支援更多的实体经济。

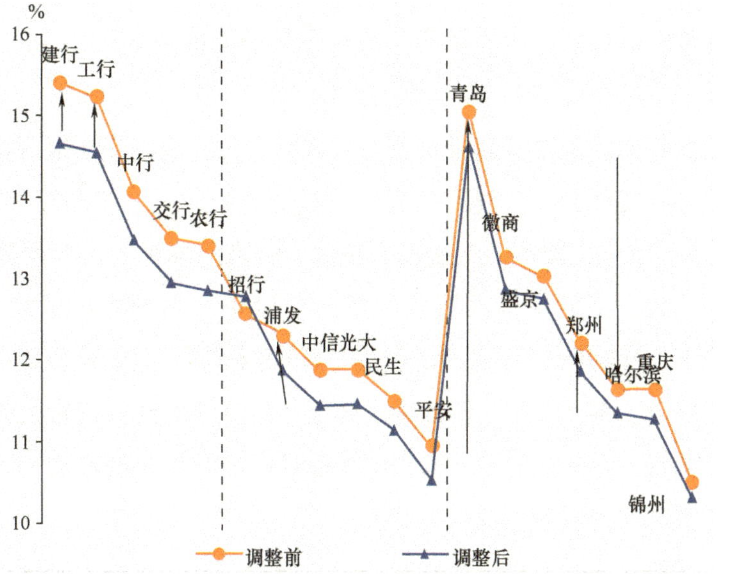

图32　部分上市银行债转股对银行资本充足率的影响

资料来源：普华永道，“2015年中国银行业回顾与展望”，2016年4月。

五、 商业银行资产质量问题的展望及预判

经济增速放缓趋势未变、企业经营环境恶化未改、商业银行资产质量的持续性压力不减，所以信用风险仍将是商业银行面临的主要风险问题，短期内难以得到有效缓解，但风险相对可控。大公国际资信评估公司发布的《2016年全球银行业信用风险展望》显示，随着企业破产重组工作的加速，2016年至2017年中国银行业不良贷款率预计将上升到

2.7%左右。小微企业、产能过剩行业、三四线城市房地产贷款和部分类信贷业务的风险走势仍是决定商业银行信用风险状况的重要因素，其中短期内产能过剩行业（主要发生在采掘业、制造业和批发零售业）信用风险是否会加速释放应引起关注。然而，考虑到中国经济依然处于中高速发展阶段，财政和货币政策也有一定的调节余地，且商业银行对各类风险的内部消化能力依然较强，即使不良贷款率进一步小幅上升，信用风险总体仍相对可控。展望2016年及未来一段时间，中国银行业将要面临的低盈利、高风险的“新常态”趋势值得关注。

（一）管理不良资产风险成为新常态

不良贷款的激增滞后于贷款的大规模发放，恰如交通银行董事长牛锡明曾总结的信贷大投放后的资产质量变迁规律——“357”效应。所谓“357”效应，即“3年出现不良、5年风险爆发、7年大量损失”。牛锡明认为，当前中国银行业的资产质量正在再现同样的变化规律。2009年到2011年三年信贷大投放，2013年以来不良贷款和逾期贷款双升，2014年达到1.3%，预计未来几年还将继续上升。信贷大投放后的“357”效应①仍在发酵中，未来还将持续侵蚀银行业的利润，不良资产风险的管理问题成为商业银行经营的“主旋律”。

随着商业银行不良贷款和逾期贷款持续双升，严格控制资产质量风险，在传统方式之外寻求多种渠道处置不良资产，将成为银行业经营的“新常态”。不良资产证券化作为资产证券化的一种方式，从2015年下半年起受到市场期待，商业银行跃跃欲试、监管层也多次表态鼓励试点。该类产品尽管仍有瓶颈有待突破，相信假以时日，待条件成熟，将为商业银行化解不良资产提供新途径。近期市场热议的“债转股”，虽然设计初衷并不完全是为了化解不良贷款，但从广义角度来看，将债权转为股权降低了企业的杠杆率，改善了其财务状况，也有助于增强其还

---

① “357”效应是指银行信贷投放后，三年出现不良贷款、五年贷款风险集中爆发、七年损失集中出现。这是对银行信贷过度投放所形成后遗症的概括描述。

款能力，避免贷款违约。

（二）盈利持续下行降低经营的稳健性

据银监会2015年年报显示，2015年商业银行实现税后利润1.6万亿元，同比增长2.4%；商业银行资本利润率14.98%，比年初下降2.61个百分点；资产利润率1.1%，比年初下降0.13个百分点。大型商业银行的净利润已接近无增长的状态；股份制商业银行也纷纷滑落至低增长行列；城市商业银行的增长虽然相对较快，但其体量较小，经营风险较高，高增长是否持续有待观察。预计在日益激烈的竞争环境下，多数商业银行的净利润即将见顶，由高增长的“黄金时代”踏入一个低增长甚至零增长（但基数仍然较大）的“白银时代”。其中息差收窄、拨备压力加大，成为2016年以及日后影响商业银行净利润增长的主要负面因素。

稳健偏宽松的货币政策取向将使息差进一步收窄，并对净利息收入增长带来较大负面影响。受2015年基准利率下调的影响，加上2016年有一次降息的可能（25个基点），预计商业银行净息差将收窄17个基点左右。即使2016年不降息，预计商业银行净息差也将收窄13个基点左右。从全行业来看，城商行、股份制商业银行资产结构调整较为灵活，风险偏好相对较高，有望提前通过提高其他高收益资产占比来削弱净息差收窄的影响，而五大银行的调整速度则相对缓慢。因此，预计城商行、股份制商业银行息差收窄幅度将小于五大银行。

经济下行压力犹存、不良资产继续释放，拨备压力加大很大程度上也将侵蚀商业银行利润增长。粗略估计，拨备覆盖率每降低1%，商业银行净利润增速将上升0.3%。预计2016年至2017年行业分化将更显著，五大行净利润出现零增长为大概率事件，而城商行通过业务结构调整，且受益于整体基数相对较小，仍有望实现两位数的净利润增速。诸多原因和现象表明商业银行营利能力持续下行，这将减少商业银行内源资本的补充，弱化商业银行经营的稳健性和抗风险能力。

（三）资产配比转型增加风险的多样性

随着基准利率的连续下调，信贷资产创收能力持续降低，非信贷资产重要性不断提高。从上面分析的各类上市银行的资产结构可见，整体上呈现出贷款和同业占比下降、投资类资产占比上升的趋势。非信贷资产规模及种类的扩展进一步增加了商业银行资产风险的多样性。预计2016年，在国家积极财政政策、稳健偏松货币政策等积极因素推动下，银行业信贷资产增速将维持在13%左右，信贷资产在总资产中的比重或小幅下降1～2个百分点至49%左右，并由证券投资类资产进行替代。

生息资产扩张稳中趋缓。2016年商业银行生息资产扩张总体稳定，增速或达9%。由于中国经济总量增长略有放缓，工业制造业和一些高风险领域融资需求总体疲弱，金融系统的顺周期性使得生息资产扩张速度稳中趋缓；但同时，“一带一路”、长江经济带等战略的推进实施，将有效刺激基础设施建设项目的需求。在资本稀缺和风险增加的背景下，2016年及未来短时间内，商业银行总体风险偏好降低，将更加注重平衡好资本、风险和收益的关系，在资产分布上将继续优化结构。一是企业信贷方面，商业银行将提高新兴行业贷款比例，进一步压缩过剩产能和高风险行业贷款。二是国内经济结构调整将进一步刺激居民消费，商业银行信贷配置将向零售、住房按揭、高收益消费信贷方向倾斜。

证券投资类资产在商业银行总资产中占比将提高1～2个百分点，达25%左右。从当前商业银行总体经营状况来看，证券投资类资产对于收益的贡献相对高于信贷资产。2016年及短时间内资金面有望继续维持相对宽松态势，资金价格很可能继续在相对低位徘徊，投资产生明显投资收益和正向公允价值的难度也非常大。但可以断定的是，由于未来降息空间明显减小，2016年及以后资金价格下行所造成的偏负面影响相对于2015年要小。对于资产与风险管理处于行业领先水平的银行来说，证券投资类资产仍是一个获取行业超额利润的重要战场。

经济增速下行、经济结构调整、利率自由化对中国银行业经营和转型、信用风险的爆发和管理产生了深远影响。从短期和中长期看，银行业的竞争加剧，银行业资产质量恶化的风险上升。面对当前资产质量恶化的特征和未来风险暴露点，商业银行亟须采取多种手段化解不良资产风险，拓展信用风险的管理能力和业务发展空间。同时，激烈的竞争压力将促使银行业进行各类将风险外部化的所谓“创新”，并且将整个经营模式向更高风险领域推进。为此需要监管机构未雨绸缪，在全盘思考中国金融业发展方向的前提下做好银行业乃至中国金融体系发展的顶层设计。

中国股票市场及股权类衍生品市场风险研究报告

杨 阳

摘要： 当前中国经济正经历"三期叠加"下的转型升级，金融改革开放正在加快推进，改革的艰巨性、复杂性、关联性开始显现，资本市场肩负着"使市场在资源配置中起决定性作用"的重大使命，从外部的人民币国际化战略推进和资本账户开放到内部的加快利率市场化步伐，无不透露出未来中国金融转型对资本市场的倚重。在经济全球化和金融自由化进程中，金融工具越来越多，在这样一个资本对外开放与金融创新的背景下，中国证券市场所面临的挑战和风险也越来越大。本报告在对2015年下半年开始的这一年中中国证券市场的变化进行回顾的基础上，分析当前中国证券市场存在的一系列风险并对未来的潜在风险进行合理预判。

关键词： 股票市场 沪港通 融资融券 注册制 股权类衍生品

一、 中国股票市场的现状

证券市场通常包括股票市场、债券市场和衍生品市场。本报告主要

杨阳，首都经济贸易大学金融学院、金融风险研究院讲师，经济学博士。

从股票市场以及与股票相关的股指期货和期权的角度进行分析。

据中国证监会和中国证券登记结算公司的统计数据，截至 2016 年 7 月，中国股票市场的上市公司为 2 900 家，总市值已经达到了 46.65 万亿元（参见图 1），投资者数量已经接近 1.1 亿户。在 20 多年的飞速发展中，中国证券市场对促进中国经济体制改革、发展社会主义市场经济发挥了举足轻重的作用，然而由于其产生的特殊经济背景，中国证券市场仍然是一个不成熟、不完善的市场，同时也是风险较高的市场，已成为实时影响中国经济健康发展的隐患。因此，研究和防范证券市场风险，是促进中国证券市场健康发展的一项重大而紧迫的课题。

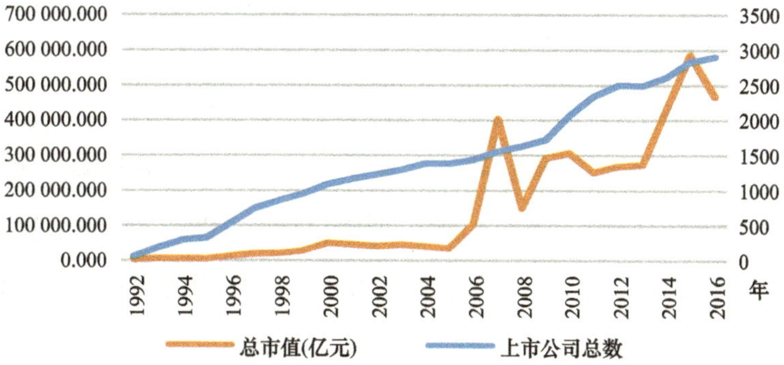

图 1　1992—2016 年中国股票市场总市值变化

数据来源：Wind 数据库。

目前，中国证券市场风险主要表现为系统性风险。宏观制度性风险是中国证券市场的特殊风险，它的产生是基于中国经济体制转轨的历史背景，而政府隐性担保是其内生根源，不合理的发行制度和市场股权人为分割是制度性风险的两个具体表现。微观上市公司风险是中国证券市场的基本风险，它集中体现在上市公司质量不高、股权高度集中致使公司治理结构不合理以及内部人控制现象严重。违法行为的普遍存在和信用的严重缺失是监管不严风险的集中体现，它是因监管指导思想不明确、市场监管者监管职能的错位所致。证券市场开放也正成为主要的风险因素，它表现在巨量国际投机资本的冲击、国外金融风险传递形成的被动性风险，以及国外证券经营机构的进入对国内证券经营机构的冲击。

随着经济全球化进程的不断加快与金融产品更新换代速度的加快，全球的经济开始向着非实体经济的方向发展，资本流动出现了非常快速的膨胀。当前，全球正处于流动性过剩的背景之中，中国的证券市场在这种背景的影响下同样出现了货币追求过度而金融产品不足的情况。中国的证券市场中出现了较多的机构投资者，当前的证券投资者格局为证券投资基金、证券公司、保险公司、社保基金、合格境外机构投资者（QFII）等投资者协调发展。随着投资需求的不断增大，当前有限的投资品种远远不足。中国证券市场发展过程中存在的问题主要包括以下方面。

（一）证券市场的规模与品种无法满足投资者需求

发达资本市场的资本工具具有多样化的特点与发展趋势。例如，香港的资本市场中采用了当前国际市场中出现的 80% 以上的金融衍生工具。中国内地的证券市场与发达地区的证券市场相比，在交易品种方面还比较单一，不能满足投资者需求。因此，中国应在不断扩大证券市场规模的同时，积极扩大交易品种，实现中国证券市场投融资功能的加强与完善，促进证券市场的稳定发展。

（二）上市公司在持续盈利能力和对投资者回报方面存在问题

由于中国资本市场的结构和上市制度，导致部分上市公司在上市前报表的盈利能力较强，而一旦上市，其整体盈利能力开始下滑。统计上市公司的净资产收益率（ROE）分布表明，随着上市时间的延长，低盈利能力的公司开始增加，收益率的中位数开始向较低的净资产收益率水平倾斜。同时数据表明，自 2011 年以来，连续 5 年平均股息率超过 3% 的上市公司仅有 63 家，占比约 2% 。还有一些上市公司尤其是创业板上市公司出现破产的情况，这一现象反映出上市公司中存在的信息不对称、上市公司包装等各种问题，对投资者的利益造成较大的损害。

（三）市场中介机构在功能方面存在较大缺陷

当前，中国的中介机构主要包括证券公司、会计师事务所、信托投资公司、律师事务所、证券投资咨询公司、资产评估机构等。虽然中国的市场中介机构在覆盖内容方面较为全面，涵盖了证券的承购、发行、交易、自营、财务顾问等，但与国外的中介机构相比，在功能方面依旧存在着较大的缺陷。

（四）证券相关法律法规并不健全完善

虽然中国已经针对证券内容出台了相关的法律条例等，但是在市场制度和法律制度的建设上仍不够完善，正在实施的《证券法》这部证券交易基本法规已难以适应快速发展的资本市场新情况、新变化，甚至对资本市场的进一步发展起到了约束作用，证券的相关法律体系也并不完整。同时，相关法律规范在执行方面存在执行不力的情况，加剧了证券交易过程中违规或者不规范行为的产生。个体投资者又缺乏相应的法律知识和自我保护意识，在投资行为博弈过程中往往容易受到伤害，又无法诉求自身利益的保证。

（五）个人投资者所占比重仍比较大

根据截止到2016年7月的投资者统计数据，中国股票市场投资者数量为10 960万户，其中个人投资者为10 929万户，占99.7%，具有绝对优势，持有市值也在一半以上。图2和图3分别表示个人投资者和机构投资者的账户市值分布。就A股账户持有人市值的分布而言，1万~10万元投资者所占比例最大（48.14%），将近总体市值的一半比重；1万元以下投资者，10万~50万元投资者所占比例分别为25.56%和20.33%，此三个资金规模层面的投资者占市场大部分比重。从个人投资者持有的A股账户市值看，由于其账户数量较大，资金量小，资金分散，已经出现了明显的分化现象。其中1万~10万元的个人投资者所占近一半比例（48.19%）；1万元以下的个人投资者（25.58%），10万~50万元的个人投资者（20.33%）三个资金规模层面的占比在90%以上，整体资金量偏小。反观机构投资者，在整体A股账户市值占比较小，但是因为其账户数量少、单笔资金量大的特点，机构投资者在各个资金规模层面上占比较为平均。图3数据表明，除了其中1 000万元以上的资金占比达到31.69%外，其他规模所占比例都没有明显优势。

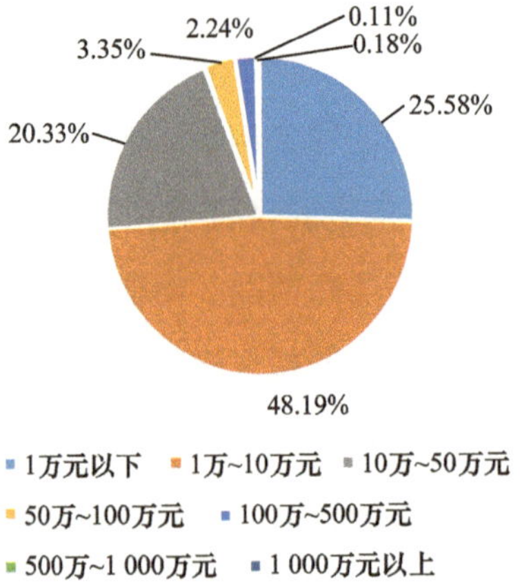

图2　中国A股账户持有人（自然人投资者）市值分布图

数据来源：Wind数据库。

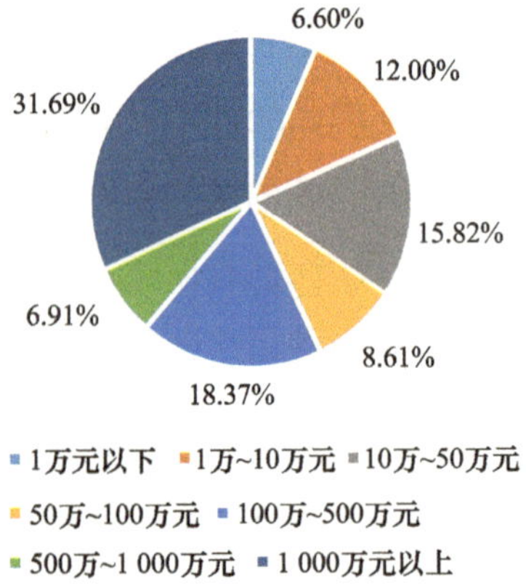

图3　中国A股账户持有人（机构投资者）市值分布图

数据来源：Wind数据库。

（六）政策导致证券市场的波动幅度较大

资本市场具有逐利与信息不对称的特点，资本市场中产生的非常巨大而且直接的经济利益会诱导市场参与者为了达到谋利的目的而出现各种违法失信行为。中国股票市场中散户投资者在投资者结构中一直占据很大比例，个体投资者很难有足够能力把握好政府政策的方向，政府发布的各种行业性、方针性的政策很容易使证券市场出现较大的波动幅度，市场自发性导致股市投机氛围浓厚，而真正操纵股市的机构投资者在与政府的博弈中占优势，政府监管难度较大。

二、2015—2016 年中国股票市场及股权类衍生品市场主要风险状况分析

（一）资本项目开放背景下的证券市场风险

1. QFII 稳步发展但额度增量趋缓

2014 年前，除 B 股和合格境外机构投资者（QFII）渠道，中国对外资进入境内股票市场有严格的限制。2008 年至今，B 股市场既没有新股上市也没有新股增发，为外资提供投资渠道的功能实质已经丧失。作为一种引进外资、开放资本市场的过渡性安排，QFII 的价值在于拓展中国资本市场的外部需求，同时为中国资本市场最终走向完全开放奠定基础。但目前中国 QFII 的发展仍面临着规模不足的问题，图 4 数据表明，2015 年下半年至今，QFII 的审批额度增量与前一年比也有所缩小，很难满足境外投资需求。

2. 沪港通的资金推动作用逐步体现出来，资金南下热情提升

长久以来，香港股票市场一直是中国内地企业上市及集资的国际平台。2014 年 11 月沪港通开通，更为内地投资者开启了投资香港股票市场的正式渠道。2015 年 3 月，《公开募集证券投资基金参与沪港通交易指引》发布，公募基金获准“南下”，内地公募基金可借由沪港通配置港股，无须具备合格境内机构投资者（QDII）资格。2015 年 3 月，《中

图 4　2013—2016 年 7 月 QFII 累计审批额度（单位：亿美元）

数据来源：国家外汇管理局。

国保监会关于调整保险资金境外投资有关政策的通知》发布，保监会放开保险资金投资香港创业板，给予保险机构更多的自主选择空间，有助于优化境外股票资产配置。2016 年 9 月，中国保监会公布了《关于保险资金参与沪港通试点的监管口径》，这意味着保险资金参与沪港通业务的大门正式敞开，改变了保险资金只能通过 QDII 等方式投资港股的状况，参与沪港通试点将显著扩大保险资金投资港股的规模，内地最大的机构投资者获准南下。

从图 5、图 6 所示的过去一年沪港通的成交金额来看，除 2015 年 7 月延续上半年受 A 股的影响沪股通和港股通的成交额都有所放大以外，而后成交金额基本回落到正常水平。与沪股通相比，受深港通的政策红利预期影响，2016 年 7 月起港股通成交额又有所放大。沪港通在这一年中并未带来大量海外资金的进入，对大盘的推动作用仍然非常有限。

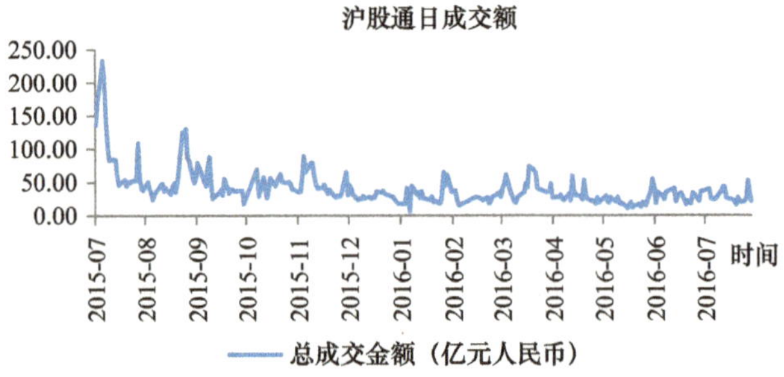

图 5　2015 年 7 月—2016 年 7 月沪股通日成交金额

数据来源：Wind 数据库。

图 6　2015 年 7 月—2016 年 7 月港股通日成交金额

数据来源：Wind 数据库。

图7显示了两个市场的投资可用额度的变化，可以看出投资人投资港股的兴趣逐渐浓厚。截至2016年7月，沪股通北上资金总额度使用了不足1 500亿元，占3 000亿元总额度的比例不到半数。相比之下，A股资金南下的热情似乎更高。截至2016年7月，港股通2 500亿元的南下额度中仅剩下470亿元，使用率已超过八成，远高于沪股通的北上额度使用情况。

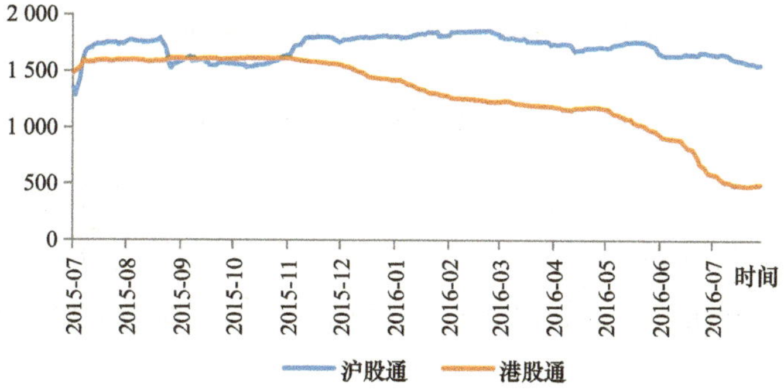

图7　2015年7月—2016年7月港股通投资可用余额（单位：亿元）

图8显示了恒生综合指数（涵盖香港交易所主板上市公司总市值的95%）、H股指数、上交所的A股指数（上证A指）及深交所的A股指数（深证A指）、沪深300指数的市盈率（2016年7月数字）。通过比较分析我们不难发现，香港市场自2014年年底起市盈率一直低于内地市场。上海市场是内地大部分大型公司的上市之地，其相对香港市场的市盈率溢价并不如上市公司多为中小型公司的深圳市场相对香港市场的市盈率溢价。尽管上海市场与内地主要指数沪深300的市盈率与香港的市盈率接近，但从市价水平看，香港股价有持续偏低的感觉。排除不同股票组合的因素，在同时有H股于香港上市及有A股于内地（上海或深圳）上市的公司之中，A股与相应H股之间的溢价/折让更能有效反映股票估值的差异。从价值投资层面来讲，香港股价明显处于“低买”的区间，内地资金投资的不足体现出两地投资者在投资理念和偏好上仍然存在很大的不同。

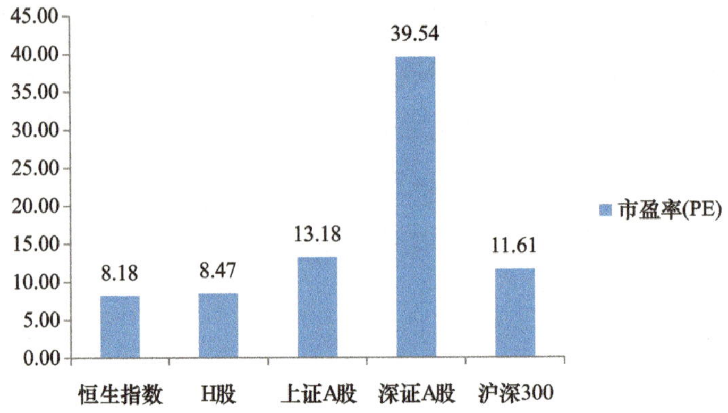

图 8　各主要指数估值水平比较

从图 9 的价格比时间序列我们可以看出，A 股大部分时候的买卖价均高于相应的 H 股，由 2015 年开始溢价更持续高于过去水平。事实上走势与上证 A 股指数在该段期间的上升轨道一致，只是香港市场并未紧随。

图 9　2014 年—2016 年 7 月 A 股和 H 股价格比

香港与内地市场的投资者组成很不一样。香港现货市场的交易中，机构投资者的交易占逾 50%，海外机构投资者的交易占逾 30%；本地散户投资者的交易仅占 20% 左右。相反，内地市场大部分交易为本土散户投资者的交易。发展机构投资者基础一直是内地当局的长远市场发展策略。散户与机构投资者的投资行为相去甚远。大型国际机构投资者会根据先进的股票估值模型及经风险调整的组合管理技术做出投资决定；散户投资者则绝大部分是非专业的投资者，一般按个人喜好投资，性质上或含炒卖成分。对一个拥有高国际机构投资者参与度的市场来说，市场中的股价会倾向符合股票的基本因素。但如市场由散户投资者主导，股价将是众多投资者个人偏好汇集的结果。在内地市场投资者进行的交易多属炒卖。这些投资者对细价股及高风险股票有偏好，因此在内地市场，公司规模愈小，市盈率愈高。香港股票市场是高度国际化的市场，在其过去百年的历史中多次经历狂升暴跌，即使是散户投资者也相对成熟。在这样的投资者结构下，公司规模在香港市场并非股价的决定性因素。

内地证券市场现时可供投资的工具有股票、投资基金（包括交易所买卖基金 ETF）和债券，并无提供如在香港买卖的衍生权证及牛熊证等结构性产品，卖空设施也有限。内地衍生品和结构产品种类狭小，投资者投资股票时缺少做出更灵活的投资组合管理及善用套利和对冲的机会。这导致投资者的投资行为变得单向，投资资金只追逐相近的投资目标，推高了价格水平。

另外，监管层对 A 股市场违法违规行为打击力度还不够，降低了国外投资者对 A 股市场的参与程度。国外投资者担心在投资 A 股时会损害投资利益，这与《证券法》立法不完善有很大的关系。这些都是 A 股与 H 股之间估值差异一直存在的主要原因。

图 10 和图 11 分别反映了过去一年来恒生指数和上证指数的变化。可以看出受2015 年股灾的影响，两市的成交量都比高峰时下降了约一半左右。

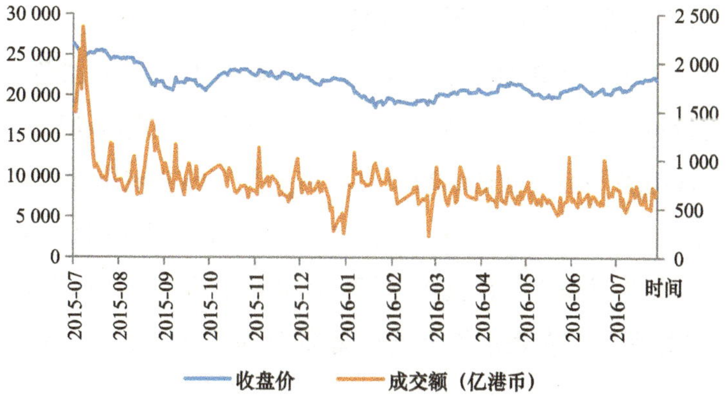

图 10　恒生指数收盘价及成交额

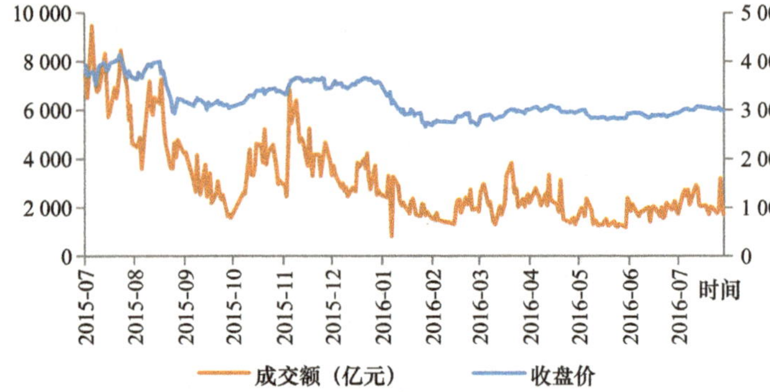

图 11　上证综合指数收盘价及成交额

数据来源：Wind 资讯。

在国家加大资本市场开放，人民币国际化，“一带一路”产生效应，亚投行成立等大背景下，无疑香港证券市场的桥梁作用不可替代。但由于内地和香港两地投资者在投资理念和偏好上的不同（内地投资者更多是信息流驱动型，交易更为频繁，对增长的青睐多过价值）；内地和香港地区的资金成本不同（香港的低资金成本意味着股息收益率对于香港投资者来说更具吸引力）以及 H 股投资者对宏观数据更为敏感等因素，导致两地上市的 A 股平均来看对 H 股估值还会继续存在折让空间，未来随着 A 股市场逐步市场化，海外机构投资者比例的增加将使得 A 股的估值体系国际化进程加速，投资风格更加回归投资本源。A/H 股价差也将逐步收窄，港股市场的吸引力将会逐步显现出来。

3. 深港通开通在即，资本市场国际化程度提升

2014 年 8 月，中国证监会出台《深圳资本市场改革创新 15 条》，力挺深圳资本市场发展。2014 年 11 月，在沪港通正式启动后，市场将目光转向深港通和基金互认。2015 年 1 月 5 日，国务院总理李克强在深圳考察时表示，沪港通后应该有深港通。2016 年 8 月 16 日，李克强表示，深港通相关准备工作已基本就绪，国务院已批准《“深港通”实施方案》，港交所负责人表示深港通的筹备时间为 4 个月，预计 2016 年 12 月正式通车。

沪港通是内地资本市场开放的第一步，主要是探索经验，深港通将是A股市场加速国际化的重要一步。沪港通规则若再做改变，难度会非常大，而深港通可以在沪港通试点的基础上进行规则优化和完善。粤港双方已经达成默契，深港通的核心不在于“通”而在于“融”，通过制度创新，让两地在金融、法律等众多方面进行全面融合。另从地理位置上看，深圳与香港的地理位置非常便利，两地包括资金流、信息流、投资理念等都有非常紧密的联系，如果国际化进程加快，对于国内相关股票估值或有理性引导作用，对粤港两地的发展会起到很大的促进作用。

对整个A股市场而言，2016年启动深港通会带来政策红利，短期来看，深港通对市场带来的作用主要是心理上的，目前投资者对市场缺乏信心，而深港通体现了内地与香港两地之间股票市场的互联互通又增进一步，能够为投资者的心理带来积极因素。中长期看，深港通开通对于中国金融市场开放意义重大。A股投资者将有更多股票可以投资，也会吸引更多外资流入A股市场，同时也有望改善A股市场与海外市场之间差异显著的估值体系。

与此同时，对深港通也不宜预期过高。深港通开通后，北上资金仍有限。从此前沪港通的资金数据来看，即便深港通北上额度累计使用达到3 000亿元，对于深市约15万亿元的自由流通市值来说，也仅仅占2%，不能改变A股存量博弈的格局。

其次，深港通开通后，并不意味两地市场的估值差距会很快收窄。从沪股通此前的市场表现来看，由于投资者结构、退市机制、交易制度、投资者风险偏好的原因，A/H股价长期存在偏差，但在沪港通开通之前，溢价水平一直在合理区间。反而是在沪港通开通后，A/H股溢价水平才慢慢拉开。机构利用北卖南买套利成本也比较高外，除了交易成本很高外，还有佣金、汇兑成本等也有很大影响。

深港通的启动将对深圳市场和港股市场产生深远影响：其一，深市将会在外来资金的刺激下迎来一波行情。其二，深市可以借鉴一河之隔的香港股市各项完备的制度机制。其三，前海可以更好发挥连接深港一体化的战略平台作用。其四，在两市资金流动差异的背景下，深市将面临股票估值重构。图 12 为截至 2016 年 7 月底深港两市主要成分指数的市盈率（PE）水平。深市目前估值水平较高，特别是创业板的市盈率较港股市场而言相差很大，中小盘股或将面临较大压力，深港通对内地投资者衡量香港与深圳创业板股票的估值对冲风险可能加大。但从长期看，深市中小板、创业板或将迎来突破性的发展，深港一体化的“藩篱”逐渐被打破。其五，港股稀缺的资产如航天军工、量子通信、稀土永磁等板块将会受益，而高估值的品种可能会受到负面冲击。无疑，深港通将是 A 股市场加速国际化的重要一步。

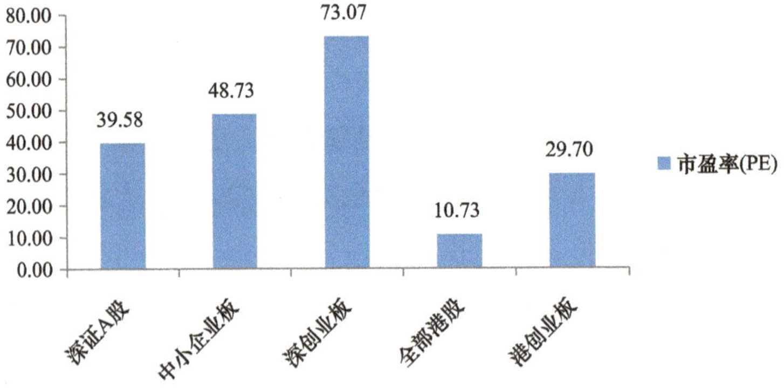

图 12　深港两市主要成分指数估值水平比较（倍）

数据来源：Wind 数据库。

4. 沪伦通已列入计划，开启与国外资本市场合作步伐

2015 年 9 月在第七次中英经济财金对话会议上，中英双方就资本市场发展提出多项建议，包括支持各类发行主体在伦敦发行人民币债券、欢迎在伦敦发行以人民币计价的交易所交易基金（ETF）产品等，支持上海证券交易所和伦敦证券交易所就互联互通问题开展可行性研究。继沪港通、深港通之后，沪伦通也由此浮出水面。据香港媒体报道，沪伦通将于 2016 年 9 月正式宣布，初步发行环球预托证券（GDR）10 只以内。

目前，中国的股票市场总体市值排名全球第二，而随着上市公司的数量和影响力不断扩大，中国经济实力的不断提升，中国资本市场无疑会成为全球投资者越来越关注的市场之一。以上市公司总市值计，伦敦交易所是目前世界排名第四的交易市场，伦敦交易所银行股市值折合约26万亿元人民币，与香港交易所市值相当。国内目前正面临着经济转型的压力，资本市场又经历了较大幅度的波动，在这样一个特殊的时间点，中英两国决定开展伦敦、上海股市互通的可行性研究，显示中国经济和中国资本市场对国际投资者仍然具有吸引力，在更多地引入海外投资者以后，国内资本市场的投资者结构也将发生一定程度的变化。

目前，中国居民在海外资产配置大约只有1.6%，比重非常低。如果沪伦通模式走通，不但股票交易市场规模更大，还能增加不少优质企业，有助于更好地满足国内投资者全球分散化投资的需求，对国内投资者来说是非常好的选择。除了增加投资者海外资产配置的选择，沪伦通一旦成行，势必会引入英资，为A股市场带来长期的资金支持。与此同时，在前期推出沪港通总体运行良好的情况下，沪港通和即将推出的深港通创出了一种机制，即不改变双方的交易机制，通过一个中间转换器的方式，能够实现两地投资者互相投资对方的市场，这样有利于内地市场的国际化和增强市场理性价值投资的理念。

然而，沪伦通涉及两个市场、两个国家的法规、监管框架、监管的变革，在这一点上，沪伦通比沪港通的建立机制更为复杂，需要两国金融监管机构加强合作。英中双方必须克服交易制度上的种种障碍，包括对卖空的有限支持、围绕资产可互换性的不确定性、结算交易的单日时间安排以及人民币作为唯一结算货币。从交易所来讲，也有治理监管的层面，要求上市公司依法披露、充分披露、有效披露信息以及控制风险、保持市场稳定、保护投资者、加强执法等。

与此同时，上海证券交易所、中国金融期货交易所与德意志交易所集团共同成立了中欧国际交易所。2016年3月16日，伦交所发布声明，宣布与德意志交易所集团（德交所）就对等合并条款达成协议，合并后将形成市值达210亿英镑的欧洲最大交易所公司。这也预示着沪伦通一旦落实还会有沪德通，沪伦德三地股市联通后，中国向欧洲股票市场的投资渠道就正式打通了。可以预期，未来与国外资本市场合作的措施将会逐步增多，资本账户开放将进一步加速，将对 A 股被纳入明晟指数（MSCI）形成直接利好。

（二）注册制改革一波三折，监管不力将加剧市场风险

1. IPO 审核环境趋严，“堰塞湖现象”仍然明显

自 2015 年 7 月证监会发布 A 股暂缓发行的公告后，新股发行暂停了 5 个月，于 2015 年 12 月再启。再启后截至 2016 年 7 月底，市场共有 192 只新股发行，实际募集资金达到 1 471 亿元，初次公开上市股票（IPO）的发行节奏也趋向稳定。见图 13。

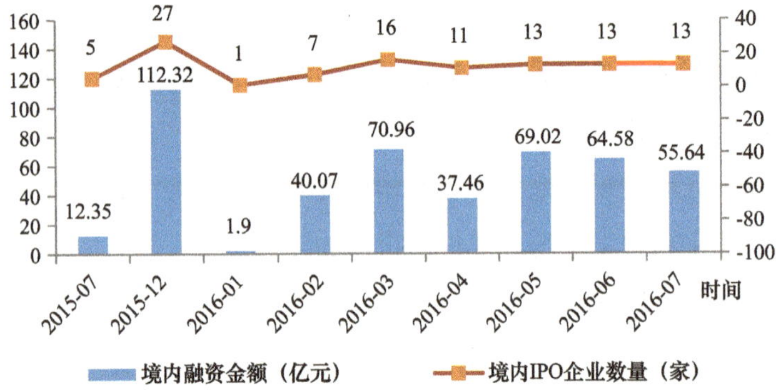

图 13　2015 年 7 月—2016 年 7 月中企境内资本市场 IPO 规模

数据来源：Wind 数据库。

（1）IPO 审核环境趋严。2015 年 6 月，证监会宣布专门部署首次公开发行（IPO）欺诈发行及信息披露违法违规执法行动。此次检查将全面覆盖 IPO 各个环节，全面覆盖发行人、控股股东和实际控制人、中介机构等各类主体，全面覆盖不披露、不及时披露、虚假披露信息等各种违法行为。另外，证监会还将根据市场热点问题追踪挖掘各种财务造假线索，并广泛收集各类市场信息情报，通过稽查执法大数据系统和专

门的财务分析工具，对历史财务报表、媒体揭披问题、市场关联信息进行数据挖掘。2016 年 1—5 月，有 17 家首发企业退出 IPO 程序，其中有主动撤回的，也有证监会终止审查的。

（2）IPO 的“堰塞湖现象”仍然明显。在现有的 IPO 核准制下，股权融资行为被行政审批牢牢把控，而新股需求始终存在，导致新股市场供不应求，新股溢价偏高，“一签难求”；而主管机构核准速度的不可预期也使得 IPO 排队企业逐渐增多。根据证监会最新数据显示，排队企业已经达到 800 多家，进入上市辅导期的 768 家，按照目前每个月发行不到 20 家的速度，排队企业消化完至少要 5 年。整体而言，目前 IPO 保持在一个较好的节奏，但排队队伍仍然十分拥挤，对于在资本市场外徘徊、融资需求强烈的企业来说，这无疑是个漫长的等待过程。

2. 注册制改革一波三折

2013 年 6 月，新股发行体制改革意见稿首次提出注册制改革。注册制的实施可以让市场在资源配置上发挥重要作用，上市公司的审核交由市场决定，可以简化上市手续，缩短上市周期，IPO 的“堰塞湖现象”才能得以根本缓解。2014 年 3 月 5 日，李克强总理在政府工作报告中提及“加快发展多层次资本市场，推进股票发行注册制改革”。2014 年 4 月 10 日博鳌论坛上，证监会主席肖钢表示 IPO 注册制改革草案年底出台。2014 年 5 月 9 日公布《国务院关于进一步促进资本市场健康发展的若干意见》，“积极稳妥推进股票发行注册制改革”被单列一段。2014 年 11 月 19 日，国务院常务会议提出要加快出台股票发行注册制方案，以及取消股票发行的持续盈利条件，降低小微和创新型企业上市门槛等。2014 年 12 月 3 日，证监会副主席姚刚透露，证监会已将发行注册制改革方案上报国务院。2015 年 3 月 5 日，国务院总理李克强在十二届全国人民代表大会的政府工作报告中明确表示，2015 年将“加强多层次资本市场体系建设，实施股票发行注册制改革”。在经历了 2015 年的股灾后，注册制的改革有所放缓。2016 年政府在《国民经济和社会发展第十三个五年规划纲要（草案）》中提出，“创造条件实施股票发行注册制”。从以上梳理中可以看出，高层对股票发行注册制改革甚为关切，但股票发行注册制的改革工作可谓一波三折。

3. 注册制改革与市场风险

实施注册制一直是证券市场的头等大事。注册制何时推出，配套措施如何落地，A 股市场“炒壳”等乱象能否得到有效抑制，市场对于注册制已经抱有太多期待。“注册制”目前已成为 IPO 乃至整个 A 股市场无法绕开的话题。IPO 通道不畅对实体经济的负面影响非常大。排队企业数量庞大，意味着每一家企业都要经历冗长的审批、昂贵的时间成本、巨大的不确定性，企业在最需要资金支持的时候得不到融资，上市周期大大延长，基本上就会被“拖垮”。特别是当前实体经济比较差，企业的 IPO 诉求比较强。实体经济对 IPO 影响比较复杂，一方面大部分行业景气度下降，企业业绩下滑，不再符合 IPO 标准，错过最佳发展时期；另一方面，企业融资压力大，造假上市的动机会有所提升。2016 年注册制缓推直接催热 A 股的“炒壳”行情，市场发展对注册制改革提出迫切要求，等到市场达到理想状态时再推出注册制，不一定是现实的想法。但是条件是否成熟，这还需要监管层来做出判断。

注册制的实质是只要证券发行人提供的材料不存在虚假、误导或者遗漏，即使该证券没有任何投资价值，证券主管机关也无权干涉，上市成功与否、定价高低都交由市场决定。在注册制下，主管机构的职责主要在于事后控制，以信息披露为中心，大幅减少行政审查的环节，而不再为企业背书。

市场化必须与法治化并行。自 2015 年 4 月 20 日人大常委会第十四次会议审议《证券法》修订草案之后，由于 6—7 月股市异常波动，给《证券法》修订工作提供了新的参考系，至今没有再次审议该法案。2016 年 3 月，张德江委员长在做全国人大常委会工作报告时表示，2016 年将继续修改《证券法》。全国人大常委会 2016 年立法工作计划中把修改《证券法》列为继续审议的法律案，其审议时间被安排在 12 月。《证券法》一审修订草案中明确了股票发行注册制程序，取消发行审核制，修订《证券法》能否成功决定了对投资者保护是否有力。毋庸讳言，以中国证券市场目前的信用状况，注册制上市如果没有严厉的事中事后监管，将加剧市场风险，主要体现在：

（1）对市场趋势影响短期负面，中长期有望和市场形成良性互动。由于巨大“堰塞湖”待泄，短期内供给压力增加是必然；而中长期来看，市场化国家密集发行期往往对应股市上涨期，随着未来更多优质企业获得融资，市场有望与 IPO 形成良性互动，海外优质个股与新兴产业公司登陆 A 股将为市场长期走牛打下基础。

（2）注册制改革将带来市场估值体系的重构。短期内由于供给增加，当前小盘股溢价格局有望被打破，存量个股分化将加剧；中长期看，市场化改革将吸引更多优质公司回归 A 股平台，助力经济转型，市场估值结构有望改善。

（3）注册制改革中发行定价机制更趋“市场化”，新股行情将分化。供给增大与市场化定价将降低一、二级市场之间的溢价水平，打新股、次新股行情将分化，更有利于优质上市企业与优质券商体现价值。

（4）注册制改革也将深刻影响产业资本行为。IPO 作为推出机制的完善也将提高产业资本投资一级市场的积极性；注册制改革使企业融资发行的主动权增加，市场过热时可能出现“闪电配售”等增大供给行为；作为 IPO 替代路径的壳资源重组价值将下降。

（5）注册制对投资者的专业化水平提出了更高的要求，机构投资者未来将更具优势。

（6）注册制需要有严格的退市制度作为后盾。需要将违法造假、经营不好的公司清出资本市场，净化资本市场环境，保证资本市场“出口”的畅通，才能更好地推进作为资本市场“入口”的注册制改革。

新股发行制度由核准制向注册制的改革是一个系统性工程，各国（地区）改革进程表明，发行制度改进是一个渐进的过程，如中国台湾地区从核准制迈向单一注册制走了近 20 年。参照实行注册制的欧美成熟资本市场可知，这些成熟的资本市场共同的特点包括：一是健全的法律制度，良好的诉讼环境，为投资者提高了良好的维权渠道；二是证券市场上以机构投资者为主，理性投资行为占主导；三是完善的退市机制，为没有投资价值的企业提供退出渠道。以此比对中国的证券市场，要实行注册制还需要一系列的改革，对监管机构的监管能力也提出了更高的要求，否则会使证券市场秩序混乱，为市场带来一定的风险。市场发展对注册制改革提出迫切要求，条件是否成熟，需要监管层来做出判断。

（三）两融业务的不对称发展增加了市场风险

1. 两融业务现状

融资融券制度作为一项创新业务，自2010年3月31日正式启动以来，备受关注。融资融券交易是中国资本市场推进基础性制度建设的一项重要举措，对完善证券交易机制，形成合理规范的资金、证券融通渠道建设，提高资本市场运行效率有着重要意义。两融业务最终是为反映上市公司的合理价格服务的，是为推动上市公司的资源配置服务的。因此，两融业务发展的可靠性和有效性，不应成为助涨助跌的市场工具，而应成为反映上市公司内在价值的价值体系。

2015年上半年伴随一轮迅速崛起的牛市行情，沪深两市融资融券余额规模的增长也如开闸泄洪，大有一发不可收拾之势，随着股灾以来A股持续调整，A股流通市值大幅下滑，两融余额的下滑更为明显。2016年1月以后未再继续下滑，两融市场一直处于不温不火的状态，保持8 000亿元附近水平，这也使得两融余额占流通市值的比例长期围绕在2.5%一线波动，较牛市高峰期已下降一半。此外，自从2015年11月交易所将“保证金比例不得低于50%”的规定改为“保证金比例不得低于100%”后，各大券商对单个客户的两融杠杆也由此显著降低。近期A股市场有所回暖，多家券商恢复融券业务，两融市场似有重新复苏之意。图14显示了2015年年初至2016年7月两融业务余额总数。

目前两融利率仍居高不下。据Wind数据，目前券商的融资利率普遍在8.35%～8.60%，融券利率为8.35%～10.60%，与A股融资融券业务几年前刚推出时相比并无明显变化，只有少数中小型券商为抢夺市场，将融资利率降至8%以下。这一格局与券商经纪业务佣金率逐年快速下滑的趋势形成鲜明对比。

图14　2015年1月—2016年7月日融资融券业务余额总数

数据来源：Wind数据库。

从各行业两融余额占比来看，最近一年来，杠杆资金的偏好已发生明显变化，银行以及以证券、保险为代表的非银金融明显遭到杠杆资金抛弃，两融余额中银行板块的占比已从2015年7月1日的7.79%降至最新的4.44%，下降3.35个百分点，降幅最大；非银金融板块下降3.31个百分点，居于其次。与之相对的是，计算机、电子、传媒等新兴行业占比显著提升，杠杆资金偏好发生了明显变化。参见图15。

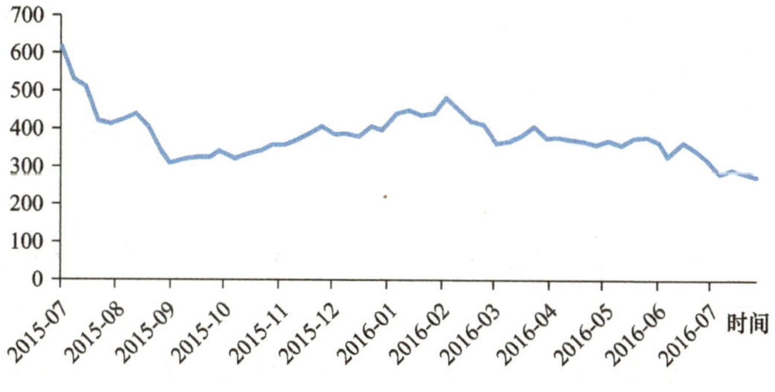

图15　2015年7月—2016年7月日融资与融券业务余额比

数据来源：Wind资讯。

2. 两融业务的不对称发展增加了市场风险

两融业务开展以来，对促进资本市场流动性，提高证券交易效率，形成有效的股票价格体系，推动资源优化配置方面，发挥了积极作用。但由于发展极不平衡，存在诸多不协调因素。两融业务发展陷入窘境，而这凸显的并非两融业务本身的尴尬，而是资本市场发展过程中制度建设的滞后。在2015年上半年疯长的两融业务背后，不乏非理性因素的驱动。投资者和券商在操作和心理上都还未成熟，两融市场仍存在着很大的风险。主要体现在三个方面：

（1）券商违规风险。2015年年初，监管层取消了开设两融账户资产规模下限的窗口指导，两融业务具体资金门槛由券商依据市场情况及风险承受能力等因素自主决定。个别证券公司存在向不符合条件的客户融资融券、向风险承担能力不足的客户融资融券、未按照规定方式为部分客户开立融资融券信用账户等违规现象。允许投资经验不足的入市者参与两融业务，这些投资者所面临的风险是巨大的。

（2）两融业务发展不对称带来的市场风险。图15显示了融资与融券余额比，可见融券业务在整个融资融券业务中的占比非常低。融资融券本身是一个双向业务，融资和融券是可以相互制衡的，现在的问题在于融资的功能比融券的功能强大很多。无论是机构还是个人投资者，融券比融资相对困难，融券的制衡作用很难发挥出来。如果融资更便利，那么杠杆作用在市场上涨的时候可以起到更大的推动作用而缺乏与之匹配的制衡。2015年股灾中融资盘对整个市场造成的难以估量的冲击就是一个重要的例证。在股价上升时，融资交易的杠杆效应进一步刺激了股价的上涨，而在股价下跌时，融资交易的去杠杆效应则加剧了股价的下跌。因此，如果融资交易的比重显著高于融券交易，那么融资融券制度的实施不仅无助于股价崩盘风险的下降，相反会加剧股价崩盘风险。在经历了2015年的股灾风波后，8月沪深交易所对融资融券交易实施细则进行了修改，融券业务操作的 $T+0$ 模式更改为 $T+1$ 模式，限制了高频交易的风险以及回转交易的次数，对融券业务的发展起到了冲击影响。在过去的一年中，A股市场也经历了部分券商停止融券交易到逐渐恢复融券交易的过程。

按照国外成熟市场的情况，融券业务约占融资融券业务规模的1/4。目前中国市场融券业务极低的占比对市场冲击影响非常有限，很难发挥制衡的作用，从某种程度上是中国两融交易结构发展失衡的真实写照。因此在现有的机制上，融券的机制还有待优先完善。

（四）程序化交易监管趋严

程序化交易一般是指根据一定的交易模型生成买卖信号，并由计算机自动执行交易指令的过程，包括算法交易、量化交易、高频交易等多种交易形式。这种交易方式的优点是顺势操作，赚取波段利润；指令简单、策略明确，可排除人为贪婪及恐惧等因素；提高了交易效率，丰富了市场流动性；同时可构建多种策略，优化组合投资。

程序化交易在欧美发达国家的金融市场上应用较为广泛，在日本、韩国以及中国香港等亚洲发达市场次之，在发展中国家的市场上使用则更少一些。在 A 股市场，程序化交易总体上还处于刚刚起步的阶段。2005 年首批交易所交易基金上市后，由于套利交易的需要，程序化交易开始出现。在 2010 年股指期货上市后，主要应用于期货高频日内交易，交易所交易基金套利/ 股指期货套利和算法交易。程序化交易虽在中国发展只有数年，但 2013 年光大证券“乌龙指”事件，令这种自动化交易模式在国内已有相当知名度。2015 年 6—7 月的暴跌行情，则使程序化交易进一步进入监管层的视野。

程序化交易能够使资本市场各参与方受益，主要体现为：一是通常情况下，程序化交易可以降低交易冲击成本、增加市场流动性、平抑市场波动、提高价格发现效率；二是程序化交易可以拓展金融产品和服务的创新空间，使原来不可能的业务变为可能；三是程序化交易可以为直接投资者和理财机构提供更为丰富的盈利模式和机会，促进差异化竞争，同时在此过程中自然促进机构投资者队伍的壮大。

但是，在市场大幅波动的情况下，程序化交易更容易对市场和个股产生助涨助跌的效用。虽然大多数程序化交易使用的是中性策略（即同时通过构建多头和空头头寸以对冲市场风险)，但这种策略需要通过大量买入或卖出一揽子股票，并配合做空或做多股指期货来完成。因此在一定时期内会对市场产生较大影响。另外，2015 年 6—7 月这波行情中市场尾盘出现的全市场共振的断崖式下跌，也与程序化交易有着密切关系。过于追逐短线趋势加大了市场波动，特别是如果市场异常波动与程序化交易形成循环反馈，会构成系统性风险。

随着中国上市公司越来越多，期货和期权等衍生品种不断丰富，发展量化对冲策略的条件已经成熟，程序化交易作为执行量化对冲策略的一种很好的技术手段，必将进入一个快速发展的阶段。与之相对应的，在技术和监管方面也会带来新的挑战。在个人投资者交易占比超过 80% 的中国股市尤应审慎，加强监管势在必行。程序化交易市场发展的风险主要体现在：

1. 相关法规仍处于征求意见阶段

2015 年 10 月证监会发布了《证券期货市场程序化交易管理办法(征求意见稿)》(以下简称《办法》)，《办法》明确列举了禁止的程序化交易，主要包括证券自买自卖、期货自成交、频繁报撤且成交较低、影响收盘价、误导他人交易、制造趋势以影响价格及其他等七类。《办法》首次将程序化交易定义为通过既定程序或特定软件，自动生成或执行交易指令的交易行为。但是目前关于程序化交易的明确定义、源代码的知识产权保护、投资策略的保密、异常交易的界定标准等问题在业内仍有很大争议，监管范围尚有待更加明晰。

2. 缺乏跨市场的综合价格稳定机制

程序化交易往往涉及期货、现货及相关联的证券品种，需要在监管部门、各证券/期货交易所等多个层面建立跨市场、跨品种联动的价格稳定机制。为防范高频交易所引发的市场系统性风险，考虑在中国股指期货市场中实施海外市场逐步采用的价格波动带、熔断机制等新规则。

3. 技术风险

程序化交易高度依赖技术系统，交易所需要建立全仿真测试环境并提供完善的接入机制，为市场参与者进行完整的系统测试和模型验证提供支持，才能降低减少技术系统缺陷或算法策略缺陷带来的市场风险，引发市场巨幅震荡。

4. 证券公司的业务风险

证券公司需要在技术和业务层面重视程序化交易实时风险控制体系建设，及时发现、防范因模型缺陷、系统缺陷所导致的非预期交易订单；根据程序化交易的特点，针对程序化交易健全客户分类服务管理、适当性准入管理，使投资者充分了解程序化交易的风险特征；为高频程序化交易投资者配备独立的交易订单处理系统、交易报盘通道，防范高频程序化交易冲击影响普通客户的正常交易。

程序化交易是证券期货市场发展的大势所趋。目前期货市场已有接近三成的期货投资者采用程序化交易，其中有很多投资者利用程序化交易进行高频交易。

但是，在当前投机炒作仍较明显和中小投资者比例居高的背景下，通过程序化交易完善价格发现机制还有很长的路要走。因此，对程序化交易仍需要加强监管，促进市场的健康发展。

（五）衍生品市场逐步发展但品种有限，工具间缺少平衡

1. ETF 期权市场热情逐渐点燃

自从 2015 年 2 月 9 日上证 50ETF 期权正式上市，中国证券市场进入了期权时代，为对冲风险和资产保险方面提供了新的工具。图 16 反映了上证 50ETF 期权上市以来的月成交量情况。2015 年股灾后，随着经济数据的表现以及人民币汇率企稳，上证综指已经从 1 月 28 日触及的低点反弹，不过比起 2015 年 6 月触及的高点仍有 42% 的跌幅，市场成交量也大幅萎缩，2016 年上证所的日平均成交量不到上年平均水平的一半。股指期货的成交量也有所回落。而从 ETF 期权的成交量可以看出，虽然 2015 年受股灾影响交易量一度有所减少，但总的来看稳步增长呈逐渐震荡放大的趋势。期权已经变成杠杆和对冲交易的重要选

择。2015下半年ETF期权总成交量1 877.3万张，2016上半年ETF期权总成交量3 299.7万张，增幅为75.8%。从认购和认沽两种类型的期权来看，2016年上半年认购期权合约成交量1 808.7万张，认沽期权成交量1 491.0万张，与前半年相比，认购与认沽期权成交量分别增加了741.3万张和681.2万张，涨幅分别为69.44%和84.11%。2016年6月、7月两个月成交量变化较大，有大幅上升的趋势。PCR指标（认沽/认购期权成交量之比）一直处于短期震荡中，说明市场多空之势相互交替，市场趋于稳定，但是其数值大都维持在70%～90%的水平，说明市场整体多头势力较强，市场情绪较为积极。

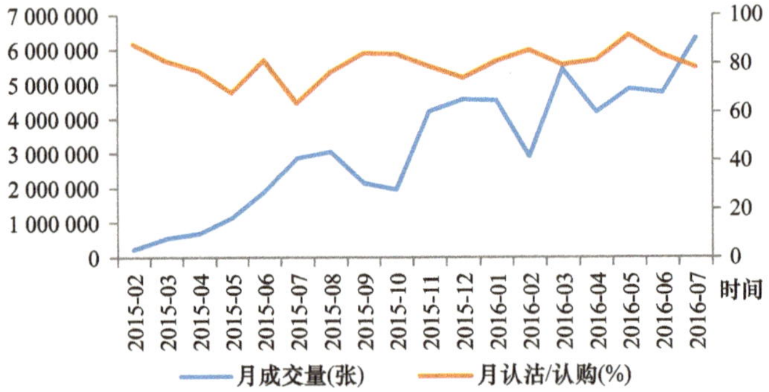

图16 ETF期权月成交情况及PCR指标

数据来源：上海证券交易所。

图17为ETF期权的隐含波动率时间变化。总体来看，看跌期权（Put）的波动率要高于看涨期权（Call）。特别是在2015年8月25日至9月2日连续调整股指期货保证金期间，期权市场的波动率达到了峰值。一方面隐含波动率反映了市场投资者的情绪和对于市场动向的预期，同时也反映出ETF期权已经部分替代股指期货成为发挥杠杆和实现对冲交易的重要选择。期权的风险管理功能逐渐为市场及监管层认可。

图18反映了自ETF期权上市以来iVIX（中国波动率指数）与50ETF价格的变化。iVIX是由上海证券交易所发布，通过对50ETF期权价格的计算来衡量未来30日的预期波动的指数。从数据来看，两者

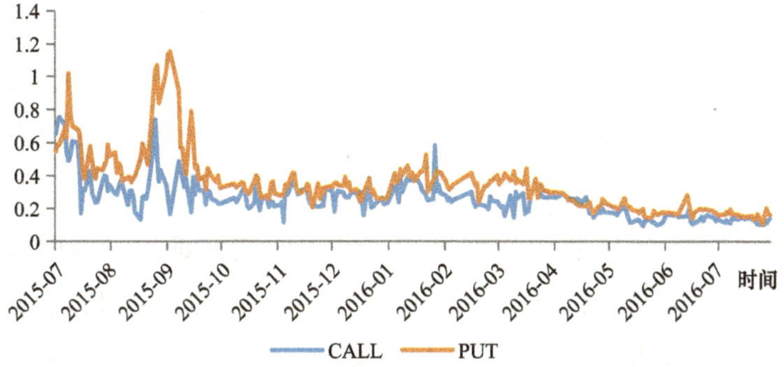

图 17　ETF 期权隐含波动率变化

的走势有同时呈现上升或下降的阶段，存在一定的正相关性，ETF 期权的系统风险总体来看为正。而对美国市场的 S&P500 指数与对应的股指期权的研究结果表明，两者之间存在很明显的负相关性，形成了对比。从定价的角度来看，50ETF 期权定价偏高。

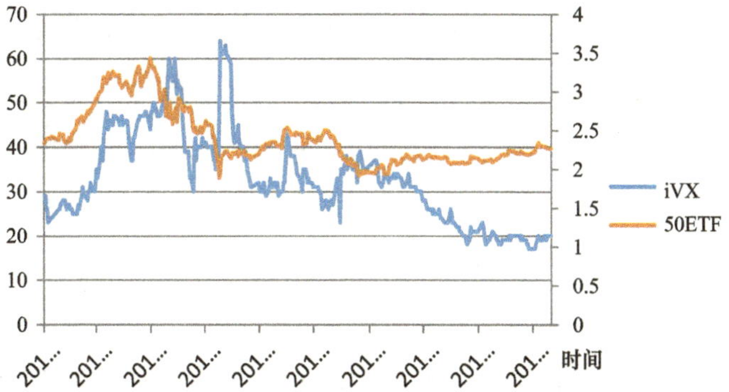

图 18　iVIX 指数与上证 50ETF 价格的变化

2. 沪深 300ETF 期权有望推出

上海证券交易所衍生品业务部总监刘逖近日表示，作为有效的风险管理工具之一，上证 50ETF 期权自 2015 年年初上市以来总体运行平稳有序，并逐步发挥其保险功能。下阶段将进一步发挥期权市场功能，包括完善股票期权的合约价格、完善保证金机制及交易机制、丰富股票期权产品体系、完善风险管理机制及持续加大市场推广。未来将继续丰富股票期权产品体系，上交所有望将上证 50ETF 期权的到期月份从现有的 4 个增加至 5 个，而行权价格数量将会由现在的 5 个增加至 9 个。目前正在研究推出沪深 300ETF 期权的可行性，以进一步满足投资者利用期权进行风险对冲的需求。

与此同时，2015 年计划推出却受股灾影响拖延的股指期权更被市场期待已久。股指期权与股指期货虽然同为风险转移工具，但期权的回报结构与中国现有的金融产品，比如股票、期货或者掉期都不一样，因此对未来不同市场状态的风险分散能力迥异。后者的回报结构是纯线性的，未来标的物价格上涨或下跌直接对应着这些金融产品回报的上涨或下跌，这使得它们的金融风险管理功能大打折扣。相比而言，股指期权的回报结构是凸形的，即在某些市场状态下期权的回报是不随标的物的价格变化而变化的。这个特性使期权在金融风险管理和投资策略上大有用武之地。比如，某投资者看多股指，但可能不太确定自己的判断或者只是想节约投资成本，那么他可以利用期权构造一个牛市价差策略，这个策略可以控制未来股指下跌的损失，同时如果股指上涨又会带来一定的正回报。又比如，某基金经理很担心未来一段时间内股指波动率会加大，因为这样会增加投资收益率的不稳定性，这时他可以通过构造一份跨式期权进行保险。跨式期权的好处在于未来股指无论上涨还是下跌，只要波动率加大就可以给投资者提供正回报。再比如，某投资者跟上面的基金经理观点恰恰相反，他觉得未来一段时间内股指会比较稳定，这时他可以构造一份蝶式期权来实现投资目标。因此，由于回报结构呈现凸形，简单的看涨和看跌期权可以通过各种不同的组合形成非常丰富的投资和避险策略，大大拓宽投资人的风险管理工具选择范围，满足各种投资避险需要，而这些功能是其他现有任何金融产品所实现不了的。

同时，由于基于同一标的物的不同期权对应着不同的执行价格和到期日，期权价格中包含了丰富的有关标的物的信息含量，尤其值得一提的是这些信息含量都是市场投资者对于未来标的物的预期。比如，从一个月到期的期权价格中可以估计出投资者对未来一个月后标的物价格的整个分布函数，这对于了解市场情绪和投资者预期有非常重要的帮助。国内外学者们也发现，从期权价格中倒推出来的隐含波动率可以用来预测标的物的未来波动率，而且隐含波动率中包含的信息量超过了基于历史数据的波动率预测指标。鉴于此，不少成熟的国外期权市场开发了被称为"恐慌指数"的VIX（波动率指数）指标，用以衡量和实时监测市场投资者的情绪，对于把握市场动向和预期起到了积极的作用。

从上面可以看到，期权是功能与现有金融产品大不相同的新产品，因而对完善金融体系和扩大投资者的投资机会具有重要的意义。从现有国外成熟金融市场的经验来看，股指期权的推出有利于改善现货市场的质量，提高流动性，降低系统性风险和波动率，促进股市的定价效率，它的功能是现有其他金融产品不可复制和取代的，尽快推出股指期权产品具有重大意义。

3. 监管政策调整后股指期货交易量大幅回落

2015年股灾后监管层加强了对股指期货的管理，为抑制过度投机，从2015年8月开始逐步加大对金融期货的管控，出台了最严管控措施，金融期货交易量大幅萎缩。2015年8月末到9月初连续对股指交易的保证金进行了调整（参见表1）。

表1　2015年8—9月股指期货交易保证金标准调整表

调整日期	沪深300（%）	上证50（%）	中证500（%）
2015-8-26	12	12	12（买入）
2015-8-27	15	15	15（买入）
2015-8-28	20	20	20（买入）
2015-8-31	30	30	30（买入）
2015-9-7	40	40	40
2015-9-7	20（套保）	20（套保）	20（套保）

注：没有特殊注明的都是非套保持仓交易保证金标准。

图19、图20、图21分别反映了沪深300股指、上证50股指、中证500股指期货当月连续合约的成交量和走势。从这3个图可以明显看

出，三种合约在保证金调整后成交量均巨幅萎缩，调整后的成交量不超过 2015 年 7，8 月股灾期间的 1/10。

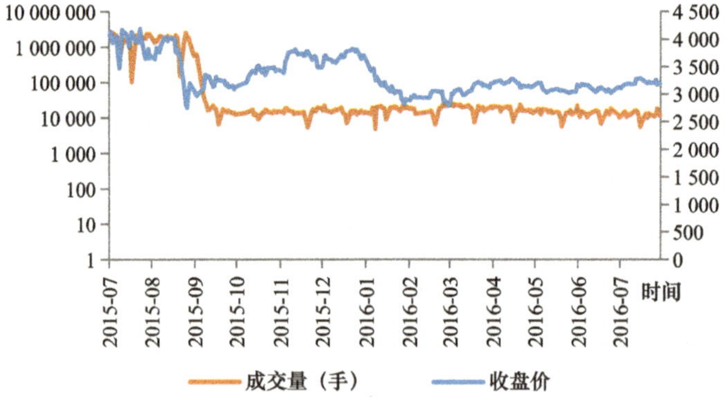

图 19　沪深 300 股指期货当月连续合约成交量及走势

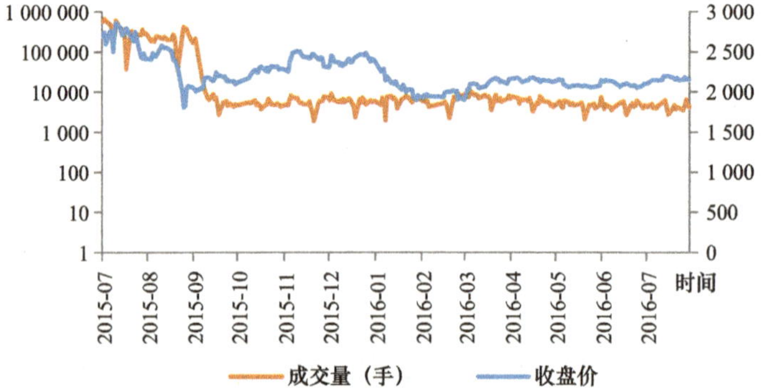

图 20　上证 50 股指期货当月连续合约成交量及走势

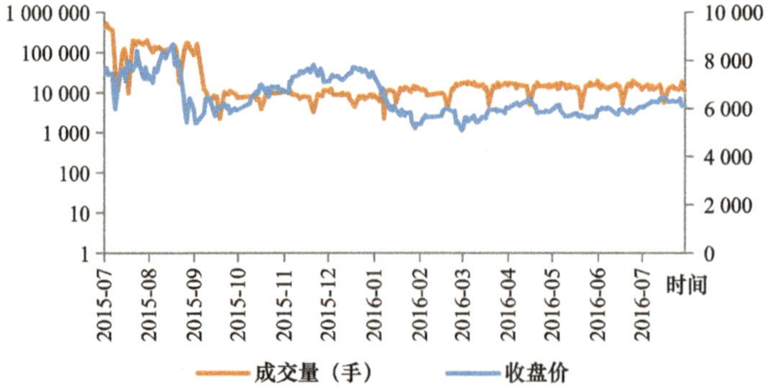

图 21　中证 500 股指期货当月连续合约成交量及走势

关于股指期货和现货之间的联动关系，我们采用动态条件相关模型（Dynamic Conditional Correlation，DCC）进行分析。DCC 模型能够简洁地刻画投资组合中资产相关性的动态结构。它的基本描述如下：

$$r_t \mid \Omega_{t-1} \sim N(0,H_t)\ ,\ H_t = D_t R_t D_t\ ,$$

$$\sigma_{i,t}^2 = \alpha_i + \beta_{i1} r_{i,t-1}^2 + \beta_{i2}\sigma_{i,t-1}^2\ ,$$

$$D_t = \mathrm{diag}(\sigma_{1,t},\sigma_{2,t},\cdots,\sigma_{n,t})\ ,$$

$$\varepsilon_{i,t} = r_{i,t}/\sigma_{i,t}\ ,$$

$$q_{ij,t} = \bar{\rho}_{ij} + \alpha(\varepsilon_{i,t-1}\varepsilon_{j,t-1} - \bar{\rho}_{ij}) + \beta(q_{ij,t-1} - \bar{\rho}_{ij})\ ,$$

$$\rho_{ij,t} = q_{ij,t}/(\sqrt{q_{ii,t}q_{jj,t}})\ ,$$

$$Q_t = (q_{ij,t})\ ,$$

$$R_t = \mathrm{diag}(1/\sqrt{q_{11,t}},1/\sqrt{q_{22,t}},\cdots,1/\sqrt{q_{nn,t}})Q_t\mathrm{diag}(1/\sqrt{q_{11,t}},1/\sqrt{q_{22,t}},\cdots,1/\sqrt{q_{nn,t}})$$

其中 Ω_{t-1} 为至 $t-1$ 时期所有可能获取的信息集合，$r_t = (r_{1,t},r_{2,t},\cdots,r_{n,t})^T$，为 n 个资产 t 时期的对数收益率向量，它服从具有时变方差的多元正态分布。$\sigma_{i,t}^2$ 为 $r_{i,t}$ 的方差，假设其服从 GARCH（1，1）过程。diag（$\sigma_{1,t},\sigma_{2,t},\cdots,\sigma_{n,t}$）为以 $\sigma_{i,t}$ 为对角线上元素的对角阵。$\bar{\rho}_{ij}$ 为根据标准化残差 ε_t 所计算出的无条件相关系数，可以看成一个长期的均衡值。R_t 为 r_t 的动态条件相关系数矩阵。注意到 R_t 同时也是 ε_t 的协方差阵。因此对 R_t 的时变结构刻画也使用一个 GARCH（1，1）过程来描述，α,β 为待估参数。

模型的估计采用极大似然估计，平均对数似然函数可以写成：

$$L = -\frac{1}{2T}\sum_{t=1}^{T}(n\ln(2\pi) + \ln|H_t| + r_t^T H_t^{-1} r_t)$$

$$= -\frac{1}{2T}\sum_{t=1}^{T}(n\ln(2\pi) + 2\ln|D_t| + r_t^T D_t^{-2} r_t - \varepsilon_t^T\varepsilon_t + \ln|R_t| + \varepsilon_t^T R_t^{-1}\varepsilon_t)$$

$$= -\frac{1}{2T}\sum_{t=1}^{T}(n\ln(2\pi) + 2\ln|D_t| + r_t^T D_t^{-2} r_t)$$

动态条件相关系数是金融资产或金融市场趋同度的重要指标。动态条件相关系数高说明走势趋同度大，市场一体化程度高。表明股指与股指期货收益率之间的相关系数受前期的影响较大，其相关性具有较强的持续性特征。表 2 为模型参数的估计结果。

表 2　动态相关系数表

现货期货种类	α	β
沪深 300 指数与沪深 300 股指期货（IF）	0.101 4	0.693
上证 50 指数与上证 50 股指期货（IH）	0.176 9	0.609 9
中证 500 指数与中证 500 股指期货（IC）	0.017 5	0.972 8

图 22、图 23、图 24 分别描述了三种股指期货与股指现货之间的动态相关系数估计结果的时间路径。

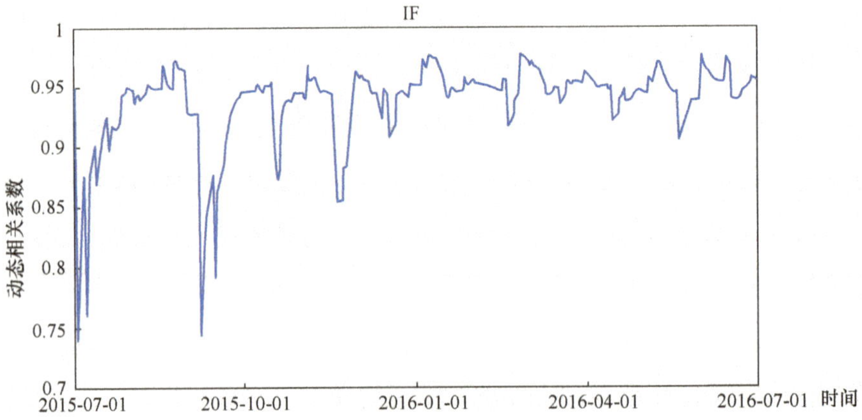

图 22　沪深 300 股指期货与现货动态条件相关系数图

从表 2 和图 22、图 23、图 24 可以比较直观地看出以下特点：一是在这段样本期间（2015 年 7 月—2016 年 6 月），三种股指期货都与相对应的现货市场呈现正相关关系，动态相关系数也比较高，说明一个市场的波动能够传导到另一个市场。β 是反映相关系数受前期影响的指标，比较三种股指期货品种，中证 500 指数与 IC 股指期货之间的相关系数受前期的影响最大。二是动态相关系数随时间变化的特征比较明显，具有比较显著的时变性。IF 和 IH 在保证金调整期间波动幅度很大，这和市场交易规模的突然减少有着直接的关系。与之相对应，IC 的动态系

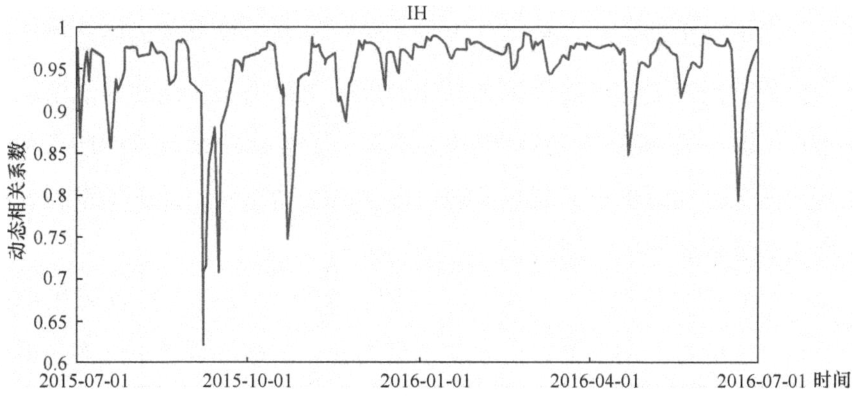

图 23　上证 50 股指期货与现货动态条件相关系数图

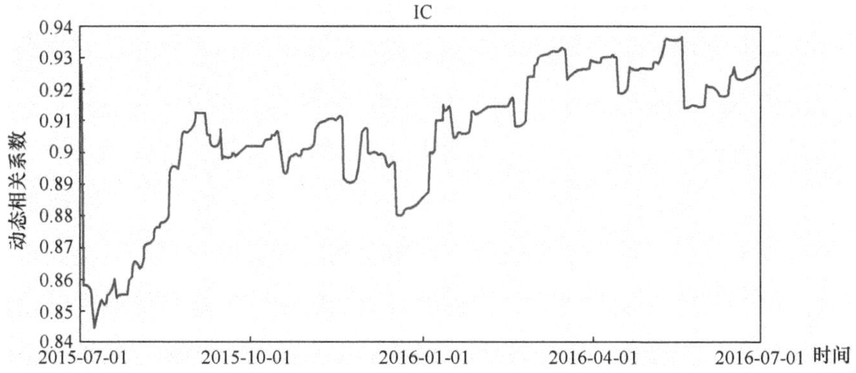

图 24　中证 500 股指期货与现货动态条件相关系数图

数在保证金调整前后没有明显的变化，由于 IC 与现货的动态相关性受前期影响比较大，呈现上升的趋势。

4. 衍生品市场的主要风险

新的股指期货和交易所交易基金（ETF）上市之后，投资者在参与方式、持股结构、投资理念等方面迎来了崭新的变革，股市过度交易、高换手率的特征有所改善，风险管理理念开始普及，机构乃至个人投资者越来越多地使用股指期货和交易所交易基金期权进行风险对冲，A 股市场投资进入对冲新时代。

然而，在新的衍生工具提供避险功能的同时，它们的高杠杆作用也带来了很大的市场风险。特别是由于中国衍生品市场发展的历史还比较短，投资者仍然缺乏风险认识和相应的风险防范措施。同时当前市场衍生工具不够丰富均衡，工具的作用还不能完全发挥出来。股指期货和交易所交易基金期权促进了现货和期货市场的不断发展，促进了中国证券市场化的进程，同时，风险也是不容忽视的。

（1）投资主体风险。目前，中国股指期货市场个人投资者比例仍然很高，这使得套期保值者远远少于投机者。这些投资者中许多是由股票市场转入股指期货市场的，而中国的股票市场向来投机氛围浓厚，他们不仅缺乏对期货市场的基本了解，而且缺乏必要的风险意识和控制手段。这些投资者大多都有重仓交易、忽视止损等不良投资习惯，这就造成了中国股指期货市场投资主体风险十分严重。机构投资者是股指期货交易市场最为重要的主体，从西方成熟的股指期货交易市场来看，只有机构投资者的队伍得到壮大，才能使得股指期货市场快速健康发展。

（2）跨市场的系统性风险。分析结果表明，股票市场与股指期货市场有很强的联动性，如果股票市场出现暴跌或暴涨，期货市场同现货市场之间的相关性就易破裂。如果期货市场同现货市场持续深度升水或贴水，价格走向偏离，说明两个市场的相关性破裂，否则，其中的价差可轻易地被套利者利用。在相关性破裂的情况下，期货市场的涨跌有可能从心理上加剧股市投资者对涨跌的预期；反过来，股票市场的涨跌也会影响到期货市场投资者对涨跌的预期。因为跨市场操纵很可能加剧两个市场的波动，引发系统性风险。2015 年 6—7 月的 A 股市场的股灾验证了这种风险的存在。

（3）监管风险。目前，中国对金融市场的监管能力不足，相关的制度与法律法规还不够完善，尤其是股票现货市场更是存在着大量内幕交易、坐庄的行为，这使得中国股指期货市场监管风险的隐患较为严重，一旦爆发操纵市场的恶性事件，不仅会使套利的有效性下降，而且极易引起逼仓。另外，800 多亿元的 QFII 额度，这些境外资金拥有丰富的金融期货交易经验，一旦其大量投机于股指期货，必然会造成股指的异常波动。只有提高监管能力，才有可能应对整个金融市场的风险。目前，与期货相关的法律法规包括：《民法通则》《公司法》《合同法》《期货交易管理条例》等，但是作为期货市场位置最高的法律《期货法》，目前尚缺位，只有加快推进立法工作，才能使得期货交易的权利与义务关系得以明确，为股指期货交易的健康发展保驾护航。

（4）产品发展的不平衡影响双向的工具发挥作用。中国股市的做空渠道一直是很有限的，除了融券之外，只有沪深300股指期货、上证50股指期货和中证500合约。从美国市场的发展看，因为在期货交易中加进了“断路闸”和涨跌停板，大量的机构投资者利用期权交易实现“投资组合保险”策略。事实上，期货在对冲风险方面更有效，期权则在资产保险方面更有效。国内目前只有股指期货而没有相应的股指期权，上证50 ETF的期权参与者门槛比较高而且只能化解部分超大盘股的风险，风险泄洪过于集中，很难满足投资者避险以及市场策略的多样化需求。

因此现有的制度有两个方面需要完善：第一，丰富金融衍生工具品种。品种的匮乏导致了工具上的不均衡。当某一工具发挥单向作用时，有其他工具能够与之对冲制衡，市场就不会极端波动，丧失流动性。从国外市场发展的经验看，期货层面要有股指期货不同品种的合约，有大合约和小合约，小合约也可以让个人投资者通过股指期货的迷你合约来实现仓位的对冲，而非卖出股票；需要尽快推出中小板和创业板指数期货，匹配中小创现货市场风险管理需求，缓解中证500股指期货单一工具过度使用的压力。在期权层面上，需要股指期权和个股期权品种的丰富创新避险机制。只有在金融工具上丰富了品种，在每一个品种制度的建立上完善成熟，市场才能发挥有效的制衡作用，更好地保障在各种情况下流动性的有效释放。第二，完善融券机制。融券机制完善后市场的流动性也会得到相应的释放。因为融券本身就是释放流动性，很多获利策略会在市场下跌以后兑现收益，实现收益时需要买入股票，这样可以提供流动性。就期权层面来讲也是一样的，如果利用期权实现对冲策略的话，也同样需要有一个完善的融券机制，在市场上做空股票买入期权后，在策略实现时同样需要买入股票和平掉期权头寸。就股指期货层面来看，以阿尔法对冲策略为例，可以通过买入股票、做空股指期货来对冲套利；也可以卖出股票、做多股指期货来对冲套利。由于目前国内融资需要支付8%以上的资金成本，融券同样需要支付8%以上的融券成本，因此买入股票做空股指期货没有持仓成本，而卖出股票融券做多股指期货要承担融券做空的资金成本，导致中国绝大多数的对冲机构都采用买入股票做空股指期货的策略。从市场的角度来讲，过于偏重这样的获利方式本身就会让市场丧失流动性。

（六）市场交易制度设计风险——熔断机制推出昙花一现，负面效应显现

熔断机制在中国一直备受关注。鉴于2015年第3季度A股出现的剧烈震荡现象，尤其6月份出现的千股涨跌停奇观，监管层认为这一现象与美国纽约曾经的“黑色星期一”尤为相似，决定引进“熔断”机制，将其作为市场的冷静器与保险丝，给予投资者一定的缓冲和思考时间，以利于市场的稳定。2015年9月7日，在《关于指数熔断相关规定公开征求意见的通知》中，上海证券交易所、深圳证券交易所和中国金融期货交易所发布拟在保留现有个股涨跌幅制度前提下，引入指数熔断机制。2015年12月经中国证监会同意，上交所、深交所、中金所正式发布指数熔断相关规定：以沪深300指数为指数熔断的基准指数；熔断对象不仅包括了A股和B股，也包括了基金、可转换公司债券和可交换公司债券以及股指期货；设置5%与7%两档熔断阈值，涨跌达到设定的阈值后都会熔断；触发5%熔断时，暂停交易15分钟，14：45及之后触发5%熔断或7%熔断，则暂停交易至收市。概括起来，就是“三市联合熔断、双向熔断、分档熔断以及熔而断”的模式，2016年1月1日起正式实施。

国际上的熔断机制分为两种，一种是“熔而断”，即当价格触及熔

断点后，在随后一段时间内停止交易；另一种是“熔而不断”，即当价格触及熔断点后，在随后的一段时间内仍可继续交易，但报价限制在熔断点之内。中国引入的熔断机制和美国的熔断机制都属于“熔而断”的熔断机制。最早引入熔断机制的是美国，起源于 1987 年 10 月 19 日的那次“股灾”，一年之后，美国商品期货交易委员会（CFTC）与证券交易委员会（SEC）批准了纽约股 票交易所（NYSE）和芝加哥商业交易所（CME）的“熔断机制”。目前美国的熔断机制是 2012 年改革的结果，设定标准普尔 500 指数为新的参考指标，以标普 500 指数上一交易日收盘数为基准，设定了三个可以触发市场熔断机制的阈值，分别是 7%，13% 和 20%，主要是通过限制纽约证券交易所上市公司中标普 500 成分股的交易及其价格波动来进一步防范或者控制标普 500 指数期货价格震荡的影响，其主要通过对股票现货市场交易的中断来实现对期货市场的协同、系统“断路”。自实施熔断机制以来，美国股市到目前为止还没有出现较大波动。目前，除美国外，日本、法国、韩国、新加坡等国也都引入了熔断机制，并取得了相应的效果。每个设立熔断机制国家的出发点几乎都是为了降低交易风险，进而吸引更多的投资者入场，使交易市场更加活跃。

然而 1 月 4 日起“熔断”机制施行 4 天，两个交易日触发熔断以提前收市告终，最终证监会决定暂停这一机制，以缓和股市上的恐慌情绪。两个交易日触发熔断，造成 A 股市值缩水严重。据统计，A 股市值两日累计蒸发达 8 万亿元以上，造成 A 股投资者人均损失近 16 万元，熔断机制没有达到预期效果。

就熔断机制本身而言，作为价格限制制度的一大工具，可以在价格大幅度波动的情况下，给市场稳定和冷静的时间，使交易者有更充足的时间去分析当前价格是否合理并做出正确的决定，可以一定程度抑制“追涨杀跌”现象。但另一方面，它具有一定的“磁吸效应”。也就是说，当市场出现波动而接近触发熔断时，投资者可能会进行大量的股票交易以逃避股市被熔断而出现的风险。熔断机制没有达到预期效果是与

A股市场的特殊背景息息相关的。

（1）熔断机制的推出与股市“大小非”减持禁令时期重叠。股市大小非减持禁令在2016年1月8日到期，但管理层在股市首次触发熔断后并没有就此出台任何实质性的政策。由于大小非持有的股份几乎为零成本，它们一旦被释放出来，尽管可给持有者带来可观的收益，但对股市往往造成股价下跌的后果。因此，给股市带来不安定因素，使股市承受非常大的压力，令许多中小投资者唯恐避之不及。

（2）推出时机处于人民币贬值预期阶段。自2015年8月人民币走贬开始，A股市场走势与人民币汇率走势高度相关。2015年元旦后人民币汇率快速下行，超出市场预期，让投资者缺乏必要的心理准备，从而给股市带来不小的压力。

（3）熔断机制看似可以降低市场的波动性，但如果遇到极端情况，市场恐慌情绪并不会很快消除，而且这种情绪会跨市场传递和蔓延，反而加大了相关产品的波动性。海外实行熔断机制的市场，大多是“$T+0$”交易且无涨跌停限制。但是A股是“$T+1$”交易，并且设有涨跌停限制，其本身就是一个不完全自由的证券市场。

（4）国内股市以中小投资者为主。由于他们的资金实力有限，因此很容易在股市中跟风操作，存在明显的羊群效应。A股是以散户为主的运营结构，加之上一年股灾导致的恐慌心理，当大盘明显下跌时，恐慌心理易引致连锁反应。再加上熔断机制是一新鲜事物，难以从容应对，当股市开始跳水之际，在“磁吸效应”的作用下，中小投资者的反应就可想而知了。

引进“熔断”机制，将其作为市场冷静的保险丝，为市场的稳定采取有力措施本身是有意义的。而且在技术层面，无论是对象的选取还是阈值的选取都是经过数据分析的，也是结合国情的。但是，中国目前的证券市场与国外一些国家的市场相比仍然不够成熟和完善，在我们这个“新兴加转轨”的市场，交易制度设计需要充分考虑相互之间的关联性以及投资者结构的影响。市场的投资者结构呈现机构化趋势，能够识别风险、承受风险、对风险进行合理的定价，从而决定交易的方向和策略时，也许才能形成充分的博弈，才是“熔断机制”被重新设计引入的时机。

三、股票市场及股权类衍生品市场风险展望

当前，中国经济正经历“三期叠加”下的转型升级，中国经济与世界经济的高度融合是前几轮美国加息周期中所未有的。金融改革开放正在加快推进，改革的艰巨性、复杂性、关联性开始显现，资本市场肩负着“使市场在资源配置中起决定性作用”的重大使命，从外部的人民币国际化战略推进和资本账户开放，到内部的加快利率市场化步伐，无不透露出未来中国金融转型对资本市场的倚重。特别是随着资本市场行情的逐步回暖，如何在股市新常态中实现跨越，考验着决策者的智慧和勇气。在经济全球化和金融自由化进程中，金融工具越来越多，在这样一个资本对外开放与金融创新的背景下，中国股票市场所面临的挑战和风险也将越来越大。

（一）美元再度加息可能会带来资本流出

2015 年 12 月美联储开启了近十年来的首次加息，此后美联储何时再度加息一直牵动着全球市场的神经。美国经济虽然仍有不确定性，但预计将继续增长并延续复苏态势，在发达国家中属于一枝独秀。欧洲经济受主权债务缠身特别是希腊债务危机持续以及英国脱欧等影响，一直在低迷中徘徊。日本经济受安倍经济学刺激，虽然已有起色，但仍然很不稳定并且后遗症正在暴露。除美联储外，其他主要国家的央行均处于宽松的货币政策之中，而且宽松的力度均达到了空前的水平。新兴市场国家经济在经历了几十年外向型增长方式导向下的超高速发展之后，增速普遍放缓。关键是经济结构调整步履维艰，而且引发的并发症应对起来非常麻烦。更重要的是，世界经济格局转换以后，给新兴市场国家可能带来潜在金融风险，而且这种风险隐约感觉正在走近。尽管许多新兴市场国家在加息预期下已释放部分风险，但随着美联储在加息通道上前

行，新兴市场国家因此面临的资本外流、货币贬值和股市动荡等诸多挑战将会日益加大。

中国作为最大的新兴市场国家，国际资本撤离将带来一定的风险。国际资本撤离时导致的外汇储备下降可能会引起资产价格的大幅下跌。继2015年“8·11”汇率改革之后，人民币对美元汇率走势与股市之间存在越来越密切的联系，美元加息而引起的人民币汇率贬值会诱发股市的下跌风险，给政策制定者和投资者都带来挑战。

（二）人民币国际化将带来资金的双向流动

伴随2016年10月1日人民币正式纳入SDR，资本双向流动规模都可能增加，中国央行对汇率或会减少干预。一方面，人民币国际化能够促进货币资本的跨境流通，从而提高国内股票市场上的资金运作效率，提高股票市场的活跃和繁荣程度，对中国股市的发展将起到重要的推动作用。与此同时，深港通的启动，也会吸引国际资本涌入。据估算，若MSCI决定将中国A股纳入MSCI新兴市场指数并允许国际投资者完全投资A股，将会促使国际资产管理机构、养老基金和保险机构逐步向中国大陆股市注入3 300亿美元资金。另一方面，人民币国际化步伐加快也会拓宽国内游资的投资渠道，居民和企业可能会增加其海外资产配置，同时未来人民币波动会对投资者风险偏好造成负面影响，从而可能使资本流出规模增加，对A股的长远流动性可能会有分流作用。

（三）市场投资者结构的变化会带来市场风格的转变

长期以来，以散户为主、机构投资者占比过低的投资格局，导致A股市场形成了交易频繁、换手率高、市场缺乏理性和长期投资理念不成熟等特征。根据国际成熟股市的经验，随着散户投资者的减少，机构投资者主导市场，市场投资风格会更加理性，公司股价的估值更合理。长期来看，A股市场上绩优股的投资回报是最好的，随着政策的不断完善，打击坐庄、操纵市场行为，QFII、基金、社保等机构基金的不断壮大，市场上长期的价值投资已经起到了举足轻重的作用。以最近市场上的超级机构安邦、宝能和恒大、富德生命人寿为例，所持的股票大多数符合绩优蓝筹股范畴。长线绩优股的投资回报可以穿越熊市和牛市，只是被绝大多数仍然热衷于厮杀拼搏短线差价的散户所忽视，因此 A 股市场表面上仍然是热潮题材，但 A 股开启绩优蓝筹股的投资风险或并不遥远，自去年以来层出不穷的举牌事件，既有万科这样的蓝筹股，也有欣泰电气这样的问题股，投资者该如何取舍或许会逐渐明朗。随着蓝筹股地位的崛起和散户投资经验的积累，A 股市场逐步迈向成熟值得期待。

同时，随着期货和期权等衍生品种不断丰富，衍生品市场在资产管理方面会发挥越来越重要的作用。与此同时，由于衍生品交易规定和策略较为复杂，大部分个人投资者受到知识面、交易工具、资讯及时性、资金量等一系列因素的制约，无法有效地对冲风险，获取长期稳定的收益，很容易遭遇市场风险、操作风险等，在利用杠杆的情况下，损失有可能很严重。机构投资者有着较为强大的研究队伍，拥有全方位的优势，会优先使用衍生品，这实际上也是促进金融衍生品更好发挥作用的关键点。随着新的股指期货品种和期权产品的推出，机构在投资者结构中会逐渐处于中坚地位，市场投资风格会逐渐理性。

伴随私募基金行业迎来爆发式的发展，专业机构投资者队伍的壮大还有很大的空间。基金业协会最新数据显示，截至 2016 年 6 月底，共有 117 家私募管理人（涵盖证券投资类、股权投资类和创业投资类私募）规模达到 100 亿元以上，与上年同期相比接近翻倍，比 5 月增加 5 家，相较于 2015 年年底增加 30 家。专业机构的壮大可以在一定程度上改变目前的个人投资者与政府间重博弈、轻投资的风格，政策制定和实施的效率会有所转变。

（四）政策调整风险

与注册制改革相匹配，战略新兴产业板的设立与否也一波三折。战略新兴板定位于规模稍大、已越过成长期、相对成熟的企业，与主板、创业板形成衔接，同时也有适度交叉，对多层次资本市场的完善有重要影响。战略新兴板的推出由上交所筹划已久，从国务院到证监会都在多个文件、多个场合对战略新兴板的设立表示过支持和肯定，曾被列为2016年证监会的五大重点工作任务之一。随着2016年3月设立战略新兴产业板的计划从十三五规划纲要草案中删除，这一板块还能否设立已成为一个问号。同时，证监会也对“暂缓中概股回归”做出回应，表示关注到境内外市场的明显价差、壳资源炒作等现象，正在对这类企业通过IPO、并购重组回归A股市场可能引起的影响进行深入分析研究。这也意味着中概股回归之路暂时遇阻，无论是IPO还是借壳上市，市场仍需等待政策明确。对于上述三大政策变动，目前没有明朗预期，改革的进度可能被拖延。

监管层对于一些金融创新产品的态度很可能也会更趋谨慎。导致2015年股市调整有各方面的原因，其中通过两融或场外配资等形式进行的杠杆交易及其在股价暴跌后的放大效应，以及做空方对于现货和期货市场工具的配合使用，一定程度上起到了推波助澜的作用。2016年年初熔断机制的推出没有实现预期效果，也给监管层带来了不小的压力。金融产品创新永远是一把双刃剑，它增加了市场活跃度，也可能会加大市场的波动程度。有些时候，即使是交易量非常大的金融衍生产品也面临集中度过高等问题。监管层在沪深300股指期权、沪深300ETF期权等新的衍生工具推出的态度和时间上会趋于谨慎。

资本市场开放与A股的国际化不可逆转。加快A股市场的国际化进程，首先需要加速推进A股市场化、法治化进程。金融创新与金融监管是一对矛盾体，两者之间总是呈现出此消彼长的关系。面对日益复杂的国际金融环境，只有与时俱进地完善监管机制，厘清政府与市场的边界、监管者的定位、市场参与者的权利和义务，才能有利于证券市场的长期稳定发展。

中国股权众筹风险与防范研究报告

王佳妮

摘要： 互联网的普及和金融服务的普惠促使基于互联网的金融创新不断发展。其中，股权众筹融资就是这种创新的产物之一。由于投融双方的自然属性、投资模式的特殊性以及投资流程的复杂性，股权众筹实践过程中的风险不容忽视，操作不当将会损害各参与主体的利益，甚至影响金融秩序的稳定。根据风险源，将股权众筹的风险大致分为来自融资人、投资人以及众筹平台的内部风险和外部法律风险两大类。在总结各国为降低这些风险所采取的手段和方法的基础上，本报告提出了中国股权众筹风险防范的一些政策建议：明确股权众筹定位，建立完善的法律法规体系，健全监管措施、加大监督力度，提高投资人自身素质、设立准入机制，完善平台机制、确保全流程风险控制。

关键词： 股权众筹　众筹平台　风险特征　风险防范

基金项目：国家自然科学基金青年项目（71303224），首都经济贸易大学 2016 年度科研基金项目。

王佳妮，首都经济贸易大学金融学院、金融风险研究院讲师，经济学博士，管理科学与工程博士后。

一、中国股权众筹发展概况

（一）中国经济环境宽松、众筹市场发展迅猛、行业监管趋严

1. 经济环境

在互联网金融背景下，股权众筹不仅是中小微企业寻求融资的一个新途径，同样也为广大草根投资者寻求投资渠道提供了一种可能性。民间资本的状况究竟如何？居民家庭可用来自由支配的收入，即城镇居民家庭人均可支配收入，在一定程度上反映了民间资本状况。从过去20年的经验数据来看，城镇居民家庭人均可支配收入呈现出稳定的增长趋势；“北上广”地区是中国经济与金融发展相对发达的城市，其中上海居民家庭人均可支配收入最高（见图1）。随着近些年金融知识的普及，越来越多的草根投资者开始另辟蹊径，运用多元化的投资方式使自有资产实现保值增值。

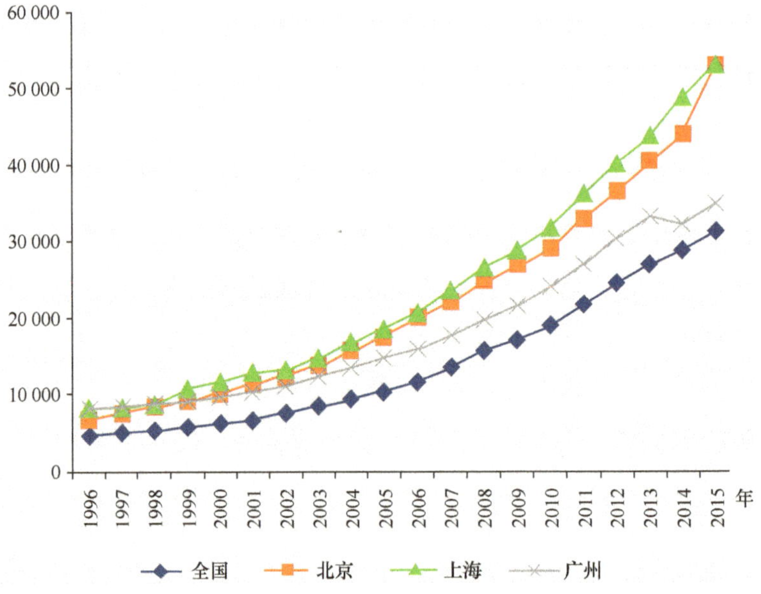

图1　全国及三大发达城市城镇居民家庭人均可支配收入（单位：元/年）

数据来源：中国经济与社会发展统计数据库。

2. 行业发展

中国最早的众筹网站“点名时间”出现在2011年7月，开启了中国互联网众筹的时代。随后，中国众筹平台的数量逐年增加。根据人创咨询《中国众筹行业发展报告》，截至2016年6月底，全国正常运营的众筹平台共计334家。图2是平台上线时间的分布情况，很明显，大部分平台于2014年和2015年上线，这两年的平台数之和占到了运营平台总数的近80%，2014年也被业界称为“中国众筹元年”。在过去的五年中，新创平台的实际数量远远不止300多家，大量平台存在倒闭、下线以及转型的现象。

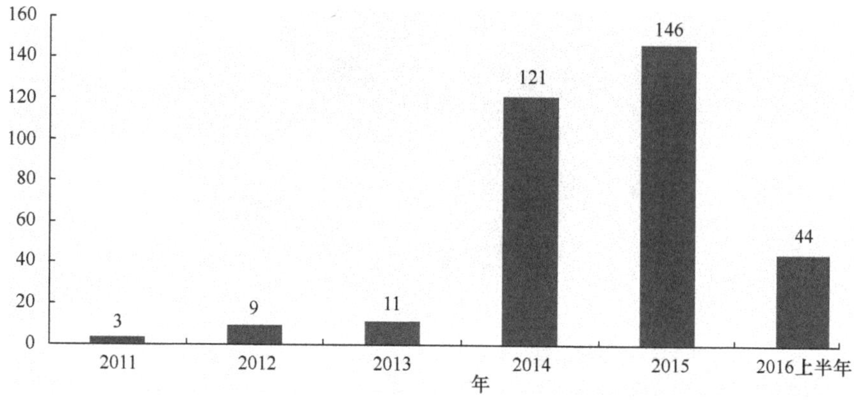

图2　众筹平台成立的时间分布

数据来源：《中国众筹行业发展报告（2016）》（上），http://www.zhongchoujia.com/data/17954.html。

根据平台回报模式，可以把众筹平台分为五大类型：一是非公开股权融资型。这种类型主要是指资金供求双方通过互联网股权众筹平台以非公开发行方式进行的投融资交易活动，通常是以项目或公司的股权作为回报。此类众筹平台非常流行，为创业项目开辟了一个新的融资渠道。二是商品型。这种类型是指参与众筹的项目或公司向投资者提供产品或服务作为回报的众筹模式，此类众筹平台较多（104家），占比最重（31%）。三是公益型。这种类型是指参与众筹的项目或公司无偿获得投资者资金上的捐赠，通常是扶贫捐助和爱心救助等社会公益项目。四是物权型。这种类型是指筹资者通过互联网向大众筹集资金，用以收购实物资产，通过资产升值变现获取回报；或通过合理经营实现经营收入，与投资人按比例利润分红的众筹模式。这是一种新型的众筹模式，主要集中在汽车众筹和房地产众筹两个领域，具有周期短、收益高和门槛低的优点，目前正常运营的平台有37家，占比11%。此外，还有一些综合型的平台①。参见图3。

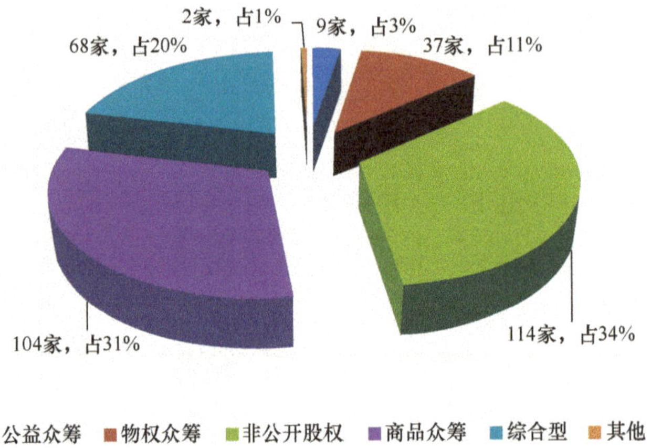

图3　全国众筹平台类型分布（截至2016年上半年）

数据来源：《中国众筹行业发展报告（2016）》（上），http://www.zhongchoujia.com/data/17954.html。

2011年11月，国内首家股权众筹平台——“天使汇”正式开始运营，拉开了中国股权众筹的序幕。2014年9月，李克强总理在夏季达沃斯论坛上公开发出“大众创业、万众创新”的号召，随后掀起“互联网+金融”的发展浪潮。伴随着众多中小微企业融资需求的推动和互联网巨头，如阿里、百度、京东的介入，不断涌现出多个股权众筹平

① 有两家类型指向较为模糊的平台。

台，2015 年实现了爆发式的增长。所以，业界也将 2015 年看作是“中国股权众筹发展元年”。截至 2016 年 6 月底，在正常运营的众筹平台中，股权众筹占有比较大的比重（114 家，占比 34%）。

3. 公共政策

对融资者而言，在股权众筹的早期，其实是处于“打擦边球”的状况，众筹平台是集资门户的一个具体形态。所以，对于股权众筹的真正定义，国家相关部门也处于观望状态，这个时期的股权众筹发展小心翼翼，避免触碰“非法集资”和“非法发行股票”等方面的法律底线，同时通过采取限定投资者门槛等方式，控制众筹人数和身份属性。

随着股权众筹在中国的发展与壮大，并且随着群众呼声的加强，政府也在逐步探索出台相关政策。2014 年 12 月 18 日，中国证券业协会发布《私募股权众筹融资管理办法（试行）（征求意见稿）》（简称“征求意见稿”）。该征求意见稿将股权众筹发行界定为非公开发行，并就股权众筹平台的定位、投资者的界定和保护、融资者的义务等做出规定。另一方面，该征求意见稿在一定程度上也凸显出政策决策者对股权众筹的社会经济意义认识不够准确，因为征求意见稿中将投资者的资金门槛设置过高，比如，其中一项有关投资者的规定是“净资产不低于 1 000 万元人民币的单位”，这就失去了众筹的“草根投资者”的意义。从政策规范来看，高门槛能够保证投资者的风险承受能力。

2015 年 7 月 18 日，央行等十部委联合发布《关于促进互联网金融健康发展的指导意见》（以下称《指导意见》），首次明确界定了股权众筹融资主要是指通过互联网形式进行公开小额股权融资的活动，具有“公开、小额、大众”的特征，并且对股权众筹服务对象、发起渠道、信息披露形式等进行了规范。2015 年 8 月 7 日，证监会发布了《关于对通过互联网开展股权融资活动的机构进行专项检查的通知》，主要是对《指导意见》中对于股权众筹的定义和特征进行确认。文件中明确了一些机构开展的冠以“股权众筹”名义的活动，是通过互联网形式进行的非公开股权融资或私募股权投资基金募集行为，不属于《指导意见》规定的股权众筹融资范围，并明确了经营上述业务所需遵守的法律。

2016年3月16日，众筹行业正式被纳入《国民经济和社会发展第十三个五年规划纲要》，彰显了国家对众筹行业的重视，不仅要促进众筹发展，更重要的是使其规范化发展。特别是在3月25日，中国互联网金融协会成立，股权众筹融资等方面的配套监管办法也呼之欲出。

（二）中国股权众筹规模暴增、业务模式多元化、配套服务多样化

1. 平台规模

2011年年末，天使汇——中国首家股权众筹平台诞生，该平台是借鉴国外知名众筹平台Angellist的运行模式建立的。后来随着国内大环境的发展和政策的推动，从2014年开始，中国股权众筹平台快速兴起，紧接着在2015年，在数量上实现了爆发式的增长，并且由于股权众筹平台展现出强大的“吸金”能力，吸引了众多互联网巨头纷纷加入，其中包括京东（京东东家）、阿里（阿里众筹也涉及股权众筹）、百度（百度百众）等，加速了市场格局的变化。根据清科研究中心相关统计：截至2015年年底，中国股权众筹平台数已有141家，其中2014年和2015年上线的平台分别有50家和84家。从项目和资金规模来看，累计成功众筹项目数达2 338个，成功众筹金额近百亿元人民币，2015年的业绩占比一半。

投融双方相伴而生，为投融双方服务的机构也随之而生。因而，股权众筹平台大都聚集在创业资源和资本相对聚集的城市，如北京、上海、深圳、杭州等（见图4）。从行业分布来看，股权众筹平台上的创业项目主要分布在移动互联、消费生活、智能硬件等细分领域（见图5）。

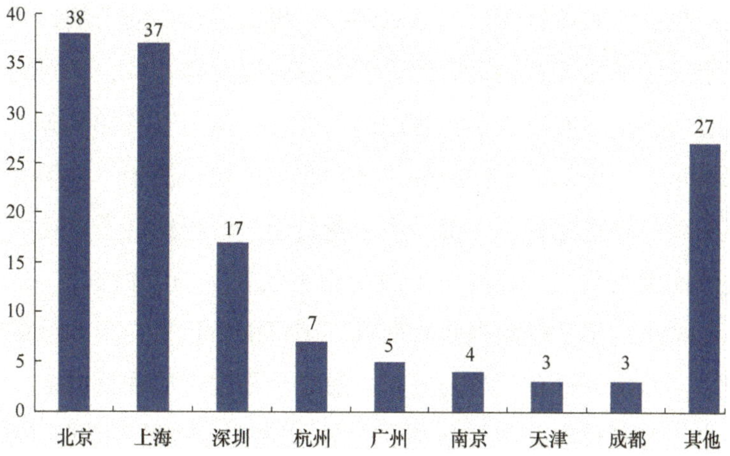

图4　股权众筹平台注册地的分布

资料来源：投资界 http：//research. pedaily. cn/201603/20160321394726. shtml。

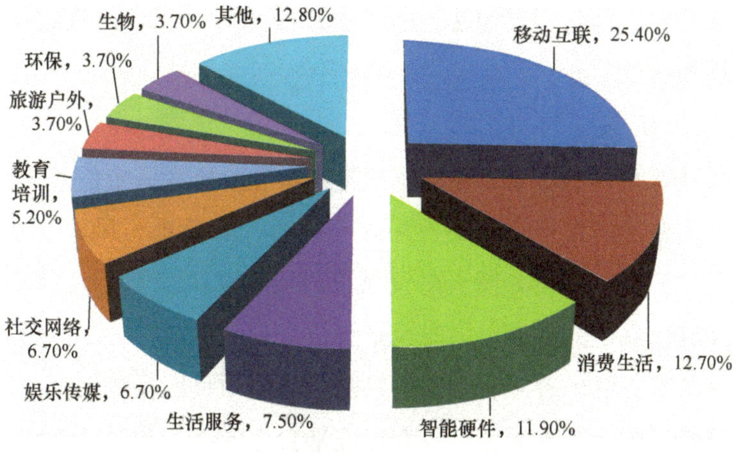

图5　股权众筹平台项目的行业分布

资料来源：投资界 http：//research. pedaily. cn/201603/20160321394726. shtml。

2. 业务特征

股权众筹平台的核心功能，是为了解决中小微企业“融资难”与投资者“渠道有限”的问题。所以股权众筹平台充当的是一个中介的角色，解决两者信息不对称的问题，并在此过程中提供一系列的中介服务，包括投资前的项目筛选、尽职调查；投资过程中的条款设计、法律文本拟定、线下交流；投资后的管理、资金退出等业务，不同的平台在业务上有所不同，取决于平台管理团队的专业能力和外部资源。

基于为客户提供的不同服务，平台收入一般来源于交易手续费、增值服务费和代管收益费等。交易手续费是指平台根据融资成功的金额按照一定的比例收费（项目融资不成功则不收费），也称佣金、融资顾问费。如果平台过于依赖此项收入的话，则可能导致平台降低融资项目的准入门槛，并且放松对项目的监管，最终会导致劣质项目增多。增值服务费是指一些股权众筹项目在平台上寻求融资的时候，平台提供法律、财务等方面的指导意见和相关工作，从而提升项目的成功率，这种收费是促进平台发展的方向，以此可以突出平台特色。最后是代管收益费，这是平台针对投资人而言的收费，是投资人在投资此项目后，将后续手续委托给平台进行管理。当然，除了上述费用外，还有投资收益分成、广告费用等收益。

3. 配套服务

股权众筹平台的本意，是为了给融资者和投资者一个信息交流的平台，让初创企业的融资渠道不再局限于银行、孵化器、风险资本/私募股权基金（VC/PE）等。降低融资投资门槛，解决信息不对称的问题，也是发展股权众筹的初衷，同时也是股权众筹平台最主要的一项服务内容。从这项服务的内容来看，如何判断出优质项目以及如何找准优质投资者，属于平台的基本服务。只有保证平台上的项目和投资者的优质特性，才会吸引更多的优秀资源进入平台，形成良性循环。随着股权众筹平台数量越来越多，竞争也越来越激烈，那么，如何在众多相似平台中脱颖而出，形成独特的竞争优势，是一个迫在眉睫的问题。除了上述提出的提供信息交流的服务以外，股权众筹平台还衍生出更多模式。

首先，专注某一垂直领域的众筹，这样会更加凸显平台特色，与其他众筹平台相区分。缺乏经验的投资者容易对股权估值产生偏差，专注于某一方面的研究，能让专注在这一领域的股权众筹更有说服力，比如人人投，就是国内自主实体店股权众筹的代表。

其次，与银行合作开展资金托管。股权众筹涉及三个参与主体：融资者、众筹平台和投资者，除此并没有更多的资金监管主体，这样有可能导致资金的流向出现风险。在这一方面，京北众筹与中国建设银行的合作，大家投与兴业银行的合作，使它们成为国内具有银行监管账户的众筹平台，提升了平台的可靠性。

最后，探索完善资金退出渠道。投资者投资项目的目的不是为了做慈善，而是为了赚钱。资金退出的一个主要方式就是在公司上市或者股权转让的时候，卖出自己的原始股，从而获取差价，但是股权众筹本身存在缺乏二级市场的问题，增加资本退出渠道，有助于提高平台竞争力，吸引投融资客户。

从表1可以看出，不同的平台在交易机制、风险管理、盈利方式上不尽相同。

表1　股权众筹平台模式比较

指标	京东	36Kr	天使汇	大家投
项目定位	TMT项目为主	TMT项目为主	TMT项目为主	传统行业、TMT项目为主
项目融资时限	60天	30天	30天	无限制
项目阶段	天使轮、A轮、B轮	天使轮	种子轮、天使轮、A轮	种子轮、天使轮
投资人认证	有资产认证限制，且唯有资产认证。但实际操作中无严格审核 ★★	有资产认证限制，但可以由其他认证替代。实际操作中审核严格 ★★★★	有资产认证限制，但可以由其他认证替代。实际操作中审核严格 ★★★★	无资产认证限制，但有实名认证。实际操作中审核严格 ★★★
散户参与	有	有	无	有
平台盈利模式	向创业者收取3%～5%现金	向创业者收取5%现金	向项目收取1%股权或1%现金+1%担保金	向创业者收取5%现金

续表

指标	京东	36Kr	天使汇	大家投
是否自有跟投	无	无	有	无
项目信息披露	消费品级包装，信息较全	投资品级包装，信息较全	投资品级包装，信息较全	无明显包装，信息较全
总结及补充	公募和1亿元以上融资额首选。投资人议价能力非常低	媒体资源最丰富，投资人以机构为主，散户为辅助，投资人议价能力较强	收费方式灵活，投资人质量高，投资人议价水平适中	适合传统行业项目

注：TMT指技术、媒体以及通信行业（Technology，Media，Telecom）。

资料来源：众筹中国 http：//www. kanshangjie. com/article/56295 - 1. html。

二、 中国股权众筹的交易模式

（一） 三大交易载体：个人投资者、领投 + 跟投模式、平台基金

1. 个人投资

个人投资，指的是投资者直接在相关信息平台上预览了解可投资项目，然后选定看好的投资项目进行投资。换言之，股权众筹与投资者在新股首次公开发行时申购股票本质上并无太大区别。股权众筹也是一种直接投资模式，一般情况下个人投资者直接是公司的股东，同时具有公司的决策投票权、参与公司重大会议等权利。投资者通过股权众筹平台上的项目信息，再结合自身经验和相关背景知识，对项目进行评估并做出投资决策。股权众筹平台的项目相对“年轻”，大部分处于创业初期，风险较大，这就要求投资者本身具有较强的风险承受能力。

2. 领投 + 跟投

领投 + 跟投模式，是中国股权众筹的主流模式，简单来说，是指让具有一定投资经验和相关行业背景的“领头人”带领其他投资者，也就是“跟投人”进行合投。一般情况下，领投人和跟投人都是公司的股东，但是由领投人担任公司重要股东，参与和管理公司事务，跟投人

不参与一般性事务管理。这一模式在中国有一定的现实意义。

股权众筹本意之一就是解决普通投资者的投资去处问题。普通投资者由于对股权众筹业务不熟悉，容易造成风险和损失，并且由于股权众筹业务本身高风险的特殊性加之二级市场的缺乏，更加加大了普通投资者的风险。出于保护投资者的需要，平台通过“领投+跟投”模式，使普通投资者，跟随一些具有丰富投资经验和影响力的“领投人”进行投资，一定程度上分担了投资风险。另一方面，当跟投人过于依赖领投人的时候，容易产生羊群效应，如果领投人的投资方向错误，也会造成普通投资者的资产损失。

3. 平台基金

为了实现更为规范的投资管理，有些平台开始发起基金的模式。比如以指数化跟投为特色的天使汇，以平台领投和自营为模式的创投圈。天使汇指数基金的运作流程是：与领投人建立合作关系 → 获得领投人投资的项目信息 → 根据基金风控要求判断是否投资 → 在天使汇平台完成在线合投。与天使汇的跟投相反，创投圈采取了更为积极主动的投资管理模式。该平台设立了动态基金和自己的投资基金“创基金”。动态基金是面向不同公司的分散投资实体，实现多名投资人共同投资一个项目。此外，创投圈也利用“创基金”投资一些项目。

（二）基于平台参与投资的深度与规范运作程度的模式矩阵

作为平台机构，投资人充当其“服务客户”的角色，作为投资机构，投资人与股权众筹平台也可以形成投资伙伴关系。基于平台参与投资的深度与规范运作程度两个维度，这里提出4种模式（图6）并通过四个案例加以分析。

模式一：股权众筹平台充当金融中介的角色，平台上的所有会员对企业进行直接投资，不通过设立基金运作（以“天使街”为例）。

模式二：股权众筹平台充当金融中介的角色，平台上的天使会员通过设立基金的方式参与投资（其中，领投人担任基金的一般合伙人，通常都是经验丰富的专业投资人；而跟投人担任基金的有限合伙人，以“大家投”为例）。

模式三：股权众筹平台充当投资人的角色，并设立专门的创业投资基金，与平台上的会员进行联合投资（其中，平台基金为领投人，天使会员为跟投人，以“创投圈”为例）。

模式四：股权众筹平台既充当金融中介的角色，还设立专门的创业投资基金，与平台上的会员进行联合投资（其中，平台基金仅为跟投人，以“天使汇”为例）。

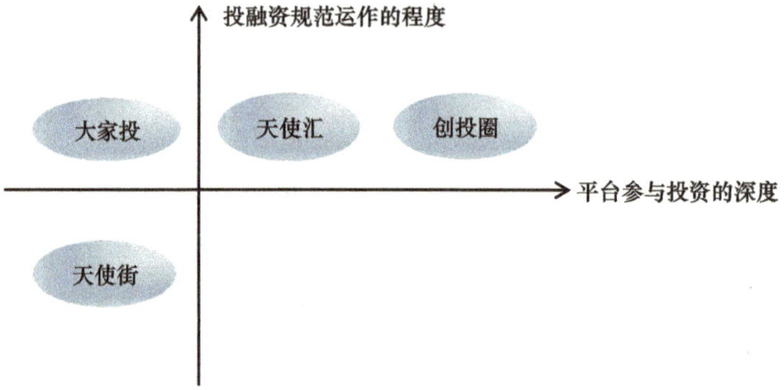

图6　股权众筹平台运营的模式矩阵

在“投融资规范运作程度”的维度上，只有“天使街”是投融双方直接投资，没有采取其他有助于规范化投资管理的举措；在“平台参与投资的深度”这一维度，“大家投”和“天使街”仅充当金融中介的角色，“天使汇”和“创投圈”这两个平台均参与了投资。

1. 天使街模式

这种模式是指平台方只简单地作为连接创业者与投资人的桥梁，平台本身不参与投资。“天使街”股权众筹平台成立于2014年7月，专注于大众消费和生活服务类微创企业的融资需求。“天使街”采用“领投＋跟投”的投资模式，让有经验的天使投资人或投资机构担当领投人，让拥有资金、有投资需求，但是对所投行业没有深入了解的普通投资人作为跟投人。如此一来，使得普通人也有机会参与股权投资。“天使街”平台上的天使投资人与普通投资人人数比为2∶8。

2. 大家投模式

这种模式是指股权众筹平台作为中介不参与投资，同样采用“领投+跟投”模式，但是领投人与跟投人共同组建有限合伙公司，以公司的名义对项目进行投资。通常，这个新公司的主要业务是针对某一个项目的众筹进行股权投资，由领投人担任公司的一般合伙人，跟投人担任有限合伙人，以便开展后续的投资管理事务。“大家投”股权众筹平台成立于2012年10月，是中国第一家股权众筹平台。该平台采用“领投+跟投”的投资模式，由一名天使投资人作为领投人，在领投人发现项目后，先按照比例投入部分资金，然后将项目发布到平台上，由其他普通投资人进行跟投，最后共同成立有限合伙公司，以公司的名义入股创业企业。

3. 天使汇模式

这种模式是指设立基金的股权众筹平台不单独参与投资，在发现优秀项目时，与天使投资人一起合投。“天使汇”成立于2011年11月，是国内首家发布天使投资人众筹规则的平台。截至2016年9月，天使汇平台认证投资人数达3 500人，注册项目累计超过5万个，审核通过的挂牌项目达5 000个，平台注册项目已有499家企业完成融资，融资总额近50亿元，其中知名案例有滴滴打车、大姨吗、黄太吉煎饼、LavaRadio等。2014年7月，“天使汇”旗下自设了跟投指数基金，致力于分散投资风险，寻找并跟投优秀天使投资人的项目。主要投资于TMT（Technology，Media，Telecom）相关行业，其投资模式为被动投资，在基金认证的领投人领投占比超过本次融资额50%的情况下，基金进行跟投。跟投范围在融资额的5%～30%，跟投金额不超过80万元人民币，项目估值在3 000万元人民币以内。需要指出的是，该跟投基金的管理者（GP）并非“天使汇”本身，而是基金的认证领投人。

4. 创投圈模式

目前，有些股权众筹平台其自身拥有基金，对于优秀的项目，平台方会对项目直接领投，并由天使投资人进行跟投。“创投圈”成立于2011年6月，旗下拥有互联网股权众筹平台、大数据“创业谱”以及拓璞基金（该基金成立于2015年4月）。拓璞基金致力于天使阶段项目的投资管理。“创投圈”每个月都会接收创业项目的商业计划书，对于有发展潜力的优秀项目，拓璞基金会作为领投人直接进行投资，由天使投资人跟投；作为领投人，拓璞基金一般会认购融资额度的50%～70%，而剩余的30%到50%则由天使投资人认购。由拓璞基金领投的投资机制，在一定程度上保证了项目的质量，减少了天使投资人的投资风险。因而，“创投圈”在平台参与投资的程度上较“天使汇”稍强。

三、中国股权众筹的风险特征

随着股权众筹在国内的不断发展，大量资金不断涌入，但是股权众筹正处在探索发展阶段，由于中国目前的法律环境、投资人自身原因，及其运作机制尚不完善等因素，股权众筹在带动经济发展的同时也存在着许多风险并逐渐显露出来。本报告根据风险源，将股权众筹的风险大致分为内部和外部两大类。

（一）来自投融双方和平台中介的内部风险

股权众筹的内部风险主要包括融资人、公众投资人、众筹平台所引发的风险。结合以上对股权众筹的一般运营模式的分析，整个内部运营过程中存在着很多风险。

1. 融资人风险

融资人通常指需要资金的企业或者项目。由于创业项目大多处于初创期，其发展前景不明朗、营利能力无保障，所以投资者是否有回报就存在着高度的不确定性，这是股权众筹活动的固有风险。作为融资方，有义务通过众筹平台如实发布自身的经营模式、财务状况、资金使用流向等相关重要信息，但是由于国内股权众筹发展还不完善，融资者很可能会为了获取资金而有意向投资人及众筹平台隐瞒或者是虚报相关信息，欺诈投资者，最终损害投资者的利益。融资人也可能为了更快地融到更多的资金或者是追求自身利益最大化，而夸大宣传自身的项目，回避项目的风险等。由于股权众筹融资项目公司处于初创阶段，公司本身成功率很低，融资者通过欺诈获得投资者资金后滥用资金然后宣布项目失败，投资者很难追责。融资者的欺诈成本较低，而投资者面临的风险巨大。

2. 投资人风险

个人投资人是先在众筹平台上注册，通过平台的审核成为合格的个人投资人之后，便可以在平台上选择项目，通过平台签订投资协议。从个人投资人这一主体来讲也存在着风险。首先，大多数的投资人都是互联网用户，对于所投资的项目及所处的行业情况并不是非常了解，从前文的论述中可以看出，众筹平台对项目信息多少都会有所“包装”，而且很多投资人还存在跟风心理，对众筹平台所提供的项目及相关数据有依赖性，不能对所投资的项目进行有效的估值，缺乏一定的理性判断和风险意识。其次，投资人维权意识比较薄弱，并且国内对于投资人相关法律保护还不是很完善，所以在遇到一些由于主观问题造成项目失败，很多投资人只能自认倒霉。再次，在“领投 + 跟投”模式中，领投人的信用和能力发挥着重要作用，如果对领投者的监督不到位，反而会在领投者和跟投者之间产生新的信息不对称，领投者借助自己的优势地位通过与项目融资者合谋来损害跟投者的利益，会使跟投者面临更大的风险。

3. 众筹平台风险

众筹平台是融资人和投资人的中间平台，它是项目融资者和投资人的审核者，又是他们的监督者、维护者。众筹平台的责任重大，但是众筹平台存在的道德风险也比较突出。第一就是众筹平台自身的问题。随着互联网的飞速发展，股权众筹平台的数量飞速增长，但是这些平台自身的质量还有待认定，如今股权众筹平台的资质良莠不齐，有的更是打着股权众筹的旗号从事非法活动，给融资人和投资人带来很大的风险。第二是平台对项目及投资人的审核，从表 1 可以看出，每个众筹运营平台对投资人的可信认证审核标准是不一样的，缺乏统一的认证标准，就不能保证投资人具有与所投资的项目相匹配的风险承担能力和判断能力，有的众筹平台为了利益还会降低项目和投资人的审核标准，这样会加大投资人及项目运行的风险。第三是股权众筹平台对融来的资金管理中的风险。因为股权融资需要一段时间，所以会出现资金汇集及流向的管理问题，当前并没有一个机制能够对平台处理资金相关事宜进行有效约束和监管，不能保证股权众筹平台能够做到对资金恰当地使用和管理，这些隐患都可能给融资人、投资人造成不利，损害他们的切身利益。第四是众筹平台的道德风险。众筹平台是融资人和投资人之间的桥梁，项目融资初期，平台掌握对融资人及其项目财务、信息进行审核的权力；项目融资后期，平台对众筹资金进行管理。但目前，并没有一套严格的监督及规范体系。为了获得更高的知名度和提高募资成功率，有些平台可能采取降低项目审核标准、过度包装低质量的项目等手段谋利；且大部分的众筹平台盈利模式是向创业者或项目收取1% ~5%的费用，在利益的驱使下，众筹平台和融资人之间就可能会发生关联交易，甚至出现自融的现象。

（二）基于法律监管的外部风险

股权众筹的外部风险主要体现在融资方式是否合法和中国目前法律并不是很完善所带来的风险。

1. 非法集资

根据2011年发布的《关于取缔非法金融机构和非法金融业务活动中有关问题的通知》，非法集资是指单位或者个人未依照法定程序经有关部门批准，以发行股票、债券、彩票、投资基金或者其他债权凭证的方式向社会公众筹集资金，并承诺在一定期限内以货币、实物以及其他方式向出资人还本付息或给予回报的行为。

股权众筹平台如果没有依照法定程序经有关部门的批准，不能确定是否以合法形式掩饰其非法集资的目的，那么就不能与非法集资划清界限。

2. 公开发行

虽然股权众筹在国内不断飞速发展，但是目前中国并没有出台与股权众筹相关的法律法规，现有的《证券法》《公司法》《刑法》的相关规定，虽对股权众筹起到一定的限制作用，但是也有很多模棱两可的地方，这不仅增大了股权众筹自身的法律风险，而且不利于保护融资人与投资人的权益。中国《证券法》规定：公开发行证券必须符合法律、行政法规规定的条件，并依法报经国务院证券监督管理机构或者国务院授权的部门核准；未经依法核准，任何单位和个人不得公开发行证券。有下列情形之一的，为公开发行：①向不特定对象发行证券；②向累计超过二百人的特定对象发行证券；③法律、行政法规规定的其他发行行为。非公开发行证券，不得采用广告、公开劝诱和变相公开方式。

股权众筹平台的本质就是借助网络平台通过股权交易实现投融资的过程，该行为类似发行证券，想要避免踩到法律红线，就要解决三个问题：投资者的特定性、投资者数量规模以及推介行为。在投资人特定性方面，尽管有些平台给出了通过实名认证和投资人资质审核的方式进行投资人身份管理，但是在实际执行过程中仍然存在条件模糊和审核松懈的行为；投资人数量的控制是相对容易的，通常通过代持和构建有限合伙公司的形式，在投资初期，这种做法相对安全，但是在企业壮大后，后续融资或者有公开上市需求时，“历史遗留”问题将成为需要解决的诸多问题中的重中之重。随着社交网络的普及，很多线上的交流转化为线下沟通或者通过社交工具进行投资人圈内的私密沟通，不正当的利益交换、过度的项目包装以及无法兑现的承诺时有发生，很多投资人在平台的劝说和“伙伴们”的鼓动下盲目信任、跟风投资。

3. 股东人数

《公司法》第二十四条和《合伙企业法》第六十一条规定，有限责任公司和有限合伙企业的人数限制都是在50人以内。股权众筹融资的“众”字意味着面向大众且参与人数较多，因此，无论是个人投资者独立成为创业企业的股东，还是所有众筹股东以成立有限责任公司或有限合伙企业方式入股，都要严格遵守法律规范。

（三）36氪平台项目欺诈事件案例

1. 平台概况

36氪是中国领先的互联网创业生态服务平台。2010年12月，36氪作为科技媒体正式上线。经历五年的成长，36氪不仅有备受顶级投资机构关注的高效互联网融资平台（36氪融资 http://rong.36kr.com），还有专注于互联网创业项目孵化的氪空间（Kr Space），在全中国首创了“不收费，不占股，全球资本，平台服务”的新型孵化器模式，形成了“媒体+孵化+投融资服务”的生态圈模式。

此外，基于强大的创业和股权投资资源，36氪股权投资平台（http://www.36jr.com/）于2015年6月中旬上线。作为36氪的核心业务，股权投资平台是36氪布局互联网金融领域的排头兵，主要面向有资产配置需求的高净值理财人士，为他们提供互联网非公开股权投资服务。目前，已经帮助超过50家的创业公司进行了融资，成为很多TMT领域创业公司的首选融资平台。此外，平台上还活跃着近60 000名高净值理财人士，他们都选择通过36氪来投资最有前途的互联网企业。

2. 事件案例

一家与36氪在媒体业务有竞争关系的“钛媒体”平台，对36氪“宏力能源”投资欺诈事件进行了深度调查，事件曝光后把股权众筹推向了风口浪尖，在业界引起了很大反响。“宏力能源”成立于2000年12月21日，所属行业为通用设备制造业，主营业务为可再生能源，地热能热泵产品研发、设计、生产、销售、安装及技术集成等。2015年6月5日宏力能源正式挂牌新三板，定向增发方案于11月17日发布，宏力能源公告称方案已获董事会批准。方案显示，此次定增数量为6 000 000股，增发价格为10元/股，募资规模6 000万元。其中，宏力能源路演材料里，本次通过36氪股权投资平台所设立的定增基金名为

“金盛博基—36氪新三板2号”。产品规模不小于3 000万元人民币，单笔认购100万元起，期限为36个月，委托人不少于2人且不超过200人。管理人为北京金盛博基资产管理有限公司。根据钛媒体的调查报道，该项目的融资方涉嫌信息欺诈且平台方监管缺失。个人投资者对于平台的质疑主要来自四个方面：一是该项目从“定向增发”到“老股转让”的神秘变化，具体原因不明，是不是有明知潜在风险而未告知的情况；二是宏力项目路演时所提供的公司经营数据和最终披露的实际经营数据差距明显，项目经营信息是否经过了虚假包装；三是36氪平台发给投资人关于促动认购的电子邮件中自称，因看好宏力能源这个项目，平台自己也已经认购1 000万的份额，但最后并未落实；四是平台人员过分重视促成交易，却没有负起应有的责任。

3. 案例分析

上述事件的发生，体现了股权众筹的风险根源，一是融资方信息披露不完整，二是平台中介的责任与义务存在缺失——在项目审核、风险提示以及自身角色错位等方面存在严重的疏漏。由于股权众筹诞生的出发点在于解决投融双方信息不对称的问题，因此本报告从平台自身视角来分析，股权众筹平台的机制设计、风险控制以及参与主体方面存在的问题有：

首先，从市场规模来看，为应对不断增加的中小企业融资需求，股权众筹平台的数量不断增加，但通过平台成功募资的项目数量却并没有随之快速增加。目前的股权众筹平台数量远不能满足企业的融资需求，平台发展呈现“两极化”趋势。

其次，平台管理团队的水平和能力良莠不齐。国内众多股权众筹网站的创始人中，部分是拥有十余年金融工作经验的金融类合作团队，有的则是拥有互联网技术但欠缺金融工作经验的个人。平台创始人以及管理团队的能力缺失、工作失职，使项目运营及退出无法实现规范管理，项目风控链条闭塞，最终使得平台投资人的收益无法保障。伴随着客户流失，平台的运营将难以为继。

再次，股权众筹平台机制设计和实施不当。一方面，很多平台过分强调投资前期的项目收集、项目推介，但投后管理和退出机制方面存在缺陷。目前中国的众筹法律体系还不完善，在一个项目有众多股东的背景下，采用代持或者有限合伙的方式退出还是其他方式退出是投资人需要考虑的，如果项目运营获益，不同的退出方式又会面临不同的税收问题，因此在目前中国公司法制度体系下，股权众筹的退出及相关问题是该模式面临的最大挑战。另一方面，股权众筹平台的“领投＋跟投”模式本身加大了风险控制难度。目前，这一模式下，领投人募集项目金额的10%～25%并参与管理，其他资金由跟投人提供。大部分领投人有足够的经济实力，但不一定有项目相关的产业背景，无法对项目的技术前沿和行业潜力做出客观且准确的预判，因而缺乏对项目投后管理的专业能力，加大了领投人和跟投人之间的矛盾冲突。“领投＋跟投”模式下的股东数量庞大、平均股份额度较低，股东间沟通低效，这些复杂的因素提高了项目的运营风险。

四、股权众筹的风险防范

随着股权众筹的发展，其风险和弊端也随之而来。本报告在总结各国为降低这些风险所采取的手段和方法的基础上，给出中国股权众筹风险防范的一些启示和政策建议。

（一）限定投融双方门槛以及平台中介的运营资格

1. 融资人

各国对判定成为融资人的标准和融资金额的限制是不一样的，在股权众筹的发行人资格方面，多数国家都要求在本国设立，有的国家还要求为公众公司，有的国家则排除基金公司作为股权众筹的发行人。在发行人筹资额的限制方面，为了避免引发系统性风险，有的国家采取限制发行人一年内通过股权众筹筹集资金数额的办法。当然，在对待是否需要限制发行人的筹资额，最高限额为多少，各国的规定或建议并不相同。如表2所示，英国融资人要求为公开公司，但是对融资金额没有具体的限制；加拿大要求发行人在本国设立，大多数的董事还必须是加拿大居民，12个月内通过股权众筹融资限额为150万加元；美国《创立企业促进法》（JOBS）规定，投资基金公司不能作为股权众筹的发行人，在12个月内融资金额最高为100万美元；意大利则要求融资人只能是"创新性初创企业"，而"创新性初创企业"要得到商业部的认可，并且一年之内的融资上限为500万欧元。

表2　各国融资金额限制

指标	英国	加拿大	美国	意大利
融资金额限制	没有具体金额限制	150万加元（约等于111.2万美元）	100万美元	500万欧元（约等于543.6万美元）
融资时间	12个月	12个月	12个月	12个月
融资公司（人）	公开公司	总部在加拿大	本土公司	本土公司

2. 投资人

为了限制普通投资者在股权众筹中可能遭受的损失，对于投资者能够交易的股权众筹规模加以限制，有以下几种情况：①限制投资者投资于每一个股权众筹发行人的资金数额。②限制投资者一年内投资所有的众筹的总金额，不管投资者的收入或净资产如何。③根据投资者的收入或净资产限制投资者一年内能投资的所有股权众筹发行人的总金额。④限制投资者能投资的所有股权众筹发行人的投资总额，而不论时间。

加拿大和韩国较为严格，综合采用了第1和第2两种情况：加拿大规定投资人的每一次投资（一个项目）不能超过2 500加元，一年内在股权众筹中的投资总数不能超过1万加元；韩国对于一般投资人的限制是一年内最多向一家融资企业投资200万韩元，总投资额不得超过500万韩元。美国采用的是第3种情况，规定年收入或净资产低于10万美元的投资人，一年内在股权众筹投资中不能超过2 000美元或净资产的

5%，年收入或净资产高于 10 万美元的投资人，一年内在股权众筹中的投资不能超过年收入的 10%，且最高金额为 10 万美元。英国采用第 4 种模式，股权众筹法规规定：第一，禁止投资者每年投入超过 10% 的净资产于股权众筹投资。把自己净资产的 10% 投资于股权众筹项目，仍然有可能使一个人的经济状况陷入窘境。这条“10% 的规则”一定程度上起到了分化风险的作用，强制地使投资组合分散化，想必我们都应该听过一句话，那就是“不要把鸡蛋放到一个篮子里”，与这条法规所表达的意思其实是一样的，它用强制的手段加强了对投资人的保护，降低了他们的风险。第二，对投资人进行“合格性测试”。所谓“合格性测试”，是衡量投资者在众筹方面的能力，判断投资者对这些平台上投资项目的理解情况。本报告认为，“合格性测试”是很有必要的，因为很多股权众筹的投资人盲目投资，并不具备很好的判断能力和风险意识，需要增强对投资人的教育。另外，美国、日本、澳大利亚等一些国家还设置了冷静期制度，投资人在冷静期期间可撤销自身的投资。通过这些规定和限制，可以迫使新投资人意识到股权众筹的风险，帮助投资人合理规划自身的资产，从而尽量规避风险。

3. 平台

在众筹平台注册方面各国也有不同要求：美国规定想要成为众筹平台，必须向美国证券交易委员会（SEC）和美国金融业监管局（FINRA）注册为经纪商或集资门户；新西兰则要求只有获得金融市场局（FMA）的许可才可以成为合法的众筹平台；英国是须获得金融行为监管局（FCA）的许可。

众筹平台自身也可规避一些风险，以英国比较规范、具有代表性的两家股权众筹平台 Crowdcube 和 Seedrs 为例。其中：Crowdcube 自身有一套标准化的融资流程。首先，它的融资方式为固定融资模式（All or Nothing），也就是说，一个项目如果在规定时间内没有达到一定的融资额度，即融资失败，资金会返还给投资人，而且不收取任何费用，反之即融资成功。融资成功之后，Crowdcube 会和律师事务所合作，与企业签订相关协议，并与投资者确认投资金额。资金由第三方支付平台转账到公司账户，待投资者收到股权证明书后，整个融资过程完成。在项目融资成功后，Crowdcube 会向融资者收取手续费。

Seedrs 平台与 Crowdcube 的最大不同在于公司达到融资目标后，Seedrs 可以代替投资人与融资企业签订相关的协议，从而达到保护投资者切身利益的目的。这种运行机制被称为“管家式”代理模式，其优点在于：第一，减少了融资企业的沟通成本，融资企业可以直接和 Seedrs 代理人沟通，不必和众多的投资人逐个洽谈；第二，Seedrs 可以委派专业人士监督企业的发展以弥补有些投资人在专业性上的不足。

Crowdcube 标准化的融资流程和 Seedrs “管家式”的代理模式，不仅减少了众筹平台自身的潜在风险，而且在一定程度上克服了融资者和投资人所带来的弊端。

（二）出台面向股权众筹的专项法律法规

随着互联网的不断发展，股权众筹也渐渐成为大家关注的焦点，很多国家颁布了关于股权众筹的法律法规，2012 年 4 月，美国颁布了 JOBS 法案，明确了股权众筹的具体含义和众筹平台的合法性，并对投资人投资金额、众筹平台的业务范围、融资人和平台应该履行的责任和义务等很多方面做出了明确的规定。为股权众筹建立了比较完善的法律体系。例如，JOBS 法案规定，股权众筹平台可以为融资人和投资者提供对该证券的发行、销售、购买过程的调查等辅助性服务，严禁平台内部人员以工作条件等优势向他人提供便利以谋取利润。融资人和股权众筹平台应该向投资人尽到相关信息披露的义务等。除了 JOBS 法案，美国金融业监管局也对股权众筹的发展起到监管作用，从而共同保障投资人的切身利益和股权众筹的健康发展。英国金融行为监管局在 2013 年 10 月发布了《关于众筹平台和其他相似活动的规范行为征求意见报告》，该文件规定每个投资人每年在股权众筹中的投资不得超过净资产的 10% 等。由此可见，英国从法律法规层面一定程度上保证了投资人的利益，降低了风险。日本在 2014 年 5 月颁布了《金融商品交易法等部分修改法案》，此法案在准入条件的放宽、投资人保护与信息披露等方面都有所完善，例如，法案规定："金融商品交易业者等为了确保其恰当地执行金融商品交易业或注册金融机关的业务，根据内阁府令要求，必须进行业务管理体制的完善。"（《金融商品交易法等部分修改法案》第35条）2015年7月，韩国通过了金融投资业相关法律修正案，对股权众筹平台设立的标准、投资人投资的限额、成为融资人所具备的条件等都做出了详细的规定。

（三）对中国股权众筹的启示和政策建议

1. 明确股权众筹定位，完善法律法规体系

自2009年众筹开始在国外兴起，美国、英国、日本、韩国等国家相继出台了与股权众筹相关的法律法规，从法律层面肯定了股权众筹的合法地位，并对其做出了相关的规定，这对股权众筹的健康、快速发展起到了一定的推动作用。中国在面对这一新事物时，应该采取相应的措施，例如对《证券法》进行适当的修改，肯定股权众筹的合法地位，并增加相关的法律条文，包括有关投资人、融资人、股权众筹平台的权利与义务等条款，从而更好地规避风险，保障投资人权益。中国证券业协会在2014年12月出台的《私募股权众筹融资管理办法（试行）（征求意见稿）》，对私募股权众筹的定义是：融资者通过股权众筹融资互联网平台以非公开发行方式进行的股权融资活动。这个定义仅仅强调了非公开发行的"私募"属性，并没有考虑股权众筹与其他私募方式的区别。因此，本报告认为，应该尽快针对当下股权众筹发展的特点及我国的金融环境制定与之相匹配的法律法规，建立起健全的法律法规体系，在保护投资人利益的同时促进股权众筹健康快速发展。

2. 健全监管措施，加大监督力度

中国现行的金融监管机构为"一行三会"——人民银行、证监会、银监会和保监会。其中，证监会负责证券行业监管。股权众筹融资是股权筹集资金的一种融资行为，属于证券市场的范围。按照机构监管的模

式安排，属于证券行业的机构应该由证监会进行监管。《关于促进互联网金融健康发展的指导意见（2015）》也明确规定，股权众筹融资业务由证监会负责监管。为避免多头监管，沟通不畅，可由证监会牵头，金融办、网信办和行业协会配合，形成一个立体交叉的监管机制，强调政府监管和行业自律并重，建立相对应地综合评价、纠错整改机制。

随着股权众筹的不断发展，我们也渐渐地发现其存在的风险，本报告认为，应该建立健全监管措施，从而增大对其监管监督的力度。可以从项目审核、信息披露以及准入标准等方面考虑。比如，从项目审核来说，应该由相关部门制定明确的审核标准和流程，监管部门要对股权众筹平台的审核加以监督，还可以建立信用评级制度，对融资人及其融资项目和众筹平台进行信用评级，以供投资人参考；为了降低因投融资双方信息不对称所带来的风险，应该合理规定融资人即众筹平台信息披露的义务。大多数投资人没有很强的判断风险的能力和专业的投资知识，对众筹平台所提供的信息有很大的依赖性，所以融资者要将融资项目的具体情况及资金用途等向投资人说明。对于这些信息众筹平台应考查其真实性，这一点可以借鉴美国 JOBS 法案对融资者进行分类监管的做法，对于融资 10 万美元以下的，要披露全年的税收证明，融资在 10 万到 50 万美元的，要披露会计报告，融资在 50 万到 100 万美元的，要披露由合格第三方机构的审计报告。对融资者进行分类监管不仅可以保护投资人的利益，也可以降低融资人的成本。

3. 提高投资人自身素质，设立准入机制

这里所说的自身素质主要包括投资人的理性投资和风险意识，由于投资人的自身条件参差不齐，很多投资者并不具备良好的投资理财观念和防范风险的意识，盲目地选择一个融资项目所带来的风险很大，所以对投资人设立准入机制和提高其自身素质是非常必要的。首先要加强投资人的自身意识，可以通过引导、教育、宣传等方法让投资人更多地了解股权众筹的知识，提高其辨别能力和风险意识。做好这项工作，不仅要坚持正确的舆论导向、突出众筹平台的宣教功能，还要强制执行投资下单前的警示规定。在投资者下单之前，要求众筹平台在醒目的位置显示诸如“如对创业项目缺乏基本判断，不要草率投资；盲目参与，投资本金有可能亏损”之类的警示语；下单后给投资者一段“冷静思考期”，在此期内投资者具有无条件撤单权。其次还可设立投资人的准入机制，尤其是加强对“领投人”的审核，例如，英国对投资人的“合格性测试”测试其是否具有一定的投资理财观念和股权众筹的相关能力。还应把投资人按照一定的标准区分开来，然后对应相同等级的融资项目，或者限制投资者每年在众筹平台的投资金额，当然具体限制金额为多少应该结合不同地区的不同情况来设定。

4. 完善平台机制，确保全流程风险控制

首先，建立一套信息披露体系。在披露内容上，除了项目基本信息之外，还要根据股权众筹项目的创业性和高成长性特点，从商业模式、团队质量、历史概况、未来规划、核心价值等多个维度进行设计，措辞清晰易懂。在监督策略上，可与其他机构合作，引入独立第三方监督体系。大部分尽职调查由平台或者领投人来完成，但这种做法缺乏独立性，容易产生道德风险，可以要求第三方独立审计确认，出具审计报告，以保证项目披露信息的真实性和公允性。在披露周期上，股权众筹项目通常围绕创新产品服务开展，具有高成长性与高风险性，短期内项目情况可能存在重大变化。因此，股权众筹项目应实行分阶段披露制度，即披露时点紧跟项目进展，包括众筹完成时的股东信息披露，这样更有利于投资者及时了解项目。

此外，还可以通过帮助投融资双方签订“对赌协议”以及第三方资金托管交付机制来降低风险。一方面，“对赌协议”能够有效激励管理层实现企业价值化，约束其损害股东的经营谋利行为，还能在项目运作不尽如人意时给融资股东一定补偿。另一方面，项目众筹资金在第三方专用资金账户进行托管，使得项目融资方的每笔众筹资金使用均有记录，同时又可防范众筹平台、项目融资方的资金违规挪用行为。

权威论文

金融知识和中国家庭的金融排斥

——基于CHFS数据的实证研究

张号栋　尹志超

摘要： 本文基于2013年中国家庭金融调查（CHFS）数据，选用工具变量，采用极大似然估计发现，金融知识可显著降低家庭金融排斥的概率。分类来看，金融知识对家庭投资类产品排斥和家庭融资类产品排斥均有显著的负向影响，而且金融知识对家庭投资类产品排斥的影响大于家庭融资类产品排斥。本文进一步发现，家庭关注金融经济信息并学习金融课程、提高金融计算能力、增强预期水平，能够有效释放家庭金融需求，显著降低家庭金融排斥的概率。我国应加强金融知识基础教育和技能培训，普及金融知识，缓解金融排斥，实现金融普惠。

关键词： 金融知识　金融排斥　金融普惠

一、引言

Stiglitz and Weiss（1981）指出，金融市场中的道德风险和逆向选择导致信贷配给，信息不对称的金融市场将造成家庭参与金融经济活动

张号栋，西南财经大学金融学院，博士研究生。

尹志超，首都经济贸易大学金融学院，经济学博士，教授、博士生导师，院长。

时出现困难和障碍，导致部分家庭远离金融服务，这些被排斥的家庭将无法合理使用金融资源，社会存在帕累托改进的余地。

世界银行在《2014 年全球金融发展报告》序言中强调，鉴于积累发展成果而言，普惠金融具有潜在的变革力量，普惠金融体系为个人或企业提供更多的资源，用于满足他们的金融需求。世界银行 2014 年的调查显示，61%的受访者认为，家庭获得基本金融服务是一个很重要的问题。2013 年 11 月 12 日，中共十八届三中全会首次将“普惠金融”正式写入党的决议之中，并作为全面深化金融改革的内容之一。2016 年 1 月 15 日，国务院更是在《推进普惠金融发展规划 2016—2020 年》中确立了“到 2020 年，建立与全面建成小康社会相适应的普惠金融服务水平和保障体系”的总体目标。表 1 显示，中国以 63.8% 的正规金融账户持有比例排名第 48 位，高于世界平均持有水平的 50.5%，目前在国际上处于中上游水平。

表 1　世界各国和地区持有正规金融机构账户比例前 20 名及中国的排名

国家	比例	排名	国家	比例	排名	国家	比例	排名
丹麦	99.7%	1	德国	98.1%	8	加拿大	95.8%	15
芬兰	99.6%	2	英国	97.2%	9	马尔代夫	95.2%	16
新西兰	99.4%	3	斯洛文尼亚	97.1%	10	卢森堡	94.5%	17
澳大利亚	99.1%	4	奥地利	97.1%	11	爱尔兰	93.8%	18
瑞典	98.9%	5	法国	96.9%	12	西班牙	93.2%	19
荷兰	98.6%	6	爱沙尼亚	96.8%	13	韩国	93.0%	20
新加坡	98.2%	7	日本	96.4%	14	中国	63.8%	48

注：1. 数据来源：Global financial inclusion database，http：//www.worldbank.org/globalfindex（Demirguc - Kunt & Klapper，2013）。2. 世界银行（2014）将普惠金融分成四个梯队：持有比例 75% ~100%为第一梯队（1 ~35 名）；持有比例 50% ~74%为第二梯队（36 ~57 名）；持有比例 25% ~49%为第三梯队（59 ~94 名）；持有比例 0 ~24%为第四梯队（95 ~145 名）。3. 为节省篇幅，我们未完全报告 148 个国家和地区的正规金融机构账户比例，想了解全部排名情况的读者可直接与本文作者联系。

然而，Leyshon and Thrift（1995）指出，因为银行停业或网点收缩，生活在农村地区或劣势地区的家庭面临着金融服务困难，同时认为金融系统的演化就是金融排斥（financial exclusion）和普惠金融（financial inclusion）交错关联的过程。20 世纪 90 年代以来，由于银行业巨大的制度变迁，网点规模大幅度下降，金融机构逐渐向经济中心区集中，加剧了金融机构布局和服务的不平衡（国发〔2015〕74 号）。Demirgüc - Kunt and Klapper（2013）研究发现，中国有 36% 的成年人没有正规金融机构账户，中国最穷的 20% 的人该比例是 41%，最富的 20% 的人该比例是 27%。根据彭宝玉和李小建（2009）的研究，1996—2006 年，我国网点人口密度从每万人 1.5 个下降到 0.6 个；我国东部四大国有银行机构网点占全国比重从 35.9% 上升到 43.1%，中部从 27.7% 下降到 21.6%，西部也下降近 2 个百分点。表 1 也显示，中国金融账户持有比例与持有比例最高的丹麦相差近 36 个百分点，与欧盟、澳洲、北美洲等国家相比也有很大的差距，说明中国家庭面临严重的金融排斥，实现普惠金融任重而道远。所以，探究金融排斥的深层次原因，对于改善家庭金融排斥状况，拓展家庭普惠金融边界，延伸金融服务半径，既有理论意义，又具有现实意义。

本文以下部分结构安排为：第二部分就既往文献进行综述；第三部分描述数据和变量解释；第四部分是模型设定和内生性讨论；第五部分是实证分析；第六部分是稳健性检验；第七部分是结论。

二、 文献综述

罗默（Romer，1986）在知识外溢模型中将知识分为专业性知识和一般性知识。诺克图等（Noctor et al.，1992）最早明确提出金融知识概念，他们认为，金融知识是在使用和管理资金上所表现出来的、能够做出明智判断和有效决策的能力。阿格纽等（Agnew and Szykman，2005）将金融知识分为主观金融知识和客观金融知识。亨等（Hung et al.，2009）将金融知识定义为掌握基本经济知识和金融概念，使用这些知识和技能有效配置金融资源以实现终生财务保障的能力。卢萨尔迪（Lusardi，2012）认为，在金融知识定义中的计算能力直接影响个人的金融决策。鲁伊等（Rooij et al.，2011）运用荷兰 DHS 数据研究发现，大多数受访者只了解基本的金融知识，而对于略显专业性的知识，比如股票与基金的区别、债券价格与利率的关系等并不知晓。

伯恩海姆等（Bernheim and Garrett，2003）指出，金融知识能够帮助个体更好地做金融决策。蒂勒曼等（Dohmen et al.，2010）研究发现，丰富的金融知识利于家庭理解金融市场和金融产品的收益、风险等特征，减少家庭进行金融决策时的信息搜寻和处理成本。相反，已有文献研究也表明金融知识的缺乏会有更多的错误投资（Calvet et al.，2009）、抑制股票市场参与（Rooij et al.，2011）、降低投资多样性（Guiso and Jappelli，2008）、导致过度负债和接受高成本贷款（Stango and Zinman，2009）。

世界银行（2014）调查显示，78%的受访者认为，金融产品和服务知识的缺乏是家庭获取金融账户的主要障碍。莱申等（Leyshon and Thrift，1994）最早提出金融排斥概念。肯普森等（Kempson and Whyley，1999）将金融排斥定义为个人、家庭或团体在正规金融服务方面受到约束，将导致金融排斥的原因归于评估排斥、地理排斥、条件排斥、价格排斥、营销排斥和自我排斥六个因素，之后金融排斥被广泛应用于经济学、经济地理学等领域。国内研究金融排斥更多涉及区域、城乡二元等方面的研究，比如许圣道和田霖（2008）、田霖（2011）、董晓林和徐虹（2012）；有基于个体调查数据的研究，比如李涛等（2010）；也有基于家庭数据的研究，比如王修华等（2013）。

鉴于我国微观数据的缺乏，此前关于金融排斥问题的研究更多基于宏观数据而展开。本文基于 2013 年中国家庭金融调查（CHFS）数据，研究金融知识对中国家庭金融排斥的影响，厘清引起家庭金融排斥的深层次原因，这是对现有文献的一个重要补充。

三、 数据和变量

本文使用的数据来自于西南财经大学中国家庭金融调查与研究中心2013年在全国范围内开展的中国家庭金融调查（China Household Finance Survey，CHFS）。中国家庭金融调查采用三阶段、分层、与人口规模成比例（PPS）的抽样方法，通过科学抽样、现代调查技术和调查管理手段，收集中国家庭金融微观信息，为国内外研究者提供研究中国家庭金融问题的高质量微观数据。CHFS样本覆盖了全国29个省、262个县（区、县级市）、1 048个社区（村），共包含28 000多户家庭的资产与负债、收入与支出、保险与保障、家庭人口特征及就业等方面详细信息。CHFS项目采用多项措施控制抽样误差和非抽样误差，数据代表性好、质量高（甘犁等，2013）。本文重点关注金融知识对中国家庭金融排斥的影响，下面分别就家庭金融排斥、金融知识和其他控制变量进行说明。

（一） 家庭金融排斥的界定

本文借鉴肯普森等（Kempson and Whyley，1999）将家庭在正规金融产品或服务方面受到约束作为金融排斥的定义，利用李涛等（2010）“是否拥有金融账户”哑变量形式度量金融排斥指标。具体而言，我们以“家庭是否具有正规金融账户”哑变量对家庭金融排斥进行度量，将家庭金融排斥分解成家庭投资类金融排斥和家庭融资类金融排斥。进一步，家庭投资类金融排斥细分为活期存款排斥、定期存款排斥、股票排斥、基金排斥、债券排斥、银行理财产品排斥、外汇排斥、商业保险排斥[①]、金融衍生品排斥和黄金排斥；家庭融资类金融排斥细分为农业、工商业（以下简称农工商）贷款排斥、住房贷款排斥、汽车贷款排斥、教育贷款排斥和信用卡排斥。据CHFS数据统计计算，我国

① 因为社会保险带有部分国家强制的性质，暂没有考虑到家庭金融排斥指标的提取当中。

29.6%的家庭没有任何金融产品①。

（二） 金融知识的度量

沿用以往文献的做法，在“利率计算、通货膨胀理解和投资风险”三个衡量受访者的金融知识水平的提取变量的基础上（Rooij et al.，2011；Lusardi and Mitchell，2011；尹志超等，2014），我们增加“一般性金融知识”、“专业性金融知识”和“投资风险计算”三个问题变量，选择CHFS问卷中“是否关注金融、经济信息”代表一般性金融知识，“是否上过金融课程”代表专业性金融知识（Romer，1986），“投资风险是否计算正确”衡量家庭投资风险的计算能力（Lusardi，2012），连同利率计算、通货膨胀预期和投资风险选择共六个问题②，考虑金融知识指标提取变量都是哑变量的形式，我们采取因子分析中的极大似然法提取知识因子、计算因子和预期因子。

表2详细描述了金融知识提取变量统计特征，显示出我国有35.3%的家庭关注经济金融信息，有6.9%的家庭上过金融课程，有26.5%的家庭投资风险选择正确，有14.1%的家庭利率计算正确，有71.5%的家庭

① 若将民间金融账户统计在内，该比例是19.9%；若将社会保险账户统计在内，该比例是12.6%。

② CHFS问卷中涉及的6个问题分别是：【问题一】“您平时对经济、金融方面的信息关注程度如何？1. 非常关注 2. 很关注 3. 一般 4. 很少关注 5. 从不关注”，我们将“非常关注、很关注和一般”赋值为1，否则赋值为0。【问题二】“在您上学期间，是否上过经济或金融类的课程？1. 是 2. 否”，我们将“是”赋值为1，否则为0。【问题三】“您认为一般而言，单独买一只公司的股票是否比买一只股票基金风险更大？1. 是 2. 否 3. 没有听说过股票 4. 没有听说过股票基金 5. 两者都没有听说过”，我们将“是”赋值为1，否则为0。【问题四】“假设您现在有100元钱，银行的年利率是4%，如果您把这100元钱存5年定期，5年后您获得的本金和利息为？1. 小于120元 2. 等于120元 3. 大于120元 4. 算不出来”，我们将“等于120元”赋值为1，否则为0。【问题五】“如果有两张彩票供您选择，若您选择第一张，您有100%的机会获得4 000元；若您选择第二张，您有50%的机会获得10 000元，50%的机会什么也没有，您愿选哪张？”1. 第一张 2. 第二张，我们将“第二张”赋值为1，否则为0。【问题六】“假设您现在有100元钱，银行的年利率是每年5%，通货膨胀率是3%，您的这100元钱存银行一年以后能够买到的东西将？1. 比一年前多 2. 跟一年前一样多 3. 比一年前少 4. 算不出来”，我们将“比一年前多”赋值为1，否则为0。

投资风险计算正确，有15.5%的家庭有良好的通货膨胀预期。从表3与世界其他国家金融知识水平的比较上可知，我国居民金融知识严重缺乏。

表2　金融知识指标提取的因子降维过程

初始提取变量	回答正确比率	KMO检验	三因子旋转载荷		
			知识因子	计算因子	预期因子
是否关注经济金融信息	0.353	0.635	0.496	0.107	0.097
是否上过金融课程	0.069	0.640	0.488	0.063	0.000
投资风险选择	0.265	0.652	0.426	0.131	0.060
利率是否计算正确	0.141	0.683	0.070	0.689	0.020
投资风险是否计算正确	0.715	0.687	-0.110	0.102	-0.012
通货膨胀预期	0.155	0.695	0.143	0.103	0.307
整体	—	0.651	—	—	—

表3　金融知识水平国际比较

国家	年份	利率	通货膨胀	投资风险
中国	2013	14%	16%	27%
美国	2009	65%	64%	52%
日本	2010	71%	59%	40%
德国	2010	64%	61%	60%

注：1. 中国金融知识水平数据来源于CHFS，其他国家金融知识水平数据来自于徐等（Xu and Zia，2012）整理。2. 据世界银行（2014）统计，平均来看对利率、通货膨胀和投资风险正确理解比例分别是55%，61%和49%。

从表2三因子中的旋转因子载荷中可以看出，知识因子主要来自于“是否关注经济金融信息”、“是否上过金融课程”和“投资风险选择”三个变量，分别刻画家庭一般性金融知识、专业性金融知识和风险意识。计算因子主要来自于“利率是否计算正确”和“投资风险是否计算正确”两个变量，反映家庭运用金融知识的计算能力。预期因子主要来自于“通胀预期”变量，反映家庭对宏观经济形势的预测能力。表2中KMO值等于0.651，超过0.6（Kaiser，1974），表4中因子旋转前后的“知识因子”特征值都超过0.7，符合乔利夫（Joliffe）准则

（特征值超过0.7为界，超过0.7的都纳入因子数）。同时表4还显示，知识因子和计算因子的因子旋转前后的累计解释方差比率分别是93.3%和91.1%，都超过80%（Garson，2010），说明适合做因子分析。但是根据更为严格的凯撒（Kaiser）准则（特征值超过1为界，超过1的才纳入因子数），说明三个因子中的单个因子都不足以全面衡量金融知识水平，只能衡量金融知识的某个方面，我们以三因子旋转矩阵的方差解释比率0.525，0.386和0.089为权重，拟合出金融知识指标，全面衡量家庭的金融知识水平。

表4 因子旋转前后因子分析结果

	因子旋转前				因子旋转后			
	特征值	差异值	解释比率	累计比率	特征值	差异值	解释比率	累计比率
知识因子	0.835	0.417	0.622	0.622	0.704	0.185	0.525	0.525
计算因子	0.417	0.327	0.311	0.933	0.519	0.400	0.386	0.911
预期因子	0.089	—	0.067	1.000	0.118	—	0.089	1.000

（三）控制变量

参照以往文献，本文选取以下控制变量：户主特征变量（户主年龄、户主年龄平方/100、户主受教育年限、户主共产党员、户主男性、户主已婚、户主少数民族、户主宗教信仰、户主中层岗位①、户主高层岗位、户主风险偏好②、户主风险厌恶）、家庭特征变量（家庭规模、家庭老人数量、家庭孩子数量、ln家庭劳动收入、ln家庭净财富）、地区特征变量（农村地区）、宏观经济变量（金融发展水平、各省区人均

---

① "高层岗位"指国家机关党群组织、企事业单位负责人；专业技术人员属"中层岗位"，"基层岗位"指办事人员和有关人员、商业和服务人员、农林牧副渔水利生产人员、生产和运输设备操作人员及有关人员、军人。

② 问卷中衡量风险态度问题为：如果你有一笔资产，将选择哪种投资项目？1. 高风险、高回报项目 2. 略高风险、略高回报项目 3. 平均风险、平均回报项目 4. 略低风险、略低回报项目 5. 不愿意承担任何风险。本文中将选项1和2定义为风险偏好，选项4和5定义为风险厌恶，选项3定义为风险中性。

GDP）以及省区哑变量（控制地区差异性）。在数据处理上，我们剔除了控制变量中缺失值样本，最后剩余样本 28 118 个。表 5 详细给出了变量的描述性统计。

表 5 样本描述性统计

变量	观察值	均值	标准差	最小值	最大值
家庭金融排斥	28118	0.296	0.456	0	1
金融知识	28118	-0.053	0.856	-0.803	3.326
知识因子	28118	-0.080	1.505	-2.619	5.258
计算因子	28118	-0.037	1.426	-1.307	3.670
预期因子	28118	0.039	3.198	-6.449	8.975
社区平均金融知识（扣除家庭自身金融知识）	28118	-0.093	9.832	-17.797	50.452
户主年龄	28118	51.542	14.224	15	113
户主年龄平方/100	28118	28.589	15.206	2.250	127.690
户主受教育年限①	28118	9.027	4.321	0	22
户主共产党员	28118	0.150	0.357	0	1
户主男性	28118	0.777	0.415	0	1
户主已婚	28118	0.852	0.354	0	1
户主少数民族	28118	0.040	0.197	0	1
户主宗教信仰	28118	0.117	0.322	0	1
户主中层岗位	28118	0.769	0.421	0	1
户主高层岗位	28118	0.042	0.200	0	1
户主风险偏好	28118	0.038	0.192	0	1
户主风险厌恶	28118	0.239	0.426	0	1
家庭规模	28118	3.552	1.656	1	19
家庭老人数量	28118	0.393	0.679	0	10
家庭孩子数量	28118	0.603	0.828	0	9
ln 家庭劳动收入	28118	10.470	0.738	5.857	14.604
ln 家庭净财富	28118	11.941	2.642	0	20.715

① 问卷中受教育水平选项为：没上过学、小学、初中、高中、中专、大专、大学本科、硕士研究生和博士研究生，我们将其折算为教育年限（年），依次为0，6，9，12，13，15，16，19，22。

续表

变量	观察值	均值	标准差	最小值	最大值
农村	28118	0.4262	0.494	0	1
金融发展水平①	28118	2.135	1.690	1.063	10.854
Lngdp	28118	10.628	0.390	9.888	11.442

四、 模型设定和内生性讨论

为全面考察金融知识对中国家庭金融排斥的影响，本文的基本模型设定为：

$$\text{Prob}(Y=1 \mid X) = \text{Prob}(\alpha \text{Financial\_literacy} + X\beta + \mu > 0 \mid X)$$

其中，$\mu \sim N(0, \sigma^2)$

模型中，Y 是哑变量，等于 1 表示没有金融账户，家庭受到金融排斥，0 表示有金融账户，家庭没有受到金融排斥，具体包括家庭金融排斥、家庭投资类产品排斥、家庭融资类产品排斥、活期存款排斥、股票排斥、基金排斥、银行理财产品排斥、外汇排斥、商业保险排斥、农工商贷款排斥、住房贷款排斥、汽车贷款排斥、教育贷款排斥和信用卡排斥等。Financail_literacy 包括金融知识、知识因子、计算因子和预期因子。X 是控制变量，包括户主特征变量、家庭特征变量、地区控制变量、宏观经济变量及省区哑变量等。

然而，金融知识和家庭金融排斥之间存在反向因果、遗漏变量导致的内生性问题。首先，金融知识和家庭金融排斥存在互为因果关系，受到金融排斥的家庭未参与金融交易，缺乏金融决策的经历，从而引起金融知识匮乏；其次，可能的遗漏变量问题导致高估或低估金融知识的影响，比如家庭对金融知识理解在能力方面的差异性就很难用变量进行衡量；其三，金融知识的衡量本身可能存在一定偏差，受访者对金融知识

① 用戈德史密斯指标衡量，即金融发展水平 = （省区存款总额 + 省区股票市值 + 省区保费收入）/GDP。

相关问题的回答可能不精确，这样可能导致高估金融知识或低估金融知识的影响。为了处理金融知识对估计结果带来的偏误，我们选取工具变量进行两阶段估计。参照尹志超等（2015）的做法，我们选取居住在同一小区其他人的平均金融知识水平，即社区平均金融知识（扣除家庭自身金融知识）作为家庭金融知识工具变量，因为家庭可以通过向周围其他人学习而获得金融知识，但其他人的金融知识水平相对于家庭而言是外生的，不受该受访家庭所控制，因此社区平均金融知识和家庭金融行为是严格外生的，其与家庭金融排斥行为并没有直接相关性。

五、 实证分析

（一） 金融知识对中国家庭金融排斥的影响分析

表6中第（1）（3）（5）列报告了金融知识分别对家庭金融排斥、家庭投资类产品排斥、家庭融资类产品排斥影响的Probit回归结果，但鉴于金融知识和家庭金融排斥之间存在的内生性问题，我们参考尹志超等（2015）的做法，选择工具变量，运用Ivprobit模型进行极大似然估计。在第一阶段估计中，F（48，1031）=108.17（p值=0.000）超过F值等于10的经验值（Stock and Yogo，2005），说明不存在弱工具变量问题，我们又估计出社区平均金融知识（扣除家庭自身金融知识）和金融知识有0.190 9的显著相关性。我们考虑，社区平均金融知识（扣除家庭自身金融知识）可以通过社会网络影响家庭金融知识水平，我们除了控制模型中的既有变量，同时控制社区社会网络因素，利用Probit模型估计社区平均金融知识对家庭金融排斥的影响，发现不存在显著的相关性，所以，我们选取社区平均金融知识（扣除家庭自身金融知识）作为工具变量是合适的。

表6中第（2）（4）列回归结果通过了沃尔德（Wald）内生性检验（Newey，1987），第（6）列在45%显著水平上通过内生性检验。从报告的边际效应看出，金融知识不仅能够改善家庭金融排斥状况，而且能

够缓解家庭投资类产品排斥和家庭融资类产品排斥状况。金融知识提升1个单位，家庭金融排斥概率下降16.1%，这与尹志超等（2014）提高金融知识有利于提高家庭参与金融市场概率的估计结果是一致的。而且，金融知识提升1单位，家庭投资类产品排斥概率下降15.4%，家庭融资类产品排斥概率下降5.2%，也说明金融知识对家庭投资类产品排斥改善的作用要大于对家庭融资类产品排斥改善的作用。

表6中第（2）列从其他变量来看，户主年龄越大，越不善于掌握和更新信息、知识、网络、技术，从而限制对金融账户使用，这与田霖（2011）的研究结果是一致的。户主受教育年限越长，金融能力就越强，家庭金融排斥就越轻（王修华等，2013）。有政治倾向的家庭，社会资源越丰富，所获得的信息就越多，可缓解金融市场上的信息不对称，从而改善家庭金融排斥状况。已婚家庭，收入稳定，有财富积累，能够缓解家庭条件排斥，家庭金融排斥轻。对于高层岗位家庭而言，工资账户稳定，有一定人脉，金融排斥轻。家庭劳动收入越高、家庭净财富越富裕的家庭能够做到“有钱可理”，对金融产品需求越大，家庭金融排斥就越轻。金融发展水平高的地区，金融机构能够为家庭提供更为丰富的金融产品，家庭金融排斥轻。农村家庭金融排斥程度显著高于城市，这和许圣道和田霖（2008）、田霖（2011）、董晓林和徐虹（2012）以及王修华等（2013）的研究结论是一致的。经济越富裕的地区，家庭参与金融活动越活跃，金融排斥程度就越轻。

表6中第（4）（6）列报告了家庭投资类产品排斥和家庭融资类产品排斥回归结果，这两列回归结果和第（2）列基本保持一致，但也存在异质性特征。家庭规模越大的家庭，投资类产品排斥程度越重，而融资类产品排斥程度越轻；老年人数量越多的家庭，投资类产品排斥越轻，可能的解释是这类家庭要安排合理的养老计划（Lusardi and Mitchell，2006），而对融资类产品的需求越来越低，融资类产品排斥越重；户主年龄对家庭融资类金融排斥的影响并不显著，这与李涛等（2010）的研究结果是一致的，可能原因是金融机构更看重的是家庭的

收入和财富状况；高层家庭，投资类产品排斥不再显著，面临的融资类产品排斥有显著下降；孩子数量越多的家庭，负担重，抚养成本高，面临的家庭融资类金融排斥程度越高。

表 6　金融知识对家庭金融排斥的影响

解释变量	(1)	(2)	(3)	(4)	(5)	(6)
	家庭金融排斥		家庭投资类产品排斥		家庭融资类产品排斥	
	Probit	Ivprobit	Probit	Ivprobit	Probit	Ivprobit
金融知识	-0.086***	-0.161***	-0.086***	-0.154***	-0.030***	-0.052*
	(0.004)	(0.038)	(0.004)	(0.038)	(0.003)	(0.030)
户主年龄	0.006***	0.006***	0.006***	0.005***	0.001	0.001
	(0.001)	(0.001)	(0.001)	(0.001)	(0.002)	(0.002)
户主年龄平方	-0.004***	-0.004***	-0.004***	-0.004***	0.004**	0.003**
	(0.001)	(0.001)	(0.001)	(0.001)	(0.002)	(0.002)
户主受教育年限	-0.013***	-0.010***	-0.012***	-0.010***	-0.007***	-0.006***
	(0.001)	(0.002)	(0.001)	(0.002)	(0.001)	(0.001)
户主共产党员	-0.072***	-0.050***	-0.080***	-0.059***	-0.031***	-0.025**
	(0.007)	(0.014)	(0.008)	(0.015)	(0.006)	(0.011)
户主男性	-0.008	-0.007	-0.008	-0.007	0.006	0.006
	(0.007)	(0.007)	(0.007)	(0.007)	(0.006)	(0.006)
户主已婚	-0.050***	-0.048***	-0.044***	-0.042***	-0.047***	-0.047***
	(0.008)	(0.008)	(0.008)	(0.008)	(0.008)	(0.008)
户主少数民族	-0.009	-0.003	-0.007	-0.002	-0.017	-0.015
	(0.015)	(0.015)	(0.016)	(0.016)	(0.014)	(0.014)
户主宗教信仰	0.010	0.004	0.010	0.004	-0.006	-0.007
	(0.009)	(0.010)	(0.009)	(0.010)	(0.009)	(0.009)
户主中层岗位	-0.001	-0.002	-0.001	-0.002	0.010	0.009
	(0.009)	(0.009)	(0.010)	(0.009)	(0.009)	(0.009)
户主高层岗位	-0.026*	-0.027*	-0.024	-0.025	-0.044***	-0.044***
	(0.015)	(0.015)	(0.016)	(0.016)	(0.011)	(0.011)
户主风险偏好	-0.011	0.005	-0.002	0.013	-0.008	-0.003
	(0.016)	(0.018)	(0.016)	(0.018)	(0.013)	(0.014)

续表

解释变量	(1) 家庭金融排斥 Probit	(2) 家庭金融排斥 Ivprobit	(3) 家庭投资类产品排斥 Probit	(4) 家庭投资类产品排斥 Ivprobit	(5) 家庭融资类产品排斥 Probit	(6) 家庭融资类产品排斥 Ivprobit
户主风险厌恶	0.003 (0.009)	-0.016 (0.013)	0.004 (0.010)	-0.012 (0.014)	0.023*** (0.009)	0.018 (0.012)
家庭规模	0.002 (0.002)	-0.001 (0.003)	0.008*** (0.002)	0.005* (0.003)	-0.021*** (0.002)	-0.021*** (0.002)
家庭老人数量	-0.009* (0.005)	-0.006 (0.005)	-0.014*** (0.005)	-0.011** (0.005)	0.021*** (0.005)	0.022*** (0.005)
家庭孩子数量	0.005 (0.004)	0.005 (0.004)	-0.004 (0.004)	-0.004 (0.004)	0.021*** (0.004)	0.021*** (0.004)
ln 家庭劳动收入	-0.043*** (0.004)	-0.035*** (0.006)	-0.046*** (0.004)	-0.038*** (0.006)	-0.029*** (0.004)	-0.026*** (0.005)
ln 家庭净财富	-0.026*** (0.001)	-0.023*** (0.002)	-0.032*** (0.001)	-0.028*** (0.002)	-0.008*** (0.001)	-0.007*** (0.002)
农村	0.057*** (0.008)	0.047*** (0.011)	0.077*** (0.009)	0.067*** (0.011)	-0.012 (0.009)	-0.015 (0.009)
金融发展水平	-0.013*** (0.003)	-0.013*** (0.003)	-0.014*** (0.003)	-0.014*** (0.003)	-0.000 (0.002)	-0.000 (0.002)
lngdp	-0.027** (0.011)	-0.025** (0.011)	-0.046*** (0.012)	-0.044*** (0.012)	0.040*** (0.012)	0.041*** (0.011)
有效样本量	28118	28118	28118	28118	28118	28118
Wald chi2	3568.15***	3980.63***	3656.62***	3919.88***	1837.78***	1699.36***
Pseudo R2	0.191		0.201		0.097	
Wald 检验		3.85**		3.05*		0.55
P 值		(0.049)		(0.081)		(0.457)
第一阶段 F 值		108.17***		108.17***		108.17***

注：*，**，***分别表示在10%，5%，1%水平显著，括号内为聚类异方差稳健标准误（按社区聚类分析，避免异方差和组内自相关），表内报告的是估计结果的边际效应，并且所有回归中都控制了省区固定效应，以下相同。

（二）金融知识三因子对家庭金融排斥的影响分析

为了深入分析金融知识改善家庭金融排斥的微观机制，我们将金融知识指标的知识因子、计算因子和预期因子分别对家庭金融排斥做回归分析，表7报告了具体的回归结果。

表7中第（1）（3）（5）列报告了知识因子、计算因子、预期因子分别对家庭金融排斥影响的Probit回归结果，鉴于金融知识各因子和家庭金融排斥之间存在的内生性问题，我们选择Ivprobit模型进行极大似然估计，表7中第（2）（4）（6）列回归结果都通过了沃尔德（Wald）内生性检验。

表7中第（2）（4）（6）列报告的回归结果显示，家庭丰富经济金融信息和知识、增强计算能力和提高经济预期，家庭金融排斥的概率将分别下降14.1%，15.7%和9.1%。因为这三因素能够促使家庭有效克服自我排斥，增加对金融产品的需求，从而降低家庭金融排斥水平。

从表7中第（2）（4）（6）列报告的其他变量来看，与表6的回归结果基本上保持一致，说明金融知识对家庭金融排斥影响的稳健性。

表7　金融知识三因子对家庭金融排斥的影响

解释变量	(1) Probit	(2) Ivprobit	(3) Probit	(4) Ivprobit	(5) Probit	(6) Ivprobit
知识因子	-0.038*** (0.002)	-0.141*** (0.025)				
计算因子			-0.016*** (0.002)	-0.157*** (0.030)		
预期因子					-0.002*** (0.001)	-0.091*** (0.005)
Wald检验 P值		11.82*** (0.006)		14.39*** (0.000)		22.88*** (0.000)

注：回归结果中所有其他控制变量均与前文相同。为节省篇幅，除关注变量金融知识外，没有报告其他控制变量的结果，想了解具体结果的读者可直接与本文作者联系，以下相同。

（三）金融知识对家庭投资类产品排斥的影响分析

上文分析了金融知识对家庭金融排斥的影响，然而金融知识对具体金融产品排斥的影响有异质性。表 8 考察了金融知识对具体家庭投资类产品排斥的影响。投资类产品包括活期存款、定期存款、股票、基金、债券、银行理财、外汇、商业保险、黄金、金融衍生产品[①]。

我们用 Ivprobit 模型进行估计，表 8 中第（1）（2）（3）（4）（5）（6）列的回归结果都通过了沃尔德（Wald）内生性检验。表 8 显示，金融知识提升 1 个单位，活期存款、股票、基金和银行理财产品排斥的概率分别下降 16.3%，7.0%，4.2% 和 3.3%，说明提高金融知识，对于改善基本金融服务（活期存款）排斥的作用要大于改善复杂金融产品（股票、基金和银行理财产品）排斥的作用。外汇作为复杂的金融产品，金融知识对外汇排斥没有显著的影响，表 8 其他变量的回归结果显示[②]，影响外汇排斥的主要因素有户主受教育年限、家庭劳动收入、家庭净财富和家庭富裕水平。商业保险作为一种特殊的金融产品，金融知识对商业保险排斥没有显著的影响，影响商业保险排斥的主要因素有户主年龄、受教育年限、政治倾向、婚姻、岗位、风险偏好、家庭规模、家庭劳动收入、家庭净财富、农村地区和家庭富裕水平。

表 8　金融知识对家庭投资类产品排斥的影响：工具变量估计

解释变量	(1) 活期存款	(2) 股票	(3) 基金	(4) 银行理财产品	(5) 外汇	(6) 商业保险
金融知识	-0.163*** (0.038)	-0.070*** (0.016)	-0.042*** (0.015)	-0.033** (0.014)	-0.022 (0.015)	0.050 (0.032)
Wald 检验 P 值	4.83** (0.028)	6.05** (0.014)	4.07** (0.043)	3.84* (0.049)	2.65* (0.010)	8.05*** (0.004)

① 限于篇幅，仅报告活期存款排斥、股票排斥、基金排斥、银行理财产品排斥、外汇排斥和商业保险排斥的 Ivprobit 回归结果，若需其他投资类产品排斥的 Ivprobit 回归结果，读者可直接和本文作者联系。

② 限于篇幅，没有报告表 8 和表 9 中的其他变量的边际效应，仅将影响外汇、商业保险、农工商贷款、汽车贷款、教育贷款和信用卡排斥的显著变量加以说明。

（四）金融知识对家庭融资类产品排斥的影响分析

上文分析了金融知识对家庭投资类产品排斥的影响，下面分析金融知识对家庭融资类产品排斥的异质性特征。家庭融资类产品包括农工商业贷款、住房贷款、汽车贷款、教育贷款和信用卡。

我们选择 Ivprobit 模型进行估计，表 9 中第（2）（4）列的回归结果通过了沃尔德（Wald）内生性检验，第（1）列在 18% 显著水平、第（3）列在 33% 显著水平下通过了内生性检验；第（5）列的回归结果尚未通过沃尔德（Wald）内生性检验。表 9 显示，金融知识对农工商贷款没有显著的影响，说明农工商贷款排斥不是因为家庭金融知识缺乏而造成的，更多是由于金融机构评估、条件、价格和营销因素所致（Kempson and Whyley，1999）。鉴于家庭对住房刚需，家庭金融知识提高，信息源广泛，专业知识强，计算能力好，对宏观经济有良好的预期，能够显著降低家庭住房银行贷款排斥。汽车作为家庭的奢侈产品，金融知识对汽车贷款没有显著的影响，影响家庭汽车银行贷款排斥的主要因素有家庭劳动收入、家庭财富水平、年龄、受教育年限、婚姻和家庭规模。教育贷款对于家庭而言属于稀缺产品，金融知识对教育贷款排斥并没有显著的影响，影响教育贷款的主要因素有户主受教育年限、家庭规模、家庭老人数量、家庭孩子数量、家庭劳动收入、家庭净财富、农村和家庭富裕水平。金融知识对信用卡排斥不存在显著的影响，影响信用卡排斥的主要因素有户主受教育年限、政治倾向、少数民族、宗教信仰、风险厌恶、家庭规模、家庭老人数量、家庭孩子数量、家庭劳动收入、家庭财富水平和农村。

表 9　金融知识对家庭融资类产品排斥的影响：工具变量估计

解释变量	(1) 农工商贷款	(2) 住房贷款	(3) 汽车贷款	(4) 教育贷款	(5) 信用卡
金融知识	0.016 (0.022)	-0.062** (0.029)	0.006 (0.008)	0.020 (0.017)	-0.009 (0.014)
Wald 检验 P 值	1.73 (0.1880)	3.20* (0.070)	0.95 (0.331)	3.83** (0.050)	0.01 (0.970)

六、 稳健性检验[①]

为了考察上文模型估计结果的可靠性，本部分从多方面对上文模型的估计结果进行稳健性检验[②]。

如表 10 所示，我们将剔除上下 5% 样本后，稳健性检验 1 说明 Ivprobit 估计的边际效应在方向和显著水平上具有一致性。为了检验“不需要”样本可能带来的内生性问题，我们删除“不需要”样本后，稳健性检验 2 显示 Ivprobit 估计的金融知识边际效应的方向和显著水平具有一致性。稳健性检验 3 显示，我们将家庭金融排斥指标中加入社会保险因素，Ivprobit 估计的金融知识边际效应在方向和显著水平上具有一致性。我们利用世界银行（2005a）将金融排斥仅不包括储蓄、贷款和保险基本金融账户衡量家庭金融排斥，稳健性检验 4 显示，Ivprobit 估计的金融知识边际效应在方向和显著水平上具有一致性。阿格纽等（Agnew and Szykman，2005；Guiso and Jappelli，2008；尹志超等，2014）用受访者正确回答问题的个数和正确回答的比例来衡量金融知识，我们将其作为金融知识代理变量，稳健性检验 5、6 显示 Ivprobit 估计金融知识边际效应的方向和显著水平具有一致性。从稳健性检验 1 至稳健性检验 6，说明金融知识对家庭金融排斥、家庭投资类产品排斥和家庭融资类产品排斥以及知识因子、计算因子和预期因子对家庭金融排斥的回归结果的稳健性。

---

① 限于篇幅，此处没有列出稳健性检验的估计结果，读者如有需要，可向作者索取。

② 稳健性检验部分的回归结果中所有其他控制变量均与前文相同。为节省篇幅，除关注变量金融知识外，没有报告其他控制变量的结果，想了解具体结果的读者可直接与本文作者联系。

表 10 稳健性检验：工具变量估计

	(1) 金融排斥	(2) 投资类产品排斥	(3) 融资类产品排斥	(4) 知识因子	(5) 计算因子	(6) 预期因子
稳健性检验 1：剔除上下 5% 样本						
金融知识	-0.154*** (0.040)	-0.149*** (0.041)	-0.052** (0.026)	-0.133*** (0.028)	-0.151*** (0.032)	-0.095*** (0.004)
稳健性检验 2：剔除"不需要"样本						
金融知识	-0.149** (0.059)	-0.156*** (0.059)	-0.082** (0.038)	-0.138*** (0.043)	-0.145*** (0.050)	-0.077*** (0.018)
稳健性检验 3：家庭金融排斥中还不包括社会保险账户						
金融知识	-0.068** (0.028)	-0.060** (0.029)	-0.062*** (0.024)	-0.060** (0.027)	-0.076** (0.037)	-0.070*** (0.023)
稳健性检验 4：家庭金融排斥中仅不包括储蓄、贷款、保险基本金融账户						
金融知识	-0.145*** (0.039)	-0.134*** (0.040)	0.032 (0.038)	-0.128*** (0.028)	-0.146*** (0.033)	-0.089*** (0.007)
稳健性检验 5：用"正确回答个数"作为金融知识代理变量						
金融知识	-0.163*** (0.039)	-0.156*** (0.039)	-0.110*** (0.026)			
稳健性检验 6：用"正确回答比率"作为金融知识代理变量						
金融知识	-0.489*** (0.117)	-0.469*** (0.118)	-0.330*** (0.078)			

七、 结论

本文基于 2013 年 CHFS 数据，实证研究发现，金融知识和家庭金融排斥、家庭投资类产品排斥、家庭融资类产品排斥之间呈显著的负相关关系，金融知识可显著降低家庭金融排斥、家庭投资类产品排斥和家庭融资类产品排斥的概率，而且金融知识对家庭投资类产品排斥的影响大于家庭融资类产品排斥。就其微观机制而言，家庭经济金融信息丰富，学习金融课程，有利于家庭金融决策；家庭正确的计算技能，促使家庭选择金融工具进行家庭预算管理；家庭良好的宏观经济预期，使家庭更合理地选择金融工具实现跨期消费，使家庭更理性地选择金融产品以避险。这些微观机制能使家庭有效克服自我排斥，释放金融需求，缓解家庭金融排斥。文章进一步发现，家庭排斥具体金融产品存在异质性特征。

本文研究结果具有重要的政策含义。第一，针对我国家庭金融知识普遍缺乏的现象，鼓励多渠道开展金融教育，借助社会网络，实施娱乐教育（entertainment education）策略，提高我国国民整体金融素养。第二，将金融知识教育和实务技能培训结合起来，真正促进家庭对金融知识的消化吸收，缩小金融排斥边界，延伸金融服务半径。第三，推动金融知识教育进入课堂。在大学的非经济金融专业开设金融知识课程，在中小学课程中加入基本的金融知识模块。这样，可以使每一个公民都有机会在课堂上学习到金融知识，这对其一生都有巨大的影响。此外，在互联网时代，可以充分利用网络开展金融知识教育，使每一个公民均等地享受低成本金融信息服务，持续更新家庭金融知识，实现金融普惠。

参考文献

[1]董晓林，徐虹．我国农村金融排斥影响因素的实证分析——基于县域金融机构网点分布的视角[J]．金融研究，2012(9)：115－126.

[2]甘犁，尹志超，贾男，徐舒，马双．中国家庭资产状况及住房需求分析[J]．金融研究，2013(4)：1－14.

[3]李涛，王志芳，王海港，谭松涛．中国城市居民的金融排斥状况研究[J]．经济研究，2010(7)：15－30.

[4]彭宝玉，李小建．1990 年代中期以来中国银行业空间系统变化研究[J]．经济地理，2009(5)：765－770.

[5]田霖．我国金融排斥的城乡二元性研究[J]．中国工业经济，2011(2)：36－45.

[6]王修华，傅勇，贺小金，谭开通．中国农户受金融排斥状况研究——基于我国 8 省 29 县 1547 户农户的调研数据[J]．金融研究，2013(7)：139－151.

[7]许圣道，田霖．我国农村地区金融排斥研究[J]．金融研究，2008(7)：195－206.

同业网络中的风险传染

——基于中国银行业的实证研究

廉永辉

摘要： 本文采用最大熵方法估计了2007—2013年我国的银行同业网络，在区分债权银行和债务银行的前提下，以网络联系强度为权重计算了各银行同业业务对手的总风险，进而考察了同业业务对手总风险对自身风险的影响。研究发现，债务银行风险对债权银行风险有显著的正向影响，而债权银行风险对债务银行风险无显著影响，说明同业网络中存在由债务银行向债权银行的风险传染。进一步的分析表明，杠杆率高、同业资产占比高、同业资产集中度高的银行更容易受到传染。本研究提供了我国银行同业业务引致风险传染的证据，研究对于增强银行抵御风险传染的能力、防范银行业系统性风险具有重要的现实意义。

关键词： 同业网络　风险传染　银行风险

一、引言

2009—2013年，我国银行业金融机构的同业资产和同业负债分别

廉永辉，首都经济贸易大学金融学院讲师，经济学博士。

增长了246%和236%，远高于同期商业银行贷款和存款的增速。快速增长的同业业务加深了银行体系的内部关联，容易引起“交叉性风险传染”，因而已经成为我国银行业系统性风险的重要结点（郑联盛和张明，2014）。在此背景下，探讨我国银行同业市场中的风险传染问题，对于防范系统性风险和维护金融稳定具有重要意义。因此，本文试图回答以下问题：我国银行同业市场中是否存在风险传染？如果有，风险传染的方向是债务银行传染给债权银行还是相反？哪些银行更容易受到传染？

在已有研究中，网络传导分析法是考察银行间风险传染的主流方法（Upper 和 Worms，2004；Iori 等，2008；马君潞等，2007；范小云等，2012）。网络传导分析法假定单家银行因外部冲击而倒闭，基于银行间的债权债务关系，跟踪初始倒闭事件给其他银行带来的损失，从而可以判断初始倒闭银行的系统重要性以及整个银行系统的稳健性（Furfine，2003）。网络传导分析法较好地反映了风险的交叉传染特征，但其前提假定和分析过程存在一些脱离现实之处（Upper，2011）。比如，假定所有银行面临外生给定的相同的同业资产违约损失率；没有考虑风险传染的同时性，即后续破产的银行反过来会加重前期受传染银行遭受的损失；风险传染过程中银行没有积极采取行动来减轻冲击，而是“坐以待毙”被动接受传染。最根本的是，网络传导分析法是一种“反事实”的数值模拟方法，无法回答现实中的银行同业市场中是否真的发生了风险传染。

鉴于网络传导分析法的上述缺陷，近年来有学者开始基于现实数据，采用实证计量方法来考察银行同业市场的风险传染问题。例如，利德夫等（Liedorp 等，2010）研究了1998—2008年荷兰银行同业业务网络（简称同业网络）的风险传染问题。他们分别以同业资产和同业负债敞口为权重，计算了每个银行交易对手的加权风险，发现银行的债权银行风险越高，则其自身风险也越高，说明同业负债业务可以传染银行风险。伊耶等（Iyer 和 Peydró，2011）利用2001年印度古吉拉特邦最大的商业合作银行倒闭这一外生冲击，考察了借钱给倒闭银行的债权银行的存款流失情况，发现向倒闭银行提供的同业资金越多，银行的存款流失越严重，从侧面说明同业资产业务也具有风险传染效应。克雷格等（Craig 等，2014）则基于 2000—2006 年德国大额信贷登记数据构造了银行同业网络，利用空间计量方法研究发现，同业业务对手（未区分债务银行和债权银行）经营越不稳健，银行陷入困境的可能性越高，这证实了德国银行同业市场中存在风险传染问题。

实证计量方法不仅可以判断银行同业市场中是否存在风险传染及其方向，还可以通过设定灵活的计量模型来考察不同银行抵御传染的能力。本文使用最大熵方法估计了 2007—2013 年各年我国的银行同业网络，针对网络关键特征的分析表明，我国银行同业网络具有明显的不完全特征，因而存在风险传染隐患。在此基础上，本文构造了同业业务对手的加权风险指标，并考察了同业业务对手方的风险对银行自身风险的影响。结果显示，同业业务中债务银行风险对债权银行风险具有显著的正向影响，而债权银行风险对债务银行风险无显著影响，说明我国银行同业网络中存在由债务银行向债权银行的风险传染。本文进一步考察了银行异质性在风险传染中的作用，发现杠杆率高、同业资产占比高、同业资产集中度高的银行更容易受到传染。

本文具有以下研究特色：首先，首次采用规范的实证方法考察了我国银行同业业务的风险传染效应，分析过程不依赖于传统的网络传导分析法所需的严格前提假定，得到的结论也更具现实意义。其次，本文不仅考虑了同业业务对手的风险对银行自身风险的影响在统计上是否显著，还深入分析了其影响力度，发现同业资产业务的风险传染效应同时具有统计和经济意义上的显著性。此外，本文还较为全面地探讨了模型可能存在的各类内生性问题，并通过使用不同的估计方法、变更核心变量的度量方式、分不同样本区间进行估计，确保了结论的可靠性。最后，本文的研究不仅提供了我国银行同业业务引致风险传染的证据，得到风险是由债务银行传染给债权银行的结论，并发现了杠杆率、同业资产占比、同业资产集中度等影响风险传染的关键因素，从而可以有针对性地提出一系列增强银行抵御同业风险传染能力的措施。

二、 我国银行同业网络的特征描述

（一）银行同业网络的估计方法：最大熵法

在由 N 家银行组成的同业市场中，银行间借贷关系可以表示为 N 阶方阵 X，其元素 $x_{i,j}$ 表示银行 i 对银行 j 的资产头寸，$a_i = \sum_{j=1}^{N} x_{i,j}$ 为银行 i 的同业资产头寸，$l_j = \sum_{i=1}^{N} x_{i,j}$ 为银行 j 的同业负债头寸。矩阵 X 同时也是反映银行同业业务联系的有向赋权网络（direct weighted graph），因此估计银行同业网络，实际上就是估计矩阵 X 的各个元素。

谢尔登等（Sheldon 和 Maurer，1998）提出，在没有风险敞口分布先验信息的情况下，应该选择使银行同业头寸分布的不确定性即信息熵最大化的分布，这即是最大熵法（maximum entropy method）。众所周知，熵度量了系统的无序程度，因此从字面上理解“最大熵法”，就是最大化银行同业网络的无序程度，这暗含了银行间市场为完全型网络、各银行充分分散同业头寸的前提假设。尽管关系借贷、交易成本、地域分割等因素限制了银行充分分散同业业务的能力，导致现实中的银行同业网络中结点间的联系与完全型网络相比较为稀疏（Upper 和 Worms，2004），但在难以获得银行双边交易数据，而只能获得单个银行总量数据的情况下，采用最大熵方法估计各银行之间的关联结构，仍是目前可取的方法（Mistrulli，2011；范小云等，2012）。

采用最大熵法来估计银行同业网络主要有三个步骤：第一，在约束条件 $\sum_j x_{i,j} = a_i$，$\sum_i x_{i,j} = l_j$ 和 $x_{i,j} \geqslant 0$ 下最大化矩阵 X 的信息熵——$\sum_j \sum_i x_{i,j} \ln x_{i,j}$，得到的解为 $x_{ij} = a_i \times l_j$。但此时得到的矩阵还不是最终结果，因为 $x_{ij} = a_i \times l_j$ 意味着银行可以与自身发生借贷关系。第二，为了排除银行与自身发生借贷关系的可能性，将矩阵 X 主对角线上的元素变成 0，X 更新为 X^*。但 X^* 无法满足加总约束 $\sum_j x^*_{i,j} = a_i$ 和

$\sum_i x^*_{i,j} = l_j$。第三，在约束条件下寻找与 X^* 差异最小的矩阵 $\widehat{X}$。具体而言，新的解 $\widehat{x}_{i,j}$ 需要满足：①加总约束：对于 $i \neq j$，有 $\sum_j \widehat{x}_{i,j} = a_i$，$\sum_i \widehat{x}_{i,j} = l_j$；②主对角线上元素为0：对于 $i = j$，有 $\widehat{x}_{i,j} = 0$；③ $\widehat{X}$ 与 X^* 的交叉熵 $\sum_{i=1}^{N}\sum_{j=1}^{N}\widehat{x}_{i,j}\ln\left(\frac{\widehat{x}_{i,j}}{x^*_{i,j}}\right)$ 最小。由此得到的 $\widehat{X}$ 就是最大熵法下银行间同业网络的矩阵表示。

（二）我国银行同业网络的特征描述

我国银行同业资产包括存放同业、拆出资金和买入返售金融资产，同业负债包括同业存放、拆入资金和卖出回购金融资产①。对于按交易对手类型披露分类数据的银行，我们从其同业业务总额中剔除了其针对非银行金融机构以及国外银行与非银行金融机构的交易额；对于未披露分类数据的银行，我们以其全部同业业务代替针对国内银行的同业业务。此外，样本中一些银行未提供买入返售和卖出回购数据，我们将相应的缺失值赋值为零，然后对原始数据进行标准化处理。

为便于分析网络的整体结构，我们首先对同业网络进行二值化处理，然后分析同业网络的各项关键性特征（见表1）。分析结果表明，我国银行同业网络具有较为明显的不完全特征。艾伦等（Allen和Gale，2000）指出，同业网络的结构对风险传染程度具有重要影响，在完全型网络中，银行与所有其他银行均存在业务联系，风险分担较为彻底，针对单个银行的不利冲击所造成的影响较小，同业业务可以提高银行系统的稳定性；而在不完全网络中，每家银行仅与少数银行发生业务联系，初始冲击在传导过程中容易逐渐放大，最终造成整个银行体系的崩溃。近期的研究则表明（Ladley，2013），只有当爆发系统性的严重银行危机

---

① 商业银行资产负债表中的交易性金融资产、应收账款、可供出售金融资产等项目下也包含部分同业资产，但单独披露这部分同业资产数据的商业银行较少，因而它们没有包含在本文定义的同业资产范围内。基于类似的原因，应付债券等科目中包含的部分同业负债也没有包含在本文定义的同业负债范围内。

时，完全型网络才会由“风险分担”转向“风险传染”，完全型网络在通常情况下主要表现出风险分担的作用。由此可以预期，我国银行同业市场中存在风险传染问题，当然，具体情况还有待实证分析予以确定。

表 1　银行同业网络特征描述

年度	网络规模	网络密度（%）	平均度数中心度	入度中心势（%）	出度中心势（%）	平均聚集系数
2007	64	21.280	13.406	74.706	35.381	0.352
2008	85	7.955	6.682	44.277	46.715	0.274
2009	115	3.135	3.574	20.913	8.415	0.110
2010	120	13.165	15.667	83.179	41.305	0.484
2011	122	20.031	24.238	77.941	43.492	0.617
2012	123	12.335	15.049	40.787	52.452	0.371
2013	134	9.971	13.261	77.654	44.834	0.653

注：网络规模为网络中的结点个数。网络密度为结点间实际发生联系的数目与可能达到的最大数目之比。度数中心度即与某结点发生联系的银行数目。度数中心度刻画了整个网络在多大程度上具有中心化的结构，中心势越高表明网络中少数参与者拥有的支配性力量越大。聚集系数定义为一个结点的相邻点之间实际存在的边数与可能存在的总边数之比。

三、模型、变量与数据

（一）模型设定与变量选择

借鉴利德夫等（Liedorp 等，2010）的研究，本文设定了如下计量模型：

$$\text{risk}_{i,t} = \beta_1 \text{awrisk}_{i,t} + \beta_2 \text{lwrisk}_{i,t} + \gamma_1 Z_{i,t-1}^{\text{mic}} + \gamma_2 Z_t^{\text{mac}} + e_{i,t} \qquad (1)$$

其中，i 表示银行，t 表示年度。risk 表示银行的风险状况，$\text{awrisk}_{i,t}$ 和 $\text{lwrisk}_{i,t}$ 分别反映了银行 i 同业资产业务对手（债务银行）和同业负债业务对手（债权银行）的加权风险状况。Z^{mic} 和 Z^{mac} 分别为银行微观层面和宏观经济层面的控制变量。$e_{i,t}$ 为模型的误差项，由代表个体异质性的截距项 u_i 以及随时间与个体变化的扰动项 $v_{i,t}$ 构成。假定 $v_{i,t}$ 独立同分布，且与 u_i不相关。

本文以应用较为广泛的破产距离指标 zscore = （$roa_{i,t}$ + $eta_{i,t}$）/ σ（$roa_{i,t}$）来度量银行风险。在具体计算时，与黄隽和章艳红（2010）以及徐明东和陈学彬（2012）一致，我们采用最近三年 roa 的标准差作为分母。此外，由于 zscore 的分布高度有偏，我们对其取自然对数。

在考察银行网络中的风险传染问题时，有必要明确是债务银行传染给债权银行、债权银行传染给债务银行还是双向风险传染。为此，本文分别构建了按同业资产头寸加权的风险指标 awrisk 和按同业负债头寸加权的风险指标 lwrisk：

$$\mathrm{awrisk}_{i,t} = \sum_{j=1,j\neq i}^{N} aw_{i,j,t} \quad \mathrm{risk}_{j,t} = \sum_{j=1,j\neq i}^{N} \frac{x_{i,j,t}\,\mathrm{TIA}_t}{ia_{i,t}}\mathrm{risk}_{j,t}$$

$$\mathrm{lwrisk}_{i,t} = \sum_{j=1,j\neq i}^{N} lw_{i,j,t} \quad \mathrm{risk}_{j,t} = \sum_{j=1,j\neq i}^{N} \frac{x_{i,j,t}\,\mathrm{TIL}_t}{il_{i,t}}\mathrm{risk}_{j,t} \qquad (2)$$

其中，$x_{i,j,t}$（$x_{j,i,t}$）表示第 t 年标准化后的同业网络中银行 i 对银行 j 的同业资产（负债）头寸，乘以当年银行业同业总资产 TIA_t（同业总负债 TIL_t）可得到真实头寸，再除以银行 i 自身的同业资产总额 $ia_{i,t}$（同业负债总额 $il_{i,t}$），就可以得到银行 i 对银行 j 的同业资产（负债）头寸占银行 i 同业资产（负债）总额的比例 $aw_{i,j,t}$（$lw_{i,j,t}$），该比例越大意味着银行 j 通过同业资产（负债）业务与银行 i 的联系越紧密。awrisk 度量了银行同业资产业务对手（债务银行）的总风险，其系数 β_1 显著为正意味着债务银行风险影响债权银行风险，即债权银行受到了债务银行的风险传染。lwrisk 则度量了银行同业负债业务对手（债权银行）的加权风险状况，其系数 β_2 显著为正意味着债务银行受到债权银行的风险传染。

模型中加入了 3 个常用的银行微观特征作为控制变量：①资产规模（size），以银行总资产的自然对数来衡量。规模大的银行风险管理能力强，受到的外部监管更为严格，但“大而不倒”所带来的道德风险又会使其过度承担风险，因此规模对银行风险的影响难以事先确定。②资本充足率（car）。资本状况会影响银行管理者及股东的风险态度，资本充足率高意味着风险共担效应强，银行会采取更加审慎的经营策略（De Nicolò 等，2010）。③反映银行盈利能力的税前总资产收益率（roa）。盈利能力较弱通常意味着银行的经营策略较为保守，但也可能导致银行为改善盈利而采取高风险策略（徐明东和陈学彬，2012）。此外，我们还控制了银行的资产结构和收入结构，分别用流动性比率 liq（流动性资产与总资产之比）和非利息收入占比 niir 表示。流动性比率高有助于银行防范流动性风险，但也会对资产收益率造成不利影响，从而间接削弱银行的经营稳健性；非利息收入占比较高意味着中间业务对银行收入的贡献率较高，但其对银行风险的影响并不确定（周开国和李琳，2011）。为减轻这些变量与扰动项的相关性，所有银行微观特征变量均取滞后一期值。

在宏观经济层面，模型中控制了实际经济增长率 gdp 和广义货币 M2 的增长率 m2。为进一步减轻模型可能存在的遗漏变量问题，我们还引用了反映银行业市场集中度的 cr5 指标，以五大国有商业银行总资产占银行业总资产的比重来衡量。考虑到银行风险还可能受到随时间变化的因素（如金融危机爆发、同业业务监管规则变化）的影响，模型中还加入了年度虚拟变量。

（二） 数据说明与描述

本文剔除了缺乏连续四年观测值的中资商业银行，最终选取 2007—2013 年 100 家商业银行的非平衡面板数据作为研究样本。按照银监会的分类标准，100 家商业银行包括 5 家大型国有银行、12 家全国性股份制银行、64 家城市商业银行以及 19 家农村商业银行和农村合作银行。从地理分布看，样本银行涵盖了全国 29 个省、自治区和直辖市；从银行规模看，截至 2013 年年底，样本银行占所有银行类金融机构总资产的 72.12%，总负债的 72.31%。因此，本文的样本具有良好的代表性。银行财务数据主要来源于 Bankscope 数据库和 Wind 数据库，并以各家银行年报作为补充；gdp 和 m2 来源于中经网，cr5 来自银监会年报。

为了防止异常值对估计结果的干扰，我们对银行微观特征的连续型变量进行了上下1%的缩尾处理。主要变量的描述性统计结果显示（受篇幅限制未报告）：zscore 的最大值为6.591（昆仑银行2013年），最小值为0.995（富滇银行2007年），标准差超过了均值的1/3，说明各银行的风险状况差异较大。awz 和 lwz 的最小值为0，因为有些年份中银行仅提供了同业资产头寸数据（共12个观测值）或同业负债头寸数据（共65个观测值）。2010年银监会年报显示，我国所有商业银行自2009年起均已达到或超过了8%的最低资本充足率要求，样本银行的资本充足率较高便反映了这一事实。银行资产收益率均值超过1%，而非利息收入占比较低，说明我国银行对传统经营模式的依赖度较高、中间业务占比较低。此外，少数银行（共6个观测值）的非利息收入为负，我们通过查阅相应年报发现这种情况均由投资亏损所致。我们还考察了主要变量的相关关系，其中核心解释变量 awz（lwz）与 zscore 的皮尔逊相关系数为0.255（0.099），说明同业伙伴的风险与自身风险存在正相关关系，从而提供了同业业务尤其是同业资产业务具有风险传染效应的初步证据。

四、 实证结果分析

（一） 基本估计结果

表2中列（1）~列（3）分别报告了混合模型、随机效应模型和固定效应模型的回归结果。为了减少扰动项不规则带来的问题，所有回归均采用了聚类稳健的标准误。在三组回归中，awz 的系数均在5%水平上显著为正，但 lwz 的系数均不显著。这说明：一方面，银行自身风险确实会受到同业业务对手风险的影响，从而证实了银行同业业务具有风险传染效应；另一方面，债务银行风险会影响债权银行风险，但反之不成立，从而明确了风险传染方向是债务银行到债权银行。

表 2　同业业务对手风险对自身风险的影响

	(1) OLS	(2) RE	(3) FE	(4) FE	(5) FE	(6) FE	(7) FE	(8) FE
$awz_{i,t}$	0.208**	0.225**	0.243**	0.260***	0.246**	0.303***	0.242*	
	(2.128)	(1.982)	(2.216)	(2.682)	(2.371)	(5.025)	(1.853)	
$lwz_{i,t}$	0.0183	-0.00805	-0.00910	-0.0172	-0.0292	0.0648*		-0.0245
	(0.505)	(-0.185)	(-0.166)	(-0.349)	(-0.677)	(1.848)		(-0.434)
$size_{i,t-1}$	0.109***	0.105**	0.424	0.159			0.429*	0.358
	(3.782)	(2.338)	(1.596)	(1.638)			(1.803)	(1.609)
$car_{i,t-1}$	24.22***	21.49***	19.27***	13.21**			19.13***	19.58***
	(9.288)	(6.219)	(2.803)	(2.110)			(2.805)	(2.836)
$roa_{i,t-1}$	1.168**	2.033***	2.248***	2.610***			1.769***	2.287***
	(2.220)	(3.273)	(3.393)	(4.194)			(4.429)	(3.466)
$liq_{i,t-1}$	-0.0397	0.142	0.215				0.144	0.261
	(-0.126)	(0.354)	(0.393)				(0.270)	(0.475)
$niir_{i,t-1}$	-0.298	-0.454	-0.427				-0.555	-0.297
	(-0.806)	(-1.264)	(-0.939)				(-1.295)	(-0.672)
$cr5_t$		-33.62***						
		(-3.204)						
gdp_t		63.27**						
		(1.987)						
$m2_t$		-48.65						
		(-1.353)						
常数项	1.172**	18.19***	7.107	4.406	3.158***	2.282***	7.178*	6.827
	(2.169)	(2.664)	(1.621)	(1.075)	(12.311)	(10.723)	(1.752)	(1.512)
年度效应	控制	控制	控制	控制	控制	未控制	控制	控制
观测值	446	446	446	516	575	575	462	447
R^2	0.241		0.245	0.222	0.171	0.098	0.239	0.229

注：OLS，RE 和 FE 分别表示混合模型、随机效应模型和固定效应模型。括号内为稳健 t 值，***，** 和 * 分别表示在 1%，5% 和 10% 水平上显著，下表同。

对于控制变量，规模、资本充足率和资产收益率的系数为正（规模变量在固定效应模型中的显著性较差），表明规模越大、资本充足率越高、盈利能力越强的银行距离“破产边缘”越远，这与徐明东和陈学彬（2012）在研究货币环境与商业银行风险承担关系时的发现一致。银行流动性比率的显著性较差且系数符号不确定。非利息收入占比的系数始终为负（尽管不显著），这可能是因为在存在存贷利差的现实背景下，贷款利息收入相对于其他收入来源更加稳定（黄隽和章艳红，2010）。由于三个宏观经济层面的控制变量可以用年度虚拟变量线性表示，多重共线性问题导致三者在混合模型和固定效应模型的回归中被自动忽略。但由随机效应模型的估计结果可知，cr5 的系数显著为负，说明在较高的市场集中度下，银行破产风险较高，支持了“集中度—脆弱性”假说（杨天宇和钟宇平，2013）。gdp 的系数为正，意味着经济形势向好有助于降低银行风险（方意等，2012）；m2 的系数为负，说明宽松的货币政策刺激了银行的风险承担行为（张雪兰和何德旭，2012）。在混合模型和固定效应模型中，2008 年和 2009 年年度虚拟变量的系数均为负，说明金融危机导致我国银行风险上升；2012 年和 2013 年年度虚拟变量的系数均为正，说明近两年我国银行业的整体稳健性有所增强。

我们在三组计量模型中均发现了同业资产业务传导风险的证据，为进一步确定最适合本文样本的模型，我们对三组模型进行了两两比较，最终确定固定效应模型最合适。在固定效应模型中，我们进一步通过增减解释变量来确保核心解释变量估计系数的稳健性。按照“从一般到特殊”的建模思想，表 2 中列（4）剔除了前 3 列中显著性较差的两个银行微观特征变量 liq 和 niir，列（5）剔除了所有银行微观特征变量，列（6）则进一步剔除了包括年度虚拟变量在内的所有控制变量。在三种情况下，awz 的系数至少在 5% 水平上显著，而 lwz 基本上不显著，这种差异在只以 awz 或 lwz 为核心解释变量的列（7）和列（8）中再次得到印证。综上可知，我国银行同业资产业务存在风险传染效应。

（二） 内生性讨论与稳健性检验

内生性问题可以归结为模型的解释变量与扰动项相关，具体又可分为遗漏变量与解释变量相关（遗漏变量问题）、被解释变量与解释变量相互影响（双向因果问题）、解释变量的观测值与真实值存在偏差（度量误差问题）和样本不能代表总体（样本有偏问题）等四种情形。如前所述，截至2013年年底，本文样本银行占所有银行类金融机构总资产的72.12%（同业资产总额的70.61%），总负债的72.31%（同业负债总额的85.11%），较好地代表了总体情况，可以认为不存在明显的样本有偏问题。我们主要讨论前三种内生性问题：

第一，遗漏变量问题。本文在估计过程中控制了银行微观特征和年度固定效应，并使用了控制变量的多种组合方式，得到的结论没有发生变化。如果模型还遗漏了不随时间变化的因素，在固定效应变换下，这类遗漏变量将不会对模型估计产生影响。不过，如果银行风险状况具有持续性，则需要在列（3）的基础上加入银行风险的滞后项，从而得到一个动态面板模型。表3中列（1）和列（2）结果显示，awz的系数在一阶段和两阶段高斯混合模型（GMM）估计中均显著为正，但数值略小于表2中固定效应模型的估计结果。这说明在控制了个体风险滞后项后，同业资产伙伴的风险对银行自身风险的影响有所降低，但并不改变本文的基本结论。

第二，双向因果问题。债务银行加权风险awz会影响债权银行风险zscore，那么债权银行风险zscore是否可能反过来影响债务银行加权风险awz呢？在实证结果中，lwz的系数不显著，意味着债权银行风险并未对债务银行风险产生显著影响。

第三，度量误差问题。我们主要关注核心解释变量awz和lwz的度量误差。本文核心解释变量构造过程中使用的是估计所得的银行同业网络，其不可避免地与实际的银行同业网络存在偏差，但我们不清楚这种偏差的具体性质。从这个角度讲，即使基于估计结果构造的awz和lwz存在度量误差，其结果也只是使awz和lwz的系数出现向零偏误，并不影响本文的主要结论。

综上可知，内生性问题均不会对本文核心解释变量的估计系数造成重大影响。为了进一步保证本文估计结果的可靠性，我们还进行了以下稳健性分析：

一是使用 sharp 比率替换 zscore。sharp 比率的计算公式为 $sharp = roa_{i,t}/\sigma\ (roa_{i,t})$，替换被解释变量后的估计结果见表 3 中列（3）。基于 sharp 比率的同业资产加权风险 awrisk 的系数显著为正，而同业负债加权风险 lwrisk 的系数仍不显著。可见，改变被解释变量的测度方法并不影响本文的基本结论。

表 3　内生性讨论与稳健性检验

	(1) SYSGMM 一步法	(2) SYSGMM 两步法	(3) FE 替换被 解释变量	(4) FE 替换核心 解释变量	(5) FE 2007— 2009 年	(6) FE 2010— 2013 年
$zscore_{i,t-1}$	0.166*** (8.952)	0.184** (2.232)				
$awrisk_{i,t}$	0.196*** (7.650)	0.204** (2.010)	0.378*** (2.988)	12.521** (1.972)	0.313** (1.951)	0.206*** (3.251)
$lwrisk_{i,t}$	0.002 14 (0.166)	-0.004 37 (-0.130)	-0.574 (-0.602)	-1.172 (-0.614)	0.139 (1.637)	-0.029 2 (-0.769)
控制变量	控制	控制	控制	控制	控制	控制
观测值	400	400	458	458	142	304
R^2			0.184	0.235	0.177	0.289
Sargan 统计值	145.844 6 [0.796 4]	77.300 8 [0.807 3]				
arm1	-3.527 [0.000 4]	-4.2329 [0.000 0]				
arm2	-0.605 4 [0.544 9]	-0.676 19 [0.498 9]				

注：控制变量包括银行微观特征变量、年度虚拟变量和常数项。arm1 和 arm2 分别为扰动项一阶差分序列的一阶与二阶序列相关检验值，方括号内为 p 值。

二是使用 awz 和 lwz 的其他构造方法。以同业资产加权风险为例，上文分析中构造 awz 时使用的权重 $aw_{i,j}$为银行 i 对银行 j 的同业资产头寸占银行 i 同业资产总额的比例。这里我们将 $aw_{i,j}$的定义改变为银行 i 向银行 j 提供的同业资金占银行 i 总资产的比例。本文使用新的解释变量进行了稳健性检验，结果见表 3 中列（4）。结果显示，核心解释变量的显著性与符号没有发生变化，控制变量的估计结果也与上文一致。

三是分时段回归。我们将全样本分为 2007—2009 年和 2010—2013 年两个时段分别进行了回归分析。表 3 中列（5）和列（6）结果显示，awz 的系数符号和显著性与基准模型估计结果一致，说明两个时段内我国银行同业资产业务均具有风险传染效应。进一步比较可以发现：2007—2009 年，awz 的系数较大，可能是因为这一时段同业网络较为“稀疏”、不完全性较高，因而较容易传染风险；2010—2013 年，awz 的系数显著性较高，这应该与这一时段参与同业业务的银行数量增加有关。

五、进一步分析：银行易受传染的影响因素

（一）银行对同业资产敞口的风险抵补能力

在采用网络传导分析法时，如果仅考虑第一轮传染，银行 j 倒闭能否引起银行 i 倒闭取决于 $\theta x_{i,j}$和 e_i的相对大小（e_i是银行 i 的资本数额，θ 是同业资产违约损失率，$x_{i,j}$是银行 i 对银行 j 的同业资产敞口）。因此，$e_i/x_{i,j}$反映了银行 i 使用自有资金对银行 j 风险敞口的抵补能力，$e_i/x_{i,j}$越大，银行 i 越不可能因银行 j 违约而倒闭。借鉴上述思路，我们将银行 i 之外的所有银行当作一个整体（记为银行 J），则银行 i 对 J 的同业敞口 $x_{i,J}$正是其同业资产总额 a_i。由此，定义银行 i 对同业资产敞口的风险抵补能力（简称风险抵补能力）为：

$$\mathrm{pow}_i = \frac{e_i}{x_{i,J}} = \frac{e_i}{a_i}$$

在网络传导分析法中，同业资产违约损失率 θ 是外生给定的，但实际上 θ 应该是区间［0，1］上的随机变量。尽管我们不清楚其概率密度函数 $f(\theta)$，但对于损失率的任意实现值 θ^*，银行同业风险抵补能力大于损失率 θ^* 的概率可表示为：

$$\text{Pro}(\text{pow} > \theta^*) = \int_{\theta^*}^{\text{pow}} f(\theta)\,\mathrm{d}\theta$$

这一概率显然是 pow 的增函数，即风险抵补能力越强的银行不受传染的概率越大。我们将各个银行历年的平均风险抵补能力 m_{pow} 从小到大排序，将样本平分为风险抵补能力低和风险抵补能力高两个子样本，然后分别进行回归分析，结果见表4中列（1）和列（2）。在风险抵补能力高的银行中，awz 的估计系数在5%水平上显著，而在风险抵补能力低的银行中，awz 的系数显著性较差，且数值较小。可见，风险抵补能力低的银行面临风险传染时更加脆弱，这与马君潞等（2007）基于数值模拟得出的结论一致。

将风险抵补能力进行变形可得：

$$\text{pow}_i = \frac{e_i}{a_i} = \frac{\dfrac{e_i}{TA_i}}{\dfrac{a_i}{TA_i}} = \frac{\text{eta}_i}{\text{inar}_i} = \frac{1}{\text{lev}_i \times \text{inar}_i}$$

可见，风险抵补能力包含了银行资本资产比 eta 和同业资产占总资产比重 inar 两方面的信息。eta 恰好是银行杠杆率 lev 的倒数，反映了银行自有资金的充裕程度；inar 则反映了银行同业资产业务的参与程度。我们进一步分别按 eta 和 inar 进行分组做了回归，结果见表4中列（3）~列（6）。列（3）和列（4）结果显示，在 eta 较低的样本中，awz 的系数显著为正，而在 eta 较高的样本中，awz 则不显著；列（5）和列（6）结果显示，在 inar 较低的样本中，awz 的系数不显著，而在 inar 较高的样本中，awz 的系数则显著为正。可见，降低杠杆率和同业资产业务参与程度均可有效降低银行受传染的可能性。高国华和潘英丽（2012）在数值模拟的基础上应用计数模型对易被传染银行的微观特征进行了实证检验，发现同业业务总额占总资产比例越低、资本充足率越高的银行越不容易受到传染，这与本文的发现较为一致。

表 4　风险抵补能力对银行易受传染的影响

	(1) 低 pow	(2) 高 pow	(3) 低 eta	(4) 高 eta	(5) 低 inar	(6) 高 inar
$awz_{i,t}$	0.297** (2.248)	0.106 (1.106)	0.334*** (3.757)	0.022 5 (0.252)	0.053 7 (0.813)	0.283** (2.146)
$lwz_{i,t}$	0.104 (1.664)	-0.109 (-1.553)	0.091 1 (1.603)	-0.088 4 (-1.191)	-0.057 3 (-0.806)	-0.004 62 (-0.074)
控制变量	控制	控制	控制	控制	控制	控制
观测值	222	224	276	240	274	242
R^2	0.222	0.336	0.290	0.253	0.255	0.245

注：表中均为固定效应模型的估计结果，下表同。

（二）银行同业资产集中度

在分析风险抵补能力如何影响银行易受传染时，我们将债权银行 i 之外的其他银行看作一个整体，从而规避了银行 i 同业资产的分布问题。现实中，债权银行既可以将多数甚至全部同业资产头寸集中到少数几家甚至一家债务银行，也可以较为平均地分散到多家债务银行。如果多数银行同业资产的集中度较高（较低），我们将得到一个联结数较少（较多）、单个结点承载的头寸较大（较小）、不完全性（完全性）较高的同业资产网络。如前所述，网络的完全性越高，风险分散越彻底，风险传染强度越小（Allen 和 Gale，2000）。由此我们预期，同业网络中采取分散化策略、同业资产集中度较低的债权银行的抗传染能力较强。我们以债权银行同业资产分布的赫芬达尔指数（HHI）来度量同业资产集中度，计算公式为：

$$hhi_{i,t} = \sum_{j=1}^{n} \left(\frac{x_{i,j,t}}{a_{i,t}}\right)^2$$

hhi 的取值在 $1/n$ 到 1 之间，数值越大意味着同业资产分布越集中。

样本银行的 hhi 均值（中位数）为 0.333 7（0.201 8），而标准差高达 0.314 9，说明各银行同业资产集中度的差异较大，少数银行的同业资产集中度较高。按照各银行历年的 hhi 均值 m_{hhi} 将样本平分为两组，表 5 中列（1）和列（2）报告了两组样本的估计结果。在同业资产集中度较低的样本中，awz 的估计系数较小且不显著，而在集中度较高的样本中，awz 的估计系数则显著为正。这说明同业资产集中度高的债权银行无法有效分散风险，更容易受到债务银行的影响。

我们进一步分析风险抵补能力不同的银行同业资产分布的影响，结果见表 5 中列（3）～列（6）。列（3）和列（4）结果表明，在风险抵补能力较强的情况下，债权银行不受债务银行风险状况影响（awz 不显著），是否分散同业资产不会产生实质影响。因此，在影响银行抗传染能力的因素中，同业资产分布的重要性小于银行自身的风险抵补能力。列（5）中 awz 的系数在 10% 水平上显著，但数值较小。这说明在风险抵补能力不足的情况下，分散同业资产虽然不能完全消除受传染的可能性，但能够降低债权银行受债务银行影响的程度。而在列（6）中，awz 的系数在 1% 水平上显著，且数值较大，说明低风险抵补能力和高同业资产集中度并存的银行最容易受到传染。

表 5　同业资产集中度对银行易受传染的影响

	(1) 低 hhi	(2) 高 hhi	(3) 高 pow + 低 hhi	(4) 高 pow + 高 hhi	(5) 低 pow + 低 hhi	(6) 低 pow + 高 hhi
$awz_{i,t}$	0.096 4 (0.999)	0.294** (2.078)	0.041 5 (0.429)	0.177 (1.595)	0.179* (1.737)	0.421*** (2.766)
$lwz_{i,t}$	-0.003 56 (-0.044)	-0.016 3 (-0.205)	-0.194 (-1.414)	-0.094 7 (-0.728)	0.167 (1.523)	0.129 (1.377)
控制变量	控制	控制	控制	控制	控制	控制
观测值	233	213	107	118	126	95
R^2	0.311	0.240	0.436	0.354	0.328	0.230

六、结论与启示

本文采用最大熵法估计了银行同业网络，发现我国银行同业网络的不完全程度较高，具有风险传染隐患。在此基础上，本文构造了反映银行同业业务对手风险状况的加权风险指标，进而考察了同业业务风险传染效应的存在性及方向。实证结果显示，债务银行的风险状况会影响债权银行，反之则不成立，说明同业资产业务具有风险传染效应。最后，本文通过分析不同银行的抗传染能力，发现杠杆率高、同业资产占比高、同业资产集中度高的债权银行容易受到风险传染。本文研究表明，我国银行同业业务确实存在风险传染隐患。无论从微观审慎还是宏观审慎角度出发，均有必要通过合理的监管措施来提高银行抵抗风险传染的能力，防范同业业务引发的系统性风险。基于本文研究结论，我们可以得到以下启示：

第一，疏堵并重，控制银行同业业务比重。同业业务参与程度越高的银行越容易受到业务对手的影响，因此可以通过限制同业业务占比来减少风险传染。当然，这一政策切实起效依赖于一些防止银行利用规则漏洞来规避监管的配套措施，包括明确同业业务的定义和口径、规范同业业务操作流程、加强同业业务信息披露核实、完善相关统计和会计制度等。除了通过设置监管指标来控制同业业务发展，还应明确同业业务快速发展背后的动因，有针对性地采取一些疏导措施。比如，改革存贷比和信贷规模监管，减弱银行通过开展同业业务进行监管套利的激励；推进资产证券化进程，为银行提供同业业务之外的改善资产负债结构和减轻资本压力的途径。

第二，防患于未然，提高银行对同业风险的抵补能力。本文研究表明，控制商业银行的杠杆率、保持一定的偿付能力，有助于降低银行受传染的可能性。不过，单纯出于同业资产风险的考量而提高银行资本水平或许有些小题大做，更加合理的措施是将同业业务纳入统一授信体系中，并考虑同业业务的资本金和风险拨备要求。事实上，同业资产业务的资本节约属性也是银行青睐同业资产业务的一个重要原因。因此，按照同业业务的实质适当计提资本和拨备，不仅有助于提高银行的抗传染能力，也可以在一定程度上减弱其过度开展同业业务的激励。与此相关的一项配套措施是完善商业银行资本补充机制。2013 年我国开始实施的《商业银行资本管理办法（试行）》加强了资本监管要求，在这一背景下完善商业银行资本补充机制将有助于减弱同业业务的监管套利动机。

第三，优化结构，降低银行同业风险集中度。目前，对于贷款集中度风险中的客户集中度风险，《商业银行法》和《商业银行集团客户授信业务风险管理指引》均有明确的监管要求。而与一般存贷款业务相比，同业业务的客户集中度较高，因此降低同业资产集中度是减少个体银行风险暴露和同业风险传染的应有之意。2014 年，中国人民银行等五部门联合印发《关于规范金融机构同业业务的通知》，对同业业务风险集中度做出明确的限制性要求，本文的研究为这一政策提供了经验证据支持。

参考文献

[1]范小云，王道平，刘澜飚．规模、关联性与中国系统重要性银行的衡量[J]．金融研究，2012(11)：16－30.

[2]方意，赵胜民，谢晓闻．货币政策的银行风险承担分析——兼论货币政策与宏观审慎政策协调问题[J]．管理世界，2012(11)：9－19.

[3]高国华，潘英丽．基于资产负债表关联的银行系统性风险研究[J]．管理工程学报，2012(4)：162－168.

[4]黄隽，章艳红．商业银行的风险：规模和非利息收入——以美国为例[J]．金融研究，2010(6)：75－90.

[5]马君潞，范小云，曹元涛．中国银行间市场双边传染的风险估测及其系统性特征分析[J]．经济研究，2007(1)：68－78.

[6]徐明东，陈学彬．货币环境、资本充足率与商业银行风险承担[J]．金融研究，2012(7)：50－62.

[7]杨天宇，钟宇平．中国银行业的集中度、竞争度与银行风险[J]．金融研究，2013(1)：122－134.

国际金融治理机制变革及中国的选择

高杰英　王婉婷

摘要： 在当前国际权力结构改变的背景下，国际金融治理机制正面临挑战，G20峰会机制为制度变革和进一步优化提供了机遇。本文总结了“中心—外围”模式下英国治理机制和美国治理机制的主要特征，揭示了当前权力失衡、秩序混乱和调节失效的国际金融治理机制困境，提出中国的“互利共赢”国际金融治理机制的战略选择。中国应通过构建新型大国关系夯实权力运行基础、完善G20国际金融治理形成长效机制、深化人民币国际化并提供多元国际货币、发展新型多边金融机构开展国际金融治理实践，以及为深化国内金融市场和培养国际化金融人才做好配套，不断完善“互利共赢”国际金融治理机制。

关键词： 国际金融治理　机制变革　合作共赢　中国选择

基金项目：国家社会科学基金面上项目“金砖银行互利共赢合作模式及风险防范机制研究”（15BJL077）

高杰英，首都经济贸易大学金融学院，经济学博士，副教授，副院长。

王婉婷，首都经济贸易大学金融学院，经济学博士，讲师。

一、引言及文献回顾

国际金融危机爆发以来，多数经济体面临着去杠杆压力，经济疲弱，特别是石油及铁矿石等大宗商品价格下跌，全球通缩风险加剧。2009年以来，瑞典、丹麦、欧元区、瑞士以及日本等国家和地区纷纷执行负利率，连美国在2016年2月也曾表示考虑负利率政策。竞争性货币贬值政策显示发达国家已经无视全球经济金融一体化下本国货币政策的外溢效应而采取自保措施。国际清算银行行长海梅·卡鲁阿纳（Jaime Carnuana）说，各经济体决策主要依据自身状况，而企业、货币和资本流动早已国际化，资本流动跨越国界，就可能引发动荡[①]。中国积极参与危机后的国际金融治理，在全球审慎性监管框架下严格执行巴塞尔协议规定，国际系统重要性银行（中国银行、工商银行、建设银行等）提足准备金，增加在国际货币基金组织（International Monetary Fund，IMF）的资金份额，并在IMF改革后投票权升至第三，但是美国以及发达国家仍然在国际金融治理中发挥主导作用。本应为国际金融危机治理不当负责的西方核心国家却继续以其传统思维和偏好来决定什么内容和什么国家可以被纳入国际金融治理改革讨论范围，国际金融治理改革任重道远。

中国自2008年后开始有意识地进入国际金融治理领域，广泛开展合作建立金砖国家新开发银行（金砖银行）、亚洲基础设施投资银行（亚投行）以提供国际金融公共产品作为现有国际金融治理的补充。然而，中国依然徘徊在西方俱乐部的外围，按照“互利共赢”的理念参与国际治理却引发了从“中国威胁论”到“修昔底德陷阱”的猜疑[②]。

---

① 陈济朋．国际市场动荡凸显全球治理改革必要性［OL/EB］．新华国际时评，新华社北京2016年2月11日电，http：//news. xinhuanet. com/comments/2016－02/11/c_ 1118021390. htm.

② “修昔底德陷阱”是指一个新崛起的大国必然要挑战现存大国，而现存大国也必然会回应这种威胁，这样战争变得不可避免。此说法源自古希腊著名历史学家修昔底德，他认为，当一个崛起的大国与既有的统治霸主竞争时，双方面临的危险多数以战争告终。

那么，中国如何借助 G20 杭州峰会轮值主席的机会深化国际金融治理改革，倡导中国参与治理的新理念、新目标和新举措？

国际金融治理机制的研究涉及国际经济学、国际金融学、国际政治学以及政治经济学等诸多学科，对国际金融治理机制中的国际货币、国际资本流动、国际金融机构、国际金融监管以及国际金融危机等领域各学科都开展了不同视角各具特色的研究。

国际经济学和国际金融学从市场和利益视角对国际金融治理运行机制及效果进行了研究。国际金融危机研究表明危机传染确实存在，危机通过银行回购渠道、银行资产负债表渠道、影子银行渠道等扩散至全球，导致各国信贷和实际产出严重收缩。国际金融机构研究主要集中于跨国银行，研究表明，危机中跨国银行“母国效应”显著，银行异质性会影响危机传导效应。国际金融监管研究表明，金融危机后宏观审慎政策应当对银行监管资本、流动性、抵押品安排、风险集中度限制、薪酬制度、利润分配、保险机制以及退出机制等提出新要求，同时也对“影子银行”、信用评级机构监督、场外衍生产品都提出了监管要求以及统一国际会计准则等。金融体系稳定研究表明，宏观审慎政策可以作为货币政策的补充，建立宏微观审慎监管，防范风险。利益视角对国际金融市场参与主体、市场交易、监管制度安排等进行了大量研究，但是利益视角将现有国际金融治理机制视为既定的框架，而不考虑修补国际金融治理机制的漏洞能否解决框架设计的实质问题。

国际政治学和政治经济学从国家权力和国际关系视角对国际金融治理形成机制及效果进行了研究。“霸权论”认为，国家的政治权力变革主导国际金融治理机制的建立和发展。布雷顿森林体系下的 IMF 和世界银行为国际金融秩序稳定发挥了作用。作为当前国际金融治理最具代表性的 G20 峰会机制，在面对危机发达国家和发展中国家政策目标一致时治理机制是有效的，体现出传统大国与新兴国家联合共治的方式，但是当所有国家优先考虑的问题不一致时 G20 机制没有效果。欧美国家在跨境监管合作存在过度关注监管分配后果、阻碍跨境协调以及政府网络脆弱且不完善等现象，因此采用小规模多边模式将新监管规则的制定权限定于少数高度参与的股东、高度依赖政府网络来运行软法律的国际金融治理改革必然无效。权力视角提供了国际金融治理机制产生动因及机制变化的效果分析，但是机制产生与变化都是在特定市场利益主体以及特定市场环境下演化的，仅依靠霸权而没有利益考量的国际金融治理机制是不可持续的。

本文认为，全球经济金融正经历从“西方治理”走向西方与非西方“共同治理”的特定历史阶段。在霸权实力衰减、全球均势调整的背景下，国际金融治理机制正面临改革和调整，需要综合考虑一体化进程中的国际政治、国际经济与国际金融的相互影响。

二、 国际金融治理机制的历史变革

国际金融治理机制是围绕国际货币的系列制度安排，它为全球商品贸易、资本流动和经济持续健康发展提供有效、及时的支付运行机制和调整机制，避免全球不平衡的持续累积，或通过全球金融安全网应对冲击，保持全球经济稳定或者恢复经济稳定。

（一） 英国霸权下的国际金融治理机制

英国是人类历史上第一个全球霸权国家。国际金融制度随着殖民贸易和投资的发展而逐渐发展，并沿用了“中心—外围”的全球经济治理机制①。“中心—外围”模式下英国为霸权国，英国及其他殖民宗主国形成中心国家，它们相互合作维护殖民贸易收支体系，英镑为国际货币，国际收支平衡通过金本位制下的黄金自由输出入来实现。国际收支出现不平衡时，中心国家之间会相互合作维持体系的稳定。1839 年英格兰银行从法兰西银行借过黄金并于 1847 年偿还；1882 年瑞典中央银

① 劳尔·普雷维什于 1949 年提出“中心—外围”理论模式。他将资本主义世界划分成两个部分：一个是由西方发达国家构成生产结构同质性和多样化的“中心”，一个是包括广大的发展中国家生产结构异质性和专业化的“外围”。参见董国辉. 经济全球化与“中心—外围”理论 [J]. 拉丁美洲研究，2003 (2)：50 - 54.

行向丹麦国家银行借了几百万克朗；1890 年，英格兰银行向法兰西银行借了 300 万英镑黄金……欧洲金本位核心国以外的国家的境况就没有那么乐观了。主导央行清楚地知道金融不稳定蔓延带来的严重后果，因此法国和德国可以指望得到它们的帮助。但外围国家的问题并不会威胁体系的稳定，比如拉丁美洲的国家，欧洲国家央行不会向这些国家提供援助。

（二） 美国霸权下的国际金融治理机制

牙买加协议标志着以信用货币为基础的美国“中心—外围”治理机制的建立①。美国霸权周围围绕着以 G7 国家为代表的发达国家，外围国家则是从殖民地解放出来的民族国家。美国的仆从国和附庸国分布在整个欧亚大陆，其中一些还渴望与华盛顿建立更加正式的联系。利率调节、IMF 干预和贷款调节成为国际收支失衡的调整机制。“三元悖论”揭示浮动汇率调节功能有限。IMF 在东南亚金融危机、次贷危机中表现出其解决危机国暂时性收支失衡问题的能力有限。世界银行致力于援助贫穷国家使其留在全球体系内，但是全球贫富差距加大，经济政治动荡。国际政治经济运行离不开军事安全保障。斯德哥尔摩国际和平研究所（SIPRI）军事支出数据库显示，美国军费支出始终位居世界首位。即使近年来美国有意减少军费开支，其 2014 年近 6 100 亿美元的支出仍相当于英法德日中俄韩印八国的军费总支出②。

（三） 多极化背景下 G20 机制的发展

G20 成立于 1999 年，但是前十年的部长会议并没有发挥太大的治理功能。次贷危机后美国及其附属国无力控制金融危机传染带来的全球金融秩序混乱、经济下滑的恶劣形势，中心国家不得不承认全球经济实

---

① 1945 年开始的“双挂钩”模式与英国模式相近。美元通过与黄金挂钩并未改变金本位制的本质。但是，1971 年尼克松政府关闭黄金兑换窗口，1976 年国际货币基金组织正式承认成员国在汇率制度选择方面的自由，美国模式演变为不同于英国的以美元信用货币为核心的新治理机制。本文分析的正是 1971 年后的国际金融治理机制。

② 数据来源：The SIPRI Military Expenditure Database，登录时间：2016 - 2 - 16.

力的变迁以及发展中国家在全球治理中的作用，G20 部长会议上升至首脑峰会并开始发挥作用。G20 峰会的首要目的在于完善国际金融治理，前几次峰会主要议题都围绕国际金融治理，就金融危机起源、金融市场透明度和问责制、金融市场完整性、强化国际合作以及 IMF 和世界银行份额改革等做出了重大决策并进行了重大调整。

虽然 G20 机制产生于布雷顿森林体系下的国际合作论坛，但是 G20 机制改变了由西方发达国家主导的“中心—外围”治理模式，发展中国家开始有了部分话语权和参与决策的权力。

三、 当前国际金融治理机制的困境

“中心—外围”模式稳定运行的基础在于霸权国在维持自己实力的同时能与中心国相互合作，共同提供国际金融公共产品以实现全球总体利益的最大化。当霸权消失，附属国、外围国不但不能够从国际合作机制中获益反而受损，这种国际金融治理机制就难以维系。

（一） 国际金融治理机制权力结构失衡

权力结构失衡表现在美国正在失去全球治理的权力基础。霸权是“中心—外围”运行的现实基础以及霸权国希望维持的永久状态。但是欧盟、金砖国家的发展以及跨国公司、国际组织的发展都逐渐打破原有的权力结构，从而使得旧模式运行丧失了基础。

美国模式的核心联盟国家是工业发达国家，G7 是其最核心代表。但欧洲国家早在牙买加体系就开始探索区域合作以增强话语权。1989 年后苏联的逐步瓦解使得欧洲直接外在制衡减少，加速了 1993 年欧盟的成立，之后德国、法国的经济政策更为欧洲化而游离于美国。在“蛇形”浮动安排和欧洲货币体系的基础上，1999 年欧元区各国让渡货币管理权限形成欧元，欧元成为仅次于美元的第二大国家货币，打破了美元国际货币的唯一性。在欧盟相对独立下围绕霸权国家的中心国家仅剩英国和日本。1961 年，日本、英国和美国三国的 GDP 占全球 GDP 总量的49%，2006年之前均保持在40%以上，2015年这一比率降为34%[①]。

以“金砖国家”为代表的外围国实力不断提高使得“外围”不容被忽视。金砖国家占全球外汇储备的一半以上、全球GDP的1/4、全球人口的2/5，经济上有“中国奇迹”。2009—2014年，中国国内生产总值年均实际增长8.7%，远高于同期世界经济2.0%的年均增速，对世界经济增长的贡献率超过30%，高于同期美国18%的贡献率。中国GDP占全球GDP比重从2006年的5%迅速上升到2015年的15%。2015年俄罗斯在政治上不断显示参与全球治理的抱负。2008年格鲁吉亚战争、2014年乌克兰战争以及2015年俄罗斯介入叙利亚事件，表明美国军事霸权受到挑战。

经济全球化发展的另一个现象是迅猛发展的跨国公司对全球经济、政治、社会生活的影响力急剧膨胀。2014年全球跨国公司国外直接投资（FDI）投入存量达到24.6万亿美元，远高于2015年美国GDP总量[②]。跨国公司承载的利益与国家利益并非完全一致，从而成为参与国际经济金融治理的潜在竞争者。

（二）国际金融市场秩序混乱、危机频繁

货币信用膨胀改变了全球资本流动与全球商品贸易流动的结构，目前国际资本流动中只有少部分是满足贸易和直接投资需求，巨额的外汇交易规模对应的是国际短期资本通过不同币种与资产形态在国际资本市场中套利。国际清算银行全球外汇交易调查显示，2013年全球外汇交易市场日均交易额为5.3万亿美元[③]，而2014年全球商品出口总额只有

---

① 根据世界银行数据计算而得。数据来源：http：//data. worldbank. org. cn/indicator/NY. GDP. MKTP. CD？view = chart，登录时间：2016 -7 -7.

② 数据来源：联合国贸易和发展会议数据库（UNCTADSTAT）FDI数据。http：//unctadstat. unctad. org/wds/TableViewer/tableView. aspx？ReportId = 96740，登录时间：2016 -4 -20.

③ 数据来源：Triennial Central Bank Survey of Foreign Exchange and Derivatives Market Activity，2013. www. bis. org. http：//www. bis. org/publ/rpfx13. htm，登录时间：2016 -5 -13.

19 万亿美元①。

金融危机不再是由深层经济危机引致，也不再是发展中国家的专利，发达国家也难免本国金融动荡，难免国际金融危机传导至本国。图 1 显示美元指数上升周期中（1980—1985 年，1995—2001 年，2011 年至今）资金回流美国引发发展中国家资本外流和货币贬值，如 20 世纪 80 年代的拉美债务危机、90 年代末的亚洲金融危机和 2014 年以来的俄罗斯、巴西货币贬值。美元指数下降周期中（1985—1992 年，2002—2008 年）引发发达国家货币相对美元升值以及美元流动性泛滥对其他国家形成冲击，如 20 世纪 90 年代开始的日本经济下滑、2009 年次贷危机引发的欧债危机。金融危机以来主要发达国家采用“以邻为壑”的货币贬值政策，欲以他国经济利益为代价扩大本国就业和产出，表明国际金融治理秩序严重缺失，霸权国的国际金融机构治理能力低下。世界银行 2016 年经济展望显示，45 个新兴市场经济体 2010—2015 年资本流入累计减少 11 亿美元，相当于这些国家 GDP 的 5%。2015 年国际贸易的总价值下降 13%，从 2014 年的 19 万亿美元降至 16.5 万亿美元。世贸组织预

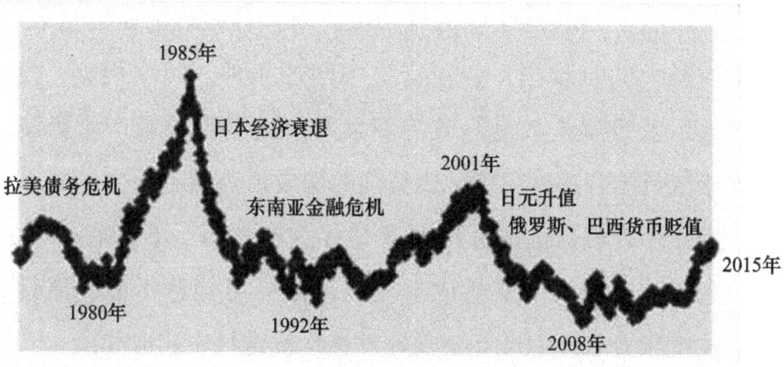

图 1　1980—2015 年美元指数及重要金融事件

数据来源：万得金融咨询终端数据，2016 年 5 月 10 日。

① 数据来源：联合国贸易和发展会议数据库（UNCTADSTAT）商品进出口数据。2014 年全球商品出口总额历史最高。http：//unctadstat. unctad. org/wds/TableViewer/tableView. aspx? ReportId = 101，登录时间：2016 - 5 - 13.

测，2016年世界贸易增长仍处于2.8%的低水平，并且很可能更低①。

（三）国际金融机构和组织调节失效

国际金融机构和组织是全球国家参与国际市场互动、合作的桥梁和制度性基础，它们对国际货币体系下国家执行国际货币规则和公约，国际货币体系有效运转至关重要。商品市场和金融市场的秩序混乱显示现有国际金融机构和组织的自我调节功能失效。

一战前，各国中央银行只追求汇率稳定这一单一目标，而到了20世纪30年代，各国开始注意运用货币政策实现国内经济目标。在国内层面，任何一种调节方式都是有代价甚至是充满“痛苦”的，都会产生一种国民收入的再分配效应，会损害国内某些阶层或者某些领域从业者的福利，因而任何一种主动调节措施在政府政治层面都是不受欢迎并且会遭遇到强大的国内阻力。很自然，每一个国家都倾向于让其他国家“主动调节”，而自己“避免”或“推迟”调节。因此，2010年伦敦峰会通过IMF份额改革方案，提高了IMF的资源使其更具有代表性，但是美国国会直到2015年年底才通过该方案，5年内IMF长期无法修订协议改变投票权结构，影响了IMF的全球治理功能。对世界银行的研究也表明，美国作为世行最大的贷款国，会在贷款中附加条件，国家规模、投票权、执行董事会以及投票人数量等政治因素对援助贷款决策产生影响。G20机制也面临成员国合法性问题，成员国的构成由美国利益主导的G7国家来决定，但是作为成员国的标准究竟是什么不透明、不清晰。众多首脑聚集在一起，达成协议的交易成本相当高昂并可能达不成实质性协议。缺乏合法性意味着G20只能相对保守并在次优选择中达成共识。

四、中国构建“互利共赢”机制的战略选择

世界五千年历史，国家实力消长，多极制衡与均势本是一种常态，

---

① 数据来源：https://www.wto.org/english/news_e/pres16_e/pr768_e.pdf，登录时间：2016-4-9.

不同的经济运行机制、不同的政治制度、不同的文化习俗符合生物多样性特征。

（一）“互利共赢”国际金融治理机制的发展

“互利共赢”治理机制始于中国国际经济合作的开放战略，逐步扩展至国际经济外交战略，势必成为中国参与国际金融治理的金融战略。2000年以来，中国致力于在实际行动中营造互利共赢的国际经济合作环境。通过协调与配合，促使国际社会更多地关注广大发展中国家的利益，切实减免重债贫困国的债务，增加发展援助，推动技术转移。促进国际金融和贸易体制改革，推动建立国际经济新秩序。国家领导人在国际经济峰会与论坛多次提出“坚持互利共赢加强合作创新”“共创互利共赢、共同发展的美好未来”的合作愿景。“互利共赢”成为从中欧论坛峰会、二十国集团峰会到APEC峰会，从上合组织到金砖国家，中国多次阐述的新型国际关系的理念和倡议。

（二）“互利共赢”机制的理念和目标

工业革命以来，国际文明意味着西方文明，国际法意味着源自格劳秀斯传统的西方国际法，国际体系是西方的威斯特伐利亚体系，其主体是主权而文明化的民族国家及其所控制的殖民地领土。“中心—外围”治理机制效果日渐式微，但是禁锢于长期以来的西方思维，西方国家难以面对发展中国家参与的多极化世界的现实。

“互利共赢”机制是多元合作理念的体现。IMF主席拉加德表示，全球经济“重心”转向新兴市场和发展中经济体。这些国家占到全球人口的85%和全球GDP的60%。金融危机以来，它们已经成为全球经济的引擎，贡献了全球80%的增长①。中国、印度、巴西等发展中国家的加入使得G20比G7具有代表性，“国际经济合作主要论坛”中发达国家与发展中国家议题设置偏好不同彰显“互利共赢”理念的重要性。

① Christine Lagarde, IMF Managing Director China Development Forum, Beijing, March 20, 2016http：//www.imf.org/external/np/speeches/2016/032016a.htm，2016-4-17。

“中心—外围”模式下霸权国家通过采购原材料、转移工业化生产将外围国家纳入全球生产贸易资金流动的体系，不断扩大资本主义生产模式并使得体系内所有国家都有所获益，此阶段的本质正是“互利共赢”。当资本生产扩张到世界尽头，外围国家不再增加而霸权国家又没有实现技术创新，霸权国家只能通过金融控制来实现本国利益，此时，合作博弈转变成为零和博弈，霸权国家通过其他金融业的控制来实现利益的自我实现。“互利共赢”模式的目标在于摒弃金融市场上“零和博弈”的思维模式，强调金融服务于实体经济的本质，实现交易对手的合作共赢。

（三）“互利共赢”机制的建立和完善

第一，构建新型大国关系，夯实权力运行基础。美国霸权虽然削弱，但是作为守成大国依然实力雄厚。2011 年中美就共同努力建设相互尊重、互利共赢的中美合作伙伴关系达成重要共识。美国也认可中国新型大国关系的构建。但是，美国“重返亚太”战略下积极构建跨太平洋伙伴关系计划（TPP）和跨大西洋贸易和投资伙伴计划（TTIP）以及在中国南海的行为，让中国看到在构建中美新型关系的同时，一定要同其他发达国家和地区、新兴经济体大国保持良好的关系，共同构建多极体系下的权力均势与稳定，共同应对全球化带来的各种地区和全球挑战。中国应当继续提升本国经济实力，构筑稳定的大国关系，主动参加国际论坛、在国际金融领域参与决策的制定，熟悉规则制定以及议题提出等国际治理机制运行规则，在复杂、包容、多边主义及更民主化的世界体系中推动“互利共赢”的新规范新架构。

第二，完善 G20 国际金融治理，形成长效机制。如图 2 所示，G20 作为国际规则制定的协商平台，银行业市场监管规则由国际清算银行制定、资本市场监管规则由金融稳定委员会来制定，IMF、区域性金融机构以及互换协议作为市场失灵的最后贷款人救助体系，存款保险作为存款类机构的补充保障，而各主权国最终以财政支持应对国际金融风险。相对于国际治理机构，国内由央行、财政部、金融业监管机构来对应运行。中国已经是金融稳定委员会、IMF 和国际清算银行这三个规则制定机构的委员和重要成员国，可以通过这些机构推动现有国际金融治理机构的改革，充分发挥 G20 平台发达国家与发展中国家协商共治的特征，逐步塑造“互利共赢”的国际金融治理理念。逐渐将金砖银行、亚投行等新型国际金融机构纳入治理框架，将有效提高 G20 治理的有效性，联合 IMF、世界银行、巴塞尔委员会及重要的全球会计准则机构等组织的资源与力量共同处理全球金融事务。

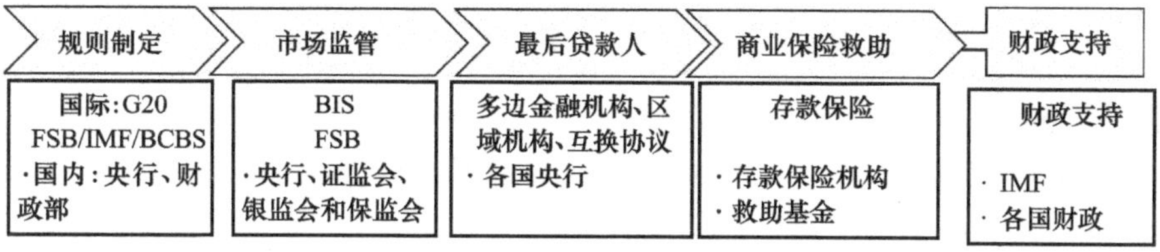

图 2　以 G20 为核心的“互利共赢”国际金融治理框架

“互利共赢”国际金融治理框架的建立需要多边合作机制的共同努力。中国应当充分发挥上海合作组织、中国—东盟“10+1”、亚太经合组织、亚欧会议、中阿合作论坛、中国—海合会战略对话、中亚区域经济合作等现有多边合作机制的作用，加强相关国家沟通，不断构筑信任体系。

第三，深化人民币国际化，提供多元国际货币。不断完善人民币的国际清算体系、人民币的海外债券市场以及支持“一带一路”沿线国家政府和信用等级较高的企业和金融机构在中国境内发行人民币债券。积极扩大特别提款权的使用，使用提款权作为报告货币和发展提款权计值的资产市场。在人民币国际化推进过程中参照一篮子汇率（有效汇率）找到市场汇率均衡点，保持人民币汇率在适当区间内浮动。

第四，发展新型多边金融机构，开展国际金融治理实践。中国是全球第二大经济体，也是产业结构种类齐全的国家，因此，中国具备同时与发达国家和发展中国家合作的基础。金砖银行和亚投行的成立反映了国际社会对多边发展金融机构的需求以及中国参与国际金融治理的肯定。通过主导新型多边金融机构运营，实践“互利共赢”的理念，中国逐步积累国际金融治理的经验，从而逐渐增加在国际金融领域的话语权，完善 G20 下的国际金融治理机制。

此外，进一步深化国内金融市场和培养国际化金融人才，为中国开展国际金融治理做好配套准备。在国内市场深化、国际市场对接和实现多边联盟的过程中，不断探索合作金融理论，在国际金融监管、国际金融市场运行、国际金融机构管理等方面多储备人才。

参考文献：

[1]刘锡良,吕娅娴,苗文龙．国际风险冲击与金融市场波动[J]．中国经济问题,2014(5):90－100.

[2]Adam Copeland,Antoine Martin and Michael Walker. Repo Runs: Evidence from the Tri-Party Repo Market[J]. Journal of Finance,2014(12):2343－2380.

[3]Cetorelli N and Goldberg L S. Banking Globalization and Monetary Transmission [J]. Journal of Finance,2012(5):1811－1843.

[4]Nicola Gennaioli,Andrei Shleifer and Robert Vishny W. A Model of Shadow Banking[J]. Journal of Finance,2011(4):1331－1363.

[5]叶青,韩立岩．金融危机传染渠道与机制研究——以次贷危机为例[J]．系统工程理论与实践,2014(10):2483－2494.

[6]陈雨露,马勇．宏观审慎监管:目标、工具与相关制度安排[J]．经济理论与经济管理,2012(3):5－15.

[7]Stephen Krasner D. State Power and the Structure of International Trade [J]. World Politics,1976(3):317－347.

[8]Angeloni I, Pisany-Ferry J. Wanted: A stronger and better G20 for the Global Economy [J]. Bruegel Policy Contribution,2011(11):1－6.

[9]Eleni Tsingou. The Club Rules in Global Financial Governance[J]. The Political Quarterly, 2014(4):417－419.

中国的实际汇率制度：基于 BBC 框架的动态考察

陈奉先

摘要： 本文基于汇率篮子、波动区间、爬行速度三维指标构建了广义的汇率制度识别框架，并利用状态空间模型对中国的实际汇率制度及其变迁轨迹进行动态考察。结果表明：2005 年汇改前中国事实上实行单一盯住美元的固定汇率制；2005—2008 年、2010—2015 年中国实行参照一篮子货币的浮动汇率制；而在 2008—2010 年实行的是参考盯住一篮子货币的固定汇率制；汇改后人民币汇率篮子中美元占比仍稳定在 86% ~90% 之间，其他货币主要起“点缀”作用；尽管人民币相对一篮子货币存在趋势性升值、贬值的变化，但人民币的汇率制度弹性自 2008 年起长期未变；未来深化汇率形成机制改革可从完善人民币中间价定价机制等角度入手。

关键词： 实际汇率制度　汇率篮子　汇率制度弹性　卡尔曼滤波　状态空间模型

陈奉先，首都经济贸易大学金融学院讲师，经济学博士。

一、引言

汇率通常被视为实现内外均衡的必要手段。相对于汇率水平而言，汇率形成机制则更为关键和根本。自 2005 年 7 月开始，中国沿着“以市场供求为基础的参照一篮子货币的有管理的浮动汇率制”路径进行改革，不断扩大汇率波动幅度以期增强汇率制度弹性。但学界对中国实际实行的汇率制度的质疑从未停止（Shah et al.，2005；Eichengreen，2006；Frankel & Wei，2007；Funk & Gronwald，2008；Moosa et al.，2009；Fidrmuc，2010；Hwang，2014）。经济体在汇率制度选择问题上存在言行不一的现象：宣称实行浮动汇率制的经济体由于“惧怕浮动”而大幅干预汇率，行固定汇率之实（Calvo & Reinhart，2002）；宣称实行固定汇率制的经济体由于“害怕固定”而经常贬值以舒缓市场压力（Kinkyo，2012），以致这些经济体大多在 5 年甚至更短的时间内放弃了固定汇率制（Obstfeld & Rogoff，1995）；而宣称实行中间汇率制的经济体却很少公布汇率篮子的构成，以至于无法验证它们是否真正言行合一（Frankel et al.，2000）。同时，汇率制度并非一成不变，货币当局也会在经济发展战略、政策搭配、外部压力等因素影响下秘而不宣地调整汇率制度。制度选择上的言行不一与制度调整上的秘而不宣增加了汇率制度的识别难度。在缺少完整、统一的汇率制度分析框架下，学界对中国实际汇率制度的研究不可避免地出现不同甚至相左的结论。本文尝试从汇率篮子、波动区间和爬行速度三个维度构建一个广义的汇率制度识别框架，并利用基于卡尔曼滤波的状态空间模型实证考察中国的实际汇率制度及其变迁轨迹，为汇率形成机制改革提供新的分析思路和政策切入点。

二、文献综述

布雷顿森林体系崩溃后，各国汇率制度选择更加多样化。在汇率制度选择过程中，各国面临着汇率制度的灵活性与可信性的权衡问题，并引发学界关于汇率制度"两极论"与"中间道路"的长期争论（Swoboda，1986；Obstfeld & Rogoff，1995；Frankel，1999；Rogoff，2003）。这种争论常涉及一个问题：哪种汇率制度更能促进一国经济成长？尽管学界在理论上对汇率制度影响经济增长的渠道已达成共识，但实证考察中的发现并不一致。彼得雷斯基（Petreski，2009）认为，结论的差异可能源自研究框架设定偏差、汇率制度内生性、样本选取偏差和极端经济条件下的"比索问题"，而汇率制度分类上的误差尤其不能忽视。

迄今有两大汇率制度分类体系：一是以 IMF 为代表的基于各国官方宣称的名义汇率制度分类；二是以学界为代表的基于事实的汇率制度分类。IMF 在 1975—1998 年根据各成员国的"声明"将汇率制度划分成三大类八小类。2009 年以后，IMF 才按照汇率及外汇储备的变化对汇率制度进行事实分类。学界代表性的分类有：列维 - 雅提（Levy - yeyati）和史特臣格勒（Sturzenegger）（LYS，2005）分类法、戈什（Ghosh）等（GGOW，1997）的一致分类法和赖因哈德（Reinhart & Rogoff）等（RR，2004）的自然分类法。但遗憾的是这些分类结果的一致性不高，其中 GGOW 与 IMF 的分类的相关系数最高也不过 0.60，RR 分类与其他分类相关系数在 0.3 ~ 0.4，而 GGOW 与 LYS 分类的相关系数仅为 0.13（Frankel，2003）。塔维拉斯（Tavlas）等（2008）认为，分类结果的分歧源自数据选取、缺失值处理、排序方法、评价标准和分类方法的差异。

汇率制度分类主要有两类方法：一类是弹性估计法。这类方法的灵感来自由格顿（Girton & Roper）等（1977）提出的外汇市场压力指数，通过比较汇率与外汇储备的相对变动程度来识别一国的实际汇率制度。另外一类是权重估计法。这类方法最早由霍尔丹（Haldane & Hall，1991）等提出，并由弗兰克（Frankel & Wei）等（1994，2007）推广，利用回归方法估计一国货币"可能"参照的货币篮子内各种货币的隐含权重，借以判断该国汇率制度类型（Kwan，1996；Frankel et al.，2000；McKinnon & Schnabl，2004；Frankel，2009；Hwang，2013）。

国内外学界十分关注中国的汇率制度演变，目前比较有代表性的观点及方法见表1。从表1中不难看出，围绕着中国实际汇率制度问题，学界仍缺乏共识。迥异的研究结论可能来自研究区间、数据频率、研究方法的差异，更可能源自整体研究框架的缺失。一个汇率制度识别整体框架应把握汇率制度的核心——可信性与灵活性的权衡，进而有效地识别不同汇率制度。同时官方可能会适时地对汇率制度进行秘而不宣的调整，因此汇率制度识别框架应能敏感地捕捉汇率制度结构“断点”。

表1　中国实际汇率制度的主要观点及方法

观点分类	代表文献	研究区间	理论模型研究方法	具体观点
肯定	伊楠、李婧，2014	2004.1—2014.12	BP检验、非参估计	人民币汇率有5个结构变化；美元权重骤降，欧、日元上升
	Frankel，2009[a]； Jie Sun，2010[b]； Cui，2014[c]	2005.6.22—2008.11.30 2005.7.21—2010.6.18 2010.7.1—2013.3.31	Frankel，1994、2008；OLS[b,c]/滚动OLSa	汇改后从盯住美元转向盯住一篮子货币；汇率弹性不断增强
	徐建刚等，2007[d]； 周继忠，2009[e]； 贾男等，2010[f]； 黄梅波、王珊珊，2013[g]	2005.7.22—2009.5.23 2005.7.25—2008.11.6 2005.7.22—2009.3.27 2005.7.21—2013.5.13	Frankel & Wei 1994；OLS[d,e,f]/卡尔曼滤波[g]	汇改后期美元权重大幅下降，欧、日、韩元比重上升，汇率生成机制相当市场化
否定	Shah et al.，2005[h]； Eichengreen，2006[i]； Funke & Gronwald，2008[j]； Fidrmuc，2010[k]	2005.7.26—2005.10.31 2005.7.22—2006.3.21 2005.7.26—2008.5.30 2005.11.3—2009.1.29	Frankel & Wei 1994；OLS[h]/滚动回归[i]/GARCH[j]/卡尔曼滤波[k]	汇改后人民币仍紧盯美元，汇率制度极其缺乏弹性
	胡磊，2007[l]； Moosa et al.，2009[m]； Jiang et al.，2011[n]； Hwang，2013/2014[o]	2005.7.22—2007.5.24 2006.1—2006.12 2005.8—2008.7 2005.7—2012.9	FMOLS[l] LYS分类[m] Frankel & Wei，1994[n]；State Space[o]	爬行盯住美元制

续表

观点分类	代表文献	研究区间	理论模型研究方法	具体观点
否定	Frankel, 2007[p]； Frankel & Wei, 2007[q]； Zeileis et al., 2010r； Takuji Kinkyo, 2012[s]； 杨海珍等，2013[t]	2005.7.21—2007.1.8 2001.1—2008.12 2005.7.26—2009.7.31 1994.2.1—2010.12.31 2005.7.22—2009.12.31	Frankel & Wei, 1994； OLS[p,q,t]/GARCHs/ SUR、断点侦测[r]	单一盯住美元；软盯住美元[p]
其他	Ogawa & Sakane, 2006	2005.1.3—2006.1.25	Frankel & Wei, 1994；OLS	无法证实是否参照一篮子货币
	陆前进，2012	2010.6.21—2011.6.24	汇率指数法；OLS	篮子中美元占61%，欧元、日元、英镑分别占20%，10%，8.8%
	方颖等，2012[u]； Fang et al., 2012[v] Frankel & Wei, 2007；	2005.7.22—2010.5.4 2005.2.7—2011.7.29	变参数估计[u]/卡尔曼滤波[v]	币种权重具有时变特征，美元主导，其他货币权重不显著
	周扬等，2012	2007.1—2011.12	Frankel & Wei, 2007；OLS	美元权重下降，其他货币权重渐次上升

注：代表文献角标与理论模型研究方法角标一致，是为了区分不同文献的研究方法。

在结合弹性估计法和权重估计法优点的基础上，本文利用汇率篮子、波动区间、爬行速度三个指标构建广义的汇率制度识别框架，并利用状态空间模型对中国2000年以来实行的实际汇率制度及其变迁轨迹进行静态和动态考察，以明确中国汇率制度的实质，同时为后续改革提供政策切入点。

三、理论框架

学界通常认为，汇率制度的可信性和灵活性之间存在冲突：固定汇率制下，由于有强大的货币纪律，货币当局的政策可信性较高灵活性差；由于存在相机抉择的空间，浮动汇率制下货币当局的政策灵活性强但可信性低；中间汇率制则兼取二者优点。官方需要在综合考虑汇率政策实施效果影响因素的基础上，确定汇率制度的倚重点——更高的可信性还是更强的灵活性，这正是本文构建广义汇率制度识别框架的逻辑起点。广义汇率制度识别框架包含三个维度，具体如下：

（一）货币篮子（Basket）

货币篮子是指以一篮子货币的价值代表一单位本币的价值。最典型的货币篮子莫过于特别提款权（SDR）。目前 IMF 规定每个 SDR 的价值包含0.66个美元、0.423个欧元、12.1个日元、0.111个英镑。按照2015年8月份的即期汇率可知，每个 SDR 中美元、欧元、日元、英镑的权重分别为46.87%，33.89%，7.11%和12.13%。借鉴这一思路，假定1个单位 i 国货币 HC_i 包含了 q_1，q_2，…，q_n 单位的 FC_j 国货币（$j=$ USD，JPY，…，EURO），则有：

$$1HC_i = q_1\text{USD} + q_2\text{JPY} + \cdots + q_n\text{EURO} \tag{1}$$

假定各种货币均以瑞士法郎 SFr 为标价货币，即 E_{HC}，E_j 分别表示单位 HC_i，FC_j 的瑞士法郎价格①。那么式（1）可以进一步写成

$$E_{\text{HC}} = q_1 E_{\text{USD}} + q_2 E_{\text{JPY}} + \cdots + q_n E_{\text{EURO}} \tag{2}$$

将式（2）进一步处理可得具体权重。以美元为例，其权重为：

$$\beta_{\text{USD}} = \frac{q_1\text{USD}}{q_1\text{USD} + q_2\text{JPY} + \cdots + q_n\text{EURO}} = \frac{q_1 E_{\text{USD}}}{q_1 E_{\text{USD}} + q_2 E_{\text{JPY}} + \cdots + q_n E_{\text{EURO}}} = \frac{q_1 E_{\text{USD}}}{E_{\text{HC}}} \tag{3}$$

对式（2）差分后左右同时除以 E_{HC}，可得：

$$\frac{\Delta E_{HC}}{E_{HC}} = q_1\frac{\Delta E_{\text{USD}}}{E_{HC}} + q_2\frac{\Delta E_{\text{JPY}}}{E_{HC}} + \cdots + q_n\frac{\Delta E_{\text{EURO}}}{E_{HC}} \tag{4}$$

将式（3）的币种权重引入式（4）可得：

$$\frac{\Delta E_{HC}}{E_{HC}} = \beta_{\text{USD}}\frac{\Delta E_{\text{USD}}}{E_{\text{USD}}} + \beta_{\text{JPY}}\frac{\Delta E_{\text{JPY}}}{E_{\text{JPY}}} + \cdots + \beta_{\text{EURO}}\frac{\Delta E_{\text{EURO}}}{E_{\text{EURO}}} \tag{5}$$

---

① 黄（Hwang，2014）曾证明唯有间接标价法且使用汇率差分值才能正确推导出货币篮子的权重。例如，山崎等（Yamazaki，2006；Moosa et al.，2009；Fidrmuc，2010）使用汇率水平值推导出的 β 系数只是汇率篮子中的币种数量，而非权重。

如果 i 国实行固定汇率制，那么货币篮子中的至少一种他国币种权重 β 应显著且不为 0。如果 i 国实行自由浮动汇率制，那么货币篮子中币种权重 β 均应显著为 0。对于中间汇率制经济体而言，其汇率既非严格盯住又非严格浮动，反而具有一定的灵活性。如何改造式（5）使其体现这一灵活性呢？这需要引入汇率制度弹性指标。

（二）波动区间（Band）

现实中，许多经济体对汇率波动进行区间管理。当汇率波动在预设区间之内时，官方任由市场力量决定汇率走势。一旦汇率波动超出预设区间，官方通过外汇市场干预使汇率波动恢复到预设区间之内。波动区间扩大意味着官方干预汇率的必要性降低，汇率弹性不断增强。所以传统观点认为，波动区间的宽窄体现出汇率制度弹性。但现实中，由于货币天然的波动特征，波动区间与汇制弹性并非一一对应，有研究表明中国汇率波动区间与汇率弹性之间的关系十分微弱（陈思翀，2015），因此不能直接使用波动区间刻画汇率制度弹性。

借鉴格顿（Girton & Roper）等（1977）的逻辑，本文使用外汇市场压力（Exchange Market Pressure，EMP）体现汇率制度弹性。EMP 可表达为 $\mathrm{EMP}_t = \omega_1 \Delta E_t + \omega_2 \Delta R_t$，其中 ΔE_t，ΔR_t，ω 分别代表汇率波动、外汇储备波动及二者相对权重。在模型依赖型 EMP 指数构造下的 ω 参数估计取决于具体模型的设定形式，因其具有主观性而备受批评。后来又有学者提出了非模型依赖型的构造方法，以汇率、外汇储备变动标准差的某种组合表示 EMP。本文以弗兰克（Frankel & Wei）等（2007）提出的非模型依赖的 EMP 形式代表汇率制度弹性，模型可表示为：

$$\mathrm{EMP} = \Delta \mathrm{Ln} E_{HC} + \frac{\Delta \mathrm{Res}}{MB} \tag{6}$$

其中，Res，MB 分别表示 i 国的外汇储备和基础货币量。将式（6）以解释变量形式引入式（5）后可得：

$$\frac{\Delta E_{HC}}{E_{HC}} = \beta_{\mathrm{USD}} \frac{\Delta E_{\mathrm{USD}}}{E_{\mathrm{USD}}} + \beta_{\mathrm{JPY}} \frac{\Delta E_{\mathrm{JPY}}}{E_{\mathrm{JPY}}} + \cdots + \beta_{\mathrm{EURO}} \frac{\Delta E_{\mathrm{EURO}}}{E_{\mathrm{EURO}}} + \gamma \mathrm{EMP} \tag{7}$$

系数 γ 表示汇率制度的弹性，其数值越高说明汇率制度弹性越强。当 γ 估计值接近 1 时，$\Delta E_{HC}/E_{HC}=\Delta \mathrm{Ln}E_{HC}$，说明外汇市场的压力都是通过汇率波动消除的，汇率制度趋近浮动汇率制。当 γ 估计值接近 0 时，外汇市场的供求压力大多通过外汇储备变动而消除，说明 i 国实行比较固定的汇率制，汇率制度弹性近乎为 0。中间汇率制经济体的 γ 估计值应介于 0 ~ 1 之间。

（三）爬行速度（Crawling）

爬行速度是官方根据具体情况调整本币相对于一篮子货币的汇率水平。现实中，许多经济体会遭遇生产率冲击、消费需求冲击等外生冲击，这些冲击引起国内外通胀相对变化，最终导致本币的名义汇率与实际汇率的偏离。为了消除这种偏离，官方需要对本币汇率水平进行调整。将式（7）引入爬行速度 α 后可得：

$$\frac{\Delta E_{HC}}{E_{HC}}=\alpha+\beta_{\mathrm{USD}}\frac{\Delta E_{\mathrm{USD}}}{E_{\mathrm{USD}}}+\beta_{\mathrm{JPY}}\frac{\Delta E_{\mathrm{JPY}}}{E_{\mathrm{JPY}}}+\cdots+\beta_{\mathrm{EURO}}\frac{\Delta E_{\mathrm{EURO}}}{E_{\mathrm{EURO}}}+\gamma \mathrm{EMP} \tag{8}$$

当 α 估计值为正时说明本币相对于一篮子货币升值，反之则贬值。

（四）广义的静态识别框架

将式中 $\Delta E_{HC}/E_{HC}$ 用 $\Delta \mathrm{Ln}E_{HC}$ 表示，其余依次类推，这样式（8）可以改写成估计式形式：

$$\Delta \mathrm{Ln}E_{HC}=\underbrace{\alpha}_{\text{爬行速度（Crawling）}}+\underbrace{\beta_{\mathrm{USD}}\Delta \mathrm{Ln}E_{usd}+\beta_{\mathrm{JPY}}\Delta \mathrm{Ln}E_{jpy}+\cdots+\beta_{\mathrm{EURO}}\Delta \mathrm{Ln}E_{euro}}_{\text{货币篮子（Basket）}}+\underbrace{\gamma \mathrm{EMP}}_{\text{制度弹性（Band）}}+\eta_t \tag{9}$$

根据理论可以“先验”地对实际汇率制度做如下划分（见表 2），然后根据实证估计中的 α，β，γ 结果对号入座。同时，不同汇率制度情况下模型的拟合优度 R^2 会存在一定的差异，因此可以通过“后验”条件再次检测此前的判定。

表 2　汇率制度分类及识别条件

先验条件	制度分类	后验条件
$\beta_i=0$　—　—	自由浮动汇率制度（Freely Floating）	$R^2\sim0$
$\beta_i>0$ 且 $i=1$，$\alpha=0$　—	盯住单一货币的固定汇率制（Simple Peg）	$R^2\sim1$
$\beta_i>0$ 且 $i=1$，$\alpha>0$　—	可调整的盯住单一货币的固定汇率制（Adjustable Peg）	$0<R^2<1$
$\beta_i>0$ 且 $i>1$，$\alpha=0$，$\gamma=0$	盯住一篮子货币的固定汇率制（Basket Peg）	$R^2\sim1$
$\beta_i>0$ 且 $i>1$，$\alpha=0$，$\gamma\neq0$	参考盯住一篮子货币的固定汇率制（Basket - reference Peg）	$0<R^2<1$
$\beta_i>0$ 且 $i>1$，$\alpha>0$，$\gamma=0$	爬行盯住一篮子货币的汇率制度（Basket Crawling）	$0<R^2<1$
$\beta_i>0$ 且 $i>1$，$\alpha>0$，$\gamma\neq0$	参考一篮子货币的有管理的浮动汇率制（Basket Band Crawling）	$0<R^2<1$

（五）广义的动态识别框架

由于广义识别框架（9）式属静态估计模型，适合于汇率制度比较稳定情况下的分析。但现实中许多发展中经济体的汇率制度并不稳定，高达 70% 的名义上固定汇率制的经济体大多在 5 年内会改弦更张（Klein & Shambaugh，2008）。既然以官方公布的汇率制度转换时点为界进行分段估计，那么就存在官方“言行不一”和“秘而不宣”导致模型设定误差的问题。因此需将模型式动态化以捕捉货币当局的制度真实变迁轨迹。动态化的模型如下：

$$\Delta \mathrm{Ln}E_{HC,t}=\alpha(t)+\beta_{\mathrm{usd}}(t)\Delta \mathrm{Ln}E_{\mathrm{usd},t}+\cdots+\beta_{\mathrm{euro}}(t)\Delta \mathrm{Ln}E_{\mathrm{euro},t}+\gamma(t)\mathrm{EMP}_t+\eta_t \tag{10}$$

式（10）中，α，β，γ 时变参数估计值组合对应的汇率制度如表 2 所示。

四、实证检验

（一）模型具体设定

2005 年中国“汇改”后官方宣布实行“以市场供求为基础，参照一篮子货币进行调节，有管理的浮动汇率制”。“一篮子货币”是指人民币汇率由汇率篮子而非单一货币主导，篮子货币汇率波动可以相互抵消，从而维护汇率稳定。通常货币篮子会涉及两个核心要素：币种选择和权重设定。现实中货币当局很少公开这两点信息。不过，根据2005年8月10日中国人民银行行长周小川在上海总部揭牌仪式上的讲话，可以明确中国货币篮子中的11种货币：美元、欧元、日元、韩元、英镑、新元、林吉特、卢布、澳元、泰铢、加元，但不排除货币当局后续会适时增删某种币种的可能。同大多数宣称实行一篮子货币汇率制度的经济体一样，中国并未公开篮子货币的权重。中国宣布的是“参照”而非盯住一篮子货币，这样人民币汇率不会同篮子货币加权汇率亦步亦趋，人民币汇率制度会具有一定的灵活性。根据上述描述，可以将式（10）具体化为中国的汇率制度动态识别模型，形如：

$$
\begin{aligned}
\Delta \mathrm{LnCNY} = {} & \alpha(t) + \beta(t)_1 \Delta \mathrm{LnUSD} + \beta(t)_2 \Delta \mathrm{LnEURO} + \beta(t)_3 \Delta \mathrm{LnJPY} + \\
& \beta(t)_4 \Delta \mathrm{LnKRW} + \beta(t)_5 \Delta \mathrm{LnGBP} + \beta(t)_6 \Delta \mathrm{LnCAD} + \beta(t)_7 \Delta \mathrm{LnAUD} + \\
& \beta(t)_8 \Delta \mathrm{LnRUB} + \beta(t)_9 \Delta \mathrm{LnTHB} + \beta(t)_{10} \Delta \mathrm{LnMYR} + \beta(t)_{11} \Delta \mathrm{LnSGD} + \\
& \gamma(t)\ \mathrm{EMP}_t + \eta_t \\
\text{s.t.}\ & \beta(t)_1 + \beta(t)_2 + \beta(t)_3 + \beta(t)_4 + \beta(t)_5 + \beta(t)_6 + \beta(t)_7 + \beta(t)_8 + \\
& \beta(t)_9 + \beta(t)_{10} + \beta(t)_{11} = 1
\end{aligned}
\tag{11}
$$

（二）估计方法

由于式（11）中时变参数不可观测，本文使用状态空间模型对其进行估计。在计量领域中，模型中若有不可观察的变量大多使用状态空间模型估计。状态空间模型由描述可观测变量与不可观测变量之间关系的量测方程和描述动态的状态方程共同构成。其形式一般为：

$$Y_t = \beta_t X_t + \zeta_t \tag{12}$$

$$\beta_t = \varphi \beta_{t-1} + \xi_t \tag{13}$$

$$\begin{pmatrix} \zeta_t \\ \xi_t \end{pmatrix} \sim N\begin{pmatrix} 0 & \sigma_1^2 & 0 \\ 0 & 1 & \sigma_2^2 \end{pmatrix}, t = 1, 2, \cdots, T \tag{14}$$

模型（12）（13）分别为量测方程和状态方程。模型（14）说明扰动项独立、均值为0、方差常数。模型（13）的β系数使用卡尔曼滤波方法迭代算法进行估计。当得到新的观测值，利用卡尔曼滤波连续地修正状态向量的估计值，体现出状态空间模型估计参数的时变性。具体到本模型则可表示为：

$$\begin{aligned}\Delta LnCNY_t = \alpha_t &+ \beta_{t,1}\Delta LnUSD + \beta_{t,2}\Delta LnEURO + \beta_{t,3}\Delta LnJPY + \\ &\beta_{t,4}\Delta LnKRW + \beta_{t,5}\Delta LnGBP + \beta_{t,6}\Delta LnCAD + \beta_{t,7}\Delta LnAUD + \\ &\beta_{t,8}\Delta LnRUB + \beta_{t,9}\Delta LnTHB + \beta_{t,10}\Delta LnMYR + \beta_{t,11}\Delta LnSGD + \gamma_t EMP_t + \xi_t \\ \alpha_t &= \alpha_{t-1} + \varepsilon_{\alpha,t} \\ \beta_{t,1} &= \beta_{t-1,1} + \varepsilon_{1,t} \\ &\vdots \\ \gamma_t &= \gamma_{t-1} + \varepsilon_{\gamma,t} \end{aligned} \tag{15}$$

（三）数据及处理

本文主要考察2000年以来中国的实际汇率制度变化情况，数据区间为2000年1月至2015年7月，数据为月度频率。各国汇率数据来自IMF的国际金融统计（IFS）数据库。中国的外汇储备量、基础货币量数据来自中国人民银行，用人民币兑瑞士法郎或SDR月平均汇率折算。

对于式（15）的计值货币问题，学者们普遍认为计值货币的选取应当遵循“均等化”“中立化”原则，即计值货币的选取应当对篮子货币的影响相同且越小越好，但现实中学者对货币的选取并不一致。为稳妥起见，本文首先使用SFr计值，然后使用SDR计值以交互验证①。

鉴于时间序列数据中“非平稳”性，直接回归可能导致“伪回归”问题，通常对变量进行平稳性检验（见表3）。从单位根检验结果来看，被解释变量ΔLnCNY、各币种解释变量和汇率制度弹性指数EMP均为平稳的I（0）序列。

① 由于篇幅所限，不再列示变量描述性统计。

表 3 单位根检验结果

变量	检验形式（C，T，L）	ADF 检验值	P 值	变量	检验形式（C，T，L）	ADF 检验值	P 值
ΔLnCNY	（0，0，0）	-11.673 0***	0.000 0	ΔLnCAD	（0，0，0）	-12.857 1***	0.000 0
ΔLnUSD	（0，0，0）	-11.667 4***	0.000 0	ΔLnRUB	（0，0，8）	-10.046***	0.008 9
ΔLnJPY	（0，0，0）	-10.896 6***	0.000 0	ΔLnMYR	（0，0，0）	-12.008 8***	0.000 0
ΔLnKRW	（0，0，1）	-8.110 5***	0.000 0	ΔLnSGD	（0，0，0）	-13.499 5***	0.000 0
ΔLnEURO	（0，0，0）	-12.583 4***	0.000 0	ΔLnTHB	（0，0，3）	-12.150 6***	0.000 0
ΔLnGBP	（0，0，1）	-7.834 5***	0.000 0	EMP	（0，0，0）	-11.665 9***	0.086 3
ΔLnAUD	（0，0，0）	-11.716 6***	0.000 0				

注：C，T，L 分别代表截距项、趋势项、滞后阶数，其中 L 是软件自动按照“AIC 和 SC 达到最小”准则确定的；***，**，* 分别代表 1%，5%，10% 的显著性水平下拒绝有单位根的原假设，下同。1%，5%，10% 的显著性水平下的统计检验临界值分别为 -2.577 5，-1.942 5，-1.615 6。

（四）静态估计结果

伊楠、李靖（2014）使用 BP 检验发现，中国在 2005 年 7 月、2008 年 7 月、2010 年 6 月发生三次明显断点，同时 2006 年 12 月、2011 年 10 月也发生两次断点。考虑到样本的限制，下面利用式（11）对三次断点样本进行分段回归（见表 4）。

表 4 分段回归结果

参数	变量名	全样本 2000M1—2015M7	第Ⅰ阶段 2000M1—2005M6	第Ⅱ阶段 2005M7—2008M7	第Ⅲ阶段 2008M8—2010M6	第Ⅳ阶段 2010M7—2015M7
α	截距 C	0.001 0*** (3.66)	0.000 0 (0.38)	0.004 3*** (2.80)	-0.000 2 (-0.67)	0.001 4*** (3.68)
β_1	美元 LnUSD	0.874 5*** (30.76)	0.999 8*** (1 161.12)	0.850 9*** (8.02)	0.959 0*** (41.37)	0.765 0*** (12.13)
β_2	欧元 LnEURO	0.035 7*** (2.60)	0.000 2 (0.26)	0.051 2 (0.53)	0.000 0 (0.00)	0.048 6** (2.38)

续表

参数	变量名	全样本 2000M1— 2015M7	第Ⅰ阶段 2000M1— 2005M6	第Ⅱ阶段 2005M7— 2008M7	第Ⅲ阶段 2008M8— 2010M6	第Ⅳ阶段 2010M7— 2015M7
β_3	日元 LnJPY	0.018 3* (1.77)	0.000 1 (0.19)	0.035 4 (0.63)	0.010 6 (1.24)	0.023 7* (1.89)
β_4	韩元 LnKRW	0.000 0 (0.000)	0.000 0 (0.00)	0.000 0 (0.00)	0.000 0 (0.00)	0.016 1 (0.46)
β_5	英镑 LnGBP	0.000 0 (0.000)	0.000 0 (0.00)	0.000 0 (0.00)	0.000 0 (0.00)	0.000 0 (0.00)
β_6	加元 LnCAD	0.000 0 (0.00)	0.000 0 (0.00)	0.000 0 (0.00)	0.018 1** (2.34)	0.007 2 (0.20)
β_7	澳元 LnAUD	0.000 0 (0.00)	0.000 0 (0.00)	0.000 0 (0.00)	0.000 0 (0.00)	0.000 0 (0.00)
β_8	卢布 LnRUB	0.005 4 (0.74)	0.000 0 (0.00)	0.000 0 (0.00)	0.000 0 (0.00)	0.002 8 (0.33)
β_9	泰铢 LnTHB	0.038 8* (1.80)	0.000 0 (0.00)	0.000 0 (0.00)	0.000 0 (0.00)	0.045 7 (1.40)
β_{10}	林吉特 LnMYR	0.000 0 (0.00)	0.000 0 (0.00)	0.062 5 (0.72)	0.012 4 (0.67)	0.000 0 (0.00)
β_{11}	新元 LnSGD	0.027 2 (1.14)	0.000 0 (0.02)	0.000 0 (0.00)	0.000 0 (0.00)	0.082 7* (1.81)
γ	制度弹性 EMP	0.040 7*** (3.47)	0.000 1 (0.24)	0.011 3 (0.29)	0.012 7* (1.72)	0.071 7*** (3.38)
H1：C＝0		0.000 3	0.701 8	0.099 7	0.505 9	0.000 2
H2：LnUSD＝1		<.000 1	0.778 6	0.015 0	0.076 7	0.000 2
H3：EMP＝0		0.000 5	0.813 2	0.096 3	0.085 6	0.000 7
Adj R^2		0.985 3	1.000 0	0.957 2	0.998 9	0.990 5

注：“H1：C＝0”表示截距为零的原假设；“H2：LnUSD＝1”表示人民币汇率篮子中美元权重为100%的原假设；“H3：EMP＝0”表示汇率制度弹性为0的原假设。对原假设的检验值为p统计量；由于东亚货币中林吉特、泰铢、新加坡元与美元之间关系密切，为避免直接回归可能衍生的多重共线性，本文首先使用三种货币分别对美元汇率进行回归，然后使用其残差代表三种货币的汇率再同其他货币一起对人民币汇率回归，即得到上述回归结果。从VIF数值来看，各参数及整体上的VIF数值均小于10，可认为回归的多重共线性问题得到了较好的控制。

从样本总体的回归结果来看，人民币汇率篮子中美元、欧元、日元、泰铢的权重显著，但美元占主导地位。截距项系数显著为正，表明2000—2015年人民币相对于篮子货币汇率总体上存在升值。汇率制度弹性系数显著说明人民币汇率制度具有弹性。从H1，H2，H3原假设的检验情况来看，p统计量显著拒绝了这三个原假设，说明2000—2015年人民币汇率并非一成不变，汇率篮子并非只由美元构成，同时人民币汇率制度具有一定弹性。

从2000年1月至2005年6月的实证结果不难看出，这一阶段人民币汇率篮子中美元权重高达99.98%，同时H2假设的检验统计量p值为0.778 6，不能拒绝H2原假设。这两点说明，此间人民币汇率篮子中实际上只有美元一种货币，人民币事实上盯住美元。截距α的系数为0，H1原假设的检验统计量p值为0.701 8，不能拒绝截距为0的原假设，说明此时人民币价值稳定。γ的回归系数近乎为0，H3原假设的检验统计量p值为0.813 2，不能拒绝γ系数为0的假设，说明此间人民币汇率几无弹性可言。参数估计和检验结果充分证实在2005年7月之前（第Ⅰ阶段）中国事实上施行单一盯住美元的固定汇率制度。

2005年7月21日，中国人民银行宣布人民币汇率制度改革，至美国次贷危机时人民币汇率制度是否发生实质变化？首先从β回归系数看，汇率篮子中美元权重从此前近乎100%下降到此间的85%，欧元、日元、林吉特出现在人民币汇率篮子中（但显著性较低）。原假设H2的检验统计量p值为0.015，有力地拒绝原假设H2并再次证实此时人民币汇率篮子中美元并非唯一。其次，α系数显著为正且原假设H1被拒绝，说明此时人民币币值并非一成不变，而是相对于一篮子货币升值。最后，尽管γ的回归系数较小且不显著，但H3假设被拒绝，说明此时人民币汇率弹性不为0，人民币具有一定（可能较小的）汇率弹性。这三点证据表明，第Ⅱ阶段（2005年7月至2008年7月）人民币汇率事实上脱离了盯住美元的固定汇率制，实行参照一篮子货币的浮动汇率制。

但在2008年8月至2010年6月的全球金融动荡中，美元权重从此前的85%提高到此间的95.9%，其余权重分布在加元、日元、林吉特之中。H2的检验结果显示，尽管此时人民币汇率篮子中美元权重较高，但此时仍有其他货币（如加元）在汇率篮子中显著地占有一席之地。国外学界认为，全球金融危机期间中国汇率再度盯住美元，但这里的证据并不支持这一观点。截距项 α 系数为正，H1原假设的 p 统计量不能拒绝原假设，说明此时人民币在外部压力下仍保持了汇率稳定。γ 回归系数低至0.0127但显著，H3假设也被拒绝，说明此间人民币汇率弹性不为0，人民币具有一定的汇率弹性。上述证据表明，在全球金融动荡的第Ⅲ阶段，人民币实行的是参考盯住一篮子货币的固定汇率制。可能出于维持出口环境的考虑，货币当局在这一阶段确保人民币相对货币篮子的价值稳定，这使人民币汇率市场化改革在这一阶段暂时被搁置。

2010年7月中国人民银行重启汇改至今，美元权重从此前95.9%下降到76.5%，其余权重显著转向新元、欧元、日元，而泰铢、韩元的系数并不显著。对原假设H2的检验统计结果显示，此时人民币汇率篮子中美元权重显著不为1。截距项 α 系数显著不为0，同时H1原假设的 p 统计量为0.0002，说明此时人民币币值并不固定，存在显著的升值趋势。汇率制度弹性 γ 的回归系数显著为0.072，高于此前所有时期，对H3假设的参数检验同样拒绝了汇率制度弹性为0的原假设。可以认为，2010年7月开始人民币又重新回到参照一篮子货币的浮动汇率制轨道上。

（五）动态估计结果

上文对中国汇率制度进行分段甄别有赖于精准的“阶段”划分，考虑到分段回归中“分段”的主观色彩，不能细致考察汇率制度变迁的微观特征，因此本文进一步使用基于卡尔曼滤波算法的状态空间模型考察中国汇率制度的具体变迁历程①。通常运用状态空间模型需要变量之间具有协整关系，使用 E－G 两步法对式（15）的残差进行单位根检验后发现回归残差平稳，因此诸变量间存在协整关系。

图 1 中参数 α 的变化轨迹显示，2005 年 12 月以前这一参数为 0，此后这一数值小于 0 且呈现不同的阶段变化。这说明 2005 年汇改后人民币相对于一篮子货币存在显著的升贬值变动，人民币并非严格盯住单一（一篮子）货币。

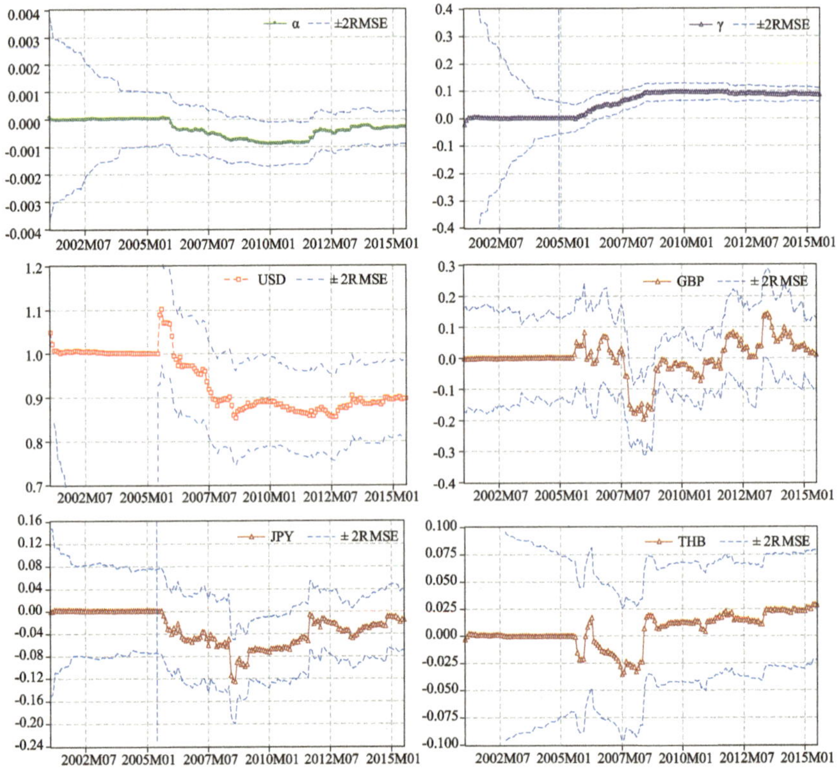

① 本文在动态考察中国汇率篮子中币种的变化时并未施加币种权重大于 0 且权重之和为 1 的约束，这可能导致动态估计结果中部分币种出现负号的现象，但本文认为相对于汇率篮子中币种的权重数值而言，其变化趋势更具研究意义。

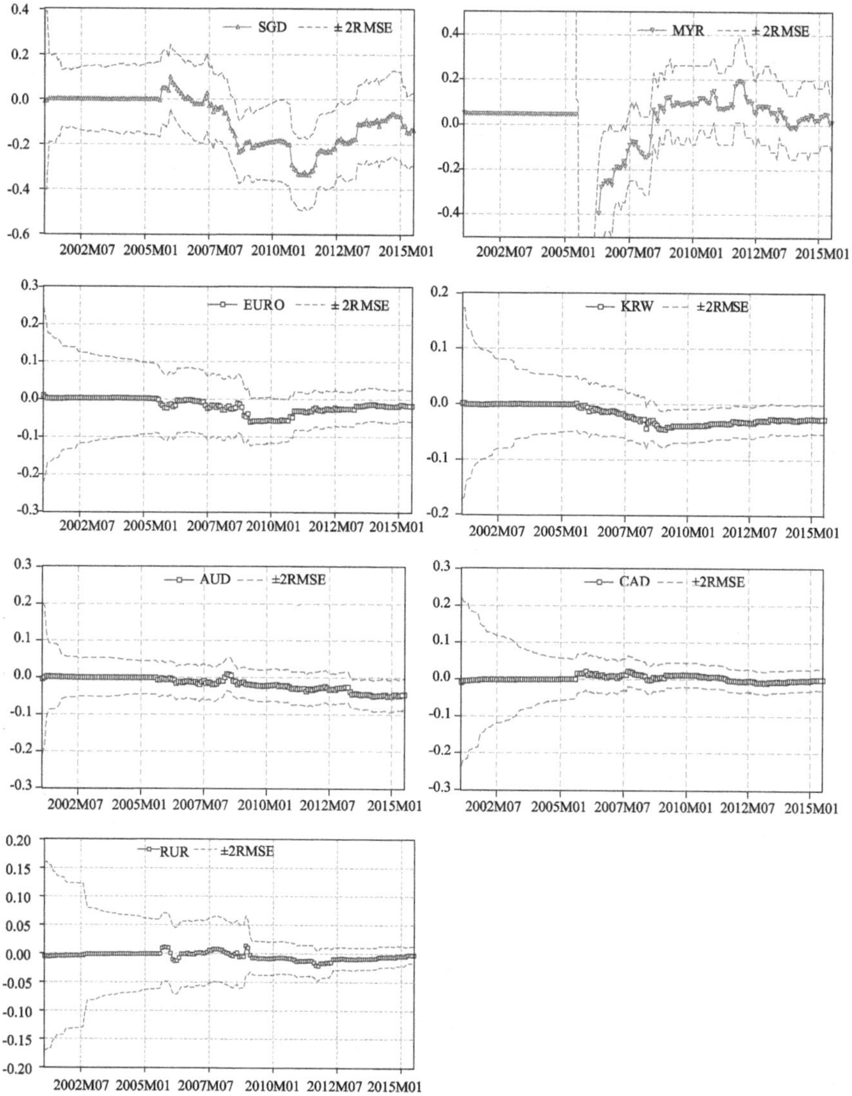

图 1　各参数的动态估计结果

注：图中类似 USD，AUD，JPY 等为货币简记符号，代表各币种在人民币汇率篮子中所占权重及其变化；RMSE 为均方差。参数动态估计使用 Eviews 编程实现，限于篇幅并未列示代码。

参数 γ 的变化轨迹显示，2005 年 8 月前该数值一直为 0，意味着汇率制度毫无弹性可言。此后，γ 参数值稳步上升到 2008 年 7 月份的 9%，随后一直稳定在 10%。这可能是由于 2008 年国际金融危机爆发后，全球资本流动更加剧烈。中国为应对资本流动冲击，采取强化外汇市场干预和资本管制力度的措施，以避免汇率过度波动，因此2008年以后中国的汇率制度实际弹性几乎没有增加。

从汇率篮子中币种参数β来看，2005年以前货币篮子中主要为美元，其他币种的数值基本为0。2005年7月汇改后，币种的变化呈现明显的分化：一是美元在汇率篮子中所占权重迅速下降到2008年7月的86%，此后基本上在86%~90%之间波动。二是英镑、泰铢、日元自2008年6月以后在汇率篮子中占比呈现周期性波动、趋势性上升，其中英镑、泰铢平均占2%~3%左右。新加坡元的占比在经历了大幅滑落后强劲增加，而林吉特的占比在经历大幅上升后显著下降，目前平均占1%左右。三是欧元、韩元、卢布、加元、澳元5种货币自汇改后在汇率篮子中占比长期稳定在0左右，几乎无变化。

五、 总结与进一步的讨论

本文基于货币篮子、爬行速度、汇率制度弹性三维指标构建了广义的汇率制度识别框架，并且利用2000—2015年中国的月度数据考察了中国的实际汇率制度情况。结果表明，中国在2005年汇改前事实上实行单一盯住美元的固定汇率制。在2005—2008年、2010—2015年实行的是参照一篮子货币的浮动汇率制，即BBC制度。而在2008—2010年实行的是参考盯住一篮子货币的固定汇率制。利用基于卡尔曼滤波的状态空间模型对中国汇率制度进行动态考察后，本文发现汇改后美元在人民币汇率篮子中占比仍稳定在86%~90%之间，其他货币主要起“点缀”作用。尽管人民币相对于一篮子货币存在升贬值的变动，但人民币的汇率制度弹性自2008年起长期未变①。

---

① 亦使用本币对瑞士法郎的月末价、本币对SDR的平均价、月末价数据对估计式（11）进行分段估计，对式（15）进行动态估计，所得估计结果和图形形态与文中基本一致，足以说明文中所得结论的稳健性。限于篇幅，不再列示。

在人民币国际化的背景下，中国资本账户开放加速，货币当局为确保政策的独立性与有效性，需要有弹性的汇率制度。本文的实证结果表明，中国汇率制度的实际弹性尚难满足人民币国际化的制度要求。提高人民币汇率制度弹性关键在于进一步完善其生成机制，具体而言可从三个方面入手：一是理顺外汇市场的供求机制，扩大微观企业和个人持汇的自主权。2014 年年底国家外汇管理局取消了外汇综合头寸挂钩外汇贷存比，将外汇头寸日考核改为周考核，2015 年 4 月扩大了部分银行结售汇综合头寸上下限，2015 年 6 月起将外汇资本金结汇自主权和选择权完全下放至企业，但个人购汇限制仍未调整。二是扩大外汇市场的参与主体范围，丰富外汇产品。商业银行是我国外汇市场的参与主体，但国际上外汇市场近 70% 的参与者为非银行机构。国内的券商、保险公司、投资基金、大型外贸企业，也客观存在大量的外汇需求和丰富的风险管控能力，外汇管理部门应扩大这些机构的市场参与范围。目前，国内外汇市场已经存在即期交易（13 种外币）、远期交易（11 种外币）和掉期交易（5 种外币），未来应不断引入外汇期货、期权等衍生品交易，增强外汇市场的价格发现功能。三是优化人民币汇率篮子构成和中间价管理。综合考虑外债币种构成、外汇储备投资结构、进出口贸易计价等因素，确定汇率篮子的最优币种和结构。未来还应进一步完善人民币汇率中间价的定价机制，增强做市商、收盘价在中间价制定中的话语权和影响力。

基于日度低频价格的波动率预测

刘威仪， 孙便霞， 王明进

摘要： 本文利用作者提出的 GARCH－X 框架，将以往文献中提出的各种基于金融资产的最高、最低、开盘和收盘等低频价格信息的波动率静态估计，统一地扩展成对波动率的动态预测模型。通过对上证指数近十几年数据的实证分析，并借助于对波动率的高频估计和预测评估的一些最新研究成果，本文揭示出合理地利用价格极差及开盘价的信息可以显著地提高对波动率及风险价值的预测能力。

关键词： 波动率 风险价值 极差 GARCH－X 模型 预测

一、 引言

对金融资产价格波动率（volatility）的估计和预测一直以来都是金融计量研究中一个备受关注的问题。在经典的布莱克—斯科尔斯（Black－Scholes）期权定价模式下，标的资产的价格被设定为服从几何

基金项目：国家自然科学基金资助项目（F1271007）。

刘威仪：首都经济贸易大学金融学院讲师，经济学博士。

孙便霞：南方科技大学金融系助理教授，经济学博士。

王明进：北京大学光华管理学院教授、博士生导师，理学博士。

布朗运动，其中的波动率为一个常数，此时大家关注的基本上是一个参数估计的问题，即如何根据观测价格获得对波动率的估计。后来，随着人们对资产价格变化中的“波动簇集”等现象的认识，如何描述波动率的动态规律并对其进行预测成了问题的关键。从 20 世纪 80 年代开始，各种 GARCH 类以及随机波动率类的参数模型被提出来并被深入研究，且在风险管理、投资组合以及资产定价等各类金融决策中得以广泛的应用。

近些年来，基于日内高频交易数据的各种对波动率的非参数估计方法又成为该领域的热点。所谓的高频数据，原则上是指记录全部交易过程的数据，实际上的高频数据则多是以分钟或秒为采集频率的交易数据。理论上看，利用高频交易数据可以得到对波动率更加精准的估计，通常称之为已实现波动率（realized volatility，RV）估计[1]。然而，实际的高频数据由于受到微观结构噪声等因素的影响，使得直接由高频的原始价格构造出来的 RV 往往不能给出波动率的相合估计[2]。因此，一种策略是选用 5min ~ 30min 等稍低的采样频率来构造 RV，另外的方案则是设法消除微观噪声的影响，其中后者也是近几年此类研究的一个基本方向。

相比上述估计技术上的困难，在具体应用当中，高频交易数据的获取也并不容易，比如国内一些主要金融数据库中的高频数据通常往往只有最近几年的数据，且存在着价格昂贵、数据缺失比较严重等问题。因此，将基于高频数据的波动率估计和预测应用到现实的投资决策中目前还是有诸多的局限性。

从定义上看，波动率是指资产在一个时段内收益率的方差或标准差。回顾早期基于低频信息对波动率估计的文献可以看出，除了利用每天的收盘价格得出日收益率及其对应的样本方差估计之外，在一定的模型假定下，充分利用每天的开盘价、最高价和最低价等公开的低频信息可以得到关于波动率的更加有效的估计。比如，帕金森（Parkinson[3]）利用每天的价格极差（即最高价和最低价的差值）构造出的波动率估计比常规使用日收益率平方得到的估计要有效4.9倍，即后者一个估计的均方误差是前者的4.9倍。而加曼等（Garman和Klass[4]）利用最高价、最低价、开盘价和收盘价给出的波动率估计则比使用收益率平方给出的估计要有效8.4倍。如果基于同样的模型设定，假如按照每天连续交易时间4h计算，那么容易推算出，上述估计的效率与由每28min采样得出的RV估计的效率是相近的。如此看来，只要充分地利用公开的低频价格信息，原则上是可以得出接近由高频数据给出的一些波动率估计的。

当然，上述结果在理论上仅限于对波动率的静态估计。特别地，无论是帕金森的估计还是加曼等的估计都是基于对数价格服从无漂移的布朗运动的模型假设。对于各种波动率是动态的模型假定，上述结果的理论基础显然不复存在。因此，在考虑波动率的动态模型时，直接利用帕金森估计与收益率平方估计的倍数关系并不合适。从这个意义上讲，能够预测每天价格的极差（比如文献［5］［6］）也并不等同于就能够给出波动率的预测。

为此，文献［7］利用GARCH模型的框架提出了GARCH－R模型，即将价格极差代替收益率的平方嵌入到GARCH模型中，该模型将条件方差表达成过去的价格极差序列的一个线性组合。实证的结果表明了该模型相比传统的GARCH模型无论在对波动率的预测还是进行风险管理等方面都有显著的改善。另外可以参见文献［8］中类似的研究。

本文进一步扩展了文献［7］的思路，主要的贡献体现在如下几个方面：①结合加曼等（Garman和Klass[4]）以及罗杰斯（Rogers和Satchell[9]）等利用开盘价、收盘价、最高价和最低价等低频价格信息给出的对波动率的不同的静态估计形式，进一步提出了GARCH－GK以及GARCH－RS等新的模型形式，并通过实证分析揭示出这些模型在波动率预测和风险管理方面的优势；②通过上述模型，考察了无交易时段（即下午收盘之后到第二个交易日开盘之前的时段）对预测波动率的影响；③在进行波动率预测的比较方面采用了此类研究中所提出的一些最新的标准和比较方法[10]。

二、 对波动率的静态估计

本文将波动率定义为一个时段内资产收益率的方差。在早期的研究当中，往往都假定波动率是一个常数。比如在布莱克－斯科尔斯（Black－Scholes）的框架下，资产的价格服从几何布朗运动，如果记 S_t 为资产价格，且 $p_t = \ln S_t$，那么易知 p_t 服从

$$dp_t = \mu^* dt + \sigma dW_t \tag{1}$$

其中，W_t 是标准布朗运动，μ^* 是漂移系数，σ 是扩散系数。记 $r_t = p_t - p_{t-1}$ 表示 $[t-1, t]$ 时段的收益率，则式（1）意味着 $r_t \sim N(\mu^*, \sigma^2)$，因此波动率 σ^2 一般由收益率的样本方差 $\hat{\sigma}^2 = 1/(n-1)\sum_{t=1}^{n}(r_t - \bar{r})^2$ 来估计，易知 $\mathrm{var}(\sigma^2) = 2\sigma^4/(n-1)$。

如果在模型（1）中进一步假定漂移系数 $\mu^* = 0$，显然 $E[r_t^2] = \sigma^2$，那么

$$\hat{\sigma}_C^2 = \frac{1}{n}\sum_{t=1}^{n} r_t^2 \triangleq \frac{1}{n}\sum_{t=1}^{n} X_{C,t} \tag{2}$$

直接给出了 σ^2 的无偏估计且该估计的方差为 $\mathrm{var}(\hat{\sigma}_C^2) = 2\sigma^4/n$。

帕金森[3]指出，如果模型（1）中的漂移系数为 0，可以利用价格的极差而不是收益率的平方得到一个对波动率更加有效的估计。具体来说，记 $H_t = \max_{t-1 \leqslant s \leqslant t} p_t$ 以及 $L_t = \min_{t-1 \leqslant s \leqslant t} p_t$ 分别表示 $[t-1, t]$ 时段内的最高价和最低价，$R_t = H_t - L_t$ 则为该时段的极差。根据费勒（Feller）[11]给出的分布函数，可知 $E[R_t^2] = (4\ln 2)\sigma^2$ 以及 $\mathrm{var}(R_t^2) = 3.1313\sigma^4$，于是

$$\hat{\sigma}_P^2 = \frac{1}{n}\sum_{t=1}^{n}\frac{R_t^2}{4\ln 2} \triangleq \frac{1}{n}\sum_{t=1}^{n} X_{P,t} \tag{3}$$

也给出了 σ^2 的一个无偏估计且该估计的方差 $\mathrm{var}(\hat{\sigma}_P^2) = 0.4073\sigma^4/n$，因此利用 $\hat{\sigma}_P^2$ 来估计 σ^2 的效率比用 $\hat{\sigma}_C^2$ 提高了 4.9 倍，即为了获得相同的估计精度，利用 $\hat{\sigma}_C^2$ 估计所需要的样本大小是 $\hat{\sigma}_P^2$ 估计的 4.9 倍。

在相同的模型假定下，Garman 和 Klass[4]进一步指出综合利用最高

价、最低价、收盘价等低频价格信息，可以得到比 Parkinson 的极差形式（3）更加有效的波动率估计。为了与后面符号统一，不妨用 O_t 和 C_t 分别表示［$t-1$，t］时段的（取对数后的）开盘价和收盘价。如果交易是连续进行的（无间断交易），此时 p_t 即该时段的收盘价格，即 $C_t \equiv p_t$，而 p_{t-1} 既是该时段的开盘价格也是上一时段的收盘价格，即 $O_t = p_{t-1} \equiv C_{t-1}$。Garman－Klass 的估计形式可以写成 $\hat{\sigma}_{GK}^2 = (1/n)\sum_{t=1}^{n} X_{GK,t}$，其中

$$X_{GK,t} = 0.511(u_t - d_t)^2 - 0.019[c_t(u_t + d_t) - 2u_t d_t] - 0.383c_t^2,$$
$$u_t = H_t - O_t, d_t = L_t - O_t, c_t = C_t - O_t \tag{4}$$

可以证明[4]此时 var（$\hat{\sigma}_C^2$）$= 0.27\sigma^4/n$，即其效率是 $\hat{\sigma}_C^2$ 估计的 7.4 倍。

对于 Parkinson 估计和 Garman－Klass 估计的应用及各种推广形式的研究一直受到人们的关注，可参见文献［9］，［12］～［14］以及文献［15］～［17］等。

下面给出两种情形下的拓展。

其一，如果在模型（1）中的漂移项不为 0，此时上述式（2）、式（3）、式（4）给出的估计都是有偏的，Kunitomo[12]，Rogers 和 Satchell[9]以及 Rogers 等[13]等分别考虑了当漂移项不为 0 时 σ^2 的无偏估计形式，比如，Rogers－Satchell 的估计形式可以写成 $\hat{\sigma}_{RS}^2 = (1/n)\sum_{t=1}^{n} X_{RS,t}$，其中

$$X_{RS,t} = u_t(u_t - c_t) + d_t(d_t - c_t) \tag{5}$$

这里 u_t，d_t，c_t 的定义同式（4）。可以证明[9]，此时的 var（$\hat{\sigma}_{RS}^2$）$= 0.331\sigma^4/n$。

其二，如果考虑一天里无交易的时段，即从上一个交易日的收盘到当天的开盘属于无交易时期，记为［$t-1$，$t-1+f$］，其中 $0<f<1$ 表示一天里无交易时段的长度，见图 1 所示。此时如果假定在无交易时段

里价格遵循同样的模型，$p_{t-1} \equiv C_{t-1} \neq O_t$，那么加上开盘价 O_t 的信息则又可以进一步改进前面式（2）至式（5）的估计。

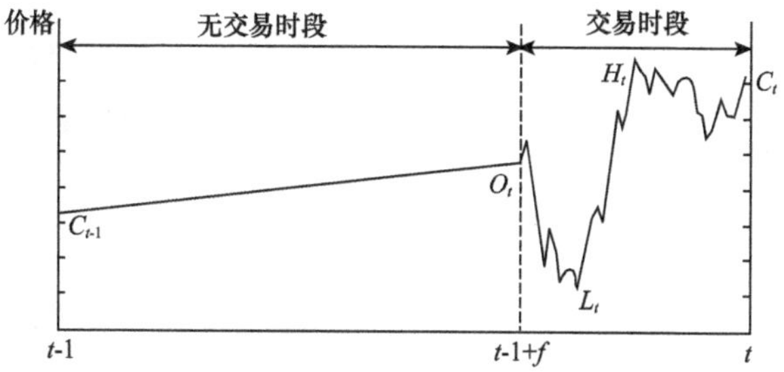

图1　无交易时段的示意图

以对式（2）估计的改进为例。此时可以用 $(O_t - C_{t-1})^2$ 估计 $f\sigma^2$，而 $(C_t - O_t)^2 \equiv c_t^2$ 则给出的是 $(1-f)\ \sigma^2$ 的估计，考虑到在模型（1）的条件下两种估计的独立性，于是可以构造如下形式的线性组合作为 σ^2 的无偏估计

$$a \cdot \frac{(O_t - C_{t-1})^2}{f} + (1-a) \cdot \frac{(C_t - O_t)^2}{1-f} \tag{6}$$

容易算出，当 $a = 0.5$ 时上式的方差最小。因此，可以构造 $\hat{\sigma_{C^*}}^2 = (1/n) \sum_{t=1}^{n} X_{C^*,t}$，其中的

$$X_{C*,t} = 0.5 \cdot \frac{(O_t - C_{t-1})^2}{f} + 0.5 \cdot \frac{(C_t - O_t)^2}{1-f} \tag{7}$$

易知此时的 $\mathrm{var}\ (\hat{\sigma_{C^*}}^2) = \sigma^4/n$。

类似地，可以得到考虑无交易时段加入开盘价信息时，式（3）、式（4）、式（5）三种估计的改进形式。为表达简洁起见，将其统一列在表1中。由于此时的开盘价 O_t 已经有别于前一个交易日的收盘价 C_{t-1}，因此加入这个价格的信息可以进一步增加对波动率估计的精度。

值得特别强调的是，此时由于交易只在 $[t-1+f,\ t]$ 的时段内发生，因此观测到的日内最高价 H_t 和最低价 L_t 都是就该时段内而言的。

三、 GARCH－X 模型

与静态估计中将波动率视为一个固定不变的常数不同，波动率的动态模型考察的是条件波动率 $\sigma_t^2=\mathrm{var}\ [r_t\mid\Omega_{t-1}]$，其中 Ω_t 表示 t 时刻的信息集合。条件波动率的动态模型有很多种，按照汉森等（Hansen 和 Lunde[18]）的研究，从预测效果来讲最实用的当属下面的 GARCH（1，1）模型

$$r_t = \sigma_t \cdot a_t, a_t \sim \text{i. i. d.}\,(0,1)$$

$$\sigma_t^2 = \omega + \beta\sigma_{t-1}^2 + \alpha r_{t-1}^2 \tag{8}$$

这里的 r_t 表示资产非预期的收益率。上述模型的第二个式子直接给出了条件方差 σ_t^2 的一种经验的形式。

如果将式（1）的价格模型予以推广，假定在给定 Ω_{t-1} 的条件下，价格服从局部常数的布朗运动，即

$$\mathrm{d}p(t-1+\tau) = \mu_t\mathrm{d}\tau + \sigma_t\mathrm{d}W(\tau), \tau \geqslant 0 \tag{9}$$

那么 $r_t\mid\Omega_{t-1}\sim N\ (\mu_t,\ \sigma_t^2)$。如果 $\mu_t=0$，那么 $E\ [r_t^2\mid\Omega_{t-1}]\ \equiv E\ [X_{C,t}\mid\Omega_{t-1}]\ =\sigma_t^2$，此时的 GARCH 模型给出的条件波动率显然可以写成

$$\sigma_t^2 = \omega + \beta\sigma_{t-1}^2 + \alpha X_{C,t-1} \tag{10}$$

考虑到在相同的假设条件下，$E\ [X_{P,t}\mid\Omega_{t-1}]\ =\sigma_t^2$，那么非常自然地可以将上述 GARCH 的条件方差表达式推广为

$$\sigma_t^2 = \omega + \beta\sigma_{t-1}^2 + \alpha X_{P,t-1} \tag{11}$$

在文献［7］中将上述模型称为 GARCH－R（ange）模型，并研究对比了该模型及其几种变化形式与普通 GARCH 模型对波动率的预测效果。同时，他们统一将上述形式称为 GARCH－X 模型，其中的 $E\ [X_t\mid\Omega_{t-1}]\ =\sigma_t^2$。类似地，汉森等人[19]考虑了将 X_t 设置成已实现波动率 RV_t 的模型情形。

本文接着文献［7］的上述工作做进一步扩展。考虑到 $E\ [X_{GK,t}\mid\Omega_{t-1}]\ =\sigma_t^2$ 以及 $E\ [X_{RS,t}\mid\Omega_{t-1}]\ =\sigma_t^2$，进一步地提出如下两种形式的

GARCH 模型的扩展形式：

GARCH－GK 模型

$$\sigma_t^2 = \omega + \beta\sigma_{t-1}^2 + \alpha X_{GK,t-1} \tag{12}$$

GARCH－RS 模型

$$\sigma_t^2 = \omega + \beta\sigma_{t-1}^2 + \alpha X_{RS,t-1} \tag{13}$$

而且，为了考虑无交易时段的影响，又可以分别将上述模型（10）至模型（13）中的 $X_{C,t}$，$X_{P,t}$，$X_{GK,t}$，$X_{RS,t}$ 分别替换为表 1 中的 $X_{C^*,t}$，$X_{P^*,t}$，$X_{GK^*,t}$，$X_{RS^*,t}$ 并得到：

GARCH－C* 模型

$$\sigma_t^2 = \omega + \beta\sigma_{t-1}^2 + \alpha X_{C*,t-1} \tag{14}$$

GARCH－P* 模型

$$\sigma_t^2 = \omega + \beta\sigma_{t-1}^2 + \alpha X_{P*,t-1} \tag{15}$$

GARCH－GK* 模型

$$\sigma_t^2 = \omega + \beta\sigma_{t-1}^2 + \alpha X_{GK*,t-1} \tag{16}$$

GARCH－RS* 模型

$$\sigma_t^2 = \omega + \beta\sigma_{t-1}^2 + \alpha X_{RS*,t-1} \tag{17}$$

为了统一起见，不妨将式（10）和式（11）分别记作 GARCH－C 和 GARCH－P 模型。当然，为了考虑波动率变化中可能的非对称效应，即正负非预期收益率对未来波动率的影响可能存在着区别，可以类似于文献［20］中的设置，在上述式（10）至式（17）中加入非对称的项，从而进一步拓展上述模型。比如，在模型（10）中加入非对称项就是所谓的 GJR－GARCH 模型，文献［7］也曾考虑了在式（11）中加入非对称项的情形。

如表 1 所示，在对波动率进行静态估计的时候，加曼等估计相比收益率平方和帕金森的极差估计更为有效，那么，通过上述框架将其纳入波动率的动态预测中是否可以提高预测的效果就是一个值得研究的问题。为此，本文将通过实证的分析来考察和比较上述 8 种模型在波动率预测中的效果。为了简洁起见，后面的实证分析没有考虑加入非对称项的形式。

表 1　几种不同的低频波动率估计

	连续交易的情形		考虑无交易时段的情形	
	X_t	var（X_t）	X_t^*	var（X_t^*）
收益率平方估计	$r_t^2 \equiv (C_t - C_{t-1})^2 \triangleq X_{C,t}$	$2\sigma^4$	$0.5 \cdot \frac{(O_t - C_{t-1})^2}{f} + 0.5 \cdot \frac{(C_t - O_t)^2}{1-f} \triangleq X_{C*,t}$	σ^4
Parkinson 估计	$\frac{R_t^2}{4\ln 2} \equiv \frac{(H_t - L_t)^2}{4\ln 2} \triangleq X_{P,t}$	$0.407\sigma^4$	$0.17 \cdot \frac{(O_t - C_{t-1})^2}{f} + 0.83 \cdot \frac{X_{P,t}}{1-f} \triangleq X_{P*,t}$	$0.338\sigma^4$
Garman - Klass 估计	$0.511\ (u_t - d_t)^2 - 0.019\ [c_t\ (u_t + d_t)\ - 2u_t d_t] - 0.383 c_t^2 \triangleq X_{GK,t}$	$0.27\sigma^4$	$0.12 \cdot \frac{(O_t - C_{t-1})^2}{f} + 0.88 \cdot \frac{X_{GK,t}}{1-f} \triangleq X_{GK*,t}$	$0.238\sigma^4$
Rogers - Satchell 估计	$u_t\ (u_t - c_t)\ + d_t\ (d_t - c_t) \triangleq X_{RS,t}$	$0.331\sigma^4$	$0.142 \cdot \frac{(O_t - C_{t-1})^2}{f} + 0.858 \cdot \frac{X_{RS,t}}{1-f} \triangleq X_{RS*,t}$	$0.284\sigma^4$

注：（1）在连续交易的情形，即不考虑无交易时段存在的时候，$H_t = \max\limits_{[t-1,t]} p_t, L_t = \min\limits_{[t-1,t]} p_t$，$O_t = C_{t-1}, u_t, d_t, c_t$ 的定义见文中式（4）。

（2）在考虑无交易时段存在的时候，$H_t = \max\limits_{[t-1+f,t]} p_t, L_t = \min\limits_{[t-1+f,t]} p_t, O_t \neq C_{t-1}$，此时 u_t，d_t，c_t 的计算仍按式（4），但显然和不考虑无交易时段的情形已经不同。

四、 模型预测能力的评价

为了评价不同模型的预测能力，既可以通过比较它们对波动率本身的预测来进行，也可以结合某种具体的投资决策（比如风险管理）来比较不同模型的运用效果。

（一）对波动率的预测

由于真实的波动率是不可观测的，在评价和比较波动率模型时通常要借助真实波动率的一些“代理值”（proxy），比如利用收益率的平方或者利用高频交易数据构造的各种已实现波动率估计。

但是，代理值和真实值之间的误差可能会使得预测评价出现不可忽视的偏差，甚至出现依据不同的损失函数会挑选出完全不同的“最优”模型[21,22]。因此，在评价过程中选择所谓“稳健的（robust）”损失函数就显得尤为重要。稳健性是指当采用一种损失函数来比较两个不同的预测值时，不管是采用代理值还是真实值所得到的优劣次序是一致的。除此之外，一个好的损失函数还应该不依赖于预测值和代理值的尺度变化（re - scaling），即如果同时将其乘以某个相同的倍数，不应该影响评价的结果。这样的损失函数被称为满足齐次（homogeneous）条件。

最近，巴顿（Patton[23]）给出了一类同时满足稳健性和齐次性要求的损失函数，具体形式为

$$L(\hat{\sigma}^2,h;b)=\begin{cases}\dfrac{1}{(b+1)(b+2)}(\hat{\sigma}^{2b+4}-h^{b+2})-\dfrac{1}{(b+1)}h^{b+1}(\hat{\sigma}^2-h), & b\notin\{-1,-2\}\\[2ex] h-\hat{\sigma}^2+\hat{\sigma}^2\ln\dfrac{\hat{\sigma}^2}{h}, & b=-1\\[2ex] \dfrac{\hat{\sigma}^2}{h}-\ln\dfrac{\hat{\sigma}^2}{h}-1, & b=-2\end{cases} \tag{18}$$

其中，$\hat{\sigma}^2$ 是波动率的代理值，h 是预测的波动率，b 为参数。当 $b=0$ 时，上式即是常用的均方误差 MSE 损失函数 $L(\hat{\sigma}^2,h)=(\hat{\sigma}^2-h)^2$；当 $b=-2$ 时，上式对应的损失函数为 QLIKE。

一旦确定了波动率的代理值及损失函数的形式，评价的原理即是比较不同模型样本外（out - of - sample）预测结果的平均损失。考虑到样本选取的随机性，需要针对模型的预期损失进行统计检验。这种检验比较既可以在模型之间两两地进行，也可以同时对几个模型进行多重比较。

所谓的两两比较就是判断比如模型 i 和模型 j 对应的预期损失是否

存在显著性的差异，即检验假设

$$H_0: E[d_{ij,t}] = 0 \qquad H_1: E[d_{ij,t}] \neq 0 \tag{19}$$

其中，$d_{ij,t} = L(\hat{\sigma}_t^2, h_{it}) - L(\hat{\sigma}_t^2, h_{jt})$ 表示两个模型预测损失的差值序列。检验方法采用迪宝等（Diebold－Mariano）的 t－检验[24]。

相比之下，对模型预测能力的多重比较则是同时针对多个模型之间的比较。本文采用是有控制的多重比较方法，即检验某一个模型（称为参照模型，记为模型0）是否同时都优于另外几个模型 $k=1, 2, \cdots, m$，或者说相比其他 m 个模型，模型0是否具有所谓的超预测能力（superior predictionability，SPA）。沿用前面的记号，此时需要检验的假设是

$$H_0: \max_k E[d_{0k,t}] \leq 0 \tag{20}$$

拒绝假设式（20）意味着至少有一个 $E[d_{0k,t}] > 0$，即 m 个模型当中至少有一个的预测效果好于所选定的参照模型。汉森（Hanson[25]）给出了检验假设式（20）的 Bootstrap 方法，细节在此从略。

（二）对风险价值的预测

波动率预测在金融决策中的一个应用就是为了更好地进行风险管理，因此，除了从统计意义上比较不同模型的预测效果之外，下面从风险管理的角度，比较本文的模型对风险价值 VaR 和条件风险价值 CVaR（又称为 expected shortfall）的预测效果。

VaR 定义为持有某种资产一段时间在一定置信水平下所能遭受的最大损失；CVaR 则是损失超过 VaR 的条件期望值。为了计算 VaR 或者 CVaR 的值，仅有波动率的信息是不够的，还需要对收益率的条件分布做出假定。比如，如果假定收益率的条件分布是正态的，$r_{t+1} \mid \Omega_t \sim N(\mu_{t+1}, \sigma_{t+1}^2)$，那么 $t+1$ 期置信度为 $1-\alpha$ 的 VaR 的预测值就是

$$\mathrm{VaR}_{\alpha,t+1} = \mu_{t+1} + Z_\alpha \sigma_{t+1} \tag{21}$$

这里的 Z_α 是标准正态分布的 α 分位数，σ_{t+1} 就是在 t 时刻对 $t+1$ 期波动率的预期值，在本文中由不同的 GARCH－X 模型产生；此时对应 CVaR 的预测值则由式（22）给出：

$$\mathrm{CVaR}_{\alpha,t+1} = E[r_{t+1} \mid r_{t+1} \leqslant \mathrm{VaR}_{\alpha,t+1}] = \alpha^{-1}\int_{-\infty}^{\mathrm{VaR}\alpha,t+1} x \cdot \phi(x;\mu_{t+1},\sigma_{t+1})\mathrm{d}x \tag{22}$$

在风险价值的预测评价方面，VaR 的预测评价方法已经较为丰富和全面[26,27]，而 CVaR 的预测评价方法则主要是利用损失函数[28]。为了统一地评价不同模型对 VaR 和 CVaR 的预测效果，本文仍然采用了比较损失函数的方法。

仿照文献［26］，对 VaR 预测的损失函数采用的是

$$L_t = \begin{cases} (1-\alpha)(\mathrm{VaR}_{\alpha,t} - r_t), & r_t < \mathrm{VaR}_{\alpha,t} \\ \alpha(r_t - \mathrm{VaR}_{\alpha,t}), & r_t \geqslant \mathrm{VaR}_{\alpha,t} \end{cases} \tag{23}$$

对于 CVaR，一种简单的做法是采用与 VaR 完全相同的评价形式[29]，但从严格意义来讲，应该考虑到二者定义上的不同。因此，这里采用了文献［28］给出的对 CVaR 预测的损失函数

$$L_t = \begin{cases} (r_t - \mathrm{CVaR}_{\alpha,t})^2, & r_t < \mathrm{VaR}_{\alpha,t} \\ 0, & r_t \geqslant \mathrm{VaR}_{\alpha,t} \end{cases} \tag{24}$$

在此基础之上，同样也可以运用迪宝（Diebold－Mariano）的检验进行模型的两两比较以及汉森（Hansen）的 SPA 检验。

五、实证分析

下面以对上证指数日波动率的预测为例考察和比较前面提出的 8 个 GARCH－X 模型的预测效果。选取的数据从 2000 年 1 月 5 日到 2011 年 12 月 30 日共有 2 900 个观测，其中 2005 年 1 月 4 日以后的1 701天的数据作为样本外观测用于比较模型的预测效果。样本外观测每天波动率的代理值通过高频交易数据由两种方法计算得到，一种是所谓的已实现波动率（realized volatility，RV），即将一天里每 5min 收益率的平方相加而得；另外一种是已实现极差波动率（realized range volatility，RRV），是将每 5min 时段内的极差平方除以 4ln2 之后求和（参见文献［30］［31］等）。考虑到极差估计有低估的倾向，这里的 RRV 采用了与马丁斯等（Martins 和 van Dijk[31]）中式（11）一样的调整方法。

需要指出的是，无论是 RV 还是 RRV 都是基于交易时段的高频数据得到的，由于每天交易的时段只有 4 小时，原则上这里的 RV 或 RRV 仍然不能直接作为全天波动率的度量。为此，这里采用了汉森等（Hansen 和 Lunde[32]）提出的方法将隔夜无交易时段的波动考虑进来，具体来说，就是用下式将 RV 调整为全天的波动率度量：

$$RV_t^a = \omega_1 r_{ON,t}^2 + \omega_2 RV_t \tag{25}$$

其中，$r_{ON,t}$表示隔夜收益率，即开盘价与上一个交易日收盘价的对数差值，而ω_1和ω_2是两个常数，可按照文献［32］中的式（8）计算。尽管文献［32］中还给出了另外两种调整方法，但是按照最近阿霍涅米等（Ahoniemi 和 Lanne[33]）的研究，这种线性组合的调整方法相对更加准确一些。类似地对 RRV 也用相同的方法调整为全天波动率的度量。这样得到的 1 701 天的 RV^a和 RRV^a序列的相关系数为 0.98。

整个样本期间的收益率取为两个相邻交易日收盘价对数的差值，并以百分数计，表 1 中的四种 X_t 以及 X_t^* 则分别按照对应的公式计算。但是，对于那些因为周末或放假而停止交易的时段，本文对收益率及波动率估计 X_t（X_t^*），以及 RV_t^a（RRV_t^a）等都做了除以该时段所含天数的处理。例如，考虑上周五收盘到本周一收盘的时段，无论是收益率还是各种波动率估计实际上都是针对 3 天的，将它们都除以 3 无非是想将其处理成一个交易日的信息，使之与其他交易日的信息对等。

预测值序列按照如下的滚动方式产生：首先用 2000 年 1 月 5 日到 2004 年 12 月 31 日的 1 199 个观测拟合 GARCH－X 模型并由此给出未来一个交易日（即 2005 年 1 月 4 日）波动率的预测值；然后将拟合模型的窗口向前滚动一天，即用 2000 年 1 月 6 日到 2005 年 1 月 4 日的 1 199个观测拟合模型并给出下一个交易日的波动率预测，以此类推，直至得到 2011 年 12 月 31 日的波动率预测。这样最终得到波动率预测值序列包含了 1 701 个观测。

由各个模型给出的预测值及每天的代理值即可按照式（18）得到每个模型的损失函数序列。表 2 给出了不同模型损失函数的平均值，其

中代理值采用的是 RV^a。采用 RRV^a 的情形与此类似，不再单独列出。

表 2　不同模型波动率预测的损失函数平均值比较

	X_t	C	C*	P	P*	GK	GK*	RS	RS*
误差项为正态分布	L_1	52.03	51.05	50.90	49.95	51.54	50.41	52.45	50.97
	L_2	5.29	5.12	5.03	4.84	5.16	4.90	5.31	4.99
	L_3	0.97	0.93	0.89	0.85	0.92	0.85	0.95	0.88
	L_4	0.35	0.33	0.32	0.30	0.33	0.31	0.34	0.32
误差项为 t 分布	L_1	52.40	51.17	50.59	50.09	51.39	50.30	52.77	51.60
	L_2	5.33	5.15	4.97	4.84	5.12	4.83	5.32	5.01
	L_3	0.98	0.94	0.88	0.85	0.92	0.84	0.96	0.88
	L_4	0.36	0.35	0.32	0.31	0.33	0.31	0.34	0.32

注：①这里计算损失函数时波动率的代理值采用的均是 RV^a；②第一行的所有 X 项为 GARCH－X 模型的简写，例如 C 对应的即是 GARCH 模型、P 对应 GARCH－P 模型，具体见式（10）至式（17）；③L_1，L_2，L_3，L_4 分别为 $b=\{1, 0, -1, -2\}$ 对应的损失函数，具体见式（18）。

分析表 2 的结果可以得到如下的一些认识：①对于这里展示的几种损失函数而言，7 个 GARCH－X 模型基本上都比 GARCH 模型（即表 2 中对应的“C”列）预测效果要好一些，唯一的例外是 RS 对应的模型，在 b 取较大值的损失函数时，显得比 GARCH 要弱一些，但对 b 较小的损失函数，RS 的模型也要好于传统的 GARCH。总的来看，结合了开盘价、最高价及最低价等低频价格信息的确可以改善只依赖于收盘价格的 GARCH 模型的预测能力。②从顺序上看，预测效果最好的模型是由 $X_{P^*,t}$ 及 $X_{GK^*,t}$ 对应的 GARCH－X 模型，其次是由 X_P 和 X_{RS^*} 对应的模型，由 X_{GK} 及 X_{C^*} 给出的模型预测效果更弱一些，最后 X_{RS} 模型的效果比 X_C 对应的模型略微好一些。这与在表 1 中给出的静态情形下几种估计效率的次序具有一定的相似性，但是并不完全一致。可以认为，将极差的信息纳入动态模型是最重要的。因为不难看出无论是 Parkinson 形式还是 Garman－Klass 的形式都直接包含了极差的信息，相比之下，尽管

Rogers - Satchell 的估计形式当中也利用了最高价和最低价，却只是通过比较它们与开盘价或收盘价的差距来捕捉波动的信息，这可能是导致它在预测效果上差一点的原因。③表 2 从第 2 到第 5 行拟合模型时，误差项采用的是正态分布，第 6 到第 9 行用的则是 t 分布，结果表明拟合模型时采用不同的误差项分布对于模型的预测效果基本没有产生太大的影响，只是采用正态分布时，P^* 给出的模型效果最好，而采用 t 分布时，则是由 GK^* 给出了最好的预测效果。

为了避免抽样的不确定性，可以对几种模型的期望损失进行两两比较推断，即检验假设式（19）。由于对应的情况太多，表 3 仅给出部分的比较结果。

表 3　模型预测能力的 Diebold - Mariano 检验结果

		C*	P	P*	GK	GK*	RS	RS*
MSE（$b=0$）	C	2.07**	2.64**	3.27**	1.06	2.33**	-0.07	1.60
	P	-1.27	—	3.57**	-2.33**	1.62	-2.65**	0.31
	GK	0.36	2.33**	3.51**	—	2.68**	-2.66**	1.51
	RS	1.31	2.65**	3.45**	2.66**	3.11**	—	2.38**
QLIKE（$b=0$）	C	2.98**	4.25**	5.38**	2.46**	4.31**	1.18	2.97**
	P	-2.37**	—	5.80**	-2.77**	3.33**	-3.34**	0.75
	GK	-0.64	2.77**	5.33**	—	4.59**	-3.61**	2.21**
	RS	0.56	3.34**	5.27**	3.61**	5.16**	—	3.46**

注：①该表分别给出了基于两种损失函数的 Diebold - Mariano 检验结果；②表中的结果是由误差项取正态分布时得到的损失函数计算出的 t - 统计量值，见文中式（12），行对应 i 模型，列对应 j 模型，因此 t 值为负表示行模型预测效果好于列模型，反之，t - 值为正表示列模型预测效果好于行模型；③ ** 表示在 5% 水平下显著，* 表示在 10% 水平下显著。

在表 3 给出的结果中有两点是明显的：一是除 RS 之外的 6 种 GARCH - X 模型的预测效果好于 GARCH 模型（C 对应的模型），具有较强的显著性，特别是在 $b=-2$ 对应的损失函数下；二是由于这里只考虑了正态误差的情形，预测效果最好的的确是 X_{P^*} 对应的模型，其次

是 X_{GK^*} 的模型，两个模型（特别是 X_{P^*}）的预测效果显著地好于其他几个。尽管采用不同的损失函数得到的平均损失值有些差异，但是考虑了显著性之后，基本可以按照预测能力强弱将上述 8 种模型做如下的分类：第 1 类是 X_{P^*} 与 X_{GK^*} 对应的模型；第 2 类是 X_P 和 X_{RS^*} 对应的模型；第 3 类是 X_{GK} 和 X_{C^*} 对应的模型；第 4 类是 X_{RS} 与 X_C 对应的模型。

为了避免两两比较推断导致增加第一类错误的问题，表 4 给出了依照 MSE 损失函数（即 $b=0$）采用汉森（Hansen[25]）给出的 Bootstrap 方法进行多重比较的部分结果。比如，如果选择 C 即 GARCH 模型作为参照，该检验判断它相比其他 7 种模型是否具有所谓的超预测能力。因为表 4 中三种设置给出的 SPA 检验的 p 值都很小，因此可以断定在另外的 7 种模型中至少存在一个预测能力超过 GARCH 模型。类似地，选择 C*，P，GK，RS，RS* 等作为参照，都可以拒绝 SPA 的原假设。相比之下，采用 GARCH－P* 以及 GARCH－GK* 作为参照，则无论是在正态误差还是 t 分布误差的设置下，都无法拒绝这样的假设。因此可以认为，SPA 的检验再次印证了前面得到的预测能力次序的结论。波动率代理值取 RRV 时结果类似，不再赘述。

表 4　Hansen 的超预测能力（SPA）检验[25]

参照模型		SPA_l 的 p 值	SPA_c 的 p 值	SPA_u 的 p 值
MSE（$b=0$），正态误差	C	0.001 2	0.001 2	0.001 2
	C*	0.002 4	0.002 4	0.002 4
	P	0.005 0	0.005 2	0.005 8
	P*	0.512 2	0.854 2	0.999 2
	GK	0.002 6	0.002 6	0.002 6
	GK*	0.172 4	0.260 2	0.519 0
	RS	0.001 6	0.001 6	0.001 6
	RS*	0.018 6	0.024 4	0.025 8
MSE（$b=0$），t 分布误差	C	0.000 0	0.000 0	0.000 0
	C*	0.0026	0.002 8	0.002 8
	P	0.070 6	0.101 2	0.150 4
	P*	0.422 2	0.709 8	0.935 2

续表

参照模型		SPA_l 的 p 值	SPA_c 的 p 值	SPA_u 的 p 值
MSE（b=0），t 分布误差	GK	0.021 2	0.024 0	0.024 6
	GK*	0.525 2	0.743 8	0.934 0
	RS	0.004 0	0.004 0	0.004 0
	RS*	0.015 6	0.018 8	0.018 8

注：①该表分别给出了基于两种误差分布设置时依据 MSE 损失函数给出的 SPA 检验结果；②表中每行代表该模型作为参照模型与其他模型比较，拒绝原假设意味着该模型不具备超预测能力；③表中 p 值依据 10 000 次 Bootstrap 抽样结果得到，SPA_l，SPA_c，SPA_u 分别对应的三种均值向量的设置方式，具体参见文献［25］。

为了考察几种模型对上证指数下一个交易日 VaR 及 CVaR 的预测能力，本文依照前面的滚动窗口设计拟合模型并得到未来一个交易日的波动率预测值，以拟合窗口内收益率的样本平均值作为预测值的均值，基于估计模型时对条件分布的设定及给出的波动率预测值得到 VaR 和 CVaR 的预测值。表 5 给出了采用不同模型预测置信水平 95% 的 VaR 和 CVaR 的结果比较。

表 5　对 VaR 以及 CVaR 预测结果的比较

		C	C*	P	P*	GK	GK*	RS	RS*
对 VaR 的预测评价	Loss	298.99	298.04	294.08	294.07	292.07	291.83	290.95	290.49
	DM	—	0.53	1.91**	2.31**	2.27**	2.56**	2.38**	2.42**
	SPA	0.015 4	0.017 5	0.038 5	0.065 5	0.155 5	0.242 8	0.392 3	0.511 2
对 CVaR 的预测评价	Loss	97.31	96.57	90.61	89.56	92.97	88.15	91.57	88.54
	DM	—	0.20	1.40*	1.45*	0.82	1.30*	0.93	1.11*
	SPA	0.068 2	0.082 5	0.246 5	0.276 1	0.125 3	0.497 7	0.211 3	0.432 3

注：①这里给出的是置信水平 95% 的 VaR 和 CVaR 的预测效果，采用正态条件分布；②Loss 为预测损失函数加总值；③DM 给出了与 C 模型（即常规的 GARCH 模型）相比的 t 统计量值，t 值为正表示该列模型优于 GARCH 模型，** 表示在 5% 水平下显著，* 表示在 10% 水平下显著；④SPA 检验给出了 Bootstrap 的 p 值，拒绝原假设意味着该模型不具备超预测能力。

从对 VaR 的预测来看，本文提出的 7 种模型的损失函数值均小于 GARCH 模型对应的值，而且，后面 6 种利用了日内最高价和最低价等极值价格信息的模型所给出的损失函数值与 GARCH 模型的结果存在着显著性的差距。结合损失函数以及 DM 检验的结果，显示出 GK* 和 RS* 模型对 VaR 的预测效果是最好的。另外能够看出，带 * 的模型比对应的不带 * 的模型的预测效果要好，这意味着考虑无交易时段并利用开盘价的信息的确可以提高对 VaR 的预测效果。SPA 检验的结果显示后面的 4 种模型具备对 VaR 值的超预测能力。

对 CVaR 的预测结果基本上和 VaR 的情形是相似的。比如本文 7 种模型的预测效果都比 GARCH 的效果好，而且，除了 GK 和 RS 之外，与 GARCH 相比的优势都具有一定程度的显著性。对比带 * 和对应的不带 * 的模型，显示出考虑无交易时段的存在对于预测 CVaR 的作用也是正向的。与 VaR 的结果不同的是，SPA 检验显示出后面 6 种模型均具备对 CVaR 的超预测能力。相比文献［34］［35］的工作，本文的结果则进一步印证了充分地利用低频价格信息对于风险管理具有实质性的意义。

六、 结束语

本文扩展了传统的 GARCH 模型的构造思路，将波动率的各种静态估计方法以一种比较统一的形式纳入对波动率动态预测的问题当中，以使得在预测过程中能够使用到除了收盘价之外的诸如开盘价、最高价、最低价等较为全面的低频价格信息。借助于最近几年发展起来的对波动率高频估计以及预测评价的一些新的进展，本文对上证指数的波动率和风险价值的预测进行了实证分析。结果显示出只要充分地利用收盘价之外的低频价格信息，的确可以显著地改善对波动率和风险价值的预测能力。

众所周知，高频交易信息的获取和处理对于很多人而言还是较为困难的事情。相比之下，如何充分地利用每日的开盘、收盘、最高以及最低等低频的价格信息来获取刻画市场风险及流动性的度量，仍然值得学术探索与实际决策领域的共同关注，比如最近科温等（Corwin 和 Schultz[36]）利用每天的最高价和最低价对有效价差估计的研究也是基于同样的关切。

此外，将本文的工作与汉森等（Hansen 和 Lunde[18]）的研究结果进行对比是有意义的，后者对300多种ARCH类模型的预测效果进行比较后揭示出通过复杂的模型设置并没有显著地提高GARCH模型的预测能力。但本文的结果表明，基于相同的模型设置，通过扩展对其他低频价格的利用，可以显著地改进GARCH模型的预测效果。

参考文献：

[1]Andersen T, Bollerslev T, Diebold F et al.. Modeling and forecasting realized volatility[J]. Econometrica, 2003, 71(2): 579 – 625.

[2]Zhang L, Mykland P A, Ait – Sahalia Y. A tale of two time scales: Determining integrated volatility with noisy high – frequency data [J]. Journal of the American Statistical Association, 2005, 100(472): 1394 – 141.

[3]Parkinson M. The extreme value method for estimating the variance of the rate of return [J]. The Journal of Business, 1980, 53(1): 61 – 65.

[4]Garman M, Klass M. On the estimation of security price volatilities from historical data[J]. The Journal of Business, 1980, 53(1): 67 – 78.

[5] Chou R. Forecasting financial volatilities with extreme values: The conditional auto – regressive range(CARR) model[J]. Journal of Money Credit and Banking, 2005, 37(3): 561 – 582.

[6]李红权，汪寿阳. 基于价格极差的金融波动率建模：理论与实证分析[J]. 中国管理科学，2009，17(6): 1 – 8.

[7]孙便霞，王明进. 基于价格极差的GARCH模型[J]. 数理统计与管理，2013，32(2): 259 – 267.

[8]Fuertes A, Olmo J. Optimally harnessing inter – day and intra – day information for daily value – at – risk prediction[J]. International Journal of Forecasting, 2013, 29(1): 28 – 42.

[9]Rogers L,Satchell S. Estimating variance from high,low and closing prices[J]. The Annals of Applied Probability,1991,1(4):504 -512.

[10]Patton A. Volatility forecast comparison using imperfect volatility proxies[J]. Journal of Econometric,2011,160(2):246 - 256.

[11] Feller W. The Asymptotic distribution of the range of sums of independent random variables[J]. Annals of Mathematical Statistics,1951,22(3):427 -432.

[12]Kunimoto N. Improving the Parkinson method of estimating security price volatilities[J]. The Journal of Business,1992,65(2):295 -302.

[13] Rogers L, Satchell S, Yoon Y. Estimating the volatility of stock prices: A comparison of methods that use high and low prices[J]. Applied Financial Economics, 1994,4(3): 241 -247.

[14]Yang D,Zhang Q. Drift - independent volatility estimation based on high,low,open,and close prices[J]. The Journal of Business,2000,73(3):477 -491.

[15] Buescu C, Taksar M, Kone F. An application of the method of moments to volatility estimation using daily high,low,opening and closing prices[J]. International Journal of Theoretical and Applied Finance,2013,16(5):1 -44.

[16]Fiszeder P,Perczak G. A new look at variance estimation based on values of minimum, maximum,finish and the drift[J]. Statistica Neerlandica,2013,67(4):456 -481.

[17]Floros C. Modelling volatility using high,low,open and closing prices:Evidence from four S&P indices[J]. International Research Journal of Finance and Economics,2009(28): 198 -206.

[18] Hansen P, Lunde A. A forecast comparison of volatility models: Does anything beat a GARCH(1,1)? [J]. Journal of Applied Econometrics,2005,20(7):873 -889.

[19]Hansen P,Huang Z,Shek H. Realized GARCH: A joint model for returns and realized measures of volatility[J]. Journal of Applied Econometrics,2012,27(6):877 -906.

[20]Glosten L,Jagannathan R,Runkle D. On the relation between the expected value and the volatility of the nominal excess return on stocks[J]. Journal of Finance,1993,48(5): 1779 -1801.

[21]Andersen T,Bollerslev T,Meddahi N. Correcting the errors: Volatility forecast evaluation using high - frequency data and realized volatility[J]. Econometrica, 2005, 73(1): 279 -296.

[22] Hansen P, Lunde A. Consistent ranking of volatility models[J]. Journal of Econometrics, 2006, 131(1): 97-121.

[23] Patton A. Volatility forecast comparison using imperfect volatility proxies[J]. Journal of Econometric, 2011, 160(1): 246-256.

[24] Diebold F, Mariano R. Comparing predictive accuracy[J]. Journal of Business and Economic Statistics, 1995, 13(3): 253-263.

[25] Hansen P. A test for superior predictive ability[J]. Journal of Business and Economic Statistics, 2005, 23(4): 365-380.

[26] Kruse R. Can realized volatility improve the accuracy of value-at-risk forecast? [R]. Hannover: Leibniz University of Hannover, 2006.

[27] 杨继平，袁璐，张春会. 基于结构转换非参数 GARCH 模型的 VaR 估计[J]. 管理科学学报，2014，17(2)：69-80.

[28] Degiannakis S, Floros C, Dent P. Forecasting value-at-risk and expected shortfall using fractionally integrated models of conditional volatility: International evidence[J]. International Review of Financial Analysis, 2013, 27(1): 21-33.

[29] 叶五一，缪柏其. 已实现波动与日内价差条件下的 CVaR 估计[J]. 管理科学学报，2012，15(8)：60-71.

[30] Christensen K, Podolskij M. Realized range-based estimation of integrated variance[J]. Journal of Econometrics, 2007, 141(2): 323-349.

[31] Martens M, van Dijk D. Measuring volatility with the realized range[J]. Journal of Econometrics, 2007, 138(1): 181-207.

[32] Hansen P, Lunde A. A realized variance for the whole day based on intermittent high-frequency data[J]. Journal of Financial Econometrics, 2005, 3(4): 525-554.

[33] Ahoniemi K, Lanne M. Overnight stock returns and realized volatility[J]. International Journal of Forecasting, 2013, 29(4): 592-604.

[34] Abad P, Benito S. A detailed comparison of value at risk estimates[J]. Mathematics and Computers in Simulation, 2013, 94: 258-276.

[35] 张术林. 评估 Value-at-Risk 模型——条件矩检验方法[J]. 系统工程理论与实践，2014，34(5)：1153-1160.

[36] Corwin S, Schultz P. A simple way to estimate bid-ask spreads from daily high and low prices[J]. Journal of Finance, 2012, 67(2): 719-760.

广义泊松回归模型的推广及其在医疗保险中应用

徐　昕

摘要： 计数数据往往存在过离散（over - dispersed）特征即方差大于均值，若利用传统的泊松回归模型拟合数据往往会导致其参数的标准误差被低估，显著性水平被高估的错误结论。负二项回归模型、广义泊松回归模型通常被用来处理过离散特征数据。本文以两类广义泊松回归模型 GP - 1 和 GP - 2 为基础，将其推广为更为一般的 GP - P 形式，其中 P 为参数。此时，P = 1 或 P = 2，GP - P 模型就退化为 GP - 1 和GP - 2 模型。文中最后利用此类推广的 GP - P 模型处理了一组医疗保险数据，并与泊松回归模型、负二项回归模型拟合结果进行了比较。结果表明，推广后的 GP - P 模型的拟合效果更优。

关键词： 泊松回归　负二项回归　广义泊松回归　过离散

基金项目：本论文获 2015 年中国保监会部级课题项目支持及国家社会科学基金项目（12CJY114）支持。

徐昕，首都经济贸易大学金融学院副教授，经济学博士。

一、引言

泊松回归模型已经被广泛地用来拟合金融、保险、社会科学及生物医学等领域中的计数数据。如在保险领域，泊松回归模型常被用来预测损失次数。麦卡拉等（McCullagh 和 Nelder[1]）提出了利用泊松回归模型拟合海上保险中货物运输轮船出险次数，艾特金等（Aitkin et al.[2] 和 Renshaw[3]）利用泊松回归模型拟合了英国机动车辆索赔数据。在医疗卫生保健领域，里普汉等（Riphahn et al.[4]）利用泊松回归模型拟合了德国社会经济面板数据，得到了较为理想的效果。然而，泊松模型常假设均值和方差相等，但计数数据通常会表现出过离散的（方差大于均值）特征，此时若利用传统的泊松回归模型估计，会使其参数标准误差被低估，显著性水平被高估。针对这一问题，学者们提出了拟—泊松回归模型，该模型的优点在于拟合数据时不需要知道因变量的精确概率分布，只需假设拟—泊松分布的均值等于泊松分布的均值，拟—泊松分布的方差等于泊松均值的一个线性比例，就可以利用拟—泊松回归模型来处理过离散问题。但是拟—泊松回归模型也存在不足之处，其参数的标准误差往往会大于泊松回归模型的标准误差[5]。

除了使用拟—泊松回归模型，研究者们还提出利用混合泊松回归模型来处理计数数据的过离散问题。如德尼等（Denuit et al.[6]）用泊松—逆高斯模型、泊松—对数正态模型、泊松—伽马模型（即负二项模型）解决保险索赔数据中过离散问题，这些混合泊松回归模型的方差都大于均值。而在众多的混合泊松回归模型中，负二项回归模型是最常见的处理过离散计数数据的模型。负二项回归模型通常有两种参数表达形式 NB—Ⅰ和 NB—Ⅱ（Negative Binomial—Ⅰ和 Negative Binomial—Ⅱ分别简记为 NB—Ⅰ和 NB—Ⅱ）（Cameron & Trivedi[7]，Lawless[8]，McCullagh & Nelder[1]，Cameron & Trivedi[9]，Winkelmann[10]，Hilbe[11]）。然而，NB—Ⅰ和 NB—Ⅱ模型是两类非嵌套的模型，不容易检验拟合优度的效果。因此，格林（Green[12]）提出了 Negative

Binomial—P（简记为 NB—P）模型，当 P = 1 和 P = 2 时分别代表 NB—Ⅰ和 NB—Ⅱ模型，也就是说 NB—P 模型嵌套了 NB—Ⅰ和 NB—Ⅱ两类模型。鲍彻（Boucher）等[13]利用几类混合泊松回归模型如负二项回归（NB—Ⅰ，NB—Ⅱ，NB—K + 1）、泊松—逆高斯（PIG—Ⅰ，PIG—Ⅱ，PIG—K + 1）、泊松—对数正态（PLN—Ⅰ，PLN—Ⅱ，PLN—K + 1）等回归模型详细分析了西班牙车险损失次数数据，其结论表明混合泊松回归模型更适合保险索赔次数数据的拟合。徐昕等[14]利用 NB—P 回归模型重新研究了伊普等（Yip 和 Yau1[15]）文献中的汽车保险索赔数据，其结论也表明推广后的负二项回归模型即 NB—P 模型更适合拟合此类数据。同样，对于广义泊松回归模型通常也会被用来处理计数数据中的过离散和欠离散（under-dispersed）问题（Consul & Jain[16]，Consul[17]，Consul & Famoye[18]，Famoye et al.[19]，Wang & Famoye[20]，Ismail & Jemain[5]），同样存在两种形式即 Generalized Poisson—Ⅰ和 Generalized Poisson—Ⅱ形式（简记为 GP—1 和 GP—2）。对于两类广义泊松模型 GP—1 和 GP—2 同样是非嵌套的，不容易比较两类模型的拟合优度。结合负二项回归模型的推广形式，本文尝试将两类广义泊松回归模型 GP—1 和 GP—2 作进一步推广，即推广为 GP—P 模型，其中 P 为参数，当 P = 1 和 P = 2 时，GP—P 模型分别退化为 GP—1 和 GP—2 模型。文章最后利 GP—P 模型、GP—1 模型和 GP—2 模型分别拟合一组医疗保险数据。

本论文分为七个部分，第一部分对过离散模型的研究现状进行简要综述。第二部分分析泊松回归模型的特性及密度函数；第三部分讨论负二项回归模型的几种形式及它们之间的关系；第四部分研究广义泊松回归模型的推广形式；第五部分说明模型评判的标准；第六部分利用迪巴等（Deb 和 Trivedi[21]）文献中使用的医疗保险数据对推广的广义泊松回归模型进行实证分析；最后为论文结论。

二、泊松回归模型

泊松回归模型是最简单也是最常用的拟合计数数据的模型。假设计

数随机变量 Y_i，其中 $i=1, 2, \cdots, n$ 服从均值为 λ_i 的泊松分布，那么 Y_i 的概率密度函数为

$$\Pr(Y_i = y_i) = \frac{\exp(-\lambda_i)\lambda_i^{y_i}}{y_i}, \quad y_i = 0,1,\cdots,n \tag{1}$$

其均值和方差相等，即 $E(Y_i) = \mathrm{Var}(Y_i) = \lambda_i$。结合选定的自变量，泊松回归模型中的均值可被表示为 $E(Y_i|x_i) = \lambda_i = \exp(x_i^T\beta)$，其中 x_i 是自变量的向量表示，β 是回归参数的向量表示，可以使用最大似然方法得到参数 β 的值。对于泊松回归模型，其对数似然函数方程为

$$l = \sum_{i=1}^{n}(-\ln y_i! + y_i \ln\lambda_i - \lambda_i) \tag{2}$$

回归参数 β 的极大似估计值可以通过以下似然方程组得到

$$\frac{\partial l}{\partial\beta} = \sum_{i=1}^{n}(y_i - \lambda_i)x_i = 0 \tag{3}$$

对参数 β 通常用 Newtown – Raphson 迭代方法估计，参数 β 的估计迭代公式为

$$\hat{\beta}_{s+1} = \hat{\beta}_s - \hat{H}_s^{-1}\hat{g}_s$$

其中 $\hat{g} = \frac{\partial \ln l}{\partial\beta}$，$\hat{H} = \frac{\partial^2 \ln l}{\partial\beta\partial\beta'}$，代入后参数可得到

$$\hat{\beta}_{s+1} = \hat{\beta}_s + \left[\sum_{i=1}^{n}\hat{\lambda}_{is}x_i x'_i\right]^{-1}\sum_{i=1}^{n}x_i(y_i - \hat{\lambda}_{is})$$

因为泊松回归模型的对数似然函数是全局凹的，因此利用 Newtown – Raphson 方法求参数 β 的数值解是收敛的。实际应用中，可以利用统计软件如 R 或 SAS 编写迭代程序来实现或利用 R 中的 glm 函数或 SAS 中的 Genmod 模块求解。此外，参数 β 的方差估计值为 $\mathrm{Var}[\hat{\beta}] = \left[\sum_{i=1}^{n}x_i x'_i\lambda_i\right]^{-1}$，$\beta$ 渐进服从正态分布，即 $\hat{\beta}_p \sim N\left[\beta, \sum_{i=1}^{n}x_i x_i'\lambda_i\right]$，其中 P 为参数个数。

三、 负二项回归模型的几种分布形式

在保险精算定价中，由于风险的非同质性会导致同类保单的索赔频

率不完全相同。此时泊松分布模型就不再适合拟合此类数据，因此，学者们引入了负二项模型[9],[10],[12]。对于负二项回归模型的分布函数，可以在泊松回归模型的基础上得到。泊松回归模型的均值可以有不同的表达形式，利用文献［11］中考虑随机误差项 ε_i，其均值可以表示为

$$E(Y_i \mid \varepsilon_i) = \exp(x_i^T\beta + \varepsilon_i) = h_i\lambda_i \tag{4}$$

其中 $h_i \sim \text{gamma}(\theta, \theta)$，$E(h_i) = 1$，$\text{Var}(h_i) = 1/\theta$，此时 h_i 密度函数为

$$f(h_i) = \frac{\theta^{\theta}\exp(-\theta h_i)h_i^{\theta-1}}{\Gamma(\theta)}, \qquad \theta > 0, h_i \geqslant 0 \tag{5}$$

在 h_i 给定的条件下，可得到条件泊松分布

$$\Pr[Y_i = y_i \mid x_i, h_i] = \frac{\exp[-\lambda_i h_i][\lambda_i h_i]^{y_i}}{\Gamma(1+y_i)}, \lambda_i = \exp(x_i'\beta), y_i = 0,1,2,\cdots \tag{6}$$

因此，任意计数次数分布可以表示为

$$\Pr[Y = y_i \mid x_i] = \int \Pr[Y = y_i \mid x_i, h_i] f(h_i)\mathrm{d}h_i = \frac{\Gamma(\theta + y_i)}{\Gamma(\theta)\Gamma(1+y_i)}\left(\frac{\theta}{\theta+\lambda_i}\right)^{\theta}\left(\frac{\lambda_i}{\theta+\lambda_i}\right)^{y_i} \tag{7}$$

上式即为负二项分布的概率函数分布形式，其均值和方差分别为：

$$E[Y_i \mid x_i] = \lambda_i \qquad \text{Var}[Y_i \mid x_i] = \lambda_i\left[1 + \left(\frac{1}{\theta}\right)\lambda_i\right] \tag{8}$$

在上述负二项分布中，如果令参数 $\theta = \sigma^{-2}\lambda_i(\sigma^2 > 0)$，此时的负二项模型即为 NB—1 模型，概率函数为

$$\Pr[Y = y_i \mid x_i] = \frac{\Gamma(\lambda_i\sigma^{-2} + y_i)}{\Gamma(\lambda_i\sigma^{-2})\Gamma(y_i+1)}\left(\frac{\sigma^{-2}}{1+\sigma^{-2}}\right)^{\lambda_i\sigma^{-2}}\left(\frac{1}{1+\sigma^{-2}}\right)^{y_i} \tag{9}$$

其中 $E[Y_i \mid x_i] = \lambda_i$，$\text{Var}[Y_i \mid x_i] = \lambda_i + \sigma^2\lambda_i$，因 $\sigma^2 > 0$，$\lambda_i > 0$，$\text{Var}[Y_i \mid x_i] > E[Y_i \mid x_i]$，且两者之间存在线性关系。在上述负二项分布中，如果令参数 $\theta = \sigma^{-2}$（$\sigma^2 > 0$），此时的负二项模型即为 NB—2 模型，概率函数为

$$P[Y = y_i \mid x_i] = \frac{\Gamma(\sigma^{-2} + y_i)}{\Gamma(\sigma^{-2})\Gamma(1+y_i)}\left(\frac{\sigma^{-2}}{\lambda_i+\sigma^{-2}}\right)^{\sigma^{-2}}\left(\frac{\lambda_i}{\lambda_i+\sigma^{-2}}\right)^{y_i} \tag{10}$$

其中 $E[Y_i \mid x_i] = \lambda_i$，$\text{Var}[Y_i \mid x_i] = \lambda_i + \sigma^2\lambda_i^2$，仍然有 $\text{Var}[Y_i \mid x_i] >$

$E[Y_i \mid x_i]$，且二者之间存在二次平方关系。

不妨假设参数 $\theta = \sigma^{-2}\lambda_i^{2-p}$（$\sigma^2 > 0$），即可得到三参数的负二项模型，即 NB—P 模型。NB—P 模型的均值为 $E[Y_i \mid x_i] = \lambda_i$，方差为 $\text{Var}[Y \mid x_i] = \lambda_i + \sigma^2\lambda_i^p$，方差是均值的 p 次函数，且大于均值。可以看出，当参数 $p = 1$ 时，NB—P 模型变为 NB—1 模型；参数 $p = 2$ 时，NB—P 模型变为 NB—2 模型。NB—P 模型的概率函数为

$$\Pr[Y = y_i \mid x_i] = \frac{\Gamma(\sigma^{-2}\lambda_i^{2-p} + y_i)\left(\frac{\sigma^{-2}\lambda_i^{2-p}}{\lambda_i + \sigma^{-2}\lambda_i^{2-p}}\right)^{\sigma^{-2}\lambda_i^{2-p}}\left(\frac{\lambda_i}{\lambda_i + \sigma^{-2}\lambda_i^{2-p}}\right)^{y_i}}{\Gamma(1 + y_i)\Gamma(\sigma^{-2}\lambda_i^{2-p})} y_i = 0,1,2,\cdots \tag{11}$$

对 NB—P 模型，其方差与均值 λ_i 之间满足 P 函数关系。不同的 λ_i 和 P 值会影响 NB—P 模型的过离散程度。

$\lambda_i > 1$ 时，P 值越大，模型的方差也越大，其过离散程度也就相应越强：$P < 1$ 时，$\text{NB—P}_{过离散度} < \text{NB—1}_{过离散度}$；$1 < P < 2$ 时，$\text{NB—1}_{过离散度} < \text{NB—P}_{过离散度} < \text{NB—2}_{过离散度}$；$P > 2$ 时，$\text{NB—P}_{过离散度} > \text{NB}-2_{过离散度}$。

$0 < \lambda_i < 1$ 时，P 值越大，模型的方差越小，其过离散程度也就越弱：$P < 1$ 时，$\text{NB—P}_{过离散度} > \text{NB—1}_{过离散度}$；$1 < P < 2$ 时，$\text{NB—2}_{过离散度} < \text{NB—P}_{过离散度} < \text{NB—1}_{过离散度}$；$P > 2$ 时，$\text{NB—P}_{过离散度} < \text{NB—2}_{过离散度}$。在实际应用中，保险标的损失的索赔频率 λ_i 往往是小于 1 的。

由此可见，NB—P 模型可以更加灵活地拟合过离散的索赔次数数据。关于 NB—P 模型的参数估计和推导计算，可参阅文献［14］。

四、推广的广义泊松回归模型（GP—P）

（一）两类常用的广义泊松回归模型

当保险索赔数据满足 $\text{Var}[Y_i \mid x_i] > E[Y_i \mid x_i]$，称其具有过离散特征；当保险索赔数据满足 $\text{Var}[Y_i \mid x_i] < E[Y_i \mid x_i]$，称其具有欠离散特征。广义泊松回归模型可以处理具有这两类特征的数据。对于广义泊松回归模型，常见的有两种分布形式，即广义泊松—1 回归模型

（Generalized Poison - 1 简记为 GP—1）和广义泊松—2 回归模型（Generalized Poison - 2 简记为 GP—2）。

1. GP—1 模型

对 GP—1 分布其概率密度函数为[20]：

$$\Pr(Y_i = y_i \mid x_i) = \left(\frac{\lambda_i}{1+\alpha\lambda_i}\right)^{y_i}\frac{(1+\alpha y_i)^{y_i-1}}{y_i!}\exp\left(-\frac{\lambda_i(1+\alpha y_i)}{1+\alpha\lambda_i}\right), y_i = 0,1,\cdots \tag{12}$$

其中均值 $E(Y_i \mid x_i) = \lambda_i = \exp(x_i^T\beta)$，方差 $\mathrm{Var}(Y_i \mid x_i) = \lambda_i(1+\alpha\lambda_i)^2$。GP—1 模型中，方差和均值 λ_i 以及参数 α 之间存在函数关系。当 $\alpha=0$ 时，GP—1 模型就是传统的泊松模型，满足均值和方差相等的特性；当 $\alpha>0$ 时，GP—1 模型的方差大于均值，模型可以处理过离散问题；当 $\alpha<0$ 时，由于 $\lambda_i>0$，所以 GP—1 模型的方差小于均值，模型可以处理欠离散问题。GP—1 回归模型的对数似然函数为

$$l(\beta,\alpha) = \sum_i y_i\ln\left(\frac{\lambda_i}{1+\alpha\lambda_i}\right) + (y_i-1)\ln(1+\alpha y_i) - \frac{\lambda_i(1+\alpha y_i)}{1+\alpha\lambda_i} - \ln(y_i!) \tag{13}$$

两个参数（$\hat{\beta}$，$\hat{\alpha}$）的值可以由下面两个方程通过迭代方法得到：

$$\frac{\partial l(\beta,\alpha)}{\partial\beta_j} = \sum_i \frac{(y_i-\lambda_i)x_{ij}}{(1+\alpha\lambda_i)^2} = 0, \qquad j = 1,2,\cdots,p \tag{14}$$

$$\frac{\partial l(\beta,\alpha)}{\partial\alpha} = \sum_i -\frac{y_i\lambda_i}{1+\alpha\lambda_i} + \frac{y_i(y_i-1)}{1+\alpha y_i} - \frac{\lambda_i(y_i-\lambda_i)}{(1+\alpha\lambda_i)^2} = 0 \tag{15}$$

GP—1 回归的 Hessian 矩阵 H 的元素为：

$$H_{jk} = \frac{\partial^2 l}{\partial\beta_j\partial\beta_k} = -\sum_{i=1}^{n}\frac{(1-\alpha\lambda_i+2\alpha y_i)\lambda_i x_{ij}x_{ik}}{(1+\alpha\lambda_i)^3}, j,k = 1,2,\cdots,p \tag{16}$$

因此信息矩阵的元素为：

$$I_{jk} = -E(H_{jk}) = \sum_{i=1}^{n}\frac{\lambda_i x_{ij}x_{ik}}{(1+\alpha\lambda_i)^2}, j,k = 1,2,\cdots,p \tag{17}$$

2. GP—2 模型

根据康瑟尔等（Consul 和 Famoye[18]）可以得到 GP—2 分布的概率分布函数

$$\Pr(Y_i = y_i \mid x_i) = \begin{cases} \theta_i(\theta_i + v_i y_i)^{y_i - 1} \dfrac{\exp(-\theta_i - v_i y_i)}{y_i !} & y_i = 0,1,\cdots \\ 0 & \theta_i > 0 \end{cases} \tag{18}$$

其中 $\max\left(-1,\ -\dfrac{\theta_i}{4}\right) < v_i < 1$。对式（18）其分布均值 $E(Y_i \mid x_i) = \lambda_i = (1 - v_i)\theta_i$，方差为 $\mathrm{Var}(Y_i \mid x_i) = (1 - v_i)^{-3}\theta_i = (1 - v_i)^{-2}\lambda_i$。如果令 $v_i = (1 + \lambda_i\alpha)^{-1}\alpha\lambda_i$，$\theta_i = (1 + \lambda_i\alpha)^{-1}\lambda_i$，可以得到均值和方差的另一种表达形式，即 $E(Y_i \mid x_i) = \lambda_i = \exp(x_i^T\beta)$，$\mathrm{Var}(Y_i \mid x_i) = (1 + \alpha\lambda_i^2)\lambda_i$。对 GP—2 分布的对数似然方程为

$$l(\beta,\alpha) = \sum_i \ln(\lambda_i) + (y_i - 1)\ln(\lambda_i + \alpha\lambda_i y_i) - y_i \ln(1 + \alpha\lambda_i) - \frac{\lambda_i + \alpha\lambda_i y_i}{1 + \alpha\lambda_i} - \ln(y_i !) \tag{19}$$

两个参数 $(\hat{\beta},\ \hat{\alpha})$ 的值仍可以由下面两个方程通过迭代方法得到

$$\frac{\partial l}{\partial \beta_j} = \sum_i \frac{y_i + \alpha\lambda_i y_i - \alpha y_i - 1}{\lambda(1 + \alpha\lambda_i)^2}\frac{\partial \lambda_i}{\partial \beta_j} = 0 \quad j = 1,\cdots,p \tag{20}$$

$$\frac{\partial l}{\partial \alpha} = \sum_i \frac{y_i(y_i - 1)}{1 + \alpha y_i} - \frac{\lambda_i y_i}{1 + \alpha\lambda_i} - \frac{\lambda_i y_i - \lambda_i^2}{(1 + \alpha\lambda_i)^2} = 0 \tag{21}$$

（二）一类新的 GP—1 模型

同样，对（18）式中如果令 $v_i = \alpha + (1 + \alpha)^{-1}$，$\theta_i = (1 + \alpha)^{-1}\lambda_i$，可以得到一类新的不同于文献［20］中 GP—1 广义泊松回归模型的分布形式，其分布函数为

$$\Pr(Y_i = y_i \mid x_i) = \frac{\lambda_i(\lambda_i + \alpha y_i)^{y_i - 1}}{(1 + \alpha)^{y_i} Y_i !}\exp\left(-\frac{\lambda_i + \alpha y_i}{1 + \alpha}\right) \tag{22}$$

其中均值为 $E(Y_i \mid x_i) = \lambda_i = \exp(x_i^T\beta)$，方差为 $\mathrm{Var}(Y_i \mid x_i) = (1 + \alpha)^2\lambda_i$。对新的 GP—1 分布的对数似然方程为

$$l(\beta,\alpha) = \sum_i \ln(\lambda_i) + (y_i - 1)\ln(\lambda_i + \alpha y_i) - y_i \ln(1 + \alpha) - \frac{\lambda_i + \alpha y_i}{1 + \alpha} - \ln(y_i !) \tag{23}$$

其中的参数 $(\hat{\beta},\ \hat{\alpha})$ 可由下述方程组求得

$$\frac{\partial l}{\partial \beta_j}=\sum_i\left(\frac{(\alpha+\lambda_i)y_i}{\lambda_i(\lambda_i\alpha y_i)}-\frac{1}{1+\alpha}\right)\frac{\partial\lambda_i}{\partial\beta_j}=0 \tag{24}$$

$$\frac{\partial l}{\partial \alpha}=\sum_i\frac{y_i^2-y_i}{\lambda_i+\alpha y_i}-\frac{y_i}{1+\alpha}-\frac{y_i-\lambda_i}{(1+\alpha)^2}=0 \tag{25}$$

（三）推广的 GP—P 模型

令式（18）中的 $v_i=(1+\alpha\lambda_i^{p-1})^{-1}\alpha\lambda_i^{p-1}$，$\theta_i=(1+\alpha\lambda_i^{p-1})^{-1}\lambda_i$，可以得到一个新的广义泊松回归模型的分布函数形式

$$\Pr(Y_i=y_i\mid x_i)=\frac{\lambda_i(\lambda_i+\alpha\lambda_i^{p-1}y_i)^{y_i-1}}{(1+\alpha\lambda_i^{p-1})y_i!}\exp\left(-\frac{\lambda_i+\alpha\lambda_i^{p-1}y_i}{1+\alpha\lambda_i^{p-1}}\right) \tag{26}$$

新的模型记为广义泊松—P 回归模型，简记为 GP—P 回归模型，其参数 α 记为散度参数，参数 p 记为结构参数。结构参数 p 可以是任意实数。GP—P 模型的均值和方差分别为 $E(Y_i)=\lambda_i=\exp(x_i^T,\beta)$，$\mathrm{Var}(Y_i)=(1+\alpha\lambda_i^{p-1})^2\lambda_i$。

对于式（26）中，$\alpha=0$ 时，GP—P 模型记为传统的泊松模型；$\alpha>0$ 时，GP—P 模型的方差大于均值，即满足过离散数据特征，可以用来拟合过离散数据；当参数 $\alpha<0$ 时，GP—P 模型的方差小于均值，GP—P 模型可以处理欠离散特征数据。同样，对于 GP—P 模型中的结构参数，当参数 $p=1$ 时，GP—P 模型即退化为新的 GP—1 模型；当参数$p=2$ 时，GP—P 模型退化为 GP—2 模型。因此，推广的广义泊松回归模型嵌套着新 GP—1 和 GP—2 模型，可以利用似然比检验来检验模型的拟合优度。GP—P 分布的对数似然方程为

$$\begin{aligned}l(\beta,\alpha)=&\sum_i\ln(\lambda_i)+(y_i-1)\ln(\lambda_i+\alpha\lambda_i^{p-1}y_i)-y_i\ln(1+\alpha\lambda_i^{p-1})\\&-\ln(y_i!)-\frac{\lambda_i+\alpha\lambda_i^{p-1}y_i}{1+\alpha\lambda_i^{p-1}}\end{aligned} \tag{27}$$

其中的参数 $(\hat{\beta},\hat{\alpha})$ 可由下述方程组通过牛顿迭代求得

$$\begin{aligned}\frac{\partial l}{\partial\beta_j}\sum_i\Bigg(&\frac{1}{\lambda_i}+\frac{(y_i-1)(1+(p-1)\alpha\lambda_i^{p-2}y_i)}{\lambda_i+\alpha\lambda_i^{p-1}y_i}-\frac{(p-1)\alpha y_i\lambda_i^{p-2}}{1+\alpha\lambda_i^{p-1}}\\&-\frac{(1+\alpha\lambda_i^{p-1})+(p-1)(\alpha\lambda_i^{p-2}y_i-\alpha\lambda_i^{p-1})}{(1+\alpha\lambda_i^{p-1})^2}\Bigg)\frac{\partial\lambda_i}{\partial\beta_j}=0\end{aligned} \tag{28}$$

$$\frac{\partial l}{\partial \alpha}=\sum_{i}\frac{\lambda_i^{p-1}y_i(y_i-1)}{\lambda_i+\alpha\lambda_i^{p-1}y_i}-\frac{\lambda_i^{p-1}y_i}{1+\alpha\lambda_i^{p-1}}-\frac{\lambda_i^{p-1}y_i-\lambda_i}{(1+\alpha\lambda_i^{p-1})^2}=0 \tag{29}$$

方程组（28）（29）并没有显式解，可以通过迭代法（即 IRWLS 方法），利用统计软件 SAS 程序中的 PROC NLMIXED 和 PROC IML 模块求解。在满足一定的迭代步数或达到了一定精度要求，Hession 矩阵可逆的情况下即可视为收敛。为了保证收敛速度，可将 GP—1 和 GP—2 回归模型的参数估计值作为参数β和α的初始值。理论上来讲，结构参数p可以是大于零的实数，也可以是小于零或等于零的实数，并没有严格限制。但在实际的迭代过程中，为计算方便，结构参数p的初始值一般设为 1 或 2 这样的特殊情况。

3.4 广义泊松回归模型的特性

（1）在负二项回归模型中，当散度参数$\sigma^2\to 0$时，负二项回归模型近似为泊松回归模型，而在广义泊松回归模型中，当散度参数$\alpha=0$时，广义泊松回归模型退化为泊松回归模型。

（2）从模型中均值和方差之间的关系来看，NB—1 和新 GP—1 模型中均值和方差之间都是线性关系，NB—2 模型中均值和方差之间是平方关系，GP—2 模型中均值和方差之间是立方关系，NB—P 模型中方差是均值的p次方，而 GP—P 模型中方差是均值的$2p-1$次方。

（3）可以利用似然比检验方法来检验泊松回归模型、负二项回归模型（NB—1 和 NB—2）、广义泊松回归模型（GP—1 和 GP—2）的离散程度[18],[20]。

（4）当均值和方差都固定时，从结构性质来看负二项分布和广义泊松分布并无大的区别。然而，广义泊松分布更具有厚尾（heavier tail）特征，而负二项分布在零点聚集更多的零次计数[22]。

五、 模型的评价标准

（一） 似然比检验

对于嵌套模型，可以利用似然比统计量（Likelihood Ratio Test，简记为 LRT）来检验模型的拟合优度，似然比统计量 $T = 2(\ln L_1 - \ln L_2)$。利用似然比统计量 T 来检验 NB—1 和 NB—P，NB—2 和 NB—P，新 GP—1 和 GP—P，GP—2 和 GP—P 回归模型的拟合效果。原假设和备择假设分别为 H_0：$p=1$ vs. H_1：$p\neq 1$，H_0：$p=2$ vs. H_1：$p\neq 2$，似然比统计量 LTR $\sim\chi^2$（1）。

（二）过离散检验

对过离散程度的检验可以利用卡梅伦等（Cameron 和 Trivedi[2]），格林尼（Greene[23]）提出的两种方法来进行验证。卡梅伦等（Cameron 和 Trivedi[2]）利用最小二乘法建立方程 $\frac{(y_i-\lambda_i)^2-y_i}{\lambda_i}=\alpha\lambda_i+e_i$，$e_i$ 为拟合后的随机误差，$\lambda_i=\exp(x_i'\beta)$，若系数 α 的 t 统计量是显著的，则数据存在过离散问题，反之，可能不存在。格林尼（Greene[23]）通过构造拉格朗日乘法（Lagrange Multiplier）检验统计量 $LM=\frac{(e'e-n\bar{y})^2}{2\lambda'\lambda}$，判断数据是否存在过离散特征，其中的 $\lambda=(\lambda_1,\cdots,\lambda_n)'$，$\lambda_i=\exp(x_i'\beta)$，$e=y-\lambda$，$y=(y_1,\cdots,y_n)'$。零假设为数据服从泊松分布，即不存在过离散特征时，此时构造出的统计量 $LM\sim\chi^2(1)$，依此来做出判断。

（三）拟合优度检验

AIC（Akaike Information Criteria）和 BIC（Bayesian Schwartz Criteria）两个统计量是对模型拟合效果评价的常用标准。根据阿凯克（Akaike[24]）的定义：

$AIC=-2\log\{L(\hat{\theta})\}+2p$，其中 p 为模型中参数的个数，$L(\hat{\theta})$ 为似然函数。

按照施瓦兹（Schwartz[25]）对 BIC 的定义：

$BIC=-2\log\{L(\hat{\theta})\}+\log(n)p$，其中 p 为模型中参数个数，$L(\hat{\theta})$ 为似然函数，n 为样本容量。AIC 和 BIC 的值越小，说明模型的拟合效果越好。

六、 数据与实证检验

（一） 数据的选取

为了进一步说明上述模型在实际中的应用，本文利用迪巴等（Deb和 Trivedi）文献中引用的国家医疗支出项目医疗保险数据[21]，该项目调查了4 406位年龄大于等于66岁的老年人看病就医时住院天数受到性别、年龄、身体状况等因素的影响情况，详细描述见表1。

表1　变量描述

变量名	描述定义	观测数目	Mean	Std. Dev	Min	max
HOSP	住院天数	4 406	0. 296 0	0. 746 4	0	8
EXCELHLTH	如果自觉健康状况良好，取值为1	4 406	0. 077 8	0. 268 0	0	1
PROORHLTH	如果自觉健康状况较差，取值为1	4 406	0. 125	0. 331 6	0	1
NUMCHRON	患有慢性疾病的数目	4 406	1. 542 0	1. 349 6	0	8
AGE*	年龄	4 406	7. 402 4	0. 633 4	6. 6	10. 9
MALE	取1代表男性	4 406	0. 403 5	0. 490 7	0	1
SCHOOL	受教育的年限	4 406	10. 290 3	3. 738 7	0	18
PRIVINS	如果自己购买保险，取值为1	4 406	0. 776 4	0. 416 7	0	1

*：为方便计算，将年龄除以10。

变量HOSP为住院天数，假设为因变量，其余均为解释变量。如表1所示，住院天数（HOSP）的均值和方差不等，方差大约为均值的2倍，说明数据存在过离散特征。可以利用数据信息，拟合出住院天数（HOSP）的泊松拟合分布图，见图1。从图1的住院天数拟合结果来看，在零点处，泊松分布拟合值明显低于样本观测值，在1处，高于样本观测值。

按照卡梅伦等（Cameron 和 Trivedi）的方法计算出 $t_\alpha = 7.23$，格林尼（Greene）提出的拉格朗日乘法统计量 $LM = 794.14738$，在置信水平 $\alpha = 0.05$ 下均显著，说明数据存在过离散问题。根据前述分析可知，泊松分布的均值和方差是相等的，因此从住院天数的简要统计分析结果来看，泊松分布已经不适合此类数据分析。下面，将结合解释变量，讨论利用推广的广义泊松—P 回归模型对数据进行拟合。

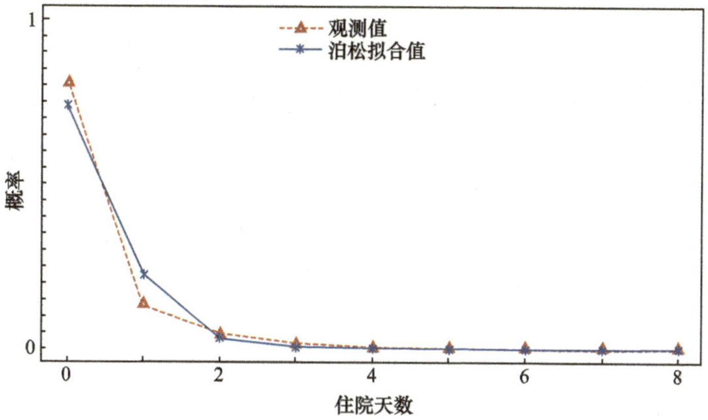

图 1　泊松分布拟合值与观测值比较

（二）回归模型拟合结果比较分析

从表 2 中的参数拟合结果来看，根据 AIC，BIC 和似然值评价标准，泊松回归模型是拟合效果最差的，表明此数据已不适合利用泊松回归模型来拟合。所有模型中参数的估计值比较接近，负二项回归模型、广义泊松回归模型中参数的标准误差都大于泊松回归模型中对应参数的标准误差。依据方差和均值之间的关系，即 NB—1 和新 GP—1 方差—均值之间为线性关系，NB—2 模型为平方关系，GP—2 模型为三次方关系，NB—P 模型为 P 次方关系，GP—P 模型为（$2P-1$）次方关系，所以，NB—1 模型和新 GP—1 模型、NB—2 模型和 GP—2 模型、NB—P 模型和 GP—P 模型中的参数估计值较为近似。由于 NB—1 模型、NB—2 模型与 NB—P 模型，新 GP—1 模型、GP—2 模型与 GP—P 模型为嵌套模型，因此可以利用似然比检验方法来评判拟合效果。负二项回归模型中，当原假设为 H_0：$p=1$，备择假设为 H_1：$p\neq1$ 时，似然比统计量为 $2(l_{NB—P}-l_{NB—1})=5.0>3.841=\chi^2_{0.05}(1)$。同样，当原假设为 H_0：$p=2$，备择假设为 H_1：$p\neq2$ 时，得到的似然比统计量为 $2(l_{nbk}-l_{nb2})=$

14.6 > $\chi^2_{0.05}(1)$，表明三个模型中选择 NB—P 模型。同样，对广义泊松回归模型，新 GP—1 模型、GP—2 模型的似然比值分别为 4.6 和 17.9，均大于 $\chi^2_{0.05}$（1）值，表明三个模型中选择 GP—P 模型。最后，根据 AIC 和 BIC 的评判标准，GP—P 回归模型的结果值都是最小的，表明对于该组存在过离散特征的医疗保险数据，从统计检验的角度考虑 GP—P 回归模型是更好的选择。

表 2　参数估计结果

参数新	Poisson	NB—1	NB—2	NB—P	GP—1	GP—2	GP—P
INTERCEPT	−3.329 0 (0.339 7)*	−3.364 8 (0.402 3)*	−3.752 6 (0.446 8)*	−3.546 7 (0.432 4)*	−3.360 3 (0.402 4)*	−3.838 5 (0.456 5)*	−3.551 5 (0.435 5)*
EXCLHLTH	−0.723 4 (0.175 6)*	−0.578 2 (0.187 6)*	−0.697 9 (0.193 3)*	−0.656 7 (0.200 4)*	−0.577 5 (0.187 5)*	−0.693 3 (0.192 6)*	−0.652 4 (0.200 1)*
POORHLTH	0.626 2 (0.067 86)*	0.603 6 (0.082 34)*	0.613 9 (0.095 39)*	0.626 9 (0.087 83)*	0.602 7 (0.082 39)*	0.615 6 (0.098 49)*	0.628 3 (0.088 30)*
NUMCHRON	0.264 5 (0.018 28)*	0.256 9 (0.021 90)*	0.289 4 (0.026 47)*	0.273 0 (0.024 40)*	0.256 9 (0.021 91)*	0.296 4 (0.027 90)*	0.273 8 (0.024 75)*
AGE	0.186 4 (0.042 01)*	0.193 7 (0.049 87)*	0.238 4 (0.055 26)*	0.212 3 (0.053 38)*	0.193 3 (0.049 89)*	0.248 9 (0.056 42)*	0.212 8 (0.053 71)*
MALE	0.103 2 (0.056 27)*	0.132 8 (0.066 82)*	0.153 9 (0.073 03)*	0.137 1 (0.070 64)**	0.133 3 (0.066 83)*	0.163 6 (0.074 17)*	0.138 8 (0.070 87)**
SCHOOL	−0.000 21 (0.007 871)	−0.002 442 (0.009 358)	−0.002 27 (0.010 20)	−0.001 351 (0.009 900)	−0.002 413 (0.009 358)	−0.002 82 (0.010 35)	−0.001 395 (0.009 924)
PRIVINS	0.108 7 (0.069 25)	0.058 78 (0.081 84)	0.093 93 (0.090 49)	0.073 00 (0.086 97)	0.056 82 (0.081 83)	0.092 40 (0.092 01)	0.070 48 (0.087 17)
σ^2		0.641 0 (0.061 65)*	1.766 7 (0.160 5)*	1.001 6 (0.199 5)*			
p				1.405 1 (0.167 2)*			1.376 5 (0.161 6)*

续表

参数新	Poisson	NB—1	NB—2	NB—P	GP—1	GP—2	GP—P
离散参数 a					0.292 6 (0.026 95)*	0.785 6 (0.067 94)*	0.441 2 (0.084 20)*
-2l	6 091.9	5 703.5	5 713.1	5 698.5	5 700.2	5 713.5	5 695.6
AIC	6 107.9	5 721.5	5 731.1	5 718.5	5 718.2	5 731.5	5 715.6
BIC	6 159.0	5 779.0	5 788.6	5 782.4	5 775.8	5 789.0	5 779.5

注：*，** 分别表示参数在 5% 和 10% 水平下显著，参数的标准误差表示为（ ）中的数值。

表 2 中的拟合结果表明，健康状况、慢性病患病数目、年龄、性别因素对住院天数的影响相对比较显著，而是否购买医疗保险以及教育年限对住院天数的影响并不显著。在显著性影响因素中，身体健康的患者（EXCLHLTH）与患有重疾身体不健康（POORHLTH）的患者对住院天数的影响作用相反。EXCLHLTH 系数为负值，说明身体越健康住院天数越少；POORHLTH 为正值，说明身体越差，住院天数越多。患有疾病数目（NUMCHRON）、年龄（AGE）、性别（MALE）三个变量的估计值为正值，说明年龄越大、患疾病数目越多的男性住院天数越多。对于教育年限（SCHOOL）和是否购买商业保险（PRIVINS）两个因素对住院天数的影响并不显著，但二者的估计值符号相反。SCHOOL 系数为负值，表明受教育时间越长住院天数越少。PRIVINS 系数为正值，表明一个购买商业医疗保险的患者因其大部分住院费用可以由保险公司来承担，因此住院天数可能会较多。

七、 结论

本文主要讨论了如何利用泊松回归模型、负二项回归模型以及广义泊松回归模型等几类模型解决离散型数据中的过离散问题。依据方差和均值之间的关系，本文主要对泊松回归模型作了进一步推广，即 GP—P 模型，该模型嵌套了常见的两类广义泊松回归模型 GP—1 和 GP—2 模型，并利用一组医疗保险数据对推广的 GP—P 模型进行实证研究，同时将拟合结果与几类负二项回归模型、泊松回归模型进行了比较。结果表明，推广后的 GP—P 模型在处理过离散特征计数数据时形式更灵活，拟合效果更优。

在实际应用中，需要根据数据的特点选用最优的模型。如在过离散数据中，如果数据的过离散程度比较轻，这时可以选用拟—泊松回归模型来拟合；若数据的过离散程度比较严重，而且产生过离散的原因是由于数据波动较大而不是由于零点分布聚集过多导致，此时可以选用负二项回归模型和广义泊松回归模型；如果数据存在严重的过离散问题并且厚尾特征比较明显，此时可以首先考虑本文中所讨论的 GP—P 回归模型。当然，模型参数选取的越多，模型的复杂度就越高，应用的方便性也会大打折扣。总之，最终最优模型的选定还要取决于实际问题的需要。

参考文献

[1] McCullagh P, Nelder J A. Generalized Linear Models[M]. 2nd ed. London: Chapman and Hall, 1989.

[2] Aitkin M, Anderson D, Francis B, Hinde J. Statistical modelling in GLIM[M]. New York: Oxford University, 1990.

[3] Renshaw A E. Modelling the claims process in the presence of covariates[J]. ASTIN Bulletin, 1994, 24(2): 265－285.

[4] Riphahn R, Wambach A, Million A. Incentive effects in the demand for health care: a bivariate panel count data estimation[J]. Journal of Applied Econometrics, 2003, 18(4): 387－405.

[5] Ismail N, Jemain A A. Handling overdispersion with negative binomial and generalized Poisson regression models[C]. Casualty Actuarial Society Forum, Winter: 2007, 103－158.

[6] Denuit M, Marechal X, Pitrebois S, Walhin J F. Actuarial Modeling of Claim Counts: Risk Classification, Credibility and Bonus-Malus Systems[M]. John Wiley and Sons: England, 2007.

Household Carbon Inequality in Urban China, its Sources and Determinants

Xinkuo Xu, Liyan Han[①], Xiaofeng Lv

Abstract: Designing mitigation policies for households requires knowledge of household carbon distributions. This study surveys the household carbon inequality in urban China and analyzes its sources and determinants using weighted household survey data. Different from existing literatures studying carbon inequality on the international or regional level, we focus on the household aspect and firstly survey its characteristics by some comparisons. By ascribing household carbon emissions calculated by the Consumer Lifestyle Approach to several consumption categories with the method of Gini coefficient decomposition, we find that residential

① Corresponding author at: School of Economics and Management, Beihang University, Xueyuan Road, Haidian Distinct, 100191 Beijing, China.

Xinkuo Xu, School of Finance, Capital University of Economics and Business.

Liyan Han, School of Economics and Management, Beihang University, Haidian.

Xiaofeng Lv, School of International Business, Southwestern University of Finance and Economics.

consumption with high carbon intensity is the most important source of household carbon inequality in urban China. Food consumption and the consumption of educational, cultural and recreational services are the next largest sources because of the consumed quantities or carbon intensity. The application of Shapley decomposition shows the determinants of household carbon inequality in urban China and their contributions, which are household demographic characteristics (59.74%), household employment and income (24.31%), household burdens (8.00%), and household assets and financial plans (7.95%). The policy implications of these results are also discussed.

Key words: carbon emissions; household; inequality; China; decomposition

1. Introduction

Designing mitigation policies requires knowledge of the distribution of carbon emissions. Quite a few studies have investigated the international inequality of carbon emissions, including Heil and Wodon (1997, 2000); White (2000, 2007); Sun (2002); Alcántara and Duro (2004); Hedenus and Azar (2005); Padilla and Serrano (2006); Duro and Padilla (2006); Ezcurra (2007); Kahrl and Roland-Holst (2007); Duro and Padilla (2008); Duro et al. (2010); Cantore and Padilla (2010); Steinberger et al. (2010); Cantore (2011); Duro (2010, 2012, 2013) and Padillaand Duro (2013). Clarke-Sather et al. (2011) studied the carbon inequality on the sub-national scale in China during 1997 – 2007, and they found that the interprovincial carbon inequality in China is not regional in character and is different from the carbon inequality on the global scale. These studies provided the gross information about the distribution of carbon emissions and referred to the abatement duties between different countries or regions. The distribution of carbon emissions between households is also needed to be concerned as the households in the same region shall bear different responsibilities for emission reduction. However, to our knowledge, the specific study of carbon inequality at the household level in China and some other areas is still limited.

As Duro (2013) defines the carbon inequality at the global scale as the inequality of per capita carbon emissions between different countries and Clarke-Sather et al. (2011) defines the interprovincial carbon inequality as the inequality of per capita carbon emissions between different provinces, this paper defines household carbon inequality as the inequality of household per capita carbon emissions. Household carbon inequality reflects the differences in household carbon emissions according to the natural attribute. Moreover, according to the social attribute, household carbon inequality reflects households' different obligations in emission abatement and their distinct sensibilities to mitigation policies.

There are four reasons for us to focus on household carbon inequality in urban China. Firstly, a major part of the energy requirements and related carbon emissions of an economy is allocated to the household sector, in fact, with more than 80% for the U. S. (Bin & Dowlatabadi, 2005) and 75% for India (Pachauri & Spreng, 2002). This allocation is more than 40% for China (Liu et al., 2011), but rises in the income and wealth of households, changes in consumers' lifestyles and the consumption of carbon-intensive goods and services in urbanization cause increases in household CO_2 emissions in China (Feng et al., 2011). As a result, the need for the household sector to reduce its energy use and CO_2 emissions has been emphasized in mitigation policies (Hamamoto, 2013). Secondly, household carbon inequality refers to the environmental justice, which is an important social problem involved all humanity, especially the socio-economically disadvantaged ones (Occelli et al., 2016). Thirdly, mitigation policies should be distinct to households according to the extent of household carbon inequality, as the rich should have more duties in abatement than the poor. As Clarke-Sather et al. (2011) put it, "internal dynamics of carbon inequality have the potential to shape future energy policies". Fourthly, because the poor and the rich have different abatement abilities, the extent of household carbon inequality will determine the effect of household mitigation policies. As Sauter et al. (2016) put it, "the more widespread pollution sources are, the larger are costs of implementing and monitoring environmental policies".

The literatures referred to household carbon inequality have studied the differences in CO_2 emission across different household groups. Using the cross-sectional data, Golley and Meng (2012) and Andrich et al. (2013) surveyed the per capita carbon emissions of households with different income levels. These literatures found that the rich emit more per capita but the poor are more emission-intensive, which suggests that the existence of significant inequality among households in CO_2 emissions. However, their limitation in quantitative analysis impairs their impact on household mitigation policies. Rosas et al. (2010) and Wang and Shi (2009) observed the dynamic variations in direct and indirect CO_2 emissions of different income groups in different years. Moreover, other literatures, such as Duarte et al. (2012), Büchs and Schnepf (2013), Brand et al. (2013), Chancel (2014), Han et al. (2015) and so on, distinguished households into groups by more factors other than income and surveyed their differences in CO_2 emissions. But it is still confused about the contribution of each factor. As Roca and Serrano (2007) and Kerkhof et al. (2009) have estimated the emissions associated with the consumption patterns of different groups of households classified according to their level of expenditure, this paper also concerns about the contribution of each expenditure category on household carbon inequality. As a result, this paper quantitatively measures the household carbon inequality in urban China and moreover analyzes the contributions of consumption categories and household characteristics to this inequality.

According to the Consumer Lifestyle Approach (CLA) advanced by Bin and Dowlatabadi (2005), household carbon emissions are embedded in consumption patterns which are determined by household socio-economic characteristics. Correspondingly, this paper firstly measures the inequality of carbon emissions in representative urban households in China using the Gini coefficient. Secondly, this paper uses the method of Gini coefficient decomposition to survey the sources of this inequality, i. e., the contributions of consumption contents to household carbon inequality. Thirdly, it uses the method of Shapley decomposition to survey the determinants of this inequality, i. e., the contributions of household socio-economic characteristics to household carbon inequality. The relations of the three parts are showed in Fig. 1.

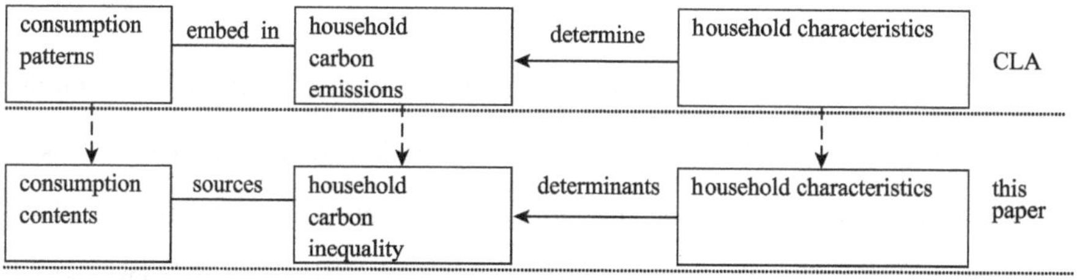

Fig. 1. Relations of This Paper's Three Parts Designed According to the CLA

This paper proceeds as follows: Section 2 introduces the survey data used in this study and the CLA method (Bin & Dowlatabadi, 2005), which is utilized to calculate household carbon emissions. Furthermore, this section details the methodologies we apply to measure and decompose the inequality of household carbon emissions. Section 3 reports and discusses the main results obtained from the application of these inequality measure and decomposition methodologies, which explains the inequality of household carbon emissions in urban China, its sources and determinants. Section 4 gives the main conclusions of this work and discusses the policy implications of it.

2. Data and Methods

2.1 Data Sources

The survey data used in this study come from the Survey of Consumer Finance in China (2011), which was performed by the China Center for Financial Research (CCFR), Tsinghua University. A total of 5 761 samples are selected to represent urban households from the 24 cities all around Mainland China, which are Beijing, Jinan, Shenyang, Shanghai, Guangzhou, Chongqing, Xian, Wuhan, Baotou, Jilin, Xuzhou, Nanchang, Haikou, Kunming, Urumqi, Luoyang, Shuozhou, Yichun, Anqing, Quanzhou, Guilin, Panzhihua, Baiyin and Zhuzhou. As a consumer finance survey, it contains the quotas of household consumption categories, which will be applied to calculate household carbon emissions. The survey also contains households' demographic characteristics, financial characteristics and certain other socio-economic characteristics; some of these characteristics can be utilized as the probable determinants of household carbon emissions. Based on Duarte et al. (2012); Büchs and Schnepf (2013) and Brand et al. (2013) and many more household features, the probable determinants of the household carbon emissions in urban China that we choose contain the demographic characteristics of each household (the size, marital status, gender of the family head, and education), employment and income (the employment, unemployment, retirement, net income, and income expectation), burdens (being educated, pre-education, elders living together, or supported elders), and assets and financial plans (the deposits, housing ownership, car ownership, or heritage plans). The city a household lives in (*j*. city) is the control variable. These factors and their directions are shown in Table 1, and their summary statistics are shown in Table 2.

Table 1 Directions of the Variables Affecting Household per Capita Emissions

	Variables	Directions
Household demographic characteristics	*size*	The number of persons in a household
	marriage	The marital status of the head of a household (married = 1, or 0)
	gender	The gender of the head of a household (male = 1, or 0)
	education	The education level of the head of a household
Household employment and income	*employment*	The number of persons on work in a household
	unemployment	The number of unemployed persons in a household
	retired	The number of retired persons in a household
	net income	The net income of a household
	income expection	The income expectation of a household
Household burdens	*being educated*	The number of persons being educated in a household
	pre-education	The number of persons not enrolled in school in a household
	elder living together	The number of elders in a household
	elder to support	The number of elders a household need to support
Household asset and finance plan	*deposit*	The deposit level of a household
	own house	The housing ownership of a household
	own car	The cars ownership of a household
	heritage plan	The heritage plan of a household (have = 1, or 0)
	j. cities	The city a household lives in

Source: Own elaboration.

Table 2 Summary Statistics of the Factors Affecting Household Carbon Emissions

Variable	Obs	Mean	Std. dev.	Min	Max
size	5 761	3. 469	1. 435	1	18
marriage	5 761	0. 665 9	0. 471 7	0	1
gender	5 761	0. 474 9	0. 499 4	0	1
education	5 761	2. 513 1	0. 785 6	1	5
employment	5 761	2. 000	1. 018	0	10
unemployment	5 761	0. 149 9	0. 474 4	0	5
retired	5 761	0. 631 8	0. 919 1	0	6
net income	5 761	5 785	9. 77E +07	5 000	5. 00E +09
income expection	5 761	3. 505	0. 832 5	0	5
being educated	5 761	0. 379 8	0. 594 7	0	6
pre-education	5 761	0. 176 5	0. 432 9	0	6
elder living together	5 761	0. 722 6	0. 970 5	0	6
elder to support	5 761	1. 836	1. 432	0	9
deposit	5 761	4. 853	4. 016	1	19
own house	5 761	6. 722	4. 571	1	17
own car	5 761	2. 583	3. 167	1	17
heritage plan	5 761	0. 191 8	0. 393 8	0	1

Source: Own elaboration.

The selective dataset can be taken to represent households in urban China broadly. Firstly, the survey stratifies cities above the prefecture level in Mainland China into three categories according to their size, economic development level, savings level, consumption level and consumption conditions. Seconly, the 24 sample cities selected all include the three categories in the seven regions of Mainland China (according to the economic development level and geographical features and adopted by some authorities). The weights of these cities refer to the proportion of the population in the *Chinese City (Town) Life and Price Yearbook* (2009). Thirdly, after the sample cities have been selected and the number of representative households in each sample city has been determined, these households are randomly sampled according to the community distribution and population distribution in each sample city.

However, the selective dataset has distinct population distributions from the real population distributions for urban households in the seven regions of China, as shown in Table 3. This distinction exists because the weights of the cities in the survey, which are based on the proportion of the population in the *Chinese City (Town) Life and Price Yearbook* (2009), set many sample households in the central and western regions of China. When calculating households' carbon inequality all around urban China, we replicate the samples with different multiples in the seven regions to make the population portions of the representative households consistent with the real portions of the urban population in these regions. The adjustment multipliers of the sample households in different regions of China and the effects of the adjustments are also shown in Table 3.

Table 3 Distribution of the Sample, Real or Adjusted Urban Population Portion in the Seven Regions of China

Region	Number of the sample households	Number of the sample population	Portion of the sample population	Portion of the real population	Portion bias of the sample population	Adjustment multiplier	Portion of the adjusted population	Portion bias of the adjusted population
Northeast China	720	2 230	11.14%	11.48%	−2.77%	7	12.10%	5.46%
North China	628	2 232	11.17%	13.93%	−19.80%	8	13.85%	−0.59%
East China	1 303	4 470	22.37%	28.79%	−22.30%	8	27.73%	−3.69%
South China	810	3 364	16.83%	18.73%	−10.11%	7	18.26%	−2.50%
Central China	766	2 722	13.62%	12.14%	12.24%	6	12.66%	4.35%

续表

Region	Number of the sample households	Number of the sample population	Portion of the sample population	Portion of the real population	Portion bias of the sample population	Adjustment multiplier	Portion of the adjusted population	Portion bias of the adjusted population
Northwest China	615	2 008	10.05%	5.84%	71.94%	4	6.23%	6.57%
Southwest China	919	2 958	14.80%	9.10%	62.70%	4	9.17%	0.84%
Total	5 761	19 984	100%	100%	—	—	100%	—

Note: Portions of the real population are calculated according to the urban population distribution in regions of China in 2010, which refers to The Sixth Census Data in China. The adjustment multipliers are determined by trial and error.

Source: Own elaboration.

2.2 Calculations of Household CO_2 Emissions

In this study, household carbon emissions contain both direct carbon emissions and indirect carbon emissions, which are imbedded in household consumption and can be calculated by the CLA (Bin & Dowlatabadi, 2005). The CLA is a method to explore the relationship between consumer activities and environmental impacts. It can reveal the total impacts of consumer activities on residents' energy use and CO_2 emissions, which are induced by both household consumer demands and the necessary economic activities to support these demands (Bin & Dowlatabadi, 2005). According to the CLA (Bin & Dowlatabadi, 2005; Feng et al., 2011), the CO_2 emissions of a household depend on both the CO_2 emissions intensities and volumes of its consumption.

Consumption in this study is divided into seven categories, namely, food; clothing; household facilities, articles and services; medicine and medical services; transport and communication services; educational, cultural and recreational services, and residence (Wei et al., 2007; Feng et al., 2011). Miscellaneous commodities and services are not included because they are hard to measure in a survey.

In a group, each consumption category corresponds to a quota of embedded CO_2 emissions (Wei et al., 2007; Feng et al. 2011). Based on China's input-output tables in 2002, Wei et al. (2007) used the basic input-output method by considering the intermediate input of imported goods to calculate the carbon emissions in urban China. Then they divided quota of CO_2 emissions embedded in each consumption category by the total spending volume of the category and get their carbon intensities, which are shown in Table 4.

Accordingly, the CO_2 emissions (kg) from consumption category t of household h, or e_t, and the total CO_2 emissions (kg) of the household h, or e_h, are calculated as follows (Kerkhof et al., 2009):

$$e_t = density_t \; consumption_{t,h} \quad (1)$$

$$e_t = \sum density_t \; consumption_{t,h} \quad (2)$$

where $density_t$ is the CO_2 emission intensity of consumption category t (t C/10^4 Yuan) and $consumption_{t,h}$ is the spending amount in consumption category t for household h (10^4 Yuan). The distributions of the households' per capita emissions in the selected sample cities of China are shown in Fig. 2.

Table 4 Carbon Intensity of Different Consumption Categories in Urban China

Consumer expenditure	Carbon intensity of the related sectors (t C/104 Yuan)
Food	0.23
Clothing	0.17
Residence	2.82
Household facilities, articles and services	0.08

续表

Consumer expenditure	Carbon intensity of the related sectors (t C/104 Yuan)
Transport and communication services	0.07
Medicine and medical services	0.18
Education, cultural and recreation services	0.43

Source: Wei et al. (2007).

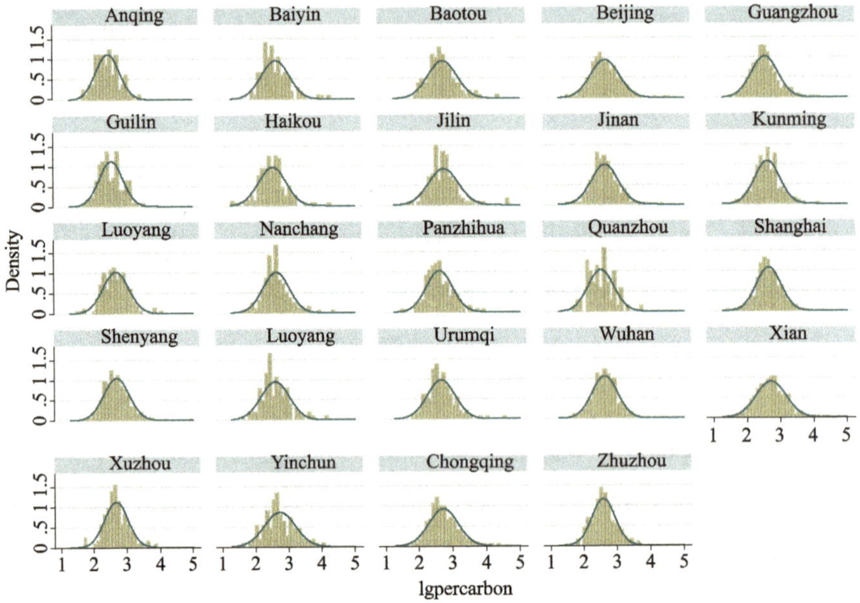

Fig. 2. Distribution of the Logarithmic of Household per Capita CO_2 Emissions in the Sample Cities of Mainland China

Source: Own elaboration.

2.3 Household Carbon Inequality's Measure and Decomposition by Sources

The measures of carbon inequality on the international or sub-national level provide some methods to evaluate the carbon inequality on the household level. Duro (2012) summarized and compared the application of the most frequently used inequality indices in an analysis of the international distribution of some environmental indicators: the Gini coefficient, the Theil index, the Atkinson indices, and the Variation coefficient. The Theil index is one type of the GE indices, and the Atkinson indices can be converted into the GE indices by a one-to-one function. Moreover, the Variation coefficient is the square of the GE (2). All the inequality indices have the similar functions though they have differently sensitivities to the same data.

The Gini coefficient, though with some shortcomings on distributive sensitivity compared with other inequality indicators, such as the Theil index or the Atkinson measure, is arguably the most popular and widely employed inequality measure and is employed in most studies on carbon inequality. Moreover, the Gini coefficient is thought to be the only inequality measure that is additively decomposable into terms corresponding to inequality for each source of emissions as well as its share in and rank correlation with total emissions (Grunewald et al., 2014). As a result, we choose the classical Gini coefficient to evaluate the inequalities in household carbon emissions and compare them with other inequalities.

Based on the work of Cantore and Padilla (2010), Cantore (2011) and Duro (2013), we estimate the Gini coefficient of international per capita carbon emissions. We follow Clarke-Sather et al. (2011) to estimate the Gini coefficient of sub-national per capita carbon emissions. Similarly, the Gini coefficient of household per capita CO_2 emissions, which we denote *Gini*, is calculated as follows:

$$Gini = \left[\frac{2}{N\sum_{i=1}^{N} y_i}\sum_{i=1}^{N} i * y_i\right] - 1 - \frac{1}{N} \tag{3}$$

where N is the number of households and y_i represents the per capita CO_2

emissions of the ith household; the y_i are ordered by the per capita CO_2 emissions.

As Grunewald et al. (2014) has applied the method of the decomposition of Gini coefficient to investigate the sources of inequality in global CO_2 emissions, we use a similar method to survey the sources of household carbon inequality, which are carbon emissions embedded in the different consumption categories. This method of Gini coefficient decomposition was firstly introduced by Lerman and Yitzhaki (1984), who expressed the Gini coefficient of total income as a function of (i) the inequality within a given source; (ii) the share of this source in total income; and (iii) its rank correlation with total income. This method contains more information to survey the correlation between the total inequality and its sources, while most other decomposition rules, such as the popular Shorrocks rule (see Shorrocks, 1984, only indicate the inequality within a given source and its share in the total inequality but not the correlation between them. Lerman and Yitzhaki (1985) and Stark et al. (1986) advanced this method to analyze the impact that a marginal change in a particular source will have on inequality.

As in Lerman and Yitzhaki (1984, 1985) and Stark et al. (1986), the Gini coefficient of households' per capita carbon emissions, G, is calculated as follows:

$$G = \sum_{i=1}^{K} S_k G_k R_k \tag{4}$$

where S_k represents the share of per capita carbon emissions that is embedded in consumption category k. Furthermore, G_k is the Gini coefficient of the household per capita carbon emissions that are embedded in consumption category k, R_k is the Gini correlation between the per capita emissions embedded in consumption category k and the distribution of household per capita carbon emissions embedded in all consumption categories, and K is the order number of consumption categories.

Household carbon emissions in this study, which are calculated by the CLA (Bin & Dowlatabadi, 2005), come from different consumption categories. The effect of one consumption category upon the total inequality of household per capita carbon emissions depends on how important the carbon emissions from one consumption category are with respect to the total household carbon emissions (S_k); how equally or unequally distributed the carbon emissions from one consumption category are (G_k); and how the carbon emissions from one consumption category and the distribution of households' total carbon emissions are correlated (R_k) (Stark et al., 1986).

According to Lerman and Yitzhaki (1985) and Stark et al. (1986), the partial derivative of the Gini coefficient of households' per capita carbon emissions with respect to a percent change e in source k is equal to

$$\frac{\partial G}{\partial e} = S_k(G_k R_k - G) \tag{5}$$

where G is the Gini coefficient of the total carbon emissions inequality prior to the change in household carbon emissions. The percent change in inequality resulting from a small (percentage) change in the carbon emissions from consumption category k equals

$$\frac{\partial G/\partial e}{G} = \frac{S_k G_k R_k}{G} - S_k \tag{6}$$

2.4 Household Carbon Inequality's Decomposition by Determinants

To analyze the determinants of inequality, Fields and Yoo (2000) and Morduch and Sicular (2002) firstly introduced the decomposition method based on regression models. As their method has some limitations on the formals of equation and variables, Wan (2002, 2004) advanced a new decomposition method, which is then known as Shapley decomposition. The Shapley decomposition method, compared with the method of Fields and Yoo

(2000) and Morduch and Sicular (2002) and the Shorrocks rule (see Shorrocks (1984)), has its advantage on decomposing inequality based on any formal of regression models and has begun to be widely employed in analyzing the contributions of the determinants of inequality in income or other welfare indicators (Wan, 2004; Shorrocks, 2013). To decompose the household carbon inequality in urban China into its determinants, we also use the Shapley decomposition method.

According to Wan (2004) and Shorrocks (2013), we first give out the determined formulation of the household per capita CO_2 emissions and then utilize the method of Shapley decomposition to decompose the inequality of household per capita CO_2 emissions into its determinants. The determined formulation of the household per capita CO_2 emissions is expressed as follows:

$$\ln(y) = \alpha + X\beta + \varepsilon \tag{7}$$

where y is the household per capita carbon emissions, α is a constant, and X are the determinants of the household per capita carbon emissions, which are discerned from the probable determinants of household carbon emissions in urban China. These probable determinants are discussed in Section 2.1 and shown in Table 1. Lastly, β are the regression coefficients and ε is the residual. The Shapley decomposition of the inequality of household per capita CO_2 emissions is referred to Han et al. (2014). As Han et al. (2014) have utilized the Shapley decomposition method to analyze the determinants' contributions to household carbon emissions, we use this method to survey the determinants' contributions to the inequality of household carbon emissions.

3. Results and Discussion

3.1 Household Carbon Inequality in Urban China: Some Comparative Analysis

We use the weighted sample data described in Section 2.1 to calculate the Gini coefficient of household per capita carbon emissions in urban China, and its result is 0.579 1. Some literatures have calculated the Gini coefficients of per capita carbon emissions from industries across countries or regions. For example, Padilla and Serrano (2006) took into account the CO_2 emissions from fossil fuels provided by the IEA and found the Gini coefficients of per capita carbon emissions across countries are between 0.58 and 0.68 from 1971 to 1999. Cantore and Padilla (2010) included emissions from technological change in industry and land use change and found the Gini coefficients of per capita carbon emissions across countries are between 0.42 and 0.58 from 1977 to 2007. Clarke-Sather et al. (2011) calculated carbon emissions by processing the data on energy consumption through the IPCC reference approach and found the Gini coefficients across provinces in China are between 0.43 and 0.44 from 1995 to 2005. The Gini coefficients in these studies are more than the standard for inequality (i. e., 0.4). This suggests the international or sub-national inequality in industrial carbon emissions and the different abatement responsibilities for countries or regions. The carbon emissions accounted by the CLA method in this paper includes emissions from household consumption. As a result, the Gini coefficient with a value of 0.579 1 implies the significant household carbon inequality in urban China and the different abatement responsibilities for households according to their consumption behaviors.

The household carbon inequality in urban China was also compared with the household income or consumption inequality, which was calculated using the same weighted sample data described in Section 2.1. The Gini coefficients for household per capita consumption or income in urban China are 0.52 and 0.48 respectively. The inequality of household per capita carbon emissions is higher than the inequality for per capita consumption, both of which are higher than the inequality of household per capita income. This result suggests that the carbon inequality is comparable to the income or consumption inequality in households in urban China.

Then we analyze the regional features of the household carbon inequality in urban China; see Fig. 3. Firstly, household carbon inequalities are different for cities in urban China. The Gini indices of household per capita emissions in different Chinese sample cities vary from 0.44 to 0.73. By surveying the reasons for the inequality difference for different sample Chinese cities, we find that household carbon inequality is positively related to the average of household per capita carbon emissions in the cities; see Fig. 3. This indicates that the rise of household average per capita carbon emissions will increase the regional household carbon inequality in urban China. Secondly,

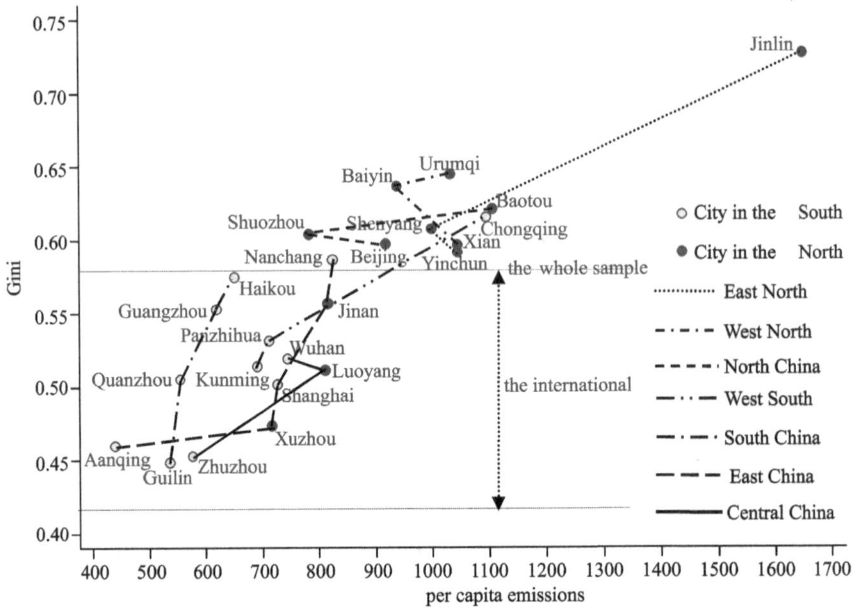

Fig. 3. Relation of Household Carbon Inequality and the Average of Household per Capita Carbon Emissions for Different Cities or Regions in China

Source: Own elaboration.

the household carbon inequalities in South China are higher than in North China. The Gini coefficients of the household per capita emissions in the cities of South China are generally higher than that in the cities of North China. Thirdly, the household carbon inequalities in the cities divided by the seven regions of China are quite different. The Gini coefficients of the household per capita emissions in the cites of the East North or the West North can be as high as 0. 64 to 0. 73, while the Gini coefficients in the cities of North China, East China or Central China are low to 0. 45. The regional features of the household carbon inequality indicate distinct mitigation policies in different regions.

3. 2 Sources of the Household Carbon Inequality in Urban China

As the inequality of household per capita CO_2 emissions in urban China exists, we care about its sources. We apply the method of Gini coefficient decomposition to decompose the household carbon inequality in urban China into carbon emissions from different consumption categories, with the weighted sample data described in Section 2. 1 and with the method advanced in Section 2. 3. Table 5 shows the results of the indices in this decomposition. Fig. 4 shows the comparisons of some of these indices for the different sources.

Table 5 Gini Decomposition by the Sources of Household Carbon Emissions in Urban China

Source: Own elaboration.

Source	Sk_c	Sk_c	Ck	Rk	Sh	% Change
Food	17. 38%	36. 46%	0. 533 9	0. 815 5	13. 07%	-4. 32%
Clothing	5. 14%	14. 67%	0. 679 2	0. 791 9	4. 77%	-0. 37%
Residence	57. 11%	10. 41%	0. 659 0	0. 949 7	61. 72%	4. 61%
Household facilities, articles and services	1. 78%	12. 99%	0. 772 2	0. 805 6	1. 92%	0. 13%
Transport and communication services	1. 88%	4. 01%	0. 627 5	0. 788 0	1. 61%	-0. 28%

续表

Source	Sk_e	Sk_c	Gk	Rk	Sh	% Change
Medicine and medical services	1. 59%	10. 83%	0. 766 2	0. 643 4	1. 36%	-0. 24%
Education, cultural and recreation services	15. 12%	10. 63%	0. 727 8	0. 819 5	15. 56%	0. 45%
Total	100%	100%	—	—	100%	—

Note: *Sk _ c* represents the share of each consumption category in the total consumption, *Sk _ e* represents the share of per capita carbon emissions from one consumption category in households' total per capita carbon emissions, G_k represents the Gini coefficient of households' per capita carbon emissions from one consumption type, R_k represents the correlation between this Gini coefficient and the distribution of households' total per capita carbon emissions, *Sh* represents the share of the inequality of each emission source in the total inequality and *% Change* represents the impact that a 1% change in one emission source would have on the total inequality.

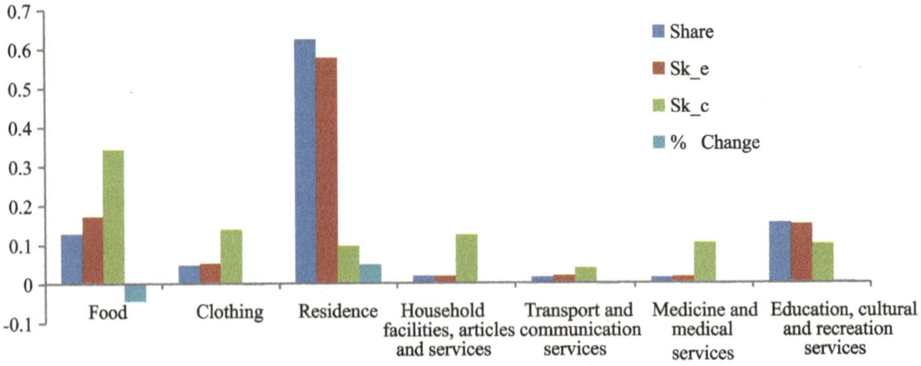

Fig. 4 Impact of Different Consumption Categories on the Inequality of Household Carbon Emissions in Urban China

Source: Own elaboration.

Residential consumption is the main source of the carbon emissions that are embedded in household consumption in urban China, and it is also the main source of the household carbon inequality in urban China, as shown in Fig. 4. The results of S_k_e and *Sh* in Table 5 show that the carbon emissions from residential consumption account for 57. 11% of the total carbon emissions from the weighted representative Chinese urban households. Furthermore, the household carbon inequality induced by residential consumption amounts to 61.72% of the total carbon inequality in the weighted representative households in urban China. The result of R_k in Table 5 shows that the Gini correlation of per capita carbon emissions from residences is 0.95 and is higher than the Gini correlations of per capita carbon emissions from all other sources, which never exceed 0.82. Additionally, a 1% change in residential consumption will cause a 4.61% change in the inequality of per capita emissions for the weighted representative households in urban China, which has a larger magnitude than all other carbon sources.

The major effect of residential consumption on the household carbon inequality in urban China occurs because residential consumption has much higher carbon intensity than the other consumption categories, not because of the share of residential consumption in the total consumption. The usage of electricity, fuel and heating in residences induces many direct and indirect carbon emissions. As shown in Table 4, the carbon intensity of residential units in urban China is 2.82 t C/10^4 Yuan, which is much higher than the carbon intensity of the other consumption categories, whose carbon intensities are no greater than 0.43 t C/10^4 Yuan. However, residential consumption only accounts for 10.41% of the total consumption (as shown in Table 5), which is higher than the consumption of transport and communication services but lower than the other five consumption categories. A proportional change in residential consumption will cause less change in the total consumption for the representative households from urban China, despite causing much larger changes in household carbon emissions and carbon inequality. As a result, abatement in residential consumption will have a relatively lower economic cost on mitigation policies for households in urban China.

Food consumption and the consumption of educational, cultural and recreational services are the second or third greatest sources of carbon inequality in the weighted representative households from urban China, as shown intuitively in Fig. 4. Table 5 shows that the inequality of households' per capita carbon emissions from food consumption or the consumption of educational, cultural and recreational services consists of 13.07% or 15.56% of the inequality of households' per capita carbon emissions from all consumption categories for the weighted representative households in urban China. However, their effects on the households' carbon emissions and carbon inequality are different. As food consumption accounts for 36.46% of the total consumption, the consumption of educational, cultural and recreational services only accounts for a proportion of 10.63%. This discrepancy exists because consuming educational, cultural and recreational services have higher carbon intensities than food consumption. As shown in Table 4, the carbon intensity of the consumption of educational, cultural and recreational services is 0.43 t $C/10^4$ Yuan, whereas the carbon intensity of food consumption is only 0.23 t $C/10^4$ Yuan. Thus, the different effects on household carbon inequality are determined by both the proportion and the carbon intensity of the corresponding consumption categories. As mitigation policies in the production sector will lower carbon intensity of goods and services, mitigation policies in the household sector should address the change in the consumption structure as well as lead households to consume low-carbon products.

The directions are also different for the changes in the consumption categories to impact the household carbon inequality in urban China. Whereas residential consumption, the consumption of household facilities, articles and services and the consumption of educational, cultural and recreational services, have positive effects on the household carbon inequality in urban China, the effects are opposite for food consumption, clothing consumption, the consumption of transport and communication services and the consumption of medicine and medical services. As shown in Table 5 and Fig. 4, the inequality of household per capita carbon emissions is projected to rise by 4.61%, 0.13% and 0.45% when residential consumption, the consumption of household facilities, articles and services or the consumption of educational, cultural and recreational services rises 1% for the weighted representative Chinese urban households. Conversely, the inequality of household per capita emissions is predicted to decline by 4.32%, 0.37%, 0.28% and 0.24% when food consumption, clothing consumption, the consumption of transport and communication services or the consumption of medicine and medical services experiences a 1% rise for the weighted representative Chinese urban households.

3.3 Determinants of the Household Carbon Inequality in Urban China

We utilize two regression models to discern the determinants of the household per capita CO_2 emissions in urban China with the weighted sample data described in Section 2.1. The results are shown in Table 6. Because the sampling mechanism is prone to non-randomly sampling from the population due to clustering, we should consider clustering standard error for inferences. Based on block bootstrap (i.e., Angrist & Pischke, 2008) with 1 000 replications, we obtained robust standard errors for inferences, and found that the significance is almost not changed even if the robust standard errors are larger than the ones of Table 6. Like eq. (8.2.3) of Angrist and Pischke (2008), we also consider a mixed error, $e_{gi} = v_g + \eta_{gi}$, where v_g is a random variable indicating group effects, and η_{gi} is independent of v_g. Under $v_g \sim N(0,\sigma_g^2)$ and $\eta_{gi} \sim N(0,\sigma_\eta^2)$, we estimated the coefficients by ML, the estimation results are very similar to Table 6. For the sake of conciseness, we do not report these robustness analysis results. It should be highlighted that controlling city' s heterogeneity by introducing city dummy variables plays an important role in achieving robustness of Table 6.

Table 6 illustrates the significant effects of households' demographic characteristics, employment and income, burdens and asset levels and financial plans on the household per capita carbon emissions in urban China, though not all of the variables selected to represent the factors are significant. The significant variables are the household size, marital status and gender of the family head, income, income expectations, numbers of the employed or retired, number of pre-education members or elders, deposits, housing ownership, car ownership and heritage plans. The education level, number of members in education and number of elders to support do not show significant effects. These results are partially in line with the findings of Golley and Meng (2012), who also surveyed the association between household characteristics and household carbon dioxide emissions in urban China. Furthermore, we enrich the findings of Duarte et al. (2012), Büchs and Schnepf (2013) and Brand et al. (2013), who analyzed the associations between household characteristics and carbon emissions in other countries.

Table 6 Determinants of Household per Capita CO_2 Emissions in Urban China

Source: Own elaboration.

Variables	(1) Lgpercarbon	(2) Lgpercarbon
Household demographic characteristics		
size	-0.127 0***	-0.126 0***
	(0.003 3)	(0.003 3)
marriage	-0.025 3***	-0.023 1***
	(0.004 8)	(0.004 8)
gender	0.016 3***	0.018 4***
	(0.003 8)	(0.003 8)

续表

Variables	(1) Lgpercarbon	(2) Lgpercarbon
education	-0.003 9	-0.000 2
	(0.002 8)	(0.002 8)
Household employment and income		
employment	-0.011 1***	-0.009 9***
	(0.003 2)	(0.003 2)
unemployment	0.003 2	0.001 8
	(0.005 0)	(0.005 0)
retired	0.013 2***	0.013 0***
	(0.003 4)	(0.003 4)
netincome	-1.24e-10***	
	(0)	
lgincome		-0.064 8***
		(0.004 6)
income expect	-0.010 9***	-0.008 0***
	(0.002 3)	(0.002 3)
Household burden		
being educated	-0.003 5	-0.003 0
	(0.004 5)	(0.004 4)
pre-education	0.014 2***	0.015 4***
	(0.005 4)	(0.005 4)
elder living together	0.004 3*	0.004 4*
	(0.002 5)	(0.002 5)
elder to support	0.001 9	0.002 5*
	(0.001 5)	(0.001 5)
Household asset and finance plan		
deposit	-0.001 3***	-0.001 0**
	(0.000 5)	(0.000 5)
own house	-0.001 0**	-0.000 1
	(0.000 5)	(0.000 5)
own car	-0.004 1***	-0.001 8***
	(0.000 7)	(0.000 7)

续表

Variables	(1) Lgpercarbon	(2) Lgpercarbon
heritag eplan	−0.021 8***	−0.020 9***
	(0.004 83)	(0.004 8)
Control variables		
2. *city*	0.114***	0.110***
	(0.022 5)	(0.022 5)
i. city	—	—
	(-)	(-)
24. *city*	0.060 0***	0.064 8***
	(0.019 1)	(0.019 1)
Constant	3.113***	3.380***
	(0.019 0)	(0.026 7)
Observations	36 890	36 890
R - squared	0.221	0.224

Standard errors in parentheses: *** $p<0.01$, ** $p<0.05$, * $p<0.1$.

Then, we apply the method of Shapley decomposition to analyze the determinants' contributions of households' carbon inequality in urban China, which involves the weighted sample data described in Section 2.1. The result is shown in Table 7. Firstly, the household demographic characteristics, which make a contribution of 59.74%, are the most important determinants of the inequality of household per capita emissions in urban China. The household size has a value of 51.95% and contributes more than any other determinants we have found. Table 6 shows that the household size has the opposite effect on the household carbon emissions. Consequently, the smaller the size of a household is, the more per capita emissions a household has. People in small households emit more per capita, as they consume more or have higher carbon intensity in their consumption. Mitigation policies addressing the distribution of household carbon emissions should be concerned by the size of households in urban China. The marital status contributes 7.24% to the inequality of household per capita emissions. Indeed, married households have a coefficient of −0.0253, as model 1 in Table 6 shows, and they have lower per capita emissions than unmarried households. Therefore, the effect of marriage on the household carbon emissions should be examined to improve mitigation policies in areas with many unmarried households.

Table 7 Shapley Decomposition of Household Carbon Emissions in Urban China

Source: Own elaboration.

Factors	Shapley value	Per cent
Household demographic characteristics		59.74%
size	0.014 3	51.95%***
marriage	0.002 0	7.24%***
gender	0.000 2	0.55%***
Household employment and income		24.31%
employment	0.005 8	21.18%***
retired	0.000 6	2.03%***
net income	0.000 1	0.41%***
income expect	0.000 2	0.69%***
Household burdens		8.00%
pre-education	0.000 6	2.07%***
elder living together	0.001 6	5.93%*
Household asset and finance plan		7.95%
deposit	0.000 2	0.57%***
own house	0.000 2	0.67%**
own car	0.001 1	4.02%***
heritage plan	0.000 7	2.69%***
All factors present	0.027 6	100.00%

Standard errors in parentheses: *** $p<0.01$, ** $p<0.05$, * $p<0.1$.

Secondly, household employment and income has a total contribution of 24.31% and is the second most important component of the household carbon inequality in urban China. The number of the employed has a contribution of 21.18% to the inequality of household per capita emissions. This fact suggests that changes in the number of the employed members will have a significant impact on households' consumption behaviors and carbon emissions, and then, such changes will affect the inequality in China's household carbon emissions. Table 6 shows that the opposite effect of the number of employed people is the most comparable with the effects of the numbers of members who are unemployed, retired or receiving an education. This result suggests that mitigation policies should care about changes in employment. Despite its important effect on consumption, income only has a contribution of 0.44% to the inequality of household per capita carbon emissions, as we utilize the normal value of income. Household income in the formal logarithm will have a contribution of 7.80% to the inequality of household per capita carbon emissions, as shown in Table 8.

Table 8 Shapley Decomposition of Household Carbon Emissions in Urban China (Household Income in the Logarithm Formal)

Source: Own elaboration.

Factors	Shapley value	Per cent
Household demographic characteristics		56.63%
size	0.014 1	49.12%***
marriage	0.002 0	7.06%***
gender	0.000 1	0.45%***
Household employment and income		29.47%
employment	0.005 7	19.76%***
retired	0.000 6	2.06%***
net income	0.002 0	7.15%***
income expect	0.000 1	0.50%***

续表

Factors	Shapley value	Per cent
Household burdens		7.49%
pre-education	0.000 6	1.94%***
elder living together	0.001 6	5.55%*
Household asset and finance plan		6.40%
deposit	0.000 1	0.44%***
own house	0.000 2	0.53%**
own car	0.000 8	2.92%***
heritage plan	0.000 7	2.51%***
All factors present	0.028 6	100.00%

Standard errars in parentheses: *** $p<0.01$, ** $p<0.05$, * $p<0.1$.

Household burdens have a contribution of 8.00% to the household carbon inequality in urban China. In which, the number of elders has a contribution of 5.93%, whereas the number of child members has a contribution of 2.07%. Carbon emissions from the elders, who may have more wealth, more leisure time to consume or greater medical and residential costs, should receive more attention due to the arrival of an aging society in Mainland China.

Household assets and financial plans make a contribution of 7.95% to the household carbon inequality in urban China. As an indicator that is relatively easy to identify, the number of cars owned by households contributes 4.86% to the inequality of household per capita emissions. Household heritage plans make a contribution of 2.84% to the inequality of household per capita emissions. The contribution of household assets and financial plans exists because Chinese urban households have much more wealth, including cars and financial assets, after 30 years of rapid economic growth in urban China. With the further development of the economy, household assets and financial plans should be considered in mitigation policies in urban China.

4. Conclusions and Policy Implications

4.1 Conclusions

Firstly, the application of the Gini coefficient shows that the distribution of household carbon emissions in urban China is more unequal than the carbon distributions on the international or sub-national levels in recent decades. This finding suggests that household carbon inequality is an important aspect of all types of carbon inequality. Thus, the household carbon inequality should be accounted for (at least in urban China) when mitigation policies are enacted to address the distribution of carbon emissions on different levels. At the same time, we find that the carbon inequality is comparable to the income inequality in households in urban China. This suggests that household carbon inequality, which refers to environmental justice, is one aspect of all kinds of social inequality. We also find differences in the household carbon inequality exist in different cities or regions because the household carbon inequality will rise as the household per capita carbon emissions increase in an area. The regional features of the carbon emissions in urban China can provide comparisons of the carbon inequality in different areas and can be referred to by policymakers in any of the local regions or in the whole economy.

Secondly, the Gini coefficient decomposition shows that household carbon inequality can be ascribed to different consumption categories, and that the contributions and impacts of consumption categories are different according to their carbon intensities and shares in the total consumption. In our study, residential consumption is the most important source of the household carbon inequality in urban China, which is mainly because that the intensity of carbon emissions in residential consumption is high. The second most important source is the consumption of educational, cultural and recreational services because of these services' intensive carbon emissions. The third is food consumption because of its high proportion in households' total consumption. The directions are also different for the changes in the consumption categories to impact the household carbon inequality in urban China. Residential consumption, the consumption of household facilities, articles and services and the consumption of educational, cultural and recreational services, have positive effects on the household carbon inequality in urban China, while the effects are opposite for food consumption, clothing consumption, the consumption of transport and communication services and the consumption of medicine and medical services.

Thirdly, the Shapley decomposition shows that household characteristics have quite different contributions to the household carbon inequality in urban China; this decomposition occurs after a regression analysis to discern the determinants of households' per capita CO_2 emissions. Households' demographic characteristics contribute 59.74% to the inequality of their per capita emissions. Among the pertinent components, the household size is the most important factor with a contribution of 46.29%. Household employment and income, which has a total contribution of 24.31%, is the second largest determinant of the household carbon inequality. Household burdens, which have a total contribution of 8.00%, and household assets and financial plans, which have a total contribution of 7.85%, also have some impact on the household carbon inequality.

4.2 Policy Implications

Firstly, household carbon inequality should be emphasized in mitigation policies. On one hand, household carbon inequality affects the efficiency of mitigation policies. To achieve better effect of energy conservation and emissions reduction, mitigation policies on household sector should emphasize more on the households who have high per capita emissions and have more potential in abatement. On the other hand, household carbon inequality affects the fairness of mitigation policies. Household carbon inequality implies that households in the same country or area have different abatement responsibilities according to their levels of carbon emissions. As a result, households should be treated differently in a carbon tax, imposing quotas or command-and-control system.

Secondly, diverse measures should be taken to equalize consumption categories with different impacts on household carbon inequality. According to our study, close attention should be paid to residential consumption, food consumption and the consumption of educational, cultural and recreational services, which have high carbon intensities or high shares in households' total consumption. Moreover, when caring for the distributions of household carbon emissions in urban China, policymakers should focus on food consumption, clothing consumption, the consumption of transport and communication services and the consumption of medicine and medical services as they have positive effects on the household carbon inequality.

Thirdly, mitigation policies based on household characteristics only need to concern some key household characteristics selected from determinants of household carbon emissions, which will make sense more feasible and cost-efficient. The key characteristics for Chinese urban households are household size and employment. Household income level, marriage, the number of elders and car ownership also has some effect. Education and house holding, though commonly concerned, are not included. The high-carbon households discerned by the key characteristics can be given priority for emissions-cutting technology and environmental education.

Acknowledgments

This work has been supported by the Chinese National Natural Science Foundation (71173008, 71371022, 71401112, and 71501159) and the 2016 Annual Initial Scientific Research Fund for Young Teachers in Capital University of Economics and Business. The survey data are provided by the China Center for Financial Research (CCFR) of Tsinghua University. The authors would like to thank anonymous referees for their helpful comments and valuable suggestions which improved the content and composition substantially.

References

[1] Alcántara V, Duro J A. Inequality of energy intensities across OECD countries: a note[J]. Energy Policy, 2004, 32: 1257 - 1260.

[2] Andrich M A, Imberger J, Oxburgh E R. Inequality as an obstacle to sustainable electricity and transport energy use[J]. Energy for Sustainable Development, 2013(17): 315 - 325.

[3] Angrist J D, Pischke J S. Mostly harmless econometrics: an empiricist's companion[M]. Princeton University Press, 2008.

[4] Bin S, Dowlatabadi H. Consumer lifestyle approach to US energy use and the related CO_2 emissions[J]. Energ Policy, 2005(33): 197 - 208.

[5] Brand C, Goodman A, Rutter H, Song Y, Ogilvie D. Associations of individual, household and environmental characteristics with carbon dioxide emissions from motorised passenger travel[J]. Applied Energy, 2013(104): 158 - 169.

[6] Büchs M, Schnepf SV. Who emits most? Associations between socio - economic factors and UK households' home energy, transport, indirect and total CO_2 emissions[J]. Ecological Economics, 2013(90): 114 - 123.

[7] Cantore N. Distributional aspects of emissions in climate change integrated assessment models[J]. Energ Policy, 2011(39): 2919 - 2924.

[8] Cantore N, Padilla E. Equality and CO_2 emissions distribution in climate change integrated assessment modeling[J]. Energy, 2010(35): 298 - 313.